독자의 1초를
아껴주는 정성을
만나보세요!

세상이 아무리 바쁘게 돌아가더라도 책까지 아무렇게나 빨리 만들 수는 없습니다.
인스턴트 식품 같은 책보다 오래 익힌 술이나 장맛이 밴 책을 만들고 싶습니다.
땀 흘리며 일하는 당신을 위해 한 권 한 권 마음을 다해 만들겠습니다.
마지막 페이지에서 만날 새로운 당신을 위해 더 나은 길을 준비하겠습니다.

길벗 IT 도서 열람 서비스

도서 일부 또는 전체 콘텐츠를 확인하고 읽어볼 수 있습니다.
길벗만의 차별화된 독자 서비스를 만나보세요.

더북(TheBook) ▶ https://thebook.io

더북은 (주)도서출판 길벗에서 제공하는 IT 도서 열람 서비스입니다.

모두의 인공지능 with 파이썬(개정 2판)
Artificial Intelligence for Everyone Python version, 2nd edition

개정 2판 발행 · 2025년 7월 25일

지은이 · 이영호
발행인 · 이종원
발행처 · (주)도서출판 길벗
출판사 등록일 · 1990년 12월 24일
주소 · 서울시 마포구 월드컵로 10길 56(서교동)
대표전화 · 02)332-0931 | **팩스** · 02)323-0586
홈페이지 · www.gilbut.co.kr | **이메일** · gilbut@gilbut.co.kr

기획 및 책임편집 · 이다빈(dabinlee@gilbut.co.kr) | **편집** · 이다빈 | **표지** · 책돼지 | **본문 디자인** · 박상희
제작 · 이준호, 손일순, 이진혁 | **마케팅** · 임태호, 전선하, 박민영, 서현정, 박성용 | **유통혁신** · 한준희
영업관리 · 김명자 | **독자지원** · 윤정아

교정교열 · 김윤지 | **전산편집** · 박진희 | **CTP 출력 및 인쇄 제본** · 예림인쇄

▶ 이 책은 저작권법의 보호를 받는 저작물로 이 책에 실린 모든 내용, 디자인, 이미지, 편집 구성은 허락 없이 복제하거나 다른 매체에 옮겨 실을 수 없습니다.
▶ 인공지능(AI) 기술 또는 시스템을 훈련하기 위해 이 책의 전체 내용은 물론 일부 문장도 사용하는 것을 금지합니다.
▶ 잘못 만든 책은 구입한 서점에서 바꿔 드립니다.

© 이영호, 2025

ISBN 979-11-407-1499-5 93000 (길벗 도서번호 080465)

정가 30,000원

독자의 1초를 아껴주는 정성 길벗출판사

(주)도서출판 길벗 | IT단행본, 성인어학, 교과서, 수험서, 경제경영, 교양, 자녀교육, 취미실용 · www.gilbut.co.kr
길벗스쿨 | 국어학습, 수학학습, 주니어어학, 어린이단행본, 학습단행본 · www.gilbutschool.co.kr

페이스북 · www.facebook.com/gbitbook

즐거운
프로그래밍
경험

개정 2판

모두의 인공지능

with 파이썬

누구나 쉽게 시작하는
딥러닝 기초 프로그래밍

이영호 지음

길벗

베타 테스터의 한마디

첫인상은 길벗출판사의 '모두의 시리즈'답게 깔끔한 디자인과 시원한 구성이었습니다. 초반부에서는 AI와 머신러닝의 기본 개념부터 딥러닝의 세부 내용까지 빠짐없이 단계적으로 설명합니다. 번역서에서 흔히 나타나는 어색한 표현이나 설명 생략 등 문제도 없습니다. 대표적이고 필수적인 예시가 풍부하여 다른 책을 추가로 찾아볼 필요가 없습니다. 파이썬, 텐서플로, 케라스를 모르더라도 필요한 부분은 충분히 잘 정리되어 있습니다. 또 LLM 서비스에서 파이썬과 딥러닝 개념이 어떻게 쓰이는지 구체적으로 설명하기 때문에 LLM 개발에 관심 있는 독자에게 유용합니다. 코로나 19 확진자 수 예측 등 실질적인 사례를 통해 딥러닝 원리를 체득할 수 있도록 구성되어 있습니다.

최준성 | 감사연구원 연구관/공학박사

저 같은 전형적인 문과 출신에게 인공지능은 따라잡기 불가능한 영역이었습니다. 하지만 그냥 '그들만의 리그'라고 치부했던 시기는 이제 지났습니다. 노코딩 프로그램들이 생겨 코딩을 모르더라도 인공지능을 접할 수 있기 때문입니다. 이 책은 단순히 인공지능을 사용하는 수준을 넘어 문과생과 비전공자에게 인공지능을 직접 활용해 보라며 끊임없이 '시비'를 겁니다. 그렇다고 어려운 파이썬 코드를 내밀며 협박하지는 않습니다. 딥러닝 원리를 자연스럽게 설명하고, 이어지는 코딩 예제는 난이도가 낮아서 직접 실행하며 즐겁게 익힐 수 있습니다.

신년기 | 성균관대 핀테크융합과

챗지피티를 사용하다가 궁금하여 베타 리더를 신청했습니다. 초반부에서 인공지능 개념을 설명하면서 가볍게 웹 페이지 사례를 소개하여 쉽게 접근할 수 있었습니다. 파이썬 기본 문법을 단순히 소개하는 데 그치지 않고, 왜 배워야 하는지 이유를 명확하게 알려 준 점이 좋았습니다. 특히 실습을 따라 하며 어설프지만 직접 AI를 만들어 보는 경험을 할 수 있어서 의미 있었습니다.

조민혜 | 직장인

이 책은 AI 개념부터 파이썬 기초, 딥러닝 프로그래밍, 생성형 AI까지 단계별로 체계적이고 쉽게 설명하여 초심자도 무리 없이 따라갈 수 있습니다. 인공지능, 머신러닝, 딥러닝의 차이와 핵심 개념을 명확히 짚어 AI 구조를 이해하는 데 효과적입니다. 코딩에 익숙하지 않은 학생과 직장인도 부담 없이 접근할 수 있으며, 다양한 예시와 구체적인 실습으로 딥러닝 모델의 기본 원리를 익힐 수 있습니다. 생성형 AI 파트에서는 최신 트렌드와 실무 사례를 폭넓게 다루었습니다. 이 책은 AI를 처음 접하는 입문자와 실무자 모두에게 좋은 지침서가 될 것입니다.

강경목 | 하림그룹 한국썸벧(주) 영업전략팀장(부장/데이터분석가/경영학박사)

몇 년간 딥러닝이나 인공지능 활용서만 보다가 이 책을 읽으며 다시 초심으로 돌아갔습니다. 오래전에 공부한 내용들이 머릿속에 쏙쏙 들어오도록 친절한 설명과 그림으로 구성되어 있습니다. 인공지능과 딥러닝 기본 이론부터 파이썬 문법, 구글 코랩과 허깅페이스 활용법, 생성형 AI까지 모든 내용이 알차게 담겨 있습니다. 책을 보는 내내 예전에 어설프게 공부했던 부분을 바로잡는 기분이 들어 매우 만족스러웠습니다. 인공지능과 딥러닝을 공부하려는 분들에게 적극 추천합니다.

김영익 | 백엔드 개발자

머리말

〈모두의 인공지능 with 파이썬〉이 세상에 나온 지도 벌써 5년이 되었습니다. 그동안 인공지능 분야에서는 엄청난 지각 변동이 있었습니다. 인공지능이 글, 그림, 영상, 음악 등을 생성해 주는 생성형 인공지능으로 발전하면서 많은 사람이 이 기술에 영향을 받았죠.

한 언론사 기사에 따르면 우리나라 국민 세 명 중 한 명은 생성형 인공지능을 사용한 경험이 있다고 합니다. 챗지피티(ChatGPT), 제미나이(Gemini), 클로드(Claude) 등으로 대표되는 생성형 인공지능 서비스를 말이죠. 이 조사에서 질문을 "인터넷을 사용해 본 사람은 얼마나 될까요?"라고 바꾼다면, 그 결과는 세 명 중 한 명이 아니라 거의 모든 사람이라는 결과가 나올 것입니다. 갑자기 왜 인터넷을 말하냐고요? 저는 생성형 인공지능 기술이 지금의 인터넷처럼 거의 모든 사람이 사용할 시기가 올 것이라고 생각합니다. 이러한 생각과 함께, 저는 〈모두의 인공지능 with 파이썬〉 또한 변화가 필요하다고 보았습니다. 우리가 사용하는 생성형 인공지능 서비스는 대규모 언어 모델을 사용하고 있습니다. 이 대규모 언어 모델은 딥러닝 기술의 발전으로 등장하게 된 유용한 기술입니다. 그렇기 때문에 모두를 위한 인공지능 입문서라면 대규모 언어 모델 내용이 필수적으로 포함되어야 한다고 말이죠.

이 책을 선택하신 여러분은 이러한 인공지능을 단순히 어떻게 활용할지에 초점을 맞추고 있기보다 어떤 원리로 이러한 기술이 만들어졌는지 호기심을 가지고 계실 것입니다. 저는 이 책을 보는 모든 사람이 인공지능을 이해하고, 인공지능을 직접 개발해 볼 수 있도록 집필했습니다.

개정판도 마찬가지입니다. 기존에 다루었던 딥러닝과 관련된 내용뿐만 아니라 생성형 인공지능까지 모든 사람이 최신 인공지능 기술을 이해하고, 이를 실제로 구현할 수 있도록 안내해 주는 지침서가 될 수 있도록 했습니다. 여러분 덕분에 〈모두의 인공지능 with 파이썬〉 개정판이 나올 수 있게 된 점에 마음 깊이 감사 드리며, 이 책을 펼쳐 보신 모든 사람이 인공지능 시대에 한걸음 더 나아 갈 수 있길 바랍니다.

SPECIAL Thanks To

먼저 이 책을 선택해 주신 독자 여러분께 가장 큰 감사 인사를 드립니다. 이 책의 개정판이 나올 수 있도록 애써 주신 길벗출판사 관계자 여러분, 특히 안윤경 팀장님, 김윤지 팀장님과 이다빈 에디터님께 감사 드립니다. 학자로서 늘 모범이 되어 주시는 구덕회 교수님께 감사 드립니다. 또 제 존재만으로도 무한한 사랑을 주시는 아버지, 어머니와 옆에서 늘 응원해 주는 평생의 반려자 선영이, 제 삶의 원동력인 사랑하는 시윤, 세인이에게도 감사의 마음을 표합니다.

2025년 7월

이명호

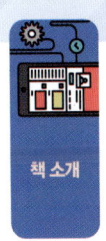

책 소개

 누구를 위한 책인가요?

 이 책은 '파이썬을 사용하여 인공지능을 개발하고 싶은 사람'을 대상으로 합니다. 특히 딥러닝 기술과 생성형 인공지능 기술을 이해하고 싶은 분을 대상으로 합니다. 기존 인공지능 서비스를 사용하고 활용하는 데 그치는 것이 아닌, 그 원리를 알고 실제 프로그래밍을 통해 모델을 개발하고 싶지만 어려운 수식과 복잡한 기술, 프로그래밍 때문에 망설였던 분에게 적극 추천합니다.

 **어떤 내용을 주로 다루나요?**

 이 책은 인공지능의 두 가지 내용을 다룹니다. 바로 딥러닝과 생성형 인공지능입니다. 딥러닝 원리를 이해하고, 이를 바탕으로 '손글씨를 구분하는 인공지능', '전염병 확진자 수를 예측하는 인공지능', '새로운 그림을 만들어 내는 인공지능'을 실습합니다. 그리고 생성형 인공지능의 원리를 이해하고, 코랩에서 대규모 언어 모델(LLM)을 실행하며 검색 증강 생성과 파인튜닝 등을 실습할 수 있도록 구성했습니다.

 파이썬을 몰라도 괜찮나요?

 네, 그렇습니다. 이 책은 파이썬을 처음 접하는 독자를 대상으로 집필했습니다. 이 책의 셋째 마당에서는 파이썬의 기본 문법을 안내합니다. 단 여기에서 제시하는 문법은 파이썬의 모든 문법이 아니라, 이 책에서 다루는 인공지능 실습에 필요한 문법입니다. 이 책의 넷째 마당과 다섯째 마당에서 직접 인공지능 프로그램을 만들면서 배운 문법을 익혀 볼 수 있도록 구성했습니다. 각 코드마다 자세하게 설명되어 있어 초보자도 충분히 이해할 수 있습니다.

이 책의 구성과 활용법

이 책은 크게 다음과 같이 총 5개의 파트와 부록으로 구성되었습니다.

첫째 마당 인공지능 개념 이해	인공지능이란 무엇이며 인공지능을 구현하는 기술인 머신러닝은 무엇인지 살펴봅니다. 머신러닝의 세 가지 학습 방법과 인공지능을 가볍게 체험해 볼 수 있는 도구(티처블 머신, 퀵 드로우, 오토드로우)를 소개합니다.
둘째 마당 딥러닝 이해	딥러닝 모델을 실제로 개발하려면 딥러닝 원리를 알아야 합니다. 둘째 마당에서는 딥러닝과 인공 신경망의 원리를 배웁니다. 초보자도 어렵지 않게 학습할 수 있도록 최대한 어려운 수학 내용은 배제하고, 딥러닝의 세부 기술 원리를 그림으로 쉽게 표현했습니다.
셋째 마당 인공지능 개발을 위한 파이썬 첫걸음	딥러닝을 만들려면 컴퓨터를 사용해야 하고 그 컴퓨터에서 명령을 내리려면 컴퓨터가 사용하는 언어를 알고 있어야 합니다. 셋째 마당에서는 딥러닝과 생성형 인공지능을 실습할 때 사용하는 프로그래밍 언어인 파이썬의 문법 요소를 집고 갑니다. 또 파이썬 언어를 사용할 수 있는 도구인 구글 코랩(colab)을 사용해 봅니다. 파이썬과 코랩에 이미 익숙한 사람이라면 셋째 마당은 건너뛰어도 괜찮습니다.
넷째 마당 딥러닝 프로그래밍 시작	지금까지 배운 내용을 토대로 인공지능(딥러닝) 모델을 직접 만들어 봅니다. 인공지능 모델을 만드는 데 필요한 도구(텐서플로, 케라스)를 소개한 후 숫자 인식 인공지능, 코로나 19 확진자 수 예측 인공지능, 숫자 생성 인공지능 모델을 각각 만들어 봅니다. 초보자도 쉽게 프로그래밍할 수 있도록 코드 한 줄 한 줄 자세한 설명을 달아 두었습니다.
다섯째 마당 생성형 인공지능 프로그래밍 시작	생성형 인공지능의 개념과 원리를 알아봅니다. 특히 생성형 인공지능의 기술적 모태인 트랜스포머 알고리즘을 살펴봅니다. 이후 허깅페이스에서 다양한 대규모 언어 모델(LLM)을 불러와서 실행해 보고, 검색 증강 생성(RAG), 파인튜닝(fine-tuning)까지 진행해 봅니다.
부록	구글 코랩이 아닌 환경에서 실습하려는 분을 위해 파이썬 환경을 만드는 방법을 설명합니다. 또 git을 설치하는 방법도 안내했습니다.

동영상 강의 안내

유튜브에서 책 제목(《모두의 인공지능 with 파이썬》)으로 검색하거나 QR 코드를 찍으면 저자의 동영상 강의를 무료로 볼 수 있습니다.

예제 파일 내려받기 & 활용법

이 책에 나오는 예제는 파이썬으로 작성했으며, 인공지능 프로젝트에 필요한 예제 파일을 제공합니다. 코드를 직접 입력하여 결과를 얻는 방식을 권하지만, 해결하기 어려운 문제라면 완성된 예제 파일을 열어 확인하세요.

❶ 길벗출판사 웹 사이트(https://www.gilbut.co.kr)에 접속하여 검색 창에 도서 이름으로 검색하여 예제 파일을 원하는 폴더에 내려받습니다.

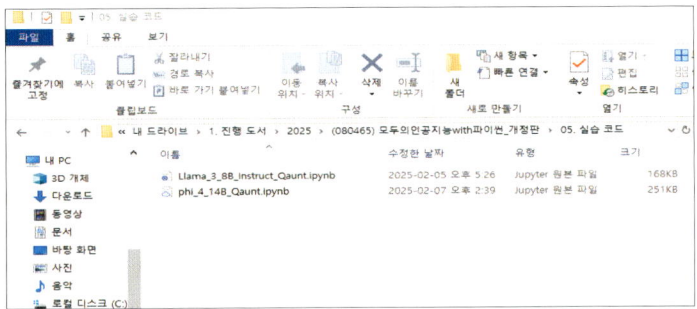

❷ UNIT 09의 내용을 따라 파이썬을 실행할 코랩 환경을 설정합니다(웹 브라우저와 구글 계정만 있으면 됩니다).

❸ 코랩을 실행한 후 파일 > 노트 열기를 선택합니다.

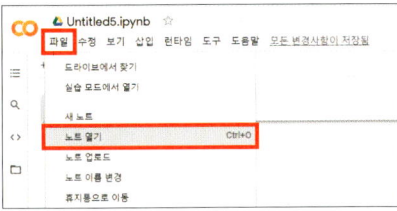

❹ 업로드 탭 > 파일 선택 버튼을 클릭한 후 ❶에서 예제 파일을 내려받은 폴더로 이동합니다. 예제 파일을 클릭하여 연 후 UNIT 10의 내용을 참고하여 코드를 실행합니다.

목차

첫째마당 인공지능 개념 이해 — 015

UNIT 01 인공지능 개념 이해하기 — 016
1. 인공지능이란 — 016
2. 머신러닝이란 — 017
3. 딥러닝이 머신러닝인가요? — 019
4. 생성형 인공지능 — 019

UNIT 02 머신러닝 학습 방법 살펴보기 — 022
1. 지도 학습 — 023
2. 비지도 학습 — 026
3. 강화 학습 — 029

UNIT 03 인공지능 체험하기 — 033
1. 티처블 머신 체험하기 — 033
2. 퀵 드로우 체험하기 — 041
3. 오토드로우 체험하기 — 044

둘째마당 딥러닝 이해 — 049

UNIT 04 딥러닝 원리 이해하기 — 050
1. 딥러닝과 인공 신경망 — 050
2. 사례로 살펴보는 인공 신경망의 원리 — 052
3. 인공 신경망의 재료, 여러 특징을 가진 데이터 — 054
4. 인공 신경망의 작동 모습 — 055

UNIT 05 인공 신경망의 신호 전달 원리 — 057
1. 신호를 전달할 때 사용하는 가중치와 편향 — 057
2. 들어오는 신호 세기를 조절하는 활성화 함수 — 059

UNIT 06 인공 신경망의 학습 원리   067
1. 인공 신경망이 오차 구하기   069
2. 인공 신경망의 핵심! 오차 줄이기   071

UNIT 07 텐서플로 플레이그라운드로 딥러닝 체험하기   075
1. 텐서플로 플레이그라운드 접속하기   075
2. 시작 버튼 클릭하기   076
3. 출력 부분 살펴보기   077
4. 신경망의 구조 설계하기   079
5. 데이터 입력 형태 선택하기   080
6. 복잡한 형태의 데이터 구분하기   083
7. 텐서플로 플레이그라운드 2배로 즐기기   085

UNIT 08 다양한 딥러닝 기술 살펴보기   086
1. 합성곱 신경망 살펴보기   088
2. 순환 신경망 살펴보기   090
3. 스케치 RNN으로 순환 신경망 체험하기   092
4. 생성 신경망 살펴보기   095
5. 디퓨전 모델 체험하기   099

셋째마당 인공지능 개발을 위한 파이썬 첫걸음

UNIT 09 인공지능 개발의 기초, 파이썬과 코랩   104
1. 파이썬이란   104
2. 코랩으로 파이썬 환경 구축하기   106

UNIT 10 파이썬 프로그래밍 시작, 천리길도 변수부터   110
1. 변수를 사용해서 숫자 더하기 프로그래밍하기   111
2. 변수를 사용해서 문자 더하기 프로그래밍하기   113
3. 변수의 자료형 살펴보기   114
4. 강제로 변수형 바꾸기   115

UNIT 11 인공지능 파이썬 코딩의 주춧돌, 배열   117
1. 배열 만들기   118
2. 배열 길이 살펴보기   118
3. 배열의 각 원소에 접근하기   118
4. 슬라이싱 살펴보기   120

UNIT 12 인공지능을 위한 배열, 넘파이   123
1. 넘파이 설치하기   124
2. 넘파이 불러오기   124

	3 넘파이 배열 만들기	125
	4 넘파이 2차원 배열 만들기	127
	5 넘파이 배열 형태 바꾸기	129
	6 넘파이 함수 살펴보기	130

UNIT 13 인공지능을 위한 반복문   135
1 배열과 반복문(for문)   136
2 반복문(for문) 만들기   136
3 range() 함수 살펴보기   140

UNIT 14 인공지능을 위한 조건문   143
1 if문 살펴보기   143
2 if else문 살펴보기   144
3 홀짝 구별하는 함수 만들기   145

UNIT 15 생성형 인공지능 개발을 위한 파이썬 문법   148
1 딕셔너리: 이름표가 붙은 주머니   148
2 리스트 컴프리헨션, 스마트한 리스트 만들기   152
3 람다 함수: 짧고 간단한 계산기 만들기   157
4 map과 filter: 리스트 전체에 변화 주기   160
5 객체와 클래스: 기능을 가진 도구를 만드는 방법   165

넷째마당 딥러닝 프로그래밍 시작   171

UNIT 16 딥러닝 개발 환경 살펴보기   172
1 텐서플로 살펴보기   172
2 케라스 살펴보기   174
3 GPU 살펴보기   176

UNIT 17 숫자 인식 인공지능 만들기   180
1 개발 환경 만들기   181
2 데이터셋 불러오기   184
3 MNIST 데이터셋에서 X 형태 바꾸기   188
4 MNIST 데이터셋에서 Y 형태 바꾸기   190
5 인공지능 모델 설계하기   193
6 모델 학습시키기   197
7 모델 정확도 살펴보기   200
8 모델 학습 결과 확인하기   201
9 잘 예측한 데이터 살펴보기   204
10 잘 예측하지 못한 데이터 살펴보기   207

UNIT 18 전염병 예측 인공지능 만들기 — 210
1. 코로나 19 확진자 수 예측 인공지능 개발 원리 — 211
2. 데이터 가져오기 — 214
3. 데이터 정규화 및 분류하기 — 216
4. 데이터 형태 변경하기 — 218
5. 입력 데이터 생성하기 — 223
6. 인공지능 모델에 넣어 줄 형태로 변환하기 — 225
7. 인공지능 모델 만들기 — 227
8. 모델 학습시키기 — 230
9. 데이터 예측하기 — 231
10. 모델 정확도 살펴보기 — 233
11. 결과를 그래프로 확인하기 — 235

UNIT 19 숫자 생성 인공지능 만들기 — 240
1. 숫자 생성 인공지능 개발 원리 — 241
2. 개발 환경 만들기 — 242
3. 데이터 불러오기 — 244
4. 생성자 신경망 만들기 — 245
5. 판별자 신경망 만들기 — 249
6. GAN 생성 함수 만들기 — 253
7. 결과 확인 함수 만들기 — 256
8. 생성적 적대 신경망 훈련시키기 — 258

다섯째 마당 생성형 인공지능 프로그래밍 시작

UNIT 20 생성형 인공지능 원리 살펴보기 — 268
1. 텍스트 토큰화와 임베딩 — 268
2. 트랜스포머 이전 문장을 다루던 방법 — 277
3. 어텐션의 등장과 트랜스포머 — 283
4. 트랜스포머를 구성하는 인코더와 디코더 — 288
5. 트랜스포머의 후손 — 294
6. 왜 디코더 모델이 더 강세를 보이고 있을까? — 296

UNIT 21 코랩에서 LLM 실행하기 — 299
1. 개방형 LLM 작동 원리 — 299
2. 허깅페이스 접근 코드 발급받기 — 301
3. 코랩 환경 설정하기 — 306
4. LLM 내려받기 — 308
5. LLM에 질문하기 — 313

UNIT 22　양자화하여 LLM 실행하기　316

1. LLM의 양자화 원리　316
2. 코랩 환경 설정하기　320
3. 라이브러리 설치 및 불러오기　320
4. 모델 양자화 설정하기　323
5. 토크나이저 및 모델 불러오기　325
6. LLM에 질문하기　326
7. phi-4 모델 양자화하여 불러오기　330
8. phi-4 모델로 추론하기　333

UNIT 23　RAG로 Open LLM을 개인 비서로 만들기　337

1. 검색 증강 생성 작동 원리　338
2. 라이브러리 설치 및 가져오기　339
3. LLM 양자화하여 불러오기　341
4. 검색 증강 생성을 위한 데이터베이스 만들기　344
5. 검색 증강 생성으로 모델 추론하기　349

UNIT 24　나만의 데이터로 LLM 파인튜닝하기　354

1. LLM 파인튜닝 작동 원리　356
2. 필요한 라이브러리 설치 및 불러오기　357
3. 모델 불러오기　359
4. LoRA 설정하기　364
5. 학습 데이터셋 불러오기　372
6. SFT 트레이너 설정 및 학습 시작　376
7. 학습 모델 추론하기　379

✱ 부록　383

부록 A　코랩이 아닌 파이썬 환경 만들기　384

1. 아나콘다 설치 방법　384
2. 텐서플로 및 케라스 설치 방법　386
3. 주피터 노트북 사용 방법　388

부록 B　git 설치하기　391

찾아보기　393

인공지능 개념 이해

이제 인공지능을 이해하는 일은 선택이 아닌 필수입니다. 많은 사람이 말하는 인공지능이란 과연 무엇일까요? 첫째 마당에서는 인공지능이란 무엇이고, 인공지능을 구현하는 기술인 머신러닝은 무엇인지 살펴보겠습니다. 나아가 머신러닝의 세 가지 학습 방법과 인공지능을 가볍게 체험할 수 있는 도구도 살펴보겠습니다.

UNIT 01 인공지능 개념 이해하기

1 인공지능이란

인공지능이란 말 그대로 '인공적으로 만든 지능'을 의미합니다. 그렇다면 지능이란 무엇일까요? 국립국어원의 표준국어대사전에서는 지능을 '계산이나 문장 작성 따위의 지적 작업에서 성취 정도에 따라 정하여지는 적응 능력'으로 정의합니다. 즉, 지능이란 지적 작업에 필요한 능력이지요.

지능의 예를 한번 살펴볼까요? 길을 가다가 돈을 발견했을 때 '우와 돈이 떨어졌네! 횡재했다!'고 생각하는 과정을 풀어서 봅시다. 우리 눈이 길에 떨어진 지폐 한 장을 바라봅니다. 그러면 뇌는 그것이 가짜 지폐인지 진짜 지폐인지 구분합니다. 이렇게 구분할 수 있는 이유는 바로 우리한테 지능이 있기 때문이죠.

지능에는 무엇인가를 보고 그것이 무엇인지 알 수 있는 능력, 무엇인가를 듣고 어떤 의미인지 이해하는 능력과 생각할 수 있는 능력까지 포함됩니다. 이와 같은 지능을 사람이 아닌 기계가 가질 수 있도록 하는 것이 바로 인공지능입니다. 사람의 전유물이라고 생각했던 지적 능력을 기계도 발휘할 수 있도록 한 것이죠.

이러한 인공지능을 사용한 사례는 다양합니다. 그중 세상을 놀라게 한 구글의 음성인식 기술을 살펴볼까요? 구글이 사람의 말을 알아듣고 대화할 수 있는 인공지능을 만들었는데, 그 성능을 시험하고자 미용실 점원과 직접 대화하도록 했습니다. 커트를 예약하는 미션이었습니다. 처음에 인공지능이 원하는 시간에는 예약이 가득 차 있었습니다. 미용실 점원이 다른 시간대를 제안하자 인공지능이 사람과 비슷하게 "음, 좋아요!"라고 말해 미션에 성공합니다. 좌중은 웃음으로 가득 찼고, 이 미션을 진행하는 동안 미용실 점원은 자신이 인공지능과 대화한다는 사실조차 알지 못했다고 합니다.

그림 1-1 인간이 가진 지능 예

또 사람이 운전하듯이 인공지능이 운전하는 무인 자동차는 이미 우리 생활 속에 들어와 있습니다. 심지어 사람보다 더 정확하게 물건을 인식하고, 감정까지 알아차리는 인공지능이 속속 개발되고 있죠.

그렇다면 이러한 인공지능은 어떻게 만들까요? 오늘날 우리가 사용하는 인공지능 대부분은 머신러닝을 사용해서 만듭니다. 그럼 지금부터 머신러닝이 무엇인지 살펴보겠습니다.

2 머신러닝이란

앞에서 인공지능이란 '인공적으로 만든 지능'을 의미한다고 했습니다. 그렇다면 어떻게 인공적으로 지능을 만들 수 있을까요? 해답은 바로 머신러닝입니다.

머신러닝은 데이터를 사용하여 인공지능을 만들 수 있습니다. 마치 요리사가 밀가루 반죽을 오븐에 넣어 빵을 만들듯이 데이터라는 재료를 머신러닝을 사용하여 하나의 인공지능으로 만듭니다.

그림 1-2 인공지능을 만들 때 사용하는 머신러닝

물론 인공지능을 만드는 방법에는 머신러닝을 포함하여 여러 방법이 있습니다. 하지만 오늘날 인공지능을 만들 때 가장 많이 사용하는 방법은 머신러닝입니다.

인공지능은 기계가 스스로 생각할 수 있게 해서 사람이 맞닥뜨리는 여러 문제를 해결하도록 돕는 역할을 합니다. 이러한 문제 역시 굳이 인공지능이 아닌 여러 프로그램을 사용하여 해결할 수 있습니다. 전통적인 프로그래밍 방식으로 말이죠(여기에서 '전통적'은 '머신러닝 방식이 아닌 방식'을 설명하는 표현입니다).

우리가 사용하는 자동문을 생각해 봅시다. 사람 혹은 어떤 물체가 다가가면 자동으로 문이 열립니다. 문을 언제 여는지, 어떤 속도로 열고 언제 닫을지 프로그래머가 자동문 프로그램에 명령을 작성해서 자동문 시스템에 넣어 두었기 때문입니다.

하지만 머신러닝 방법은 조금 다릅니다. 머신러닝을 직역하면 '기계가 공부하는 것'입니다. 즉, 사람이 직접 프로그램을 만들어서 기계에 넣어 주는 것이 아니라, 문을 언제 어떻게 열 것인지 등 기계가 스스로 문제를 해결하는 방법을 학습합니다.

그러면 머신러닝은 무엇을 가지고 학습할까요?

바로 데이터입니다. 수많은 데이터, 즉 빅데이터 속에서 스스로 규칙을 찾고 그 규칙을 학습합니다. 다시 말해 머신러닝은 데이터를 사용해서 기계가 스스로 학습하는 방식이라고 볼 수 있습니다.

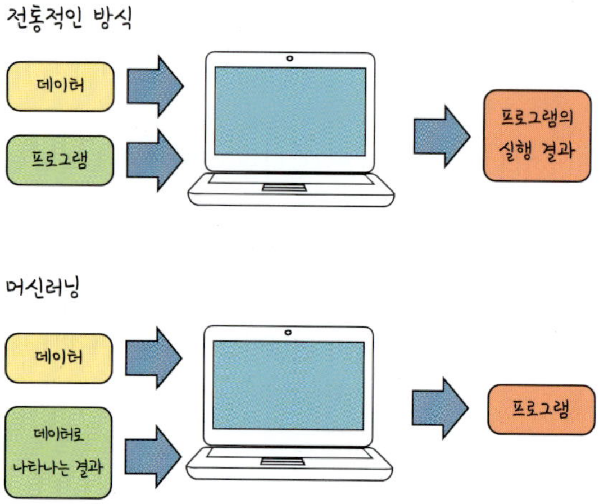

그림 1-3 전통적인 프로그래밍 vs 머신러닝

전통적인 프로그래밍에서는 어떤 결과를 내려면 프로그램을 만들어야 했습니다. 그 프로그램에 어떤 값을 주면 정해진 프로그램에 따라 그 결괏값이 나옵니다. 예를 들어 2를 곱하는 프로그램이 있다고 합시다. 이 프로그램은 특정한 숫자(데이터)인 10을 넣으면 20이라는 결괏값(프로그램 실행 결과)을 출력합니다. 이처럼 전통적인 프로그래밍에서는 데이터를 넣으면 그 데이터를 어떤 식으로 처리하는지 프로그래머가 프로그램을 작성했습니다.

하지만 머신러닝은 데이터로 나타나는 결과를 사용하여 학습하기 때문에 스스로 프로그램을 만들 수 있습니다. 전통적인 방식에서 프로그램을 사람이 만들었다면, 머신러닝에서는 그 프로그램을 기계가 스스로 만듭니다. 특정한 데이터와 함께 그 데이터로 나타나는 결과를 같이 넣어 주면 기계가 그 관계를 찾아냅니다. 기계가 스스로 관계를 찾아내므로 예전처럼 사람이 직접 프로그래밍할 필요가 없어졌습니다. 이와 같이 기계가 스스로 프로그램을 만드는 것을 가리켜 '기계가 학습한다'고 보는 것이지요. 그 학습 재료는 바로 데이터이므로 오늘날 데이터의 중요성 또한 상당히 강조되고 있습니다. 그래서 데이터를 다른 말로 '인공지능 시대의 석유'라고도 하지요.

3 딥러닝이 머신러닝인가요?

인공지능을 개발하는 도구로 가장 많이 거론되는 기술이 바로 딥러닝입니다. 앞에서 인공지능을 만들 수 있는 방법이 바로 머신러닝이라고 했는데요. 딥러닝 또한 인공지능을 만드는 방법 중 하나입니다. 그렇다면 딥러닝을 머신러닝이라고 할 수 있을까요?

네, 그렇습니다. 딥러닝도 데이터를 재료로 인공지능을 만들기에 '딥러닝을 머신러닝'이라고 할 수 있습니다. 하지만 '머신러닝은 딥러닝이다'고 단정 지을 수는 없습니다.

머신러닝은 인공지능을 만들 때 수많은 데이터를 사용하여 기계가 스스로 학습하는 방법입니다. 이 외에도 수많은 방법이 있는데 그중 하나가 바로 딥러닝이죠. 최근 이목을 끄는 유명한 인공지능은 대부분 딥러닝을 사용해서 만들었습니다. 그렇기 때문에 '딥러닝이 곧 인공지능'이라고 오해하는 사람이 많습니다. 딥러닝은 인공지능을 만드는 방법 중 하나일 뿐입니다. 인공지능을 만드는 방법은 딥러닝 이외에도 다양한 방법을 사용하고 있다는 것을 꼭 기억해 두세요.

4 생성형 인공지능

이제는 '인공지능'을 이야기할 때 챗지피티(ChatGPT)를 빼놓고는 이야기하기 어려운 시대가 되었습니다. 이는 마치 2016년 알파고가 이세돌 9단을 이길 때와 비슷한 모습입니다. 2016년만 하더라도 '인공지능 = 알파고'라는 공식이 있을 정도로 알파고는 사람들 뇌리에 인상 깊게 남은 프로그램이었죠.

약 6년 후인 2022년 챗지피티가 등장하면서 이제 사람들이 생각하는 인공지능은 챗지피티로 변화되었습니다. 심지어 2024년에는 노벨 물리학상 수상자로 머신러닝 발전에 기여한 컴퓨터 공학자인 존 홉킨스 교수와 제프리 힌튼 교수를 선정하기도 했죠. 기존 노벨 물리학상은 과학 분야 중에서 특히 물리학, 조금 더 범위를 넓히면 천문학 분야에서 혁혁한 학문적 공을 세운 사람에게 수여했습니다. 그럼 어떤 연구자가 노벨 물리학상을 받았는지 살펴볼까요? 첫 번째 노벨상은 X선을 발견한 빌헬름 뢴트겐에게 수여했으며, 이후 수상자는 방사능을 연구한 퀴리 부부, 광전 효과를 연구한 아인슈타인, 양자 역학의 파인만, 우주의 힉스 입자를 연구한 힉스 등 한 번쯤은 이름을 들어 본 과학자들이었습니다.

그런데 2024년에는 컴퓨터 과학자가 받았습니다. 노벨상에는 수학상과 컴퓨터상이 없습니다. 그 대신 수학의 노벨상인 필즈상(우리나라의 허준이 교수가 수상하기도 했죠)이 있고, 컴퓨터 공학의 노벨상인 튜링상이 있습니다. 물론 제프리 힌튼 교수는 이전에 튜링상을 받아 이미 컴퓨터 공학에서는 유명인입니다. 이렇게 컴퓨터 공학과 거리를 두었던 노벨상에서도 최근 머신러닝, 딥러닝, 생성형 인공지능의 발전으로 변화하는 사회에 맞추는 모습을 보이고 있습니다.

그럼 이 '생성형 인공지능'이란 무엇일까요?

인공지능 기술이 점점 더 발전하면서 단순히 주어진 데이터를 분석하고 분류하는 역할을 넘어 '새로운 콘텐츠를 직접 만들어 내는' 인공지능이 등장했습니다. 이러한 인공지능을 **생성형 인공지능**(generative AI)이라고 합니다.

생성형 인공지능은 말 그대로 '새로운 것을 생성하는 인공지능'입니다. 기존 인공지능이 주어진 정보를 바탕으로 답을 찾거나 데이터를 분류하는 역할을 했다면, 생성형 인공지능은 그림을 그리거나 음악을 작곡하거나 새로운 문장을 만들어 낼 수 있습니다.

어떻게 인공지능은 새로운 것을 만들어 낼 수 있을까요? 바로 딥러닝 기술을 활용한 머신러닝 모델 덕분입니다. 생성형 인공지능은 많은 데이터를 학습한 후 패턴을 분석하여 새로운 데이터를 만들어 냅니다. 예를 들어 수많은 그림을 학습한 인공지능은 새로운 그림을 그릴 수 있고, 수많은 문장을 학습한 인공지능은 새로운 이야기를 만들어 낼 수 있습니다.

생성형 인공지능은 이미 우리 생활 곳곳에서 사용되고 있습니다.

> **사용 예시**

- **그림 그리기**: 인공지능이 그림을 그려서 예술 작품을 만들어 냅니다. 유명한 예술가의 그림 스타일을 학습한 후 새로운 작품을 창작하기도 합니다.
- **글쓰기**: 인공지능이 기사를 작성하거나 소설을 씁니다. 심지어 특정 작가의 문체를 따라 글을 쓸 수도 있습니다.
- **음악 작곡**: 인공지능이 기존 음악을 학습한 후 새로운 멜로디를 작곡할 수 있습니다.
- **영상 생성**: 인공지능이 짧은 애니메이션을 만들거나 실제 사람이 등장하는 것처럼 보이는 영상을 만들어 내기도 합니다.

그림 1-4 생성형 인공지능이 다양하게 사용되는 모습

다음과 같이 실제로 생성형 인공지능을 활용한 프로그램이나 서비스는 많습니다.

- **챗지피티**(ChatGPT): 사람처럼 자연스럽게 대화를 이어 갈 수 있는 인공지능 챗봇입니다. 질문에 답변을 하거나, 글을 작성하는 데 도움을 줍니다.
- **제미나이**(Gemini): 구글에서 개발한 생성형 인공지능 서비스입니다. 생성형 인공지능 알고리즘인 트랜스포머를 개발한 회사답게 모델의 성능이 지속적으로 향상되고 있습니다.
- **클로드**(Claude): OpenAI의 초기 멤버들이 설립한 Anthropic에서 개발한 인공지능 챗봇으로, 대화의 맥락을 깊이 있게 이해하고 윤리적인 답변을 제공하는 데 중점을 둔 AI입니다.
- **딥시크**(DeepSeek): 중국의 대형 AI 스타트업에서 개발한 언어 모델로, 오픈소스 기반으로 공개되어 개발자와 연구자가 쉽게 활용할 수 있습니다. 성능 면에서도 GPT 계열과 유사한 수준의 이해력을 보여 주고 있지만, 인공지능 모델에서 개인 정보 활용과 관련된 사회적 이슈가 발생하기도 했죠.
- **스테이블 디퓨전**(Stable Diffusion): 오픈소스로 공개된 이미지 생성 인공지능 모델로 누구나 자유롭게 사용할 수 있으며, 텍스트를 기반으로 고품질 이미지를 생성할 수 있습니다.

생성형 인공지능이 발전하면서 그 핵심 기술 또한 빠르게 진화하고 있습니다. 넷째 마당에서는 그림과 영상을 생성하는 생성적 적대 신경망(GAN)을 다루며, 인공지능이 시각적인 콘텐츠를 어떻게 만들어 내는지 살펴봅니다. 다섯째 마당에서는 문장을 이해하고 생성하는 LLM(대규모 언어 모델)의 원리와 활용법을 구체적으로 탐구합니다.

생성형 인공지능의 원리를 이해하고 직접 실습해 보면서 우리가 사용하는 AI 기술이 어떻게 동작하는지 깊이 있게 알아보겠습니다.

UNIT 02 머신러닝 학습 방법 살펴보기

유튜브, 아마존, 네이버, 넷플릭스 등에서 여러분 취향과 관심에 맞는 콘텐츠를 추천받아 본 경험이 있나요?

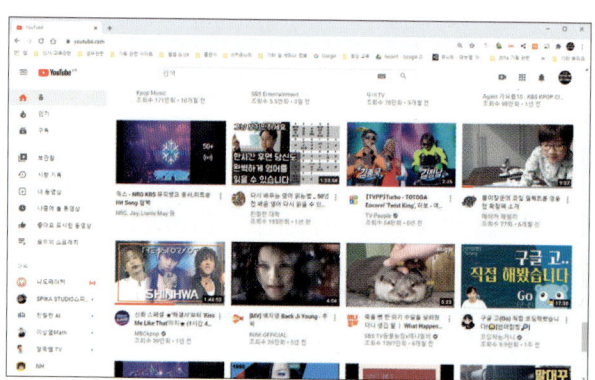

그림 2-1 유튜브, 넷플릭스 등 알고리즘이 추천한 콘텐츠

최근 인공지능을 사용한 콘텐츠 추천에는 머신러닝 방법이 많이 사용됩니다. 물론 이 머신러닝 방법 중 딥러닝을 사용하여 만든 인공지능도 있죠. 앞에서도 말했듯이 딥러닝은 다양한 머신러닝 방법 중 하나입니다. 곧 머신러닝에는 여러 방법이 있다는 말입니다.

머신러닝은 데이터를 사용하여 스스로 학습합니다. 머신러닝 학습 방법에 따라 크게 지도 학습, 비지도 학습, 강화 학습 이렇게 세 가지로 구분할 수 있습니다.

머신러닝 방법을 모두 설명하는 것은 이 책 범위를 벗어납니다. 따라서 이 책을 살펴보고 머신러닝의 다양한 방법이 궁금한 사람은 〈머신러닝 교과서 with 파이썬, 사이킷런, 텐서플로, 개정3판〉(길벗, 2021)를 살펴보세요.

1 지도 학습

■ 지도 학습 의미 살펴보기

지도 학습이라고 하니 뭔가 어색하죠? 단어의 뜻이 와닿지 않아서일 것입니다. 그렇다면 단어의 뜻을 먼저 알아보겠습니다.

'지도'는 어떤 목적이나 방향으로 남을 가르쳐 이끈다는 의미입니다. 즉, 지도 학습은 인공지능을 누군가가 직접 가르치고 이끄는 학습 방법입니다. 그렇다면 누가 어떻게 인공지능을 가르칠까요?

그림 2-2 지도 학습은 정답 데이터로 가르치는 것

인공지능은 처음부터 강아지와 고양이, 암과 암이 아닌 것을 구별할 수 있을까요? 그렇지 않습니다. 처음 상태의 인공지능은 마치 어린아이와 같아서 아무것도 알지 못합니다. 이러한 인공지능한테 "이것은 사과니? 배니?" 하고 물어도 정확한 답을 알 수 없습니다.

그림 2-3 감독자 입장에서 인공지능을 학습시키는 지도 학습

그림 2-3과 같이 학습할 때는 인공지능한테 사과 사진을 보여 주며 "이것은 사과야."라고 말해 주고, 배 사진을 보여 주며 "이것은 배야."라고 말해 줍니다. 이렇게 인공지능이 어떤 사진으로 학습할 때 학습하는 하나하나마다 감독자 입장에서 학습시키는 것을 바로 지도 학습이라고 합니다.

그렇다면 이러한 감독은 사람이 할까요? 그렇지 않습니다. 지도 학습은 머신러닝의 학습 방법 중 하나이기 때문에 인공지능이 데이터를 보고 스스로 학습합니다. 여기에서 감독자는 데이터 그 자체입니다. 지도 학습은 데이터 중에서도 정답이 있는 데이터를 사용하여 학습합니다. 이 점이 다른 학습 방법과 가장 큰 차이입니다.

그림 2-4 데이터의 정답: 레이블

그렇다면 데이터인데 정답이 있는 데이터란 무엇을 의미할까요? 데이터 모습을 보면 그 안에 정답이 들어 있습니다. 바로 레이블이라는 이름으로 말이죠.

이때 사과 사진과 배 사진은 서로 다른 수많은 종류의 사진이지만, 사과와 배라는 '이름'은 일정합니다. 이 이름을 전문 용어로 **레이블**(label)이라고 합니다. 이 레이블이 바로 데이터 정답을 의미합니다. 사과 사진과 배 사진이 각각 무엇을 의미하는지 데이터만 보고도 알 수 있기 때문입니다.

이제 이러한 형태의 데이터를 인공지능에 입력하여 학습시키면 인공지능은 여러 장의 사과 사진을 보며 사과의 고유한 특성을 찾아내고, 여러 장의 배 사진을 보며 배의 고유한 특성을 찾아냅니다. 이렇게 수많은 데이터를 사용하여 학습한 인공지능에 새로운 사진을 보여 주며 "이것이 사과야? 배야?"라고 물으면 인공지능은 학습한 내용을 바탕으로 정답을 말할 수 있습니다.

지금부터 이러한 지도 학습이 어디에 사용되는지 살펴보겠습니다.

■ **지도 학습 사례 살펴보기 1: 분류**

먼저 지도 학습은 분류(classification)에 사용됩니다. 지도 학습은 정답이 있는 데이터, 즉 레이블이 있는 데이터를 사용하여 인공지능 학습을 진행합니다. 그러므로 레이블 개수에 따라 분류할 수 있습니다. 그중 두 가지를 구분할 수 있는 분류(예를 들어 스팸 메일인지와 일반 메일인지를 구별하는 분류, 병원에서 환자의 폐 사진을 찍은 CT 사진에서 암이 보이는지 아닌지를 분류)를 **이진 분류**(binary classification)라고 합니다. 다양한 새의 종류나 붓꽃(Iris)의 종류, 지폐처럼 여러 개 중 하나를 구별해 내는 분류일 때는 **다중 분류**(multiclass classification)라고 합니다.

이와 같은 분류는 데이터의 정답 개수에 따라 그 종류가 결정됩니다. 즉, 어떤 데이터에서 여러 성질을 두 가지 답으로 나타낼 수 있다면, 그 데이터를 사용하여 이진 분류를 할 수 있습니다.

그리고 여러 성질을 세 가지 이상 답으로 나타낼 수 있다면 그 데이터로 지도 학습을 사용하여 다중 분류가 가능한 인공지능을 개발할 수 있지요.

그림 2-5 다중 분류 예

■ 지도 학습 사례 살펴보기 2: 회귀

다음으로 지도 학습은 회귀(regression)에 사용됩니다. 회귀란 연속적인 값을 예측하는 것입니다. 일상생활에서 연속적인 값을 예측하는 문제는 아주 다양합니다. 예를 들어 주식을 예측하는 문제, 학생 성적을 예측하는 문제, 집값을 예측하는 문제, 물건 가격을 예측하는 문제 등 말이죠.

이와 같이 연속적인 값을 예측하는 문제는 분류와는 분명히 다릅니다. 분류는 특정한 값, 즉 데이터의 정답 개수(레이블 개수)에 따라 분류하는 가짓수가 결정됩니다. 하지만 예측은 그렇지 않습니다. 특정한 값만 예측할 수 있는 것이 아니라 다양한 값을 예측할 수 있습니다.

예를 들어 집값을 예측하는 문제를 살펴볼까요? 미국 보스턴의 집값을 예측할 수 있는 데이터가 있습니다. 이 데이터에는 총 13가지 특징 데이터가 있는데 집에 있는 방 개수, 범죄율, 고속도로 접근성, 재산세율, 교사/학생 비율 같은 내용입니다. 그리고 각 데이터의 정답 또한 들어 있는데, 바로 집값(가격)입니다.

표 2-1 미국 보스턴 집값 데이터

	방 개수	범죄율	고속도로 접근성	…	가격(단위 $1,000)
1	3	0.0025	0.54	…	42
2	2	0.0035	0.74	…	40
3	4	0.0032	0.24	…	15
4	3	0.0006	0.91	…	52
5	…	…	…	…	…

이와 같이 데이터로 집값을 예측하는 인공지능을 만들 수 있습니다. 앞에서 살펴보았듯이 암인지 아닌지처럼 특정한 상황 중 하나의 상황을 정하는 것이 아니라, 특정한 범위의 집값처럼 연속된 값 중에 특정한 하나의 값을 예측하는 것이죠.

2 비지도 학습

■ 비지도 학습 의미 살펴보기

비지도 학습은 지도 학습이 아닌 학습을 의미합니다. 비지도 학습은 영어로 unsupervised learning입니다. 지도 학습은 supervised learning인데 반대를 의미하는 접두사 un이 결합된 단어지요.

지도 학습은 정답이 있는 데이터를 사용하여 인공지능을 학습시켰지만, 비지도 학습은 정답이 있는 데이터가 아닌 정답이 없는 데이터를 사용합니다. 그렇다면 비지도 학습에서 인공지능은 어떻게 학습할까요?

인공지능이 사과와 배를 학습한다고 합시다. 여기에서는 무엇이 사과 사진이고 배 사진인지 정답을 알려 주지 않는다는 점이 다릅니다.

인공지능은 무엇이 사과고 배인지 알 수 없으므로 사과와 배를 정확하게 구분하라고 할 수는 없습니다. 그 대신 수많은 사진을 보여 주고 그것을 2개로 나누어 보라고 하면 인공지능은 여러 사진을 비교하며 스스로 형태를 나눕니다. 대상의 특징을 살펴보고 스스로 그 특징에 따라 구분해 나가는 것입니다. 이때 인공지능은 높은 확률로 사과는 사과대로, 배는 배대로 구분해 나갑니다. 하지만 정답이 없기 때문에 무엇이 사과고 배인지는 결코 알지 못하죠.

사과와 배 사진으로 2개가 아니라 3~4개로 구분하라고 한다면 어떻게 될까요? 아마 사과와 배의 품종별로 구분할 수도 있겠죠? 이처럼 정답이 없는 데이터에서는 그 데이터 특징을 찾아서 스스로 구분해 나갑니다. 이렇게 구분해 나가면 새로운 데이터가 들어왔을 때 그 데이터가 어떤 그룹에 속하는지 스스로 판단할 수 있습니다. 정답이 없는 데이터를 사용해서 스스로 판단할 수 있는 지능을 얻는 셈이죠.

그림 2-6 데이터를 보고 스스로 구분하는 비지도 학습

이러한 비지도 학습은 지도 학습을 보완하는 중요한 역할을 합니다. 지도 학습이 가능한 상황은 모범 답안, 즉 데이터의 정답(레이블)이 있을 때입니다. 미지의 상황, 즉 모범 답안이 없는 상황에서는 지도 학습을 사용할 수 없습니다. 현실의 여러 문제를 분류하는 문제는 답이 없을 때가 더 많아 이러한 상황에서 비지도 학습은 아주 유용하게 사용됩니다.

예를 들어 사진에서 사람의 얼굴을 판별하여 사람별로 사진을 정리해 주는 인공지능을 살펴봅시다. 이 인공지능은 처음에는 각 사람의 얼굴 특징을 바탕으로 사람을 구별해 나갑니다. 누가 누구인지 정답이 없기 때문입니다. 이때는 비지도 학습 방식을 사용합니다. 누가 누구인지 지도해 주는 사람이 없어도 얼굴 특징을 바탕으로 구별하는 것이죠. 즉, 지도 학습이 정답이 있는 데이터로 학습한다면, 비지도 학습은 정답이 없는 데이터로 학습합니다.

다음으로 이러한 비지도 학습을 어디에 사용하는지 살펴보겠습니다.

■ 비지도 학습 사례 살펴보기 1: 군집화

정답이 없는 데이터를 사용하여 인공지능을 만드는 비지도 학습 방식으로 어떤 인공지능을 만들 수 있을까요? 바로 데이터를 여러 그룹으로 묶는 군집화(clustering)를 할 수 있습니다. 데이터의 여러 특징을 살펴보고, 가장 대표적인 특징만 뽑아내는 차원 축소를 할 수 있습니다(차원 축소는 뒤에서 설명합니다).

먼저 군집화를 살펴볼 텐데요. 인기 유튜브 콘텐츠를 보다 보면 종종 이러한 댓글들을 봅니다.

> "알 수 없는 알고리즘이 나를 이곳으로 데려왔다."

누군가 유튜브 추천 영상을 시청하고 단 댓글입니다. 유튜브뿐만 아니라 오늘날 추천 시스템(recommender system)은 다양한 곳에서 사용됩니다. 동영상 스트리밍 사이트인 넷플릭스나 인터넷 상거래 기업인 아마존, 네이버나 카카오 같은 기업에서는 수요자에게 알맞은 콘텐츠를 제공하기 위해 다양한 알고리즘을 사용합니다.

이러한 알고리즘에는 인공지능을 사용합니다. 물론 각 기업에서 어떤 인공지능 알고리즘을 사용하는지 구체적으로 밝히지는 않았지만, 사람들의 특징을 구분할 때 비지도 학습을 주로 사용합니다.

앞에서 비지도 학습은 정답이 없는 데이터를 사용하는 방식이라고 했습니다. 세상의 다양한 데이터에는 정답이 있는 데이터보다 정답이 없는 데이터가 많기 때문에 이러한 데이터를 적절하게 사용하는 것이 중요합니다.

다양한 사람이 물건을 구매한 내역을 보고 그들을 여러 그룹으로 나눌 수 있습니다. 이때 그룹을 나누는 기준을 사람이 알고리즘을 만들어서 할 수도 있지만, 비지도 학습을 사용하면 데이터의 특징으로 스스로 판단해서 몇 개의 그룹으로 나눌 수 있습니다.

이와 같이 비지도 학습을 사용하면 데이터를 다양한 그룹으로 만들 수 있습니다. 이렇게 만들어진 그룹을 군집(cluster)이라고 합니다. 그리고 다양한 그룹으로 만드는 과정을 군집화라고 합니다.

그림 2-7 군집화 예

군집화는 어떻게 사용할까요? 물건을 구매한 내역을 바탕으로 그룹을 만들면 새로운 사람에게 상품을 추천해 줄 수 있습니다. 새로운 사람에게 물건을 추천해 주기 위해서는 그 사람이 어떤 그룹과 유사한 소비 패턴을 보이는지 살펴보면 됩니다. 기존에 비지도 학습으로 그룹을 만들었으면, 이 모델에 새로운 사람이 구매한 데이터를 넣을 수 있습니다. 그럼 그 모델은 새로운 사람이 그룹 A · B · C 중 어디에 속하는지 알려 줄 수 있습니다. 예를 들어 그룹 B로 분류했다고 생각해 봅시다. 그룹 사람들이 이전에 어떤 물건을 구매했는지를 확인해서 새로운 사람에게 이를 추천하는 시스템을 만들 수 있습니다.

이 방식이 바로 우리가 자주 볼 수 있는 추천 시스템의 원리입니다.

■ 비지도 학습 사례 살펴보기 2: 차원 축소

다음으로 비지도 학습을 사용하면 차원 축소(dimensionality reduction)를 할 수 있습니다. 여기에서 차원이란 바로 데이터 특징을 의미합니다. 데이터 특징을 전문 용어로 피처(feature)라고 합니다. 지도 학습에서 예로 들었던 집값을 예측하는 데 필요한 데이터가 각각의 피처인 셈이죠.

다음 그림과 같이 집값을 예측하는 상황이라고 가정해 봅시다. 방 개수, 범죄율, 고속도로 접근성, 가격 등 집을 선택하는 데 작용하는 데이터는 여러 종류가 있습니다. 모든 조건(데이터)을 고려할 수 없으므로 이 중에서 몇 가지 특징으로 좁혀 나갑니다. 이를 "데이터의 피처를 줄인다."라고 표현합니다.

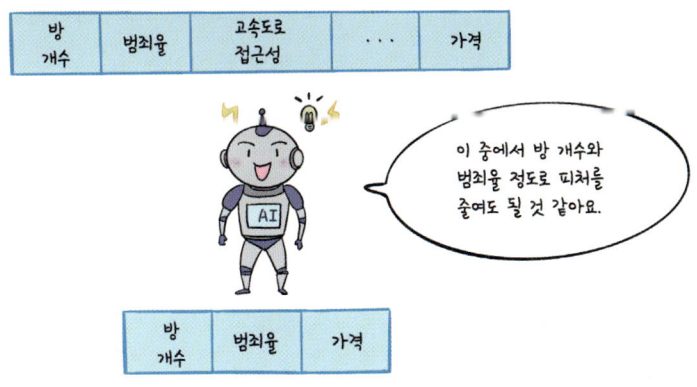

그림 2-8 집값을 예측하는 데이터의 피처를 줄이는 과정

데이터 특징이 많으면 좋지만, 그 수가 컴퓨터가 처리하기 힘들 정도로 많거나 의미 없는 데이터가 있다면 굳이 모두 분석할 필요는 없습니다.

이러한 상황에서 비지도 학습을 사용하여 데이터 특징들을 줄여 줍니다. 바로 데이터 피처를 줄이는 것이라고 볼 수 있습니다. 비지도 학습으로 데이터를 가장 잘 표현할 데이터 피처를 찾아 주어 데이터를 더욱 효율적으로 사용할 수 있죠.

 강화 학습

■ 강화 학습 의미 살펴보기

우리가 지도 학습과 비지도 학습을 알아볼 때 '지도'라는 단어의 뜻을 가장 먼저 살펴보았죠? 이번에도 단어의 뜻을 알아봅시다. 강화 학습에서 사용하는 '강화'라는 단어는 어떤 것의 수준이나 정도를 높인다는 뜻입니다.

도대체 무엇의 수준이나 정도를 높인다는 의미일까요? 바로 인공지능의 수준을 높인다는 말입니다. 그 수준을 높이는 데 사용하는 것이 바로 시행착오입니다. 시행착오는 우리 삶에서도 자주 살펴볼 수 있습니다.

여러분은 오락실이 무엇인지 알고 있나요? 요즘에는 게임을 컴퓨터에 설치해서 손쉽게 할 수 있습니다. 집에서 게임하거나 PC방에서 게임할 수 있습니다. 하지만 1980~1990년대는 컴퓨터가 비싸고 귀했던 시절이라서 개인이 컴퓨터에 게임을 설치하기가 쉽지 않았습니다. 오락실에 가야만 비디오 게임을 할 수 있는 오락기들이 있었고 그 오락기에 100원을 넣고 한 번씩 게임할 수 있었죠.

오락실에 가면 승부욕이 발동한 친구들을 볼 수 있었습니다. 그 친구들의 준비물은 무엇이었을까요? 바로 게임이 끝났을 때 다시 시작할 수 있는 마법과도 같은 존재, 바로 돈이었습니다.

다른 것도 마찬가지이지만 게임도 하다 보면 실력이 늡니다. 바로 시행착오를 거치면서 게임 방법을 알게 되기 때문이죠. 그럼 어떤 과정을 거쳐 게임을 잘하게 되는지 자세히 살펴봅시다.

오락실에서 유행한 게임 중 〈슈퍼 마리오〉가 있습니다. 〈슈퍼 마리오〉는 마리오를 움직여서 여러 장애물을 피하고 적들을 물리쳐 제한 시간 안에 목표 지점까지 가야 이기는 게임입니다.

그림 2-9 〈슈퍼 마리오〉 게임 (출처: 슈퍼 마리오)

처음에 아무런 정보 없이 〈슈퍼 마리오〉를 시작하면 금방 게임이 끝나 버릴 것입니다. 어떻게 적을 물리쳐야 하는지, 장애물은 어떻게 피하는지 잘 모르기 때문이죠. 하지만 게임을 한 번, 두 번 하다 보면 어떻게 하는지 그 방법을 차차 알게 됩니다.

〈슈퍼 마리오〉 게임을 했다면 잘 알겠지만 상자를 두드리면 버섯이 나옵니다. 그 버섯을 먹으면 몸집이 아주 커지죠. 적에 닿아도 죽지 않는 말 그대로 '슈퍼' 마리오입니다. 게임을 계속 하다 보면 이렇게 슈퍼 마리오가 되는 방법 또한 자연스럽게 익힙니다. 처음에는 슈퍼 마리오가 될 수 있는 버섯이 어디에 있는지 전혀 알지 못하죠? 하지만 게임을 하다가 어떤 상자에 들어 있을지 계속 시도하고 여러 번 죽기도 하는 시행착오 속에서 게임하는 방법을 배워 나갑니다.

게임하다 보면 절벽 장애물을 만날 때도 있습니다. 이 절벽 장애물을 점프하지 않고 그냥 지나간다면 절벽으로 떨어져서 목숨을 하나 잃게 되죠. 목숨을 잃지 않으려면 다음부터는 절벽이 나오면 점프해야 합니다.

이렇게 게임 방법을 배우는 과정은 비단 〈슈퍼 마리오〉에만 적용되는 것은 아닙니다. 게임 영역 밖에서도 일어나는 인간의 자연스러운 학습 과정입니다.

인간이 생각하는 방식을 모방한 인공지능에서도 이러한 시행착오 속에서 학습을 적용합니다. 시행착오를 거쳐 학습하는 방식, 이것이 바로 강화 학습입니다.

■ 강화 학습 사례 살펴보기

강화 학습을 위해서는 달성하려는 목표가 필요합니다. 그리고 그 목표를 이루는 상이 필요합니다. 이 두 조건이 있으면 강화 학습 방식의 인공지능은 스스로 자신에게 상을 주며 목표를 이룹니다.

혹시 〈아타리(Atari)〉라는 벽돌 깨기 게임을 아나요? 먼저 다음 QR 코드를 찍어 영상을 참고해 보세요.

이 강화 학습 방식은 예전부터 연구된 기술이지만 딥러닝과 만나면서 그 잠재력이 폭발했습니다. 강화 학습과 딥러닝의 극적인 만남을 이룬 기업이 바로 알파고를 만든 딥마인드(DeepMind)입니다.

딥마인드에서는 알파고를 만들기 전에 자신들이 제작한 딥러닝 기반 강화 학습 방식이 잘되는지 확인하려고 〈벽돌 깨기〉 게임을 인공지능에 학습시켰습니다.

〈벽돌 깨기〉 게임의 방법은 간단합니다. 좌우로 움직일 수 있는 바(bar)를 사용하여 공을 튀겨 위쪽에 있는 벽돌을 모두 깨는 것입니다. 벽돌을 모두 깨면 승리하고, 공을 모두 떨어트리면 지는 규칙입니다.

처음 인공지능을 훈련시킬 때만 하더라도 인공지능이 공을 따라가지 못해 금방 게임이 끝났습니다. 하지만 10분, 30분, 200분 이상 계속 게임하면서 시행착오를 많이 거쳤습니다. 그 결과 학습한 인공지능은 사람이 도저히 따라갈 수 없는 속도와 정확도로 게임을 진행하게 되었습니다.

벽돌 깨기 고수들은 어떤 식으로 게임을 진행할까요? 바로 공을 벽돌 위로 올리는 것입니다. 그러면 공을 튀길 필요가 없습니다. 공이 알아서 위쪽에 있는 벽돌을 충분히 깨고 내려오기 때문이죠. 강화 학습으로 벽돌 깨기를 학습시킨 인공지능은 바로 이러한 게임 고수들이 하는 것과 같은 방법을 사용합니다.

간단한 게임에서 강화 학습의 가능성을 확인한 딥마인드는 이제 바둑으로 눈을 돌립니다. 그 결과가 바로 알파고입니다. 알파고는 바둑을 학습한 인공지능입니다.

딥마인드는 알파고에 프로 바둑 기사의 기보를 바탕으로 바둑 두는 방법을 알려 주었습니다. 그다음에는 알파고끼리 서로 대결을 벌였습니다. 대결이 진행될수록 알파고는 어떻게 하면 이길 수 있는지 스스로 학습을 진행했습니다.

이제 강화 학습은 게임과 바둑을 넘어 다양한 분야로 적용되고 있습니다. 자율 주행 자동차, 인공지능 로봇 등으로 확대되고 있는 강화 학습은 앞으로 우리 사회를 크게 바꿀 중요한 학습 방식입니다.

강화 학습을 사용한 사례 중 흥미로운 사례를 하나 소개합니다. 다음 QR 코드에서 직접 확인하세요.

QR 코드 속 영상에는 사람과 같은 모양의 인공지능 모델 더미가 걸어다니고 있습니다. 연구진은 더미한테 걷는 방법을 직접 알려 주지 않았습니다. 더미의 무게 중심이 어떨 때 넘어지는지 정보를 입력한 후 더미한테 넘어지지 말라는 명령만 했죠. 그리고 다양한 환경을 제시했을 뿐입니다.

더미는 과연 어떻게 되었을까요? 영상에서 확인할 수 있듯이 마치 사람이 걷는 것처럼 움직이기 시작했습니다. 하지만 사람이 움직이는 대로 멋지게 움직인 것은 아닙니다. 한쪽 팔을 우스꽝스럽게 들고 뛰어가거나 위태롭게 장애물을 건너는 모습도 보여 주었죠. 연구진은 이 실험으로 사람 모습을 닮은 로봇인 안드로이드도 어떻게 걷고 뛰어야 하는지 강화 학습으로 스스로 학습할 수 있음을 보여 주었습니다.

인공지능 체험하기

우리 목표는 인공지능을 만들어 보는 것입니다. 인공지능을 만들려면 기본적인 프로그래밍 능력과 인공지능에 관한 어느 정도 배경지식이 필요합니다. 프로그래머가 아니라면 갑자기 이 모든 것을 배우기가 쉽지 않지요. 하지만 여기에서 소개할 도구를 사용하면 인공지능이 어떤 방식으로 만들어지는지 누구나 간단하게 체험해 볼 수 있습니다.

1 티처블 머신 체험하기

먼저 머신러닝의 지도 학습 방법으로 인공지능을 만들어 보는 과정을 체험해 보겠습니다. 체험 도구는 티처블 머신(Teachable Machine)입니다. 티처블 머신은 구글에서 개발한 인공지능 개발 체험 도구로, 쉽고 간단하게 인공지능을 만들 수 있습니다.

 잠깐만요 **티처블 머신을 사용하려면 컴퓨터와 연결된 웹캠(카메라)이 필요해요!**

이 실습을 진행하려면 웹캠이 필요합니다. 그리고 태블릿이나 스마트폰이 아닌 데스크톱 PC 또는 노트북이 필요하답니다. 티처블 머신은 PC용 웹 브라우저에서 인공지능을 만들기 때문입니다.
내 컴퓨터에 웹캠이 있는지 알 수 있는 가장 빠른 방법은 모니터에 작은 카메라 렌즈가 있는지 확인하는 것입니다. 또 다른 방법은 윈도우 작업표시줄의 검색 창에서 '카메라'라고 검색하여 Enter 를 눌러 보는 것입니다.
카메라 앱이 실행되면 웹캠이 있는 것입니다.
요즘 나오는 노트북이나 태블릿에는 웹캠이 기본으로 내장되어 있지만, 사용하는 컴퓨터가 데스크톱 PC나 슬림형 PC라면 웹캠이 있는지 꼭 확인해 보세요. 웹캠이 없을 경우 11번가, 옥션, G마켓, 쿠팡 같은 인터넷 쇼핑몰에서 '웹캠'으로 검색해서 원하는 것을 구입하면 된답니다. 요즘은 웹캠 성능이 매우 우수해서 1~3만 원대 제품이면 충분합니다.

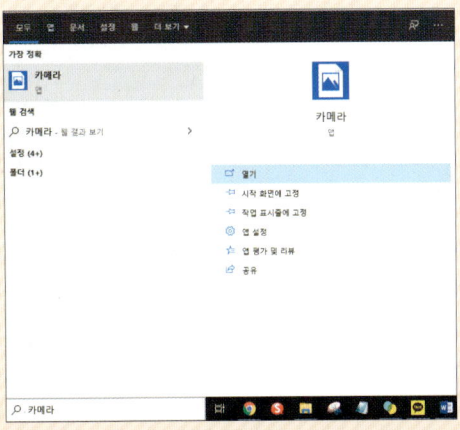

그림 3-1 컴퓨터에서 웹캠을 실행한 화면

티처블 머신은 머신러닝의 학습 방법 중 지도 학습을 사용합니다. 티처블 머신의 이미지 인식 기능을 사용하여 수신호를 구별하는 인공지능을 만들어 보겠습니다. 사용할 수신호는 스쿠버 다이빙에서 사용하는 수신호입니다. 스쿠버 다이빙을 할 때는 주변 사람과 의사소통하는 데 다음 수신호를 사용합니다.

그림 3-2 스쿠버 다이빙에서 사용하는 수신호

그럼 지금부터 이 수신호를 인식할 수 있는 인공지능을 만들어 보겠습니다.

1 티처블 머신 웹 사이트(https://teachablemachine.withgoogle.com/)에 접속한 후 **Get Started**를 클릭합니다.

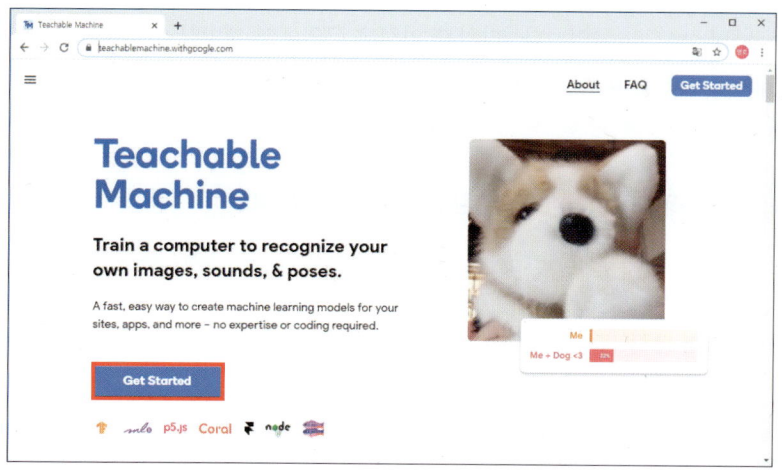

그림 3-3 티처블 머신에서 [Get Started] 클릭

> **TIP** 티처블 머신은 크롬 브라우저에 최적화되어 있으므로 티처블 머신을 사용할 때는 크롬 브라우저를 사용할 것을 권장합니다.

2 Image Project를 클릭합니다.

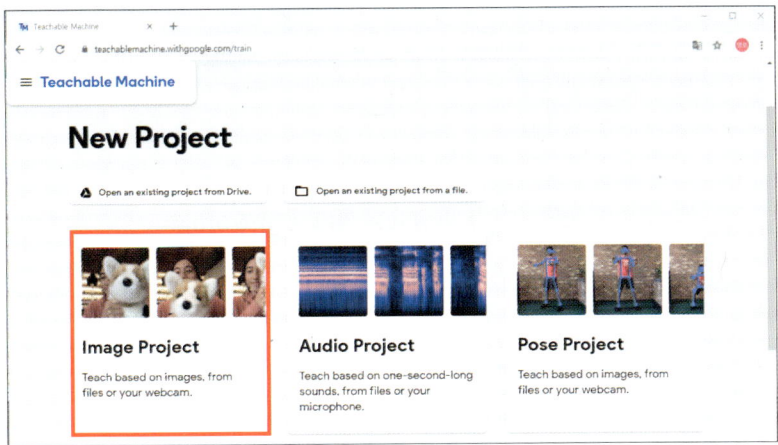

그림 3-4 [Image Project] 클릭

3 총 4개의 수신호와 배경을 구분하는 인공지능을 만들기 위해 아래쪽에 있는 **Add a class**를 3회 클릭하여 **Class 1~Class 5** 총 5개의 레이블을 만듭니다.

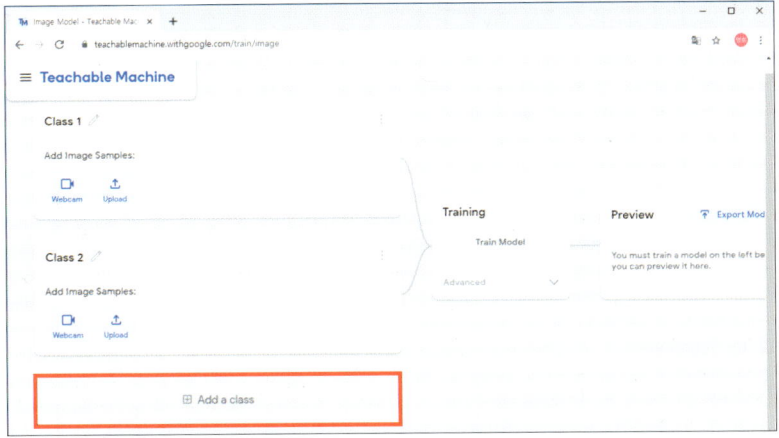

그림 3-5 [Add a class] 클릭

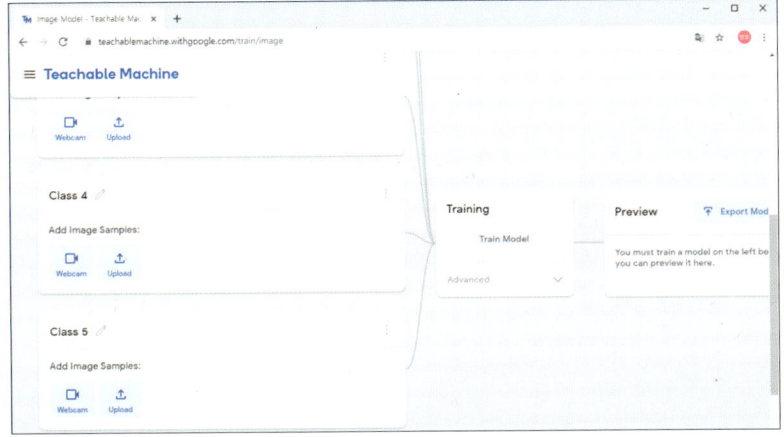

그림 3-6 Class 1~Class 5 총 5개의 레이블 만들기

> **잠깐만요** 티처블 머신은 지도 학습을 사용
>
> 지도 학습은 정답이 있는 데이터로 학습하는 것입니다. 따라서 티처블 머신에서 인공지능 모델을 만들 때는 데이터 정답을 의미하는 레이블을 넣어야 합니다.

4 Class 1에 'Go Up('위로 올라가자'는 의미)'을 입력합니다. 그리고 **웹캠 아이콘**(⬚)을 클릭합니다.

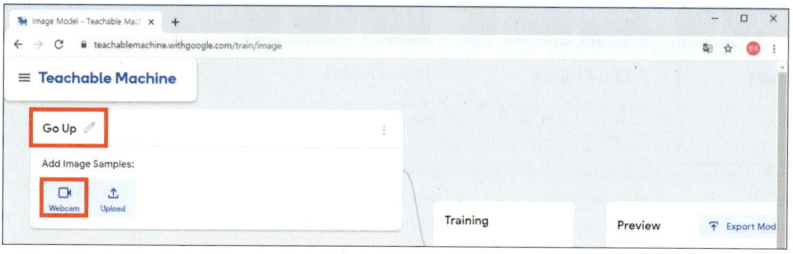

그림 3-7 'Go Up' 입력 후 웹캠 아이콘 클릭

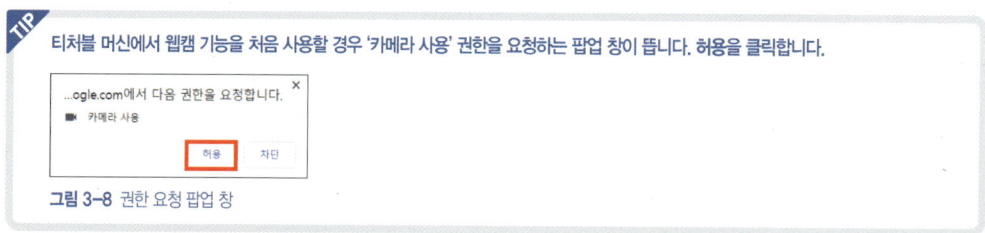

5 웹캠이 실행되면 **Hold to Record**를 클릭하여 사진 데이터를 넣습니다. 다음 그림과 같이 Go Up 모양의 손동작을 만든 후 웹캠에 잘 나오도록 자리를 잡아 보세요. 여러 장의 사진 데이터를 넣으려면 **Hold to Record**를 2~3초간 클릭하고 있으면 됩니다. 이것이 바로 Go Up 레이블에 해당하는 데이터를 생성하는 과정입니다.

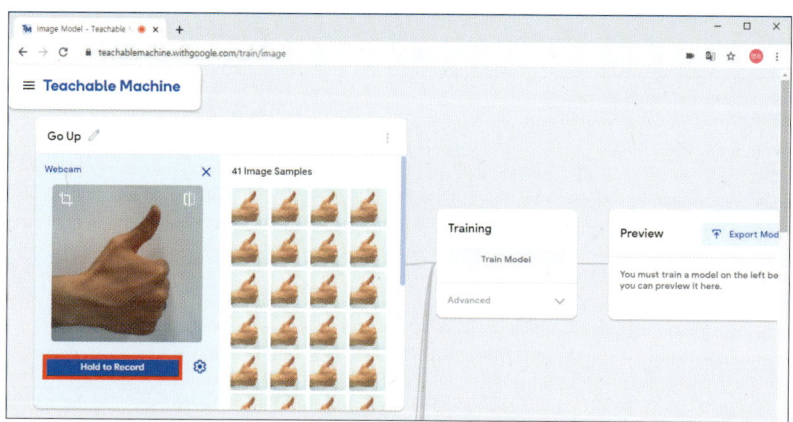

그림 3-9 Go Up 모양의 사진 데이터 입력

> **잠깐만요** **인공지능의 인식률을 높이려면 어떻게 해야 하나요?**
>
> 인공지능이 손동작을 잘 인식하게 하려면 입력하는 이미지 개수가 많으면 됩니다. 하지만 너무 많이 넣으면 인공지능이 학습하는 데 시간이 오래 걸릴 수 있습니다. 손동작을 만들 때는 앞에서 본 손동작뿐만 아니라 옆에서 본 손동작 등 다양한 방향에서 본 사진 데이터를 넣으면 인식률이 더 높아집니다.

6 이번에는 Class 2에 'Go Down('아래로 내려가자'는 의미)'을 입력하고 **웹캠 아이콘**(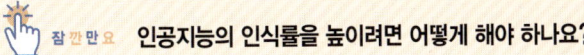)을 클릭하여 해당하는 손동작 사진을 넣습니다.

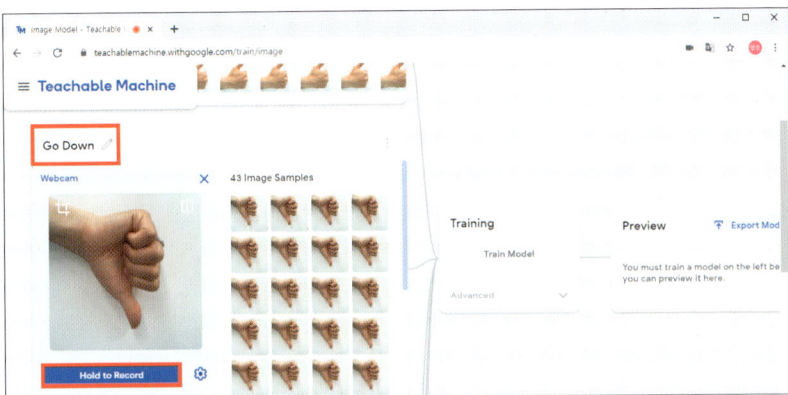

그림 3-10 Go Down 모양의 사진 데이터 입력

7 Class 3에 'Stop('멈춰'라는 의미)'을 입력하고 같은 방식으로 사진을 넣습니다.

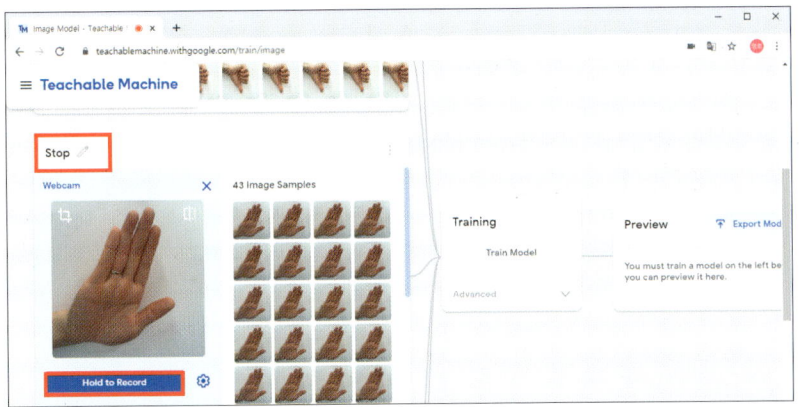

그림 3-11 Stop 모양의 사진 데이터 입력

8 Class 4에 'OK('괜찮아'라는 의미)'를 입력하고 같은 방식으로 사진을 넣습니다.

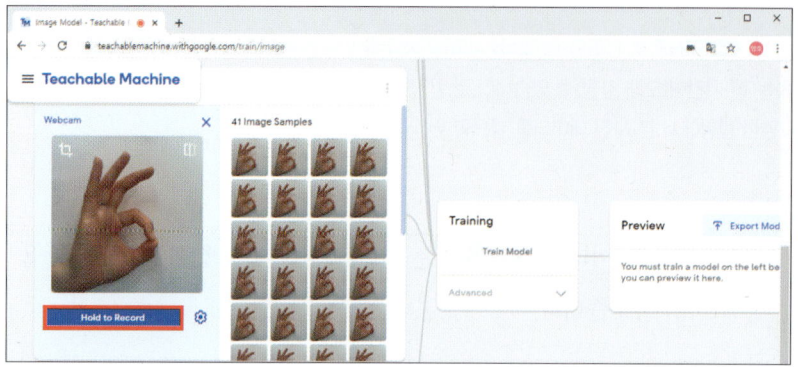

그림 3-12 OK 모양의 사진 데이터 입력

9 마지막으로 Class 5에 'BG'를 입력하고 흰색 배경 사진을 넣습니다. BG는 배경(BackGround)의 약자입니다.

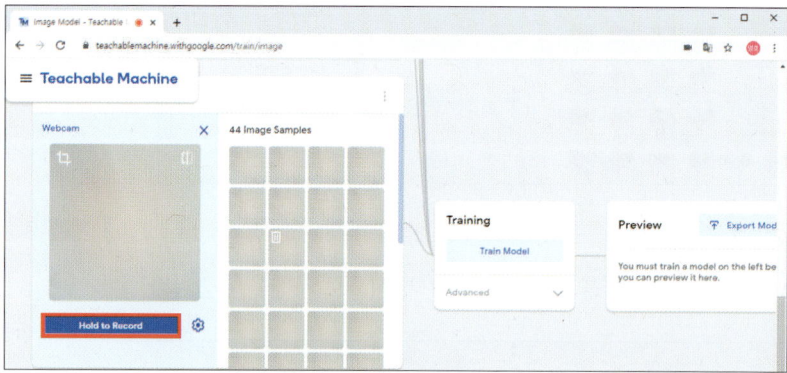

그림 3-13 BG 데이터 입력

10 다음으로 인공지능 모델을 학습시키고자 **Train Model**을 클릭합니다. 티처블 머신이 각 레이블과 그에 해당하는 사진 데이터를 사용하여 학습을 시작합니다.

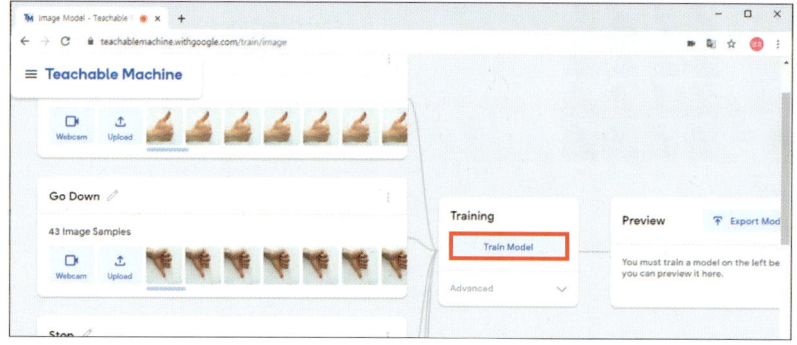

그림 3-14 [Train Model] 클릭

11 다음 그림과 같이 화면이 바뀌면서 인공지능이 학습을 시작합니다. 이때 창을 전환하면 학습하지 않으니 유의하세요.

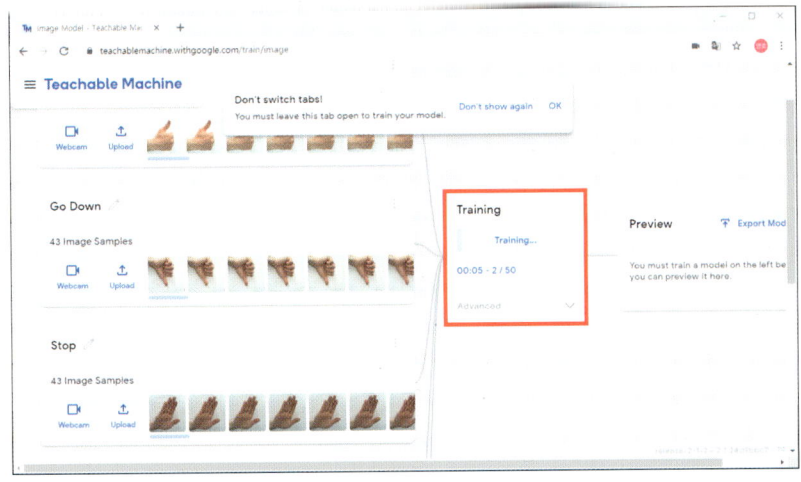

그림 3-15 인공지능 모델 학습 진행

 잠깐만요 **Advanced는 무엇인가요?**

Training 단계 아래쪽에 보면 학습을 설정할 수 있는 공간이 있습니다. Advanced를 클릭하면 그림과 같이 에포크(Epochs), 배치 사이즈(Batch Size), 학습률(Learning Rate)을 설정할 수 있습니다. 이것은 인공지능을 학습시킬 때 사용하는 하이퍼파라미터 값입니다. 즉, 인공지능이 학습하는 방법을 변경할 수 있다고 이해하면 됩니다. 자세한 내용은 둘째 마당에서 본격적으로 딥러닝을 배울 때 설명하겠습니다.

책의 마지막 부분까지 살펴본 후 다시 티처블 머신을 체험해 보세요. 아는 만큼 보인다는 말이 딱 와닿을 것입니다.

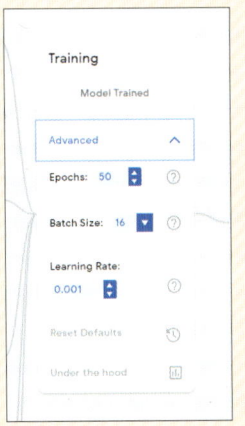

그림 3-16 Advanced의 하이퍼파라미터 값

UNIT 03 인공지능 체험하기 **039**

12 이제 Preview에서 모델 성능을 확인해 봅시다. 웹캠에 손동작을 바로 인식시킨 후 인공지능이 손동작을 보고 Go Up인지, OK인지를 잘 인식하는지 확인해 봅시다. Go Up의 경우 100% 확률로 인식했고, OK의 경우 99% 확률로 인식했네요.

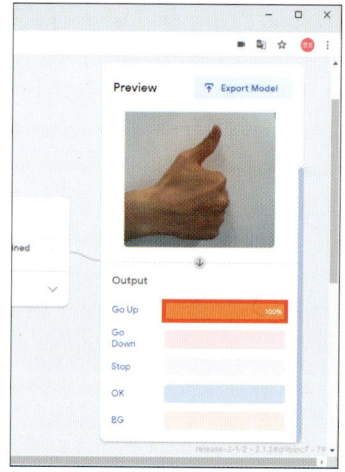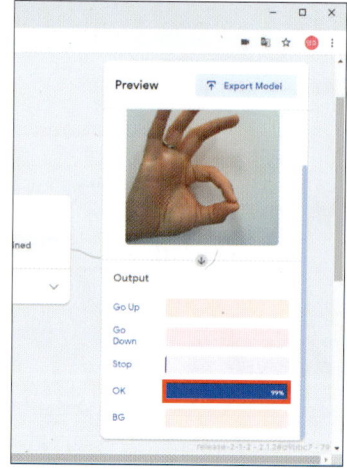

그림 3-17 인공지능 모델 성능 테스트

> **TIP** 혹시 잘 인식하지 않는다면 앞으로 돌아가 사진 데이터를 더 추가한 후 다시 인공지능 모델을 학습시켜 보세요.

 잠깐만요 **Export Model은 무엇인가요?**

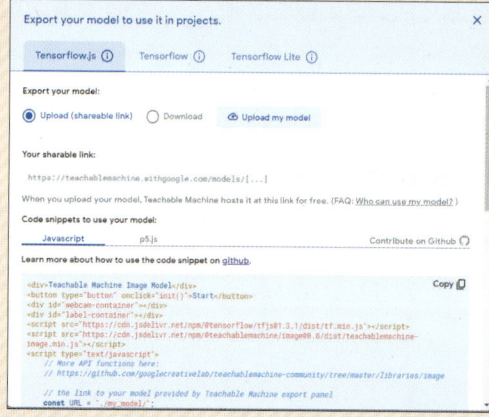

그림 3-18 Export Model

지금까지는 티처블 머신을 사용하여 인공지능을 학습시켰습니다. 하지만 이 모델을 내가 사용하고 싶은 곳에 사용하기 위해서는 다른 프로그램에 임베드(embed: '박다' 또는 '끼워 넣다'는 의미)해야 합니다. 즉, 내가 만든 새로운 애플리케이션에 넣어야 하죠.

인공지능 모델 학습을 시킨 후 Export Model을 하면 이 작업을 할 수 있습니다. 티처블 머신에서 만든 모델은 텐서플로와 텐서플로.js, 텐서플로 lite에서 사용할 수 있습니다.

2 퀵 드로우 체험하기

혹시 여러분은 그림 그리기를 좋아하나요? 누구나 한번쯤 종이에 이것저것 그림을 그려 본 경험이 있을 것입니다.

다음 그림은 무엇을 그렸을까요?

정답은 드릴입니다. 드릴이 아닌 것 같나요? 하지만 인공지능은 이 그림을 드릴로 인식했습니다.

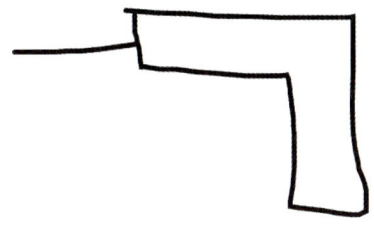

그림 3-19 무슨 그림일까?

여기 낙서를 인식할 수 있는 인공지능이 있습니다. 그 이름은 바로 **퀵 드로우**(Quick Draw)입니다. 퀵 드로우 역시 구글에서 인공지능을 재미있게 체험할 수 있도록 만든 웹 사이트입니다. 한마디로 낙서를 열심히 공부한 인공지능이라고 보면 됩니다.

그렇다면 낙서를 어떻게 공부했을까요? 다음 그림은 각기 다른 사람이 드릴을 그린 낙서 이미지입니다. 인공지능은 이러한 그림들의 특징, 다시 말하면 패턴을 찾아냅니다. 인공지능이 드릴 그림을 잘 학습하려면 무엇이 필요할까요? 아주 많고 다양한 드릴 그림이 필요하겠지요.

그림 3-20 다양한 드릴 그림

퀵 드로우는 드릴뿐만 아니라 아주 다양한 낙서를 학습했습니다. 전 세계 사람이 그린 낙서를 이용해서 말이죠. 그럼 지금부터 퀵 드로우의 성능은 과연 어느 정도인지 직접 살펴보겠습니다.

퀵 드로우를 살펴보면 머신러닝이 어떤 방법으로 학습했는지 어느 정도 알 수 있습니다. (앞에서 살펴본 머신러닝의 학습 방식에 따라 구분하자면) 바로 지도 학습 방법으로 학습했습니다. 퀵 드로우가 학습한 데이터에는 정답인 레이블이 달려 있습니다. 다양한 사람이 그린 드릴이라는 데이터에는 '드릴'이라는 이름의 특정한 레이블이 달려 있는 것처럼 말이죠. 이렇게 정답이 있는 데이터로 사람들이 그린 드릴 특징을 인공지능이 스스로 학습하여 새롭게 들어오는 데이터 중 드릴 모양과 비슷한 모양이 들어온다면 이것을 드릴로 인식할 수 있게 됩니다.

그럼 지금부터 퀵 드로우를 체험해 봅시다.

1 검색 창에 '퀵 드로우' 또는 'Quick Draw'라고 입력해서 퀵 드로우 웹 사이트(https://quickdraw.withgoogle.com)에 접속한 후 **시작하기**를 클릭합니다.

그림 3-21 퀵 드로우 접속 후 [시작하기] 클릭

2 6개의 단어가 순서대로 제시됩니다. **알겠어요!**를 클릭한 후 내가 그리는 그림이 숟가락이라는 것을 인공지능이 알아차릴 수 있게 그림을 그립니다.

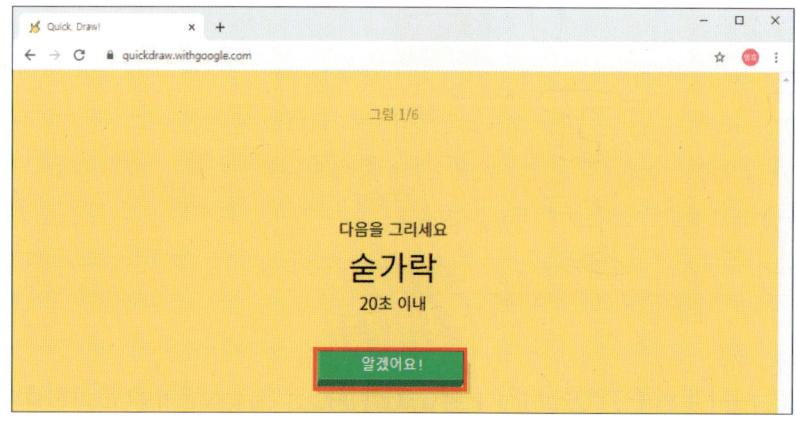

그림 3-22 알겠어요! 클릭

3 다음 그림과 같이 그렸는데 인공지능이 '동그라미', '프라이팬', '열쇠'라고 하네요. 좀 더 자세히 그립니다.

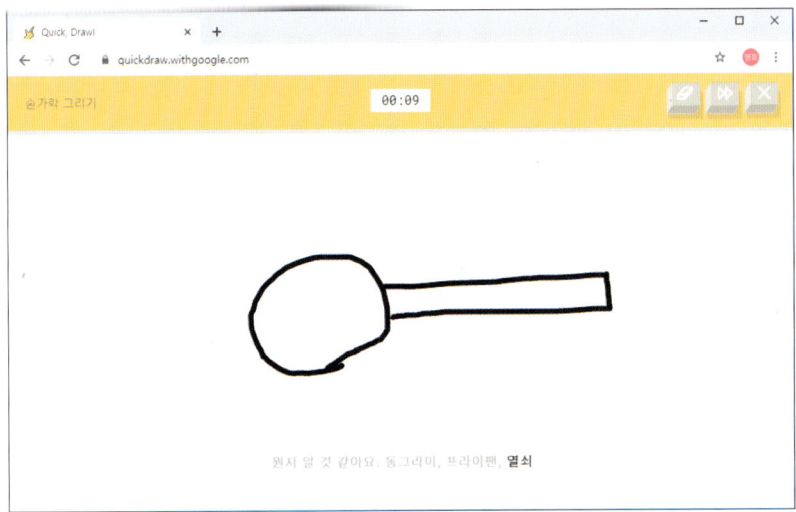

그림 3-23 그림 그리기

4 이와 같이 인공지능이 알아차릴 수 있도록 20초 안에 그림을 그리면 됩니다. 6개를 모두 그리면 다음 화면이 나타나면서 인공지능이 낙서를 몇 개 맞혔는지 알려 줍니다.

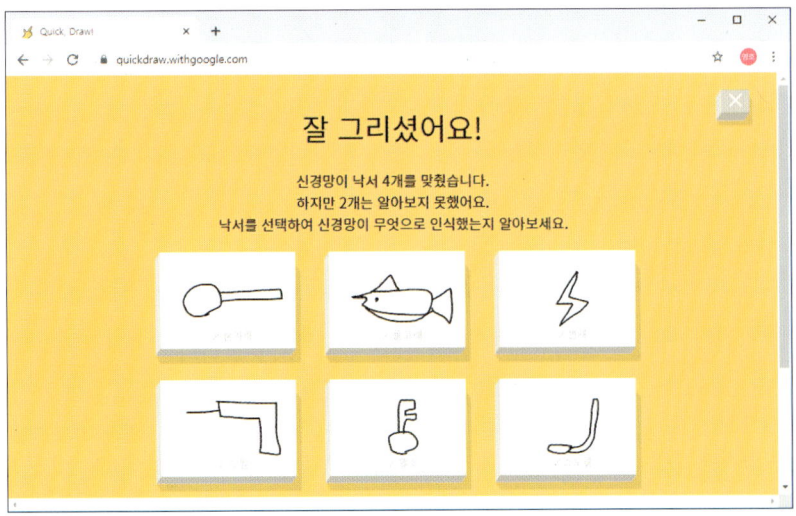

그림 3-24 내가 그린 그림을 맞히는 인공지능

5 여러분이 그린 낙서를 클릭하면 인공지능이 어떻게 답을 맞혔는지 알 수 있습니다. 열쇠를 클릭했더니 인공지능(신경망)은 내가 그린 낙서가 다른 사람이 그린 열쇠와 비슷해서 열쇠라고 생각했다고 말하네요.

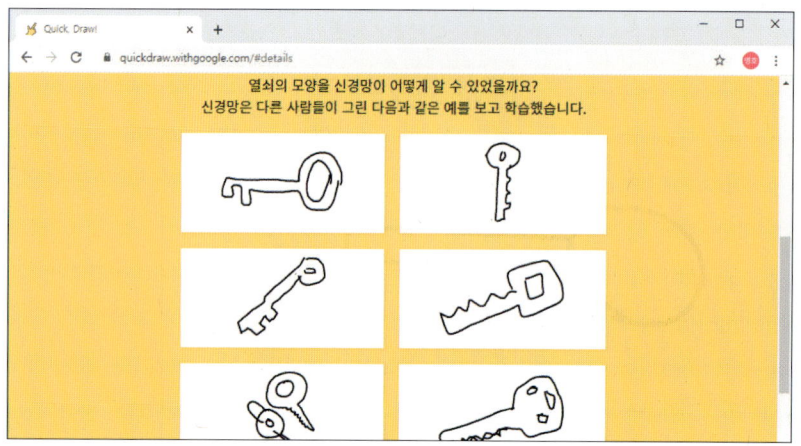

그림 3-25 내 그림을 인공지능이 어떻게 맞혔는지 확인

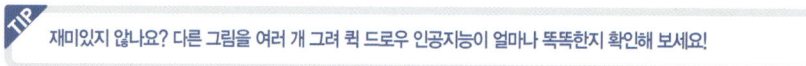

TIP 재미있지 않나요? 다른 그림을 여러 개 그려 퀵 드로우 인공지능이 얼마나 똑똑한지 확인해 보세요!

3 오토드로우 체험하기

오토드로우는 퀵 드로우와 비슷하지만, 이용자가 그린 그림을 인공지능을 통해 업그레이드해 주는 기능을 제공합니다. 그림을 잘 그리지 못하는 사람이라도 대강의 모양만 그리면 멋진 그림을 만들 수 있으며, 제작한 그림은 내려받아 사용할 수도 있습니다.

오토드로우 역시 퀵 드로우처럼 지도 학습으로 학습한 인공지능을 사용합니다. 오토드로우에서 인공지능을 만드는 데 사용한 데이터는 퀵 드로우 데이터셋(Quick Draw Dataset)입니다. 이 데이터는 Quick, Draw! 게임 플레이어가 제공한 345개의 카테고리(강아지, 고양이, 열쇠, 톱 등)에 해당하는 5000만 개의 그림 모음입니다. 이 그림은 사람이 그린 순서에 따라 타임 스탬프가 찍힌 벡터 형식으로 캡처되어 어떤 순서로 그림을 그렸는지 알 수 있습니다. 심지어 퀵 드로우가 플레이어에게 무엇을 그리도록 요청했는지, 플레이어가 어느 국가에 있는지를 포함한 메타 데이터로 태그가 지정되어 있습니다.

이처럼 퀵 드로우 데이터셋을 사용하여 만든 오토드로우는 어떤 그림을 그리고 싶어하는지 의도를 파악하고 그 의도에 해당하는 멋진 그림을 예시로 보여 줍니다. 그럼 지금부터 오토드로우를 체험해 볼까요?

1 오토드로우 웹 사이트(https://www.autodraw.com)에 접속해서 **Start Drawing**을 클릭합니다.

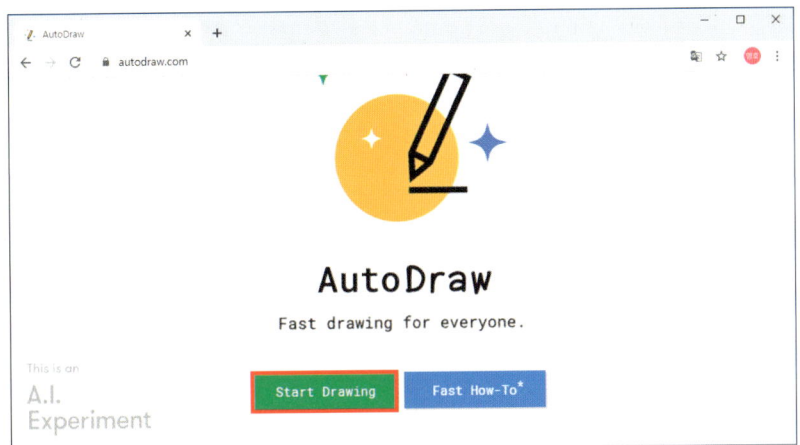

그림 3-26 오토드로우 접속 후 [Start Drawing] 클릭

2 그림을 그릴 수 있는 빈 화면이 나타납니다.

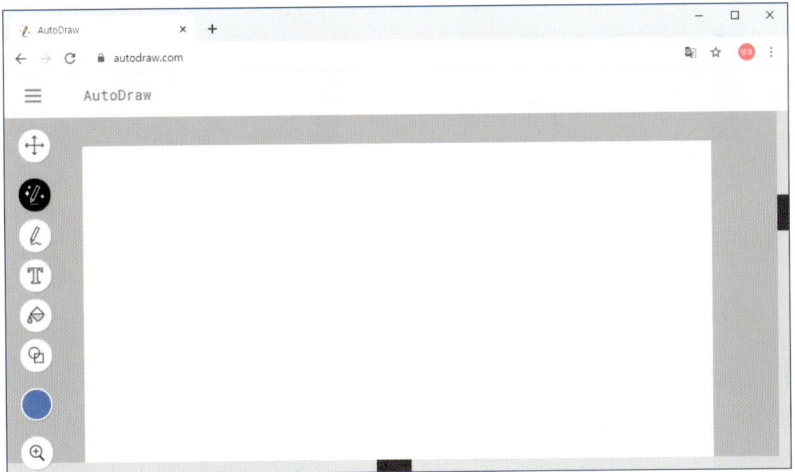

그림 3-27 빈 화면 표시

3 화면의 빈 여백에 단순한 그림을 그립니다. 여러분이 보기에 어떤 그림 같나요? 이렇게 간단히 그린 모습만으로도 인공지능은 내가 무슨 그림을 그리고 싶어하는지 파악할 수 있습니다.

그림 3-28 그림 그리기

4 인공지능이 예측한 그림의 보기가 위쪽 메뉴에 나열됩니다.

그림 3-29 인공지능이 예측한 그림 확인

5 원하는 그림을 찾아 클릭하면 멋진 그림으로 업그레이드됩니다.

그림 3-30 원하는 그림을 선택하면 그림 완성

6 왼쪽 편집 도구를 사용하여 제작된 그림의 색깔 변경, 글자 입력 등 간단하게 편집할 수 있습니다.

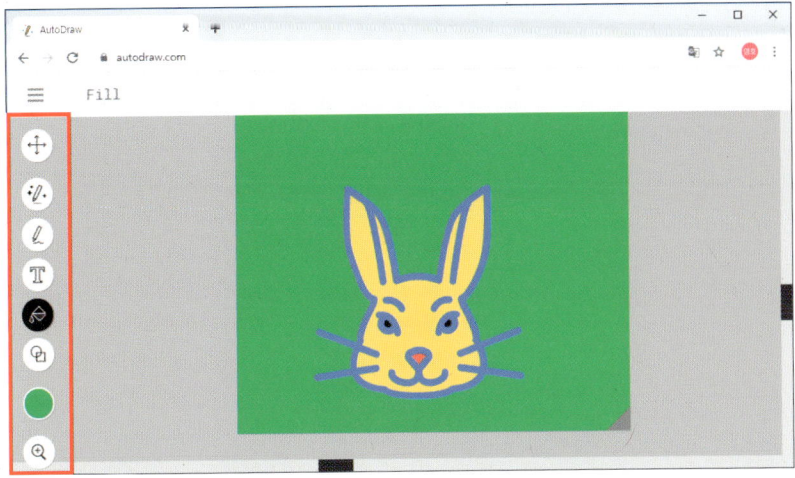

그림 3-31 그림 편집

7 그림은 내려받을 수도 있고, 친구들과 공유할 수도 있습니다.

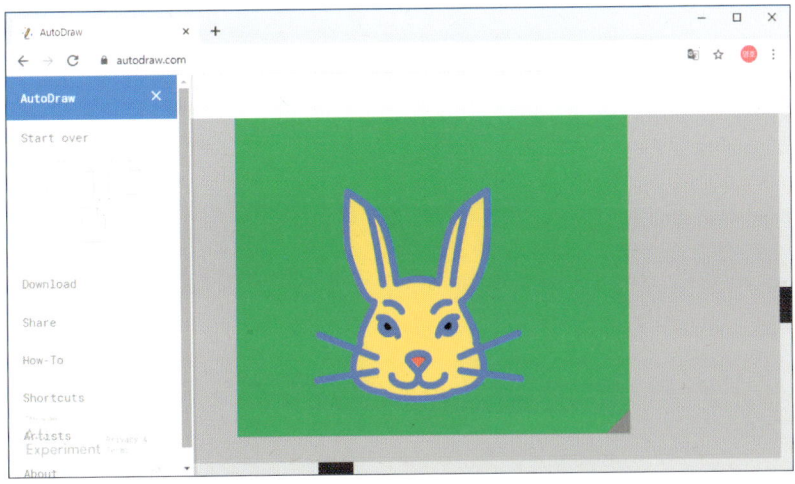

그림 3-32 내려받기 또는 공유 기능

인공지능이란 무엇인지 살펴보고, 간단히 인공지능도 체험해 보았습니다. 지금까지가 인공지능 맛보기라면, 이제는 인공지능을 만드는 방법 중 하나인 딥러닝, 딥러닝의 기초가 되는 인공 신경망을 좀 더 깊이 있게 살펴볼 차례입니다. 사실 딥러닝과 인공 신경망을 제대로 공부하려면 다양한 배경지식이 필요합니다. 하지만 이 책은 딥러닝에 좀 더 쉽게 다가가는 것이 목표이므로 지금부터 쉽고 간단하게 딥러닝 원리를 살펴보고, 직접 딥러닝을 만들어 보며 그 원리를 이해해 봅시다.

딥러닝 이해

앞에서 인공지능이란 무엇인지, 머신러닝과 딥러닝이 어떤 관계인지 살펴보았습니다. 이 책의 목표는 딥러닝을 실제로 만들어 보는 것입니다. 하지만 우리가 딥러닝 원리를 잘 알지 못한다면, 수박 겉핥기처럼 무의미하게 프로그래밍 코드만 입력하는 결과가 나올 수 있습니다. 이번 마당에서는 더욱더 의미 있게 딥러닝 모델을 개발하고자 딥러닝 원리를 살펴보겠습니다.

딥러닝 원리 이해하기

딥러닝 원리를 살펴볼 때 떼려야 뗄 수 없는 것이 하나 있습니다. 바로 수학입니다. 딥러닝 모델 자체가 수식 계산의 결과이며, 오늘날 딥러닝이 발전할 수 있었던 이유 또한 컴퓨터의 성능, 즉 연산 장치의 성능이 좋아졌기 때문입니다.

그래서 다양한 딥러닝 책을 살펴보면 수식이 없는 책을 찾기가 어렵습니다. 수학으로 만든 딥러닝을 수학 없이 설명한다는 것은 그만큼 어렵고, 자칫하면 정확히 이해할 수 없기 때문입니다. 하지만 이 책에서는 딥러닝 원리를 수학 없이 설명합니다. 여기에서는 딥러닝 원리를 대략 이해하는 것이 목표입니다.

> 딥러닝의 자세한 원리가 더 궁금하다면 《모두의 딥러닝, 개정 4판》(길벗, 2025)처럼 좀 더 수준 높은 책을 보길 추천합니다.

 ## 딥러닝과 인공 신경망

인공지능이라고 하면 항상 이야기가 나오는 딥러닝, 이 딥러닝은 과연 무엇일까요? 앞에서 살펴보았듯이 생각할 수 있는 기계를 의미하는 인공지능을 만드는 방법은 여러 가지입니다. 그중 사람의 뇌를 모방한 원리를 이용하여 인공지능을 만드는 방식이 바로 딥러닝입니다.

사실 딥러닝이라는 용어뿐만 아니라 **뉴럴 네트워크**(neural network), 즉 신경망이라는 용어 또한 알아 둘 필요가 있습니다. 사람의 뇌는 여러 신경 세포, 특히 뉴런이라는 세포가 무수히 많이 얽혀 있습니다. 이를 신경망이라고 하죠.

인공 신경망(Artificial Neural Network, ANN)은 이러한 신경망을 사람이 인공적으로 만든 것입니다. 신경망을 흉내 내 만들었듯이 인공 신경망은 뉴런이 서로 연결된 모습을 흉내 냈습니다.

인공 신경망에서는 신경망의 최소 구성 단위인 뉴런이 다른 뉴런과 연결된 모습을 각각의 층, 즉 레이어(layer)라는 개념을 사용하여 연결합니다.

인공 신경망의 모습을 볼까요?

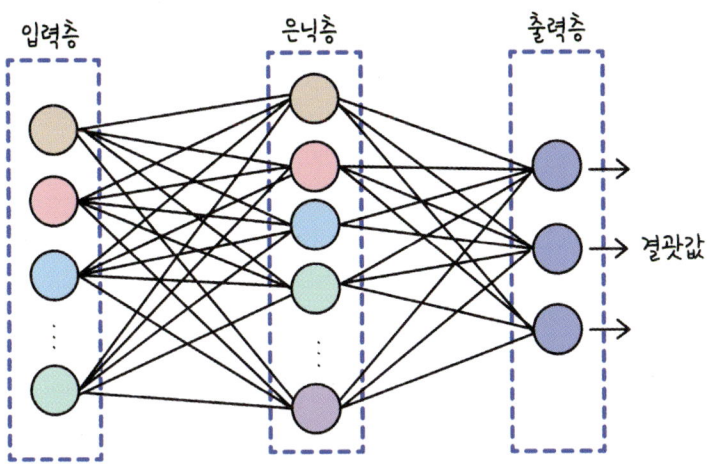

그림 4-1 입력층, 은닉층, 출력층으로 구성된 인공 신경망

왼쪽에 있는 층은 입력층입니다. 바로 데이터를 입력받는 층입니다. 데이터(남자 혹은 여자의 사진)를 보고 남자와 여자로 구분할 수 있는 인공지능이 있다고 합시다. 이때 인공지능에 데이터를 넣는 곳이 바로 입력층입니다.

오른쪽에 있는 층은 출력층입니다. 이 출력층에 어떤 값이 전달되었냐에 따라 인공지능의 예측값이 결정됩니다. 입력된 데이터를 남자와 여자로 구분하는 인공지능은 출력층이 남자, 여자 이렇게 2개로 구성될 것입니다.

다음으로 가운데 있는 층은 은닉층입니다. 이 은닉층에서는 입력층에서 들어온 데이터가 여러 신호로 바뀌어서 출력층까지 전달됩니다. 마치 우리 뇌의 뉴런이 신호를 전달하듯이 이동하죠. 이때 연결된 여러 뉴런을 지날 때마다 신호 세기가 변경됩니다(이 내용은 뒤에서 다시 설명합니다).

이때 은닉층이 여러 개 있다면 더 정확하게 출력층으로 신호를 전달할 수 있습니다. 이러한 신경망 모델 중에는 층이 1개인 모델도 있지만 여러 층을 쌓아서 만든 모델도 있습니다.

이와 같이 레이어가 한 층으로만 구성된 것이 아니라 여러 층, 다시 말해 깊은 층으로 구성된 인공 신경망을 **심층 신경망**(Deep Neural Network, DNN)이라고 합니다. 이 심층 신경망이 학습하는 과정을 **딥러닝**(deep learning)이라고 하죠. 지금부터 딥러닝 기초가 되는 인공 신경망의 구성 원리를 살펴보겠습니다.

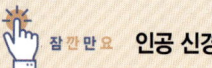 **인공 신경망의 역사**

인공 신경망의 역사를 살펴보면 1943년까지 거슬러 올라갑니다. 맥컬럭(Warren S. McCulloch)과 피츠(Walter Pitts)는 "A logical calculus of the ideas immanent in nervous activity"라는 논문에서 뇌의 복잡한 신경 구조를 구현할 수 있다고 했습니다. 15년 후 프랭크 로젠블러트(Frank Rosenblatt)는 그 유명한 퍼셉트론 개념을 "The perceptron: A probabilistic model for information storage and organization in the brain" 논문에서 발표합니다. 바로 이 퍼셉트론이 인공 신경망의 시초가 되는 개념이죠.

오늘날 사용하고 있는 딥러닝도 따지고 보면 퍼셉트론과 구조가 비슷합니다. 하지만 1958년에 발표한 퍼셉트론이 왜 오늘날에 와서야 주목을 받을까요? 퍼셉트론에 있던 여러 문제점을 해결할 방법을 찾았기 때문입니다. 1969년 마빈 민스키(Marvin Minsky)와 새뮤얼 페퍼트(Seymour Papert)가 "Perceptrons: an introduction to computational geometry" 논문에서 퍼셉트론의 치명적인 약점을 찾아냈습니다. 하지만 연구자들은 거기에서 멈추지 않고 1986년에 데이비드 럼멜하트(David E. Rumelhart)와 제임스 맥클레랜드(James McClelland)는 "Parallel Distributed Processing"에서 퍼셉트론 문제를 해결할 수 있는 방법으로 다층 퍼셉트론(Multi-Layer Perceptrons, MLP)과 오차 역전파법(backpropagation algorithm)을 제시했습니다. 딥러닝처럼 여러 층을 가진 신경망을 구성하여 기존 퍼셉트론의 한계를 극복하고, 여러 층이 생기면서 늘어난 계산량을 '오차 역전파'라는 알고리즘으로 해결했죠.

이후 다층 퍼셉트론에 대한 꾸준한 연구와 학습 알고리즘의 발전, 빠르게 계산할 수 있는 GPU 등 하드웨어의 발전에 힘입어 딥러닝 기술이라는 인공 신경망이 오늘날처럼 두각을 나타낼 수 있었습니다.

2 사례로 살펴보는 인공 신경망의 원리

인공 신경망은 신경망의 원리를 사용하여 수많은 데이터 사이에서 스스로 특징을 찾아 학습하는 머신러닝 방법 중 하나입니다. 지금부터 이 인공 신경망의 원리를 좀 더 자세히 살펴봅시다.

다음 세 가지 상황이 있습니다. 이 세 가지 상황에서 문제를 해결할 수 있는 인공지능을 인공 신경망을 사용하여 만들어 볼까요?

■ (상황 1) 남녀를 구분하는 인공지능

첫 번째로 만들 내용은 앞에 있는 사람이 남자인지 여자인지 구별하고 싶은 인공 신경망 모델입니다. 첫 번째 모델을 만든다면 남자와 여자를 구별할 수 있습니다.

그림 4-2 남녀를 구분하는 모습

■ (상황 2) 나이대를 구분하는 인공지능

두 번째로 만들 내용은 특정한 사람의 나이대를 알아맞히는 인공 신경망 모델입니다. 첫 번째 모델은 남자와 여자 둘 중 하나를 구별할 수 있는 인공지능이지만, 이 모델은 둘 중 하나가 아닌 여럿 중 하나를 구별할 수 있는 인공지능이라는 점에서 차이가 있습니다.

그림 4-3 사람의 나이대를 구분하는 모습

■ (상황 3) 정확한 나이를 맞히는 인공지능

마지막은 정확한 나이를 알아맞히는 인공지능을 인공 신경망으로 만드는 모델입니다. 두 번째 모델은 여럿 중에서 하나를 고르는 인공지능이지만, 이 모델은 연속된 여러 값 중에서 하나를 예측한다는 점에서 차이가 있습니다.

그림 4-4 사람의 나이를 예측하는 모습

이렇게 말하니 두 번째와 세 번째 차이가 잘 와닿지 않죠? 두 번째 모델은 우리가 다양한 맛이 있는 아이스크림 가게에 가서 아이스크림 맛을 하나 고르는 문제라면, 세 번째 모델은 특정한 아이스크림 가격을 맞히는 문제라고 이해하면 되겠습니다. 얼핏 보면 비슷해 보이지만, 엄연히 다른 문제지요.

> **TIP** 각각의 상황은 앞에서 살펴본 지도 학습의 분류와 회귀 문제입니다. 앞에서 제시한 세 가지 상황을 정리하면 상황 1은 이항 분류, 상황 2는 다중 분류, 상황 3은 회귀 문제입니다.

지금부터 이 세 가지 문제를 해결할 수 있는 인공지능을 만들어 보겠습니다. 실제로 코딩하며 만드는 것은 아니니 부담 가질 필요 없습니다.

3 인공 신경망의 재료, 여러 특징을 가진 데이터

인공 신경망을 포함해서 머신러닝 방식의 인공지능을 만들기 위해서는 데이터가 필요합니다. 그 데이터에는 여러 특징이 담겨 있어야 하지요. 여기에서 말하는 여러 특징을 가진 데이터는 데이터 개수를 의미하지 않습니다. 물론 데이터 개수가 많아야 좋은 성능의 인공 신경망 모델을 만들 수 있습니다. 하지만 여러 특징의 데이터란 각각의 데이터에 하나의 정보가 아닌 여러 정보가 있어야 한다는 의미입니다.

예를 들어 볼까요? 우리가 남자와 여자를 구분하는 상황 1을 생각해 봅시다. 이때 남자와 여자를 단번에 구분할 수 있는 방법은 없을까요? 물론 여러 방법이 있지만 키를 이용해서 구분해 볼 수 있습니다.

그림 4-5 한 가지 정보로 예측하는 모습

남자는 대체로 키가 크고, 여자는 대체로 키가 작다고 생각합니다(물론 이렇게 단정할 수는 없어요). 이 정보만으로 정확하게 구분할 수 있을까요? 남자보다 키가 큰 여자도 있고, 남자아이와 성인 여자는 키라는 정보만으로 정확하게 구별할 수 없습니다.

이처럼 한정된 정보만으로 판단한다면 정확하게 판단하기 어렵습니다. 키, 몸무게, 머리카락 길이, 얼굴 길이, 눈, 코, 입의 형태, 몸의 모습 등 정보가 많을수록 더 정확하게 판단할 수 있습니다. 이는 인공지능에서도 동일하게 나타납니다. 성능이 더욱 뛰어난 인공지능을 만들려면 인공지능이 잘 판단할 수 있도록 여러 정보를 입력할 필요가 있지요. 이처럼 머신러닝 방법으로 인공지능을 만들 때는 다양한 특성이 포함된 데이터가 필요합니다.

 인공 신경망의 작동 모습

여기 남자와 여자를 추론하는 다양한 특성이 포함된 데이터가 있습니다. 이 데이터에 포함된 정보는 바로 키, 머리카락 길이, 얼굴 길이, 성별입니다. 이 데이터는 특징(피처(feature))이 4개라고 할 수 있겠네요. 물론 실제로 남자와 여자를 추론하기 위해서는 이 정도 특성만으로는 파악하기 쉽지 않겠지요.

그림 4-6 인공지능의 추론 과정

머신러닝으로 만든 인공지능이 남자와 여자를 추론하는 모습은 대략 이렇습니다. 먼저 인공지능이 지금까지 학습한 데이터와 동일한 형태의 데이터를 인공지능에 넣습니다. 이 데이터를 넣으면 검은색 박스를 지나며 결과를 보여 줍니다. 이때 이 검은색 박스를 어떻게 만드는지 결정하는 것이 바로 머신러닝의 다양한 방법입니다.

우리는 머신러닝의 다양한 방법 중 인공 신경망에 초점을 맞추어 살펴볼 텐데요. 인공 신경망 방식으로 만든 인공지능에서는 입력한 데이터가 여러 레이어를 지나가면서 특정한 신호로 전달됩니다. 그러면 최종적으로 남자와 여자 둘 중 어느 쪽으로 신호가 많이 가는지를 살펴본 후 신호가 많이 간 쪽 성별이라고 판단을 내리는 것입니다.

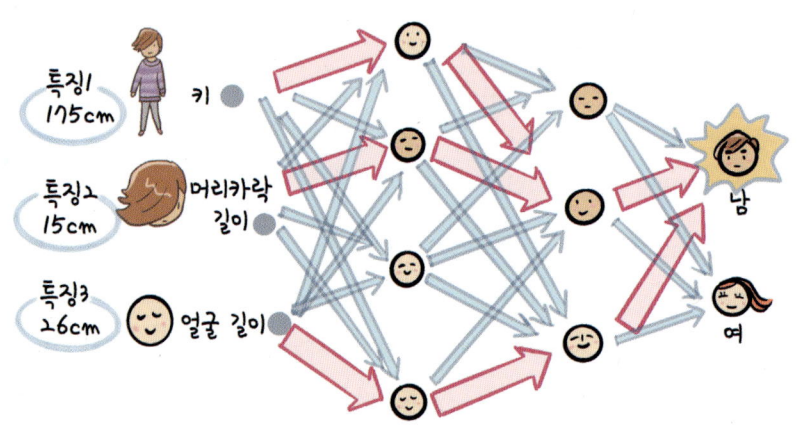

그림 4-7 인공 신경망의 추론 과정

그림 4-7과 같이 특징 데이터 중 앞의 3개(키, 머리카락 길이, 얼굴 길이)를 넣으니 최종적으로 남자 쪽으로 가는 신호가 여자 쪽으로 가는 신호보다 큰 것을 확인할 수 있습니다.

인공 신경망 모델은 입력받은 데이터를 사용하여 추론한 결과를 보여 줍니다. 이와 같이 새로운 데이터를 받았을 때 그 데이터에서 신호를 남자와 여자 중 어디로 어느 정도 세기로 보낼지 결정하면서 말이죠.

이때 신호를 정확한 출력값으로 보내는지 여부가 바로 그 인공 신경망 모델의 성능을 결정합니다. 남자인데 여자로 예측하거나 여자인데 남자로 예측하는 인공지능을 보고 성능이 좋다고 할 수는 없으니까요.

이때 인공 신경망 모델이 신호를 정확한 출력값으로 보내지 않는다면, 정확한 출력값으로 보낼 수 있도록 신호 세기를 조정하는 과정이 바로 인공 신경망의 학습 과정입니다.

이제 인공 신경망 모델에서 신호를 전달하는 원리(UNIT 05)와 성능을 향상시키는 학습의 원리(UNIT 06)를 살펴보겠습니다.

UNIT 05 인공 신경망의 신호 전달 원리

앞서 인공 신경망은 사람의 뇌를 본떠서 만들었다고 했습니다. 인공 신경망의 학습 과정을 이해하려면 이 기술을 만들 때 뇌의 어떤 특징을 가져왔는지 살펴볼 필요가 있습니다.

인공 신경망은 뇌의 뉴런이 서로 신호를 주고받는 모습과 유사하게 만들었습니다. 뉴런이라는 수많은 세포는 서로 복잡하게 얽혀 있는데, 특히 뇌에 있는 뉴런이라는 세포는 독특한 특징이 있습니다.

한 가지 특징은 바로 하나의 뉴런은 다음 뉴런에 신호를 보낼 수 있다는 것입니다. 뉴런은 다양한 신경 전달 물질을 사용하여 전기 신호를 전달합니다. 이러한 신호 전달로 우리가 생각할 수 있고, 또 손과 발 등 몸을 움직일 수 있는 것입니다.

이제 뇌 속 뉴런의 특징을 통해 인공 신경망에서 뉴런의 특징을 살펴보겠습니다. 크게 두 가지 상황으로 나눌 수 있는데, 첫 번째 상황은 신호를 전달하는 과정이고 두 번째 상황은 신호를 전달받는 과정입니다.

 신호를 전달할 때 사용하는 가중치와 편향

신호를 받는 뉴런은 하나의 뉴런에서만 신호를 전달받는 것이 아니라 여러 뉴런에서 신호를 전달받습니다. 인공 신경망도 이와 비슷합니다. 이때 단순하게 신호를 전달해 주는 것이 아니라 신호 세기를 변경해서 전달합니다.

 인공 신경망은 각 뉴런에서 다음 뉴런으로 신호들이 전달되며 최종적으로 결과를 나타내는 방식입니다. 그러므로 신호를 어떻게 전달하는지가 상당히 중요합니다.

신경망에서는 가중치(weight)와 편향(bias)이라는 중요한 용어가 있습니다. 이 용어들이 나오는 이유가 바로 신호 세기를 변경하는 데 사용하기 때문입니다. 뒷부분에서 자세히 설명하겠지만, 뒤쪽으로 전달되는 신호 세기는 앞쪽 뉴런에서 전달된 신호 값에 가중치 값을 곱하고 편향을 더해서 다음으로 전달합니다.

그림 5-1 가중치와 편향

이와 같이 신호 세기는 가중치, 편향에 따라 계속하여 변경됩니다.

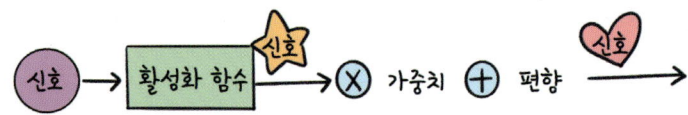

그림 5-2 가중치와 편향에 따라 달라지는 신호 세기

> TIP 실제 프로그래밍할 때는 그림을 그리지 않지만 개념적으로 이해하기 위해서 이와 같이 설명했습니다.

그렇다면 여기에서 한 가지 궁금한 점이 생깁니다. 인공 신경망을 나타낸 다양한 그림을 살펴보면 뉴런과 뉴런이 연결된 모습만 있을 뿐 가중치와 편향은 없습니다. 그렇다면 도대체 가중치와 편향은 어디에 있을까요? 우리가 살펴보는 인공 신경망 그림은 인공 신경망의 구조만 간략하게 나타낸 개념도입니다. 그러므로 가중치와 편향의 값을 구체적으로 넣기에는 무리가 있죠.

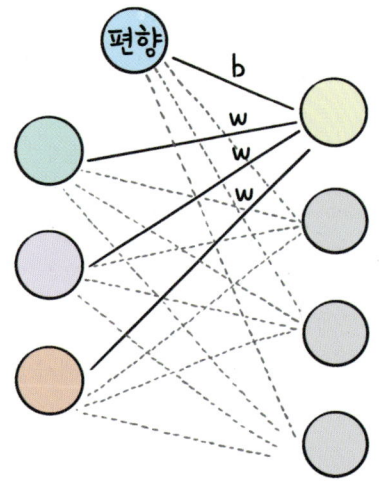

그림 5-3 각 뉴런과 뉴런을 연결하는 선에 가중치(w)와 편향(b)이 있다

하지만 그림 5-3과 같이 가중치는 바로 심층 신경망의 각 뉴런과 뉴런을 연결하는 선에 있습니다. 각 선에는 가중치라는 서로 다른 값이 저장되어 있습니다. 편향 값은 각 층에 하나의 값으로 있습니다.

결국 한 뉴런에서 다음 뉴런으로 전달되는 신호 세기는 가중치와 편향으로 결정됩니다. 그래서 인공 신경망에서는 가중치가 상당히 중요합니다. 각각의 뉴런을 잇는 가중치가 어떤 값을 가졌는지에 따라 학습이 잘된 신경망인지, 그렇지 않은 신경망인지 구분됩니다. 즉, 인공 신경망이 학습한다는 것은 이 가중치와 편향 값을 각 데이터에 맞게 정교하게 맞추어 간다는 의미입니다.

인공 신경망의 층이 깊어질수록 이 가중치 값은 그에 비례해서 많아집니다. 각 값을 최적화할 때는 컴퓨터 성능이 중요한 역할을 담당하죠. 그래서 인공 신경망을 할 때는 성능이 좋은 컴퓨터가 있으면 더 빨리 계산할 수 있습니다.

> **잠깐만요 가중치와 편향**
>
> 인공 신경망을 좀 더 깊이 공부하면 가중치와 편향이 인공 신경망의 기초 개념이라는 것을 알 수 있습니다. 그만큼 중요한 개념입니다.
>
> 가중치라는 뜻에서 볼 수 있듯이, 가중치는 그 값이 얼마나 중요한지를 표현하는 도구입니다. 인공 신경망에서도 각 뉴런에서 다음 뉴런으로 신호를 전달할 때 그 값의 중요도를 표현하는 데 사용되지요.
>
> 그렇다면 편향이란 무엇일까요? 편향이란 한쪽으로 치우친다는 것을 의미합니다. 예를 들어 '그 사람은 어떤 신념에 편향되어 있다'처럼 사용하죠. 인공 신경망에서는 모델 성능을 높이기 위해 가중치를 거쳐 변환된 신호 세기를 조절할 필요가 있습니다. 이를 위해 한쪽으로 치우치는 값을 더할 때 편향이라는 값을 사용합니다.

지금까지 인공 신경망의 각 뉴런에서 다음 뉴런으로 값을 어떻게 전달하는지 살펴보았습니다.

2 들어오는 신호 세기를 조절하는 활성화 함수

심층 신경망의 뉴런은 연결되어 있는 뉴런에 신호를 전달합니다. 이때 앞에서 뒤로 신호를 전달하는 방식처럼 신호를 전달하는 방향은 단일 방향이며, 신호를 받는 뉴런이 하나의 뉴런에만 연결된 것이 아니라 여러 뉴런에 연결되어 있다는 특징이 있습니다.

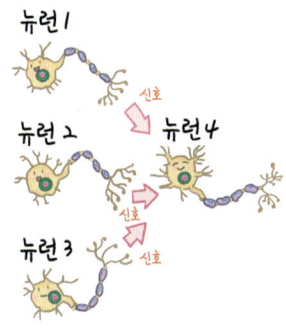

그림 5-4 서로 연결된 뉴런의 모습

인공 신경망은 이러한 뇌 속에 있는 신경망의 모습을 흉내 낸 것입니다. 즉, 뉴런의 연결된 모습을 논리적으로 구현했죠. 인공 신경망에서 앞쪽 뉴런들은 뒤쪽에 연결된 뉴런에 신호를 전달합니다.

앞에서 살펴보았듯이 뉴런이 전달하는 신호는 가중치와 편향을 거칩니다. 이때 사람의 신경망 특징은 바로 앞쪽 뉴런에서 받은 신호를 뒤쪽 뉴런에 전달할지를 결정할 수 있다는 것입니다. 서로 얽혀 있는 뉴런은 항상 신호를 다음 뉴런에 전달하는 것이 아닙니다. 어떤 때는 전달하고, 어떤 때는 전달하지 않습니다.

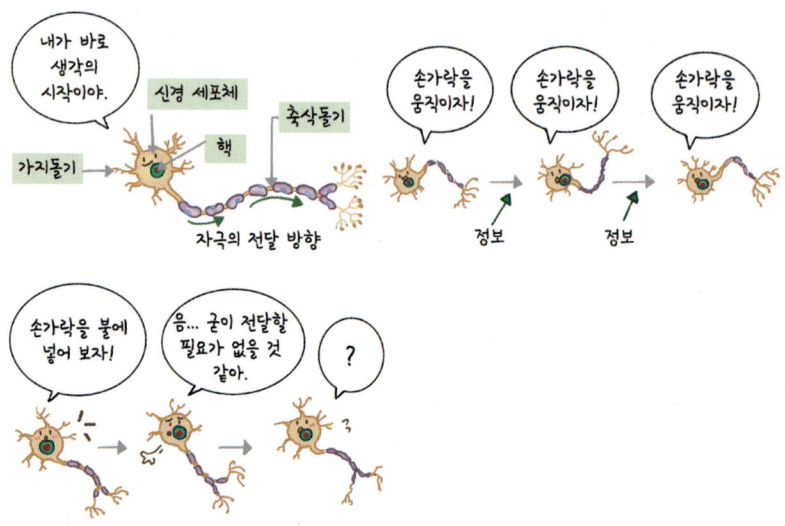

그림 5-5 신호를 전달하는 뉴런 모습

이때 사용되는 개념이 바로 **역치**(action potiential)입니다. 특정한 전기적 신호가 어떤 값(역치) 이상 전달되었을 때는 다음 뉴런으로 신호를 전달하지만 어떤 값(역치)보다 작을 때는 전달하지 않습니다.

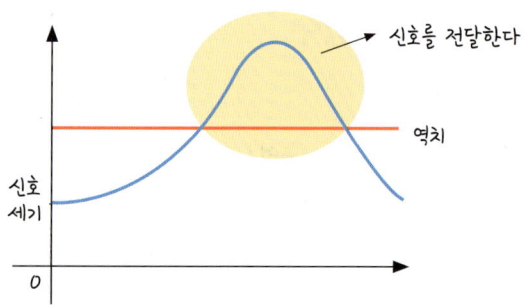

그림 5-6 역치 값보다 더 큰 신호가 들어왔을 때: 신호를 전달한다

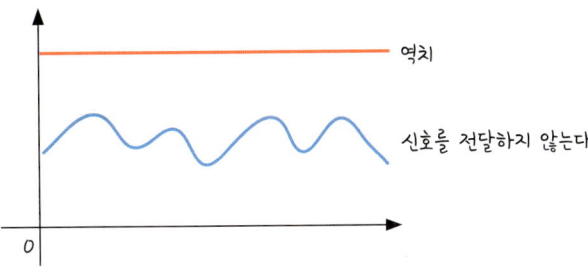

그림 5-7 역치 값보다 더 작은 신호가 들어왔을 때: 신호를 전달하지 않는다

인공 신경망은 신경망을 모방했으므로 신경망의 역치 개념을 사용합니다. 뉴런으로 들어오는 여러 신호를 조절하기 위해서죠. 이를 위한 방법으로 활성화(Activation) 함수를 사용합니다. 이 활성화 함수는 앞으로 계속 등장하니 눈여겨보세요.

앞에서 살펴보았듯이 하나의 뉴런은 여러 뉴런과 연결되어 있습니다. 이렇게 여러 뉴런에 연결되어 있어 여러 군데에서 신호가 들어옵니다. 그렇기 때문에 각 뉴런에서 전달받는 신호들을 종합해서 그 신호 세기를 판단할 필요가 있습니다. 즉, 여러 뉴런에서 들어온 신호 세기를 특정한 값으로 바꾸기 위해 활성화 함수를 사용하는 것이죠.

이처럼 활성화 함수는 신호 세기를 조절하는데, 특히 레이어와 레이어 사이에 있어 여러 뉴런에서 특정한 뉴런으로 들어가는 신호를 종합해서 하나의 값으로 바꾸어 주는 역할을 합니다.

이렇게 하나의 뉴런으로 여러 신호가 들어갈 때는 다음 그림과 같이 관문처럼 활성화 함수를 거칩니다.

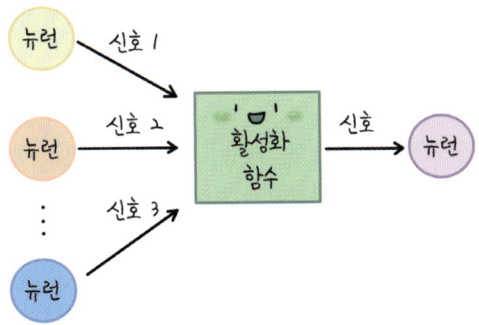

그림 5-8 활성화 함수

마치 뇌에서 여러 신호를 받을 때 역치 개념을 사용하여 신호 세기를 조절해서 받듯이, 인공 신경망에서는 활성화 함수로 신호를 조절하죠.

인공 신경망의 성능을 높이기 위해 여러 과학자가 함수 모습을 고안하고 적용하면서 다양한 활성화 함수를 만들었습니다. 지금부터 여러 활성화 함수를 살펴볼 텐데, 이 내용은 앞으로 우리가 인공 신경망을 실습할 때 사용하는 개념이므로 제대로 알고 넘어가는 것이 좋습니다. 그럼 지금부터 대표적인 활성화 함수인 시그모이드, 하이퍼볼릭탄젠트, 렐루, Leaky 렐루 함수를 순서대로 살펴보겠습니다.

■ 활성화 함수① 시그모이드 함수

첫 번째로 소개할 함수는 바로 시그모이드(sigmoid) 함수입니다. 시그모이드 함수는 로지스틱 함수를 변형한 것입니다. 갑자기 시그모이드, 로지스틱이라는 용어가 나와서 혼란스럽죠?

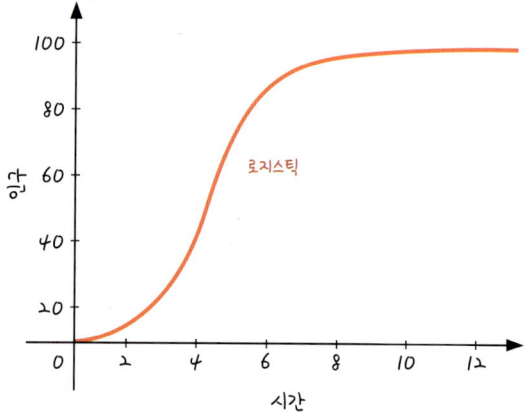

그림 5-9 인구수 증가를 나타내는 로지스틱 함수

로지스틱 함수는 다양한 곳에서 사용되는데, 주로 컴퓨터 과학보다는 생물, 생물과 환경의 연구를 진행하는 생태학에서 사용하려고 만들었습니다.

예를 들어 들판에 메뚜기가 어떻게 늘어나는지 살펴볼까요? 메뚜기가 처음부터 마지막까지 계속해서 증가한다고 볼 수도 있지만, 실제로는 그렇지 않습니다. 메뚜기 개수가 처음에는 서서히 증가하다가 어느 순간 많이 증가하고, 마지막에는 그 증가하는 개수가 줄어듭니다.

로지스틱 그래프를 살펴보면 이와 비슷합니다. 처음에는 서서히 증가하다가 어느 순간 그 증가하는 양이 많아집니다. 마지막에는 증가하는 양이 서서히 줄어들죠. 이와 같이 어떤 생물이 어떤 식으로 증가하는지 설명하는 모델이 바로 로지스틱 함수입니다.

시그모이드 곡선은 로지스틱 곡선의 특수한 사례입니다.

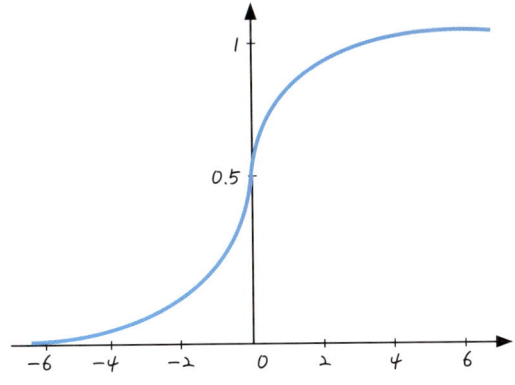

그림 5-10 시그모이드 함수

시그모이드 함수도 로지스틱 함수와 비슷하게 S자 모양을 띕니다. 하지만 입력값에 따른 출력값을 보면 로지스틱 함수와 차이점이 보입니다. 2, 4, 6 같은 양수를 입력값으로 넣으면 출력값이 1에 가까워지지만 −2, −4, −6, −8 같은 음수를 넣으면 출력값이 0에 가까워지는 것을 볼 수 있습니다.

여러 뉴런에서 들어온 신호 세기를 모아서 그 값이 0보다 클수록 1에 가까운 숫자로 바꾸어 줍니다. 반대로 신호 세기가 0보다 작을수록 0에 가까운 숫자로 바꾸어 주는 특징을 보이는 활성화 함수는 시그모이드 함수입니다.

■ 활성화 함수② 하이퍼볼릭탄젠트 함수

두 번째 활성화 함수는 하이퍼볼릭탄젠트(Tanh) 함수입니다. 하이퍼볼릭탄젠트 함수는 시그모이드 함수와 거의 비슷하게 생겼습니다. 혹시 여러분은 차이점이 무엇인지 찾을 수 있나요?

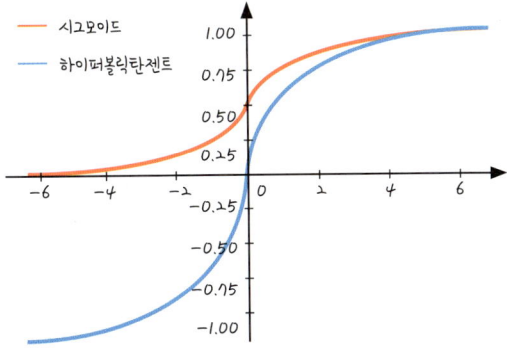

그림 5-11 하이퍼볼릭탄젠트 함수와 시그모이드 함수

시그모이드 함수와 차이점은 바로 입력값이 음수일 때입니다. 입력값이 음수일 때 시그모이드 함수는 출력값이 0에 가까워졌지만, 하이퍼볼릭탄젠트 함수는 출력값이 -1에 가까워진다는 특징이 있습니다. 즉, 하이퍼볼릭탄젠트 함수는 값이 작은 신호를 -1에 가까운 숫자로 바꾸어서 내보냅니다.

시그모이드 함수를 사용하여 출력값이 0에 가까워지면 신경망이 잘 학습하지 못한다는 한계점이 있습니다. 하지만 하이퍼볼릭탄젠트 함수는 0이 아닌 -1의 값을 출력하기 때문에 이 한계를 넘을 수 있습니다.

> **TIP** 하이퍼볼릭은 '쌍곡선'이라는 의미로, 쌍곡선은 두 지점에서 거리가 같은 곡선을 의미합니다. 그림 5-11 그래프를 살펴보면 대칭이 되는 특정한 두 점에서 거리가 항상 같은 것을 확인할 수 있습니다.

■ **활성화 함수③ 렐루 함수**

세 번째 활성화 함수는 렐루(ReLU) 함수입니다. 이 함수는 앞에서 살펴본 시그모이드 함수와 하이퍼볼릭탄젠트 함수와는 그 모습이 다릅니다.

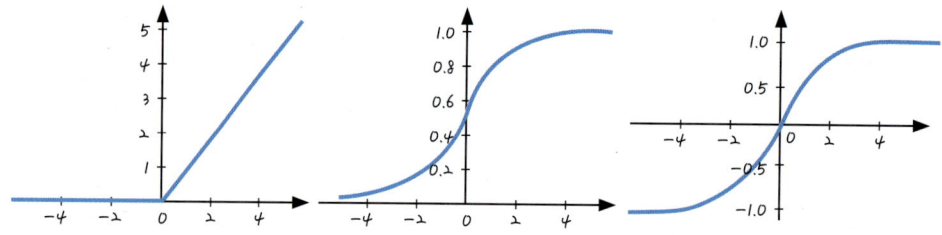

그림 5-12 렐루 함수, 시그모이드 함수, 하이퍼볼릭탄젠트 함수의 그래프

왼쪽 그래프가 렐루 함수입니다. 이 함수의 모양을 살펴보면 입력값이 0보다 작은 숫자일 때는 0으로 바꾸어서 내보내는 것을 볼 수 있습니다. 입력값이 0보다 클 때는 입력받는 값이 출력되는 것을 볼 수 있습니다. 5를 입력하면 그대로 5를 내보내는 것처럼 말이죠.

이 함수의 이름이 ReLU(Rectified Linear Unit)인 이유도 바로 이것입니다. '고르게 한다'는 뜻의 Rectified와 '직선으로 된'이라는 뜻의 Linear Unit이 결합된 것이죠. 시그모이드 함수, 하이퍼볼릭탄젠트 함수와는 한눈에 봐도 차이가 보입니다.

앞에서 살펴본 시그모이드 함수와 하이퍼볼릭탄젠트 함수는 인공 신경망으로 학습할 때 여러 이유에서 학습이 효과적으로 되지 않는다는 단점이 있었습니다. 입력값이 아무리 커도 1보다 큰 수로는 내보내지 않기 때문입니다.

하지만 렐루 함수는 이를 해결한 새로운 함수입니다. 최근 인공 신경망을 학습시킬 때 활성화 함수로 주로 사용합니다. 이 함수 또한 입력값이 음수일 때 출력값이 0으로 같다는 단점이 있습니다. 이를 해결하기 위해 다음 그림과 같은 Leaky 렐루(Leaky ReLU) 함수 또한 새롭게 개발되어 사용되고 있습니다.

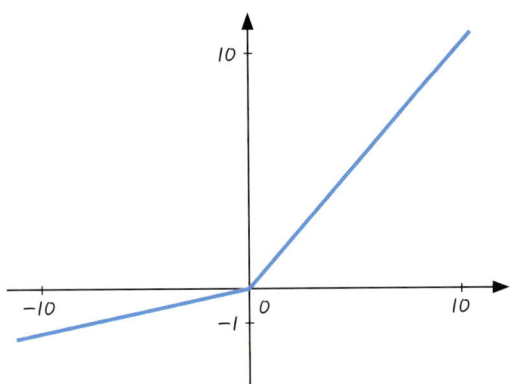

그림 5-13 Leaky 렐루 함수

그림 5-13과 같이 Leaky 렐루 함수는 음수일 때 0으로 출력되지 않고 양수일 때 기울기와는 다르게 기울기가 아주 완만한 것을 볼 수 있습니다. 즉, 전달받은 신호 세기의 합이 음수일 때 0인 값을 출력하지 않고, 미세하게나마 차이가 나는 음수 값을 전달한다는 특징이 있죠.

■ **소프트맥스 함수**

마지막으로 소개할 소프트맥스 함수는 사실 활성화 함수는 아닙니다. 이 함수는 분류를 하는 인공 신경망의 마지막 부분, 즉 출력층에서 주로 사용되는 함수라서 언급하고 넘어가겠습니다.

앞에서 남자와 여자를 구분하는 인공 신경망을 만들려고 했습니다. 그렇다면 출력층의 노드는 몇 개일까요? 남자와 여자 이렇게 2개입니다.

그렇다면 인공지능은 최종 결과인 남자와 여자 중 어떤 값을 가리킬까요? 바로 남자 노드로 들어온 신호 세기와 여자 노드로 들어온 신호 세기 중 더 센 신호가 들어온 곳의 노드를 정답으로 말하게 됩니다.

이때 남자 쪽에는 60이라는 값이, 여자 쪽에는 90이라는 값이 들어온다면 인공지능이 '여자'라고 말하는 것이죠. 하지만 이렇게 판단하면 100점 만점에 60과 90인지, 혹은 어떤 기준으로 두 숫자를 비교하는지 정확하게 알기 어렵습니다. 그렇기 때문에 정확하게 비교하려면 정규화(nomalization)라는 과정이 필요합니다.

> **TIP** 여기에서 정규화는 특정한 범위를 지정하고, 데이터를 그 범위 중 하나로 바꾸어 주는 것입니다. 가장 작은 데이터를 0으로, 가장 큰 데이터를 1로 바꾸고 그 사이의 값을 크기에 따라 0과 1 사이 값으로 바꾸는 것이죠.

이와 같이 최종 결괏값을 정규화하는 데 사용하는 함수가 바로 소프트맥스 함수입니다. 이 소프트맥스 함수를 사용하면 남자와 여자의 값을 0.4, 0.6처럼 총합이 1이 되도록 바꾸어서 보여 줍니다. 이것은 남자일 확률이 40%고 여자일 확률이 60%라고 인공지능 모델이 판단했다는 의미입니다. 이렇게 보면 기준이 명확해서 판단하기 수월합니다.

인공 신경망의 출력층에 소프트맥스 함수를 사용하면 분류 문제를 해결할 수 있습니다. 남자인지 여자인지, 강아지인지 고양이인지, 특정 부위가 암인지 아닌지와 같이 말이죠. 하지만 이렇게 2개로만 분류할 수 있을까요? 물론 아닙니다.

출력층 개수에 따라서 분류 개수 또한 달라집니다. 출력층이 3개라면 3개로 분류할 수 있고, 10개라면 10개로 분류할 수 있죠. 0부터 9까지 숫자를 분류하는 인공 신경망 모델에서는 출력층이 몇 개일까요? 10개를 분류해야 하기 때문에 출력층 또한 10개가 되겠죠.

이때 출력층의 값을 정규화하기 위해 소프트맥스 함수를 사용하여 모든 출력층의 값을 더했을 때 1이 되게 값을 바꾸어 줄 수 있습니다.

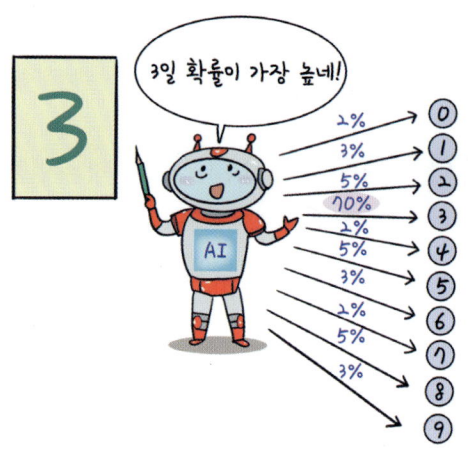

그림 5-14 이미지가 3일 확률이 70%로 가장 높다

이와 같은 소프트맥스 함수는 인공 신경망 모델에서 항상 사용되는 것이 아니라 분류 문제에서 사용되는 함수라고 볼 수 있습니다.

지금까지 활성화 함수를 살펴보았습니다. 이처럼 한 뉴런에서 다른 뉴런으로 신호를 전달하고 전달 받을 때는 가중치, 역치, 활성화 함수 개념을 사용합니다.

UNIT 06 인공 신경망의 학습 원리

지금까지 뉴런에 들어온 입력값이 어떤 과정을 거쳐 출력값을 가지는지 살펴보았습니다. 최종적으로 나온 출력값이 항상 맞으면 좋지만, 그렇지 않다면 인공지능을 다시 학습시킬 필요가 있습니다. 그럼 인공 신경망의 출력값이 맞았는지 틀렸는지를 어떻게 판단할 수 있을까요? 정답 데이터와 비교해 보면 되겠죠?

특정한 데이터를 넣고 인공지능의 출력값과 실제 정답을 비교하면 됩니다. 정확하게 예측하지 못한다면 정확하게 예측하도록 할 필요가 있습니다. 이처럼 인공 신경망의 예측 성능을 계속해서 높여 나가는 과정을 인공지능의 학습이라고 합니다.

 TIP 지금 설명하는 인공 신경망은 지도 학습 방법입니다. 바로 정답이 있는 데이터로 학습하기 때문입니다.

이러한 과정은 말로는 간단한 것 같지만 실제로는 조금 복잡합니다. 인공지능 모델이 출력한 값과 정답을 비교하여 오차를 구하고 그 오차를 줄이도록 인공지능 모델을 바꾸어야 하기 때문입니다.

앞에서 말한 인공지능 모델 세 가지를 기억하나요? 이를 사용하여 좀 더 자세히 설명해 보겠습니다. 첫 번째 모델은 바로 남자인지 여자인지를 구분하는 인공지능 모델입니다. 두 번째 모델은 그 사람의 나이대를 맞히는 모델입니다. 이 모델은 그 사람이 20대 이하인지, 30~40대인지, 50대 이상인지를 구분하는 인공지능 모델입니다. 마지막 세 번째 모델은 그 사람의 정확한 나이를 알아맞히는 인공지능 모델입니다.

그럼 먼저 각 모델에서 오차를 구하는 방법을 살펴보겠습니다.

1 인공 신경망의 오차 구하기

■ 남녀를 구분하는 인공지능 모델의 오차 구하기

첫 번째 모델은 둘 중 하나로 구분하는 인공지능입니다. 이렇게 2개 중 하나로 구분하는 문제를 이진 분류 문제라고 합니다. 남자를 남자라고 예측한다면 올바른 예측입니다. 하지만 여자를 남자라고 예측한다면 올바르지 않은 예측이 되겠죠? 예측값과 결괏값이 맞다면, 즉 남자를 남자로 예측하고 여자를 여자로 예측한다면 오차를 0으로 계산하면 됩니다. 그리고 남자를 여자로, 여자를 남자로 예측한다면 오차값이 발생하도록 계산해야 합니다.

그림 6-1 결괏값에서 오차값을 구한다

이처럼 인공지능이 예측한 모든 데이터에 대한 결괏값에서 오차값을 구합니다. 이를 바탕으로 오차가 크면 이 오차를 줄이도록 인공지능을 개선하는 과정을 수행합니다.

> **잠깐만요** **이항 교차 엔트로피**
>
> 이렇게 계산하는 방법 중 하나가 바로 이항 교차 엔트로피(binary crossentropy)입니다. 이항 교차 엔트로피의 원리는 다음과 같습니다. 인공지능이 잘 예측했다면 오차값을 0으로 주고, 잘 예측하지 못했다면 오차값을 상당히 크게 주는 것이죠. 인공지능이 잘 맞춘다면 오차값은 0에 가까워질 것이고, 그렇지 않다면 오차값은 상당히 커지게 됩니다.

■ 나이대를 예측하는 인공지능 모델의 오차 구하기

두 번째 모델은 여럿 중 하나로 구분하는 인공지능입니다. 이러한 문제를 다중 분류 문제라고 합니다. 예를 들어 나이대를 예측하는 인공지능이 다음과 같이 예측했다고 합시다.

20대 이하일 확률은 30%, 30~40대일 확률은 60%, 50대 이상일 확률은 10%처럼 말이죠. 그러면 인공지능은 이 사람은 30~40대라고 말합니다. 가장 높은 확률로 예측했기 때문입니다.

그림 6-2 나이대를 예측하는 테스트

그런데 정답은 20대 이하라고 합시다. 20대 이하일 확률이 30%라고 예측한 결과에 대한 오차는 0으로 계산합니다. 30~40대라고 예측한 결과는 60%인데 50대 이상이라고 예측한 결과는 10%이므로 30~40대라고 예측한 결과에 더 큰 오차값을 줍니다.

예를 들어 20대 이하일 확률이 30%라고 예측하는 모습에서 오차 0을, 30~40대를 60%라고 예측하는 모습에서 오차 300을, 50대 이상을 10%라고 예측하는 모습에서 오차 50을 주는 것이지요.

 잠깐만요 **다중 분류 손실 함수**

오차를 계산하는 방법에 다중 분류 손실 함수(categorical crossentropy)가 있습니다. 여러 값 중 하나를 예측하는 모델에서 정답을 예측할 경우에는 오차를 0으로, 정답이 아닌 값을 높은 확률로 예측하면 오차를 많게, 낮은 확률로 정답이 아닌 확률을 예측하면 오차를 적게 하는 방법입니다.

■ 나이를 예측하는 인공지능 모델의 오차 구하기

세 번째 모델은 앞에서 살펴본 두 인공지능 모델과는 차이가 있습니다. 앞에서 살펴본 두 모델은 두 가지 혹은 여럿 중에 하나를 고르는 문제입니다.

하지만 세 번째 모델은 특정한 값을 예측하는 문제입니다. 이러한 문제에서 오차값은 다음과 같이 구할 수 있습니다.

35살을 25살이라고 예측한다면 어떨까요? 물론 그 인공지능을 사용한 사람은 기분은 좋을지 모르지만, 이 인공지능을 올바른 인공지능이라고 할 수 있을까요? 그렇지 않을 것입니다. 무려 10살이라는 차이가 있기 때문이죠. 그리고 35살을 45살이라고 예측하면 이 또한 10살이라는 오차가 생기게 됩니다.

그림 6-3 특정한 값을 예측한 결과: 10살이라는 오차 발생

이와 같이 정답값과 예측값의 차이를 구한 후 이 값을 모두 더하면 인공지능의 오차값이 계산됩니다. 물론 실제 오차값을 구할 때는 이렇게 단순한 방법으로 계산하지 않습니다.

 평균 제곱 오차(mean squared error)가 바로 이러한 방법 중 하나입니다. 평균 제곱 오차는 예측값이 실젯값에서 얼마나 떨어져 있는지 알아보는 방법입니다. 이때 생기는 오차를 제곱하기 때문에 평균 제곱 오차라고 합니다. 제곱하는 이유는 바로 부호를 없애기 위해서입니다. 양(+)의 방향으로 떨어져 있는지 음(-)의 방향으로 떨어져 있는지는 중요하지 않습니다. 중요한 것은 바로 얼마나 떨어져 있느냐죠. 이를 명확하게 나타내기 위해 제곱하는 것입니다. 음(-)을 제곱하면 양수(+)가 되기 때문이지요.

 잠깐만요 **실제로 인공 신경망으로 인공지능을 만들 때 이 방식으로 오차값을 구하나요?**

원리는 동일합니다. 하지만 실제 오차값을 계산할 때는 여러 공식을 사용합니다. 정답은 없지만, 어떤 공식을 사용하는가에 따라서 인공지능의 성능 또한 달라집니다. 그러므로 데이터에 적합한 오차 공식을 구하는 것이 필요합니다. 더 궁금하다면 《케라스 창시자에게 배우는 딥러닝, 개정2판》(길벗, 2022)을 찾아보세요.

이러한 오차값을 계산한 후 다음 번에는 이 오차값이 줄어들도록 인공지능을 잘 학습시키면 됩니다. 사실 모든 데이터에서 올바르게 예측하는 인공지능을 만들기란 쉽지 않습니다. 처음 인공지능을 학습시키면 오차가 많이 나타납니다. 이때 오차가 크면 클수록 잘못 예측하는 인공지능이기 때문에 여러 번 학습시키면서 이 값을 줄여야 합니다. 인공 신경망이 반복 학습하는 이유가 바로 이것입니다.

그렇다면 인공지능은 어떻게 학습시킬까요? 이때 사용하는 방법이 바로 인공 신경망의 핵심입니다. 이 방법은 다음 절에서 살펴볼게요.

2 인공 신경망의 핵심! 오차 줄이기

앞에서 인공 신경망으로 만든 인공지능의 출력값과 실제 정답의 오차를 확인하는 방법을 살펴보았습니다. 이렇게 오차가 발생한다면 각 노드를 잇는 가중치 값을 하나하나 변경해야 합니다. 오차를 줄이기 위해서는 전달하는 신호 세기를 조절해야 하는데, 이때 전달하는 신호 세기를 조절할 수 있는 방법이 바로 가중치 값을 수정하는 것이기 때문입니다. 이를 해결할 수 있는 방법에 다음 두 가지가 있습니다.

첫 번째 방법은 바로 기울기를 사용하여 가중치 값을 변경하는 경사 하강법이라는 개념입니다. 두 번째 방법은 이 경사 하강법의 개념을 이용하여 여러 가중치를 차례로 변경해 나가는 오차 역전파법입니다.

먼저 각각의 가중치 값을 변경하는 경사 하강법의 개념을 살펴보겠습니다.

■ 기울기로 가중치 값을 변경하는 경사 하강법

앞에서 살펴본 가중치를 떠올려 볼까요? 가중치에 따라 신호 세기가 바뀌고, 그에 따라 인공지능의 결괏값이 결정됩니다. 바로 이 가중치가 인공지능의 성능을 결정하는 핵심입니다. 이 가중치를 적절하게 수정하는 과정이 바로 인공지능의 학습이고요. 지금부터 가중치를 어떻게 바꾸는지 살펴보겠습니다. 다음 그림의 오차 그래프를 봅시다.

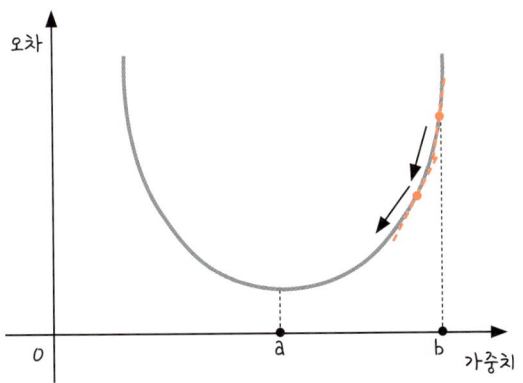

그림 6-4 가중치에 따라 달라지는 오차

가중치 값에 다른 오차 그래프를 그려 보면 밥그릇처럼 아래로 오목한 모양을 띕니다. 우리 목표는 오차가 최소가 되게 하는 것입니다.

그래프를 살펴보면 가로축인 가중치 값에 따라 오차가 달라지는 것을 볼 수 있습니다. 가중치 값이 특정한 지점(그래프에서 a 지점)에서 작아지거나 커질 때 오차값이 커지는 모습을 살펴볼 수 있습니다. 그리고 특정한 값에 도달했을 때 오차가 가장 작은 것을 확인할 수 있습니다. 이처럼 오차를 줄이려면 가장 오차가 작은 지점으로 가중치를 이동해야 합니다.

이렇게 그래프를 눈으로 볼 때는 아래로 내려가면 된다고 생각할 수 있지만, 그래프 형태를 볼 수 없을 때는 어떻게 해야 할까요? 바로 b에서 a로 점점 이동해야 합니다. 이때 가장 큰 특징이 바로 각 지점에서 기울기입니다. b 지점의 기울기(이때 기울기는 양수와 음수가 중요한 것이 아니라 그 크기가 중요합니다)가 가장 크며, a 지점으로 갈수록 기울기 크기는 작아지는 것을 볼 수 있습니다. 우리가 목표로 하는 a 지점의 기울기는 가장 작은 0입니다.

이처럼 오차가 가장 작은 지점으로 가중치 값을 이동시키려면 기울기가 점점 줄어드는 방향으로 이동해야겠죠? 기울기를 보고 기울기가 줄어드는 쪽으로 가중치 값을 이동하는 이 방법이 바로 경사 하강법(gradient descent)입니다.

미분을 들어 본 적 있나요? 미분을 간단히 말하면 '한 지점에서의 기울기'를 의미합니다. 다음 그림과 같은 그래프가 있습니다. A라는 지점과 B라는 지점을 이으면 다음과 같은 기울기가 나오죠? 이때 A와 B 지점의 간격을 서서히 좁히면 어떻게 될까요? 그리고 A와 B가 만난다면요? 이때의 기울기가 바로 한 지점에서 기울기가 됩니다.

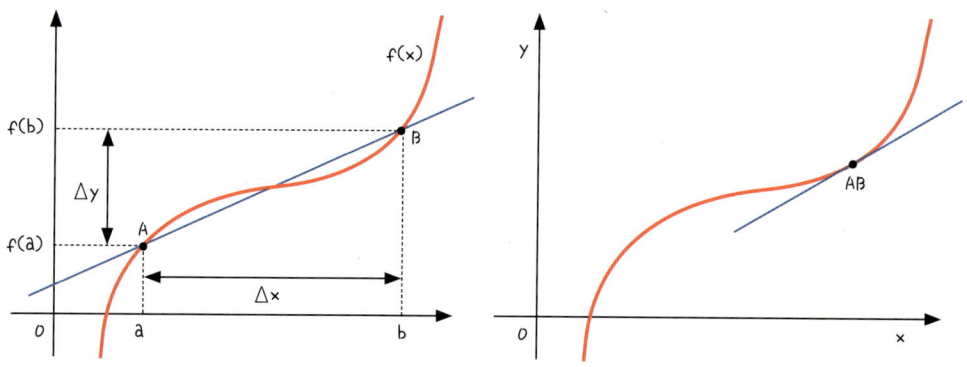

그림 6-5 한 지점에서 기울기: 미분

이 기울기로 무엇을 알 수 있을까요? 바로 그다음 값 예측이 가능합니다. 기울기가 가파를수록 다음 값의 변화가 크다는 것을 알 수 있고, 기울기가 완만할수록 값의 변화가 얼마 없다는 것을 알 수 있습니다. 바로 이러한 미분 개념을 사용하여 인공 신경망의 오차를 수정해 나갑니다. 이처럼 경사 하강법의 핵심은 미분이며, 이를 정확하게 이해하려면 일정 수준 이상의 수학 지식이 필요합니다.

이 기울기에 따라 가중치를 변경하면 오차를 줄일 수 있습니다. 하지만 가중치를 얼마만큼 이동하면 좋을까요? 이렇게 경사 하강법을 이용하여 가중치를 어느 정도로 이동할지 결정하는 여러 방법이 있는데, 그중 하나는 옵티마이저(optimizer)를 사용하는 것입니다.

■ **여러 가중치를 차례로 변경해 나가는 오차 역전파법**

앞에서 오차를 줄이는 방향으로 가중치 값을 변경할 수 있는 방법인 경사 하강법을 살펴보았습니다. 그런데 문제가 하나 있습니다. 인공 신경망을 설계하면 가중치 값이 1~2개가 아니라는 점이지요.

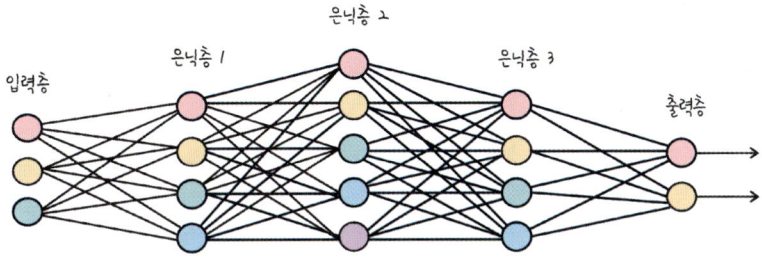

그림 6-6 수많은 가중치를 가진 인공 신경망

층이 하나만 있으면 한 번의 경사 하강법으로 뉴런과 뉴런을 연결한 가중치 값을 수정할 수 있지만, 그림 6-6과 같이 층이 여러 개 있다면 문제가 복잡합니다. 이렇게 많은 가중치를 어떻게 바꿀 수 있을까요?

이때는 뒤에서부터 앞으로 값을 수정해 나가는 방법을 사용합니다. 이 방법을 사용하면 다음 그림과 같이 값을 수정해 나갑니다.

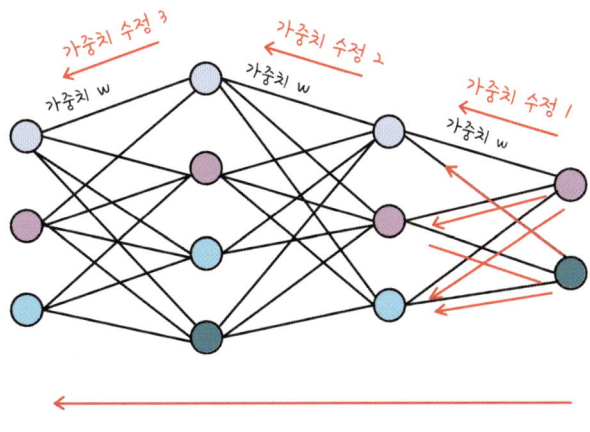

그림 6-7 뒤에서부터 앞으로 값을 수정해 나가는 방법: 오차 역전파법

오차가 있으면 경사 하강법을 사용하여 마지막부터 처음까지 되돌아가면서 각각의 가중치 값을 수정해 나갑니다. 그래서 이 방법의 이름도 오차를 끝에서부터 거꾸로 가면서 줄인다는 의미인 오차 역전파법(back propagation)입니다. 백프로파게이션, 체인룰이라고도 합니다.

이름이 '체인룰'인 이유가 궁금하지 않나요? 자전거 체인을 떠올려 봅시다. 하나하나가 서로 연결되어 있죠. 오차 역전파법을 사용하는 모습도 이와 유사합니다. 서로 맞물려서 값이 변하기 때문에 체인룰이라는 이름이 붙었습니다.

참고로 이 오차 역전파법은 2025년 노벨 물리학상 수상자인 제프리 힌튼 교수가 개발했습니다. 이 알고리즘으로 인공지능의 성능이 대폭 증가되었으며, 이러한 공로를 인정받아 노벨상까지 수상한 것입니다.

사실 이 방법의 원리를 자세히 살펴보기 위해서는 복잡한 미분 계산이 필요합니다. 하지만 기본 원리만 제대로 이해해도 인공 신경망을 만들 때는 큰 문제없습니다.

이렇게 뒤로 가면서 가중치를 수정하면 그다음은 어떻게 하면 될까요? 다시 한 번 데이터를 흘려보낸 후 결괏값을 살펴봅니다. 그 결괏값이 정답과 어떤 차이가 있는지 살펴본 후 다시 오차 역전파법을 사용하여 가중치를 수정합니다.

인공 신경망은 이 과정을 반복하며 오차를 0으로 줄여 나갑니다. 흔히 인공지능을 학습시킨다고 하죠? 바로 이렇게 오차값을 계산하고, 그 오차값에 따라 가중치를 점점 수정해 나가는 모습이 바로 인공 신경망에서 인공지능을 학습시키는 방법입니다.

지금까지 인공지능을 만드는 방법 중 하나인 인공 신경망의 원리를 살펴보았습니다.

텐서플로 플레이그라운드로 딥러닝 체험하기

앞에서 살펴본 인공 신경망과 딥러닝의 개념이 머릿속에 잘 들어오나요? 무슨 일이든지 마찬가지 겠지만 이론만 듣고서 개념이 명확하게 머릿속에 들어오는 경우는 흔치 않습니다.

이와 마찬가지로 인공 신경망 개념만 알고서 인공 신경망을 이해하기는 쉽지 않습니다. 여기에서 직접 인공 신경망을 체험해 보겠습니다. 당장 프로그래밍도 익숙하지 않고, 딥러닝 생성 도구를 사용하는 것도 익숙하지 않은데 어떻게 하면 좋을까요?

딥러닝 놀이터인 텐서플로 플레이그라운드를 사용하면 됩니다. 그럼 모두 놀이터로 떠나 볼까요?

> **TIP** 텐서플로란 구글에서 만든 딥러닝 개발 도구입니다. 이 책에서는 텐서플로를 사용하여 딥러닝 모델을 만듭니다.

1 텐서플로 플레이그라운드 접속하기

먼저 텐서플로 플레이그라운드(https://playground.tensorflow.org/)에 접속합니다. 그림 7-1과 같은 화면을 볼 수 있습니다. 뭔가 문제 같은 것이 상당히 복잡해 보이지만, 간단합니다. 이 문제 타입(problem type)은 분류(classification)입니다. 즉, 신경망이 주황색과 파란색 데이터를 잘 구별할 수 있도록 학습시키는 문제입니다. 앞에서 살펴본 레이어, 뉴런, 액티베이션(활성화 함수), 입력 데이터, 출력 데이터, 가중치 등이 보입니다.

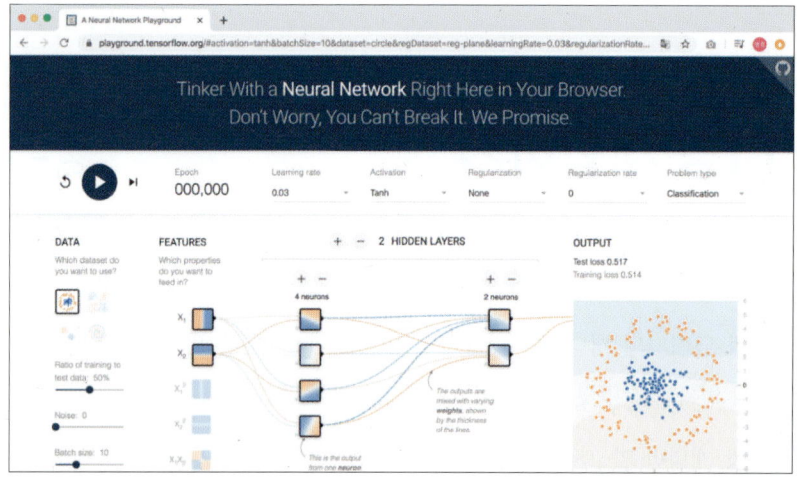

그림 7-1 텐서플로 플레이그라운드 접속

> **TIP** 데이터에서 파란색은 양수인 +1을, 주황색은 음수인 -1을 의미합니다. 이와 같이 서로 다른 두 종류의 데이터를 구분하는 인공지능 모델을 만들어 봅시다.

2 시작 버튼 클릭하기

화면 위에도 나와 있듯이 아무 버튼을 클릭하더라도 고장 나지 않습니다. 시작 버튼(▶)을 클릭하면 애니메이션 효과가 나오며, 이런저런 값이 변하는 모습을 볼 수 있습니다. 먼저 화면 왼쪽 위에 있는 에포크(Epoch)라고 적힌 숫자 값이 늘어나는 것을 볼 수 있습니다. 에포크란 전체 데이터를 사용하여 인공 신경망이 학습한 횟수를 의미합니다.

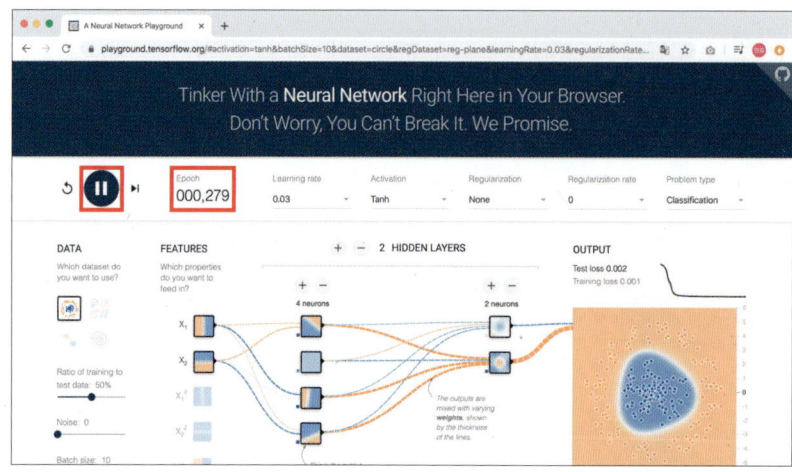

그림 7-2 시작 버튼을 클릭

잠깐만요 뉴런과 뉴런이 연결된 선은 무엇인가요?

바로 가중치입니다. 그 선에 마우스 포인터를 가져가면 특정한 숫자가 나옵니다. 그 숫자들이 가중치이며, 가중치 값이 클수록 선의 두께 또한 두껍습니다.

 ## 3 출력 부분 살펴보기

에포크가 늘어나면서 변하는 모습 중 하나는 바로 출력(OUTPUT) 부분입니다. 그래프와 데이터 영역이 변하는 것을 볼 수 있습니다.

 계속 반복 학습을 하다가 주황색과 파란색의 구분이 명확해지기 시작한다면 중단 버튼을 클릭해도 됩니다. 주황색과 파란색을 구분할 수 있게 학습이 잘되었다는 의미이기 때문이죠.

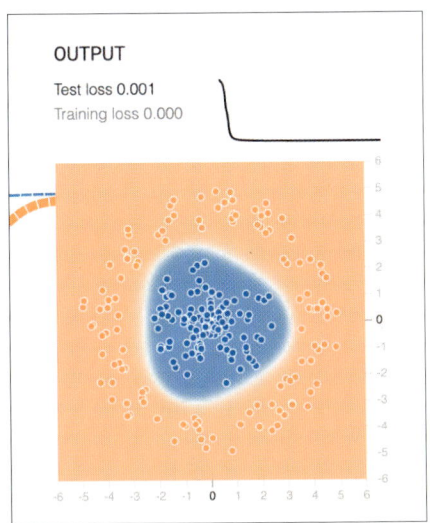

그림 7-3 출력 부분

그림 7-3을 보면 파란색 점이 있는 곳과 주황색 점이 있는 곳이 2개의 영역으로 잘 구분된 것을 확인할 수 있습니다. 그래프에서 볼 수 있듯이 오차 또한 0에 가까워지는 것을 볼 수 있네요.

텐서플로 플레이그라운드의 데이터는 훈련 데이터(training data)와 검증 데이터(test data)로 구분되어 있습니다. 화면에서 Show test data 버튼을 클릭하면 어떤 것이 검증 데이터인지 살펴볼 수 있습니다.

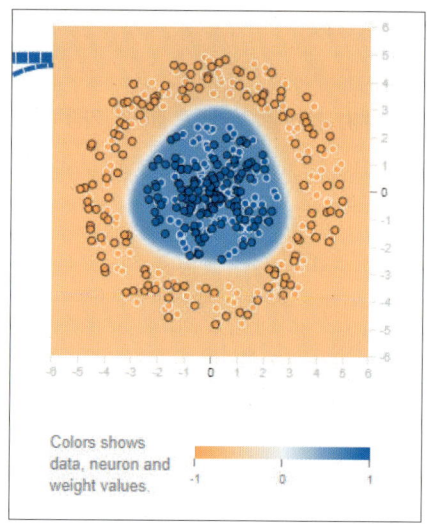

그림 7-4 훈련 데이터와 검증 데이터의 구분

데이터를 훈련 데이터와 검증 데이터로 구분하는 이유는 신경망을 훈련하는 데 모든 데이터를 쓰지 않고 일부분만 사용하기 위해서입니다. 나머지 데이터, 즉 검증 데이터로 신경망이 제대로 학습되었는지 살펴보는 것이죠.

먼저 Test loss는 검증 데이터를 신경망에 넣었을 때 오차값입니다. Training loss는 훈련 데이터에 대한 오차값입니다. 학습이 점점 진행되면서 각각의 오차값이 줄어드는 것을 볼 수 있습니다. 이 값의 변화를 그래프로도 살펴볼 수 있어요.

> **잠깐만요** **검증 데이터가 훈련 데이터에 비해 너무 많다고요?**
>
> 화면의 왼쪽 DATA 영역에서 그 비율을 수정할 수 있습니다. Ratio of training to test data 영역에서 비율을 조정하면 됩니다. 실제 인공지능 개발에서는 검증 데이터의 비율을 20~30% 정도로 지정한답니다.

그림 7-5 검증 데이터 비율 지정

4 신경망의 구조 설계하기

이제 신경망 구조를 설계할 차례입니다. 딥러닝에서 딥(deep)은 바로 층이 깊다는 뜻입니다. 신경망을 설계할 때 여러 층을 넣으면 층이 깊어진다는 의미인 심층 신경망이 되는 것이죠. 층이 깊으면 좀 더 정교한 모델을 만들 수 있지만 그만큼 학습에 걸리는 시간도 길어집니다.

화면 위에서 HIDDEN LAYERS의 더하기, 빼기 버튼을 클릭하면 신경망층 개수를 수정할 수 있습니다.

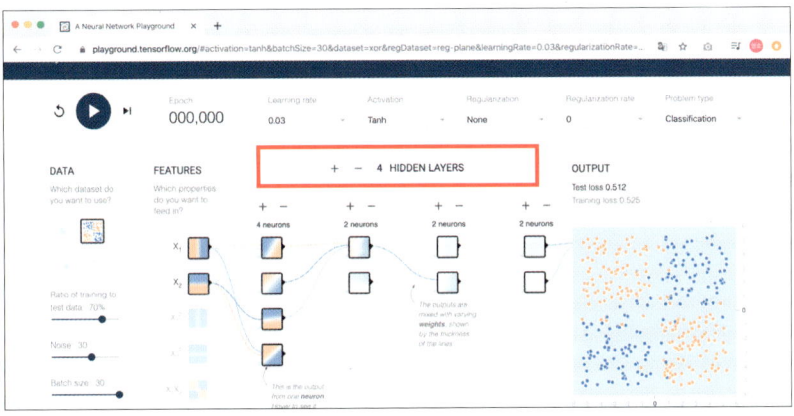

그림 7-6 신경망층의 개수 조정

각 층에서 더하기, 빼기 버튼을 클릭하면 층의 뉴런 개수를 수정할 수 있습니다. 뉴런 개수가 많을수록 더 정교하게 학습할 수 있지만, 무작정 층과 뉴런 개수를 늘리는 것은 올바른 방법이 아닙니다. 필요 없는 계산을 할 수 있기 때문이죠. 따라서 적정한 층과 뉴런 개수로 잘 정해야 합니다.

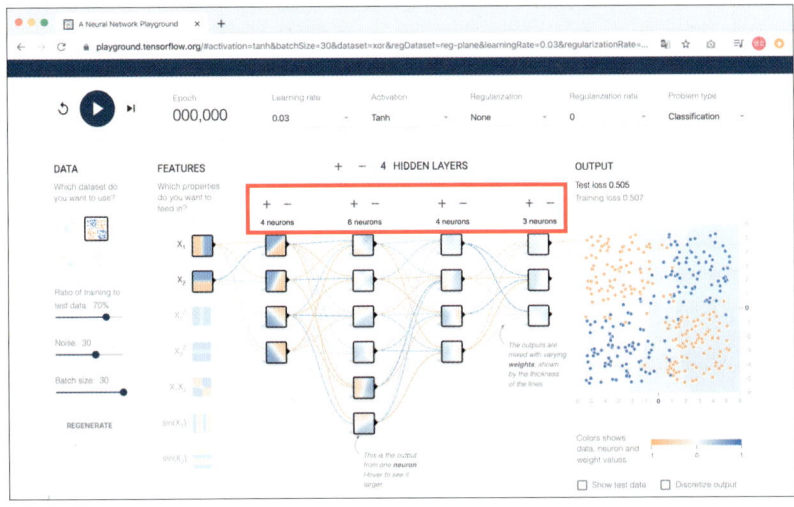

그림 7-7 뉴런 개수 조정

5 데이터 입력 형태 선택하기

화면 왼쪽 DATA에서는 데이터의 입력 형태를 선택할 수 있습니다. 기본적으로 x축과 y축의 값을 입력합니다. 여기에 추가하여 각각의 값을 수정할 수 있습니다. 여러 값을 선택해서 입력해 보세요. 데이터의 형태, 검증 데이터와 훈련 데이터의 비율(Ratio of training to test data), 노이즈(Noise), 배치 사이즈(Batch size), 에포크(Epoch) 등 값을 수정한 후 **REGENERATE**(재생성) 버튼을 클릭해 보세요.

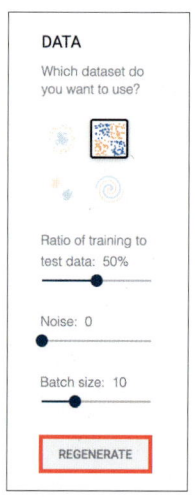

그림 7-8 데이터 입력 형태 선택 후 [REGENERATE(재생성)] 버튼 클릭

 잠깐만요 **관련 용어를 정리해요!**

❶ **Ratio of training to test data**: 훈련 데이터와 검증 데이터를 나누는 비율을 의미합니다. 검증 데이터가 너무 많거나 너무 적어도 신경망이 학습할 때 문제가 될 수 있습니다. 보통 신경망을 훈련시킬 때 훈련 데이터와 검증 데이터의 비율을 7:3 혹은 8:2로 합니다. 하지만 비율에 정답이 있는 것은 아니니 여러 비율로 테스트해 보세요.

❷ **Noise**: 분류 문제에서 실제 데이터는 정확하게 두 부분으로 나뉘지 않습니다. 데이터가 서로 섞여 있기 마련이죠. 노이즈가 0일 때는 섞여 있지 않을 때로 노이즈가 높을수록 데이터가 섞여 있는 정도가 심합니다. 그러면 신경망을 학습시킬 때 모델 설계를 더 잘해야 합니다.

❸ **Batch size**: 신경망을 학습시킬 때 한 번에 학습하는 데이터양을 의미합니다. 데이터가 100개 있을 때 배치 사이즈가 100이라면 한 번 학습할 때 데이터 100개를 한꺼번에 학습시킨다는 의미입니다. 배치 사이즈가 10이라면 한 번 학습할 때 데이터 10개를 사용하겠죠.

❹ **Epoch**: 전체 데이터를 한 번 학습하는 것을 의미합니다. 50 에포크라면 전체 데이터를 50번 학습한다는 의미입니다.

입력값을 수정하면서 어떤 입력값이 가장 좋은 모델을 만드는 데 사용될 수 있는지 살펴봅니다. FEATURES에서 데이터 모습과 비슷한 입력을 선택하니 금방 학습이 진행되는 것을 확인할 수 있습니다.

첫 번째 데이터는 살펴보았으니 두 번째 데이터를 살펴보겠습니다. 두 번째 데이터 모습은 다음 그림과 같이 사분면과 비슷합니다.

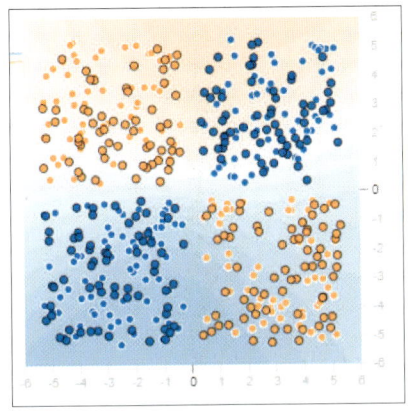

그림 7-9 사분면 모습의 두 번째 데이터

> TIP 사분면(四分面)이란 x축, y축으로 나뉜 직교 좌표 평면의 네 부분을 의미합니다. 제1사분면은 x와 y의 부호가 모두 양수인 영역, 제2사분면은 x의 부호만 음수인 영역, 제3사분면은 x와 y의 부호가 모두 음수인 영역, 제4사분면은 y의 부호만 음수인 영역입니다.

다음 그림은 학습이 잘되었을 때입니다. 주황색과 파란색이 잘 구분된 모습을 볼 수 있네요.

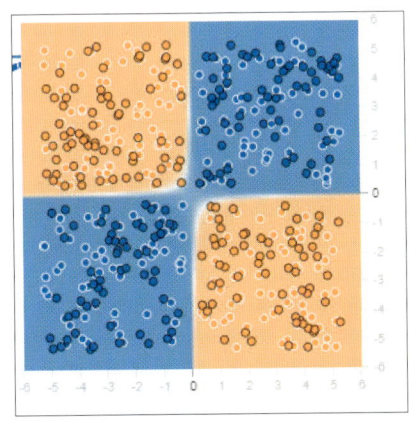

그림 7-10 학습이 잘된 데이터 모습

이때 입력값은 데이터 모양과 비슷한 X_1X_2를 선택했습니다.

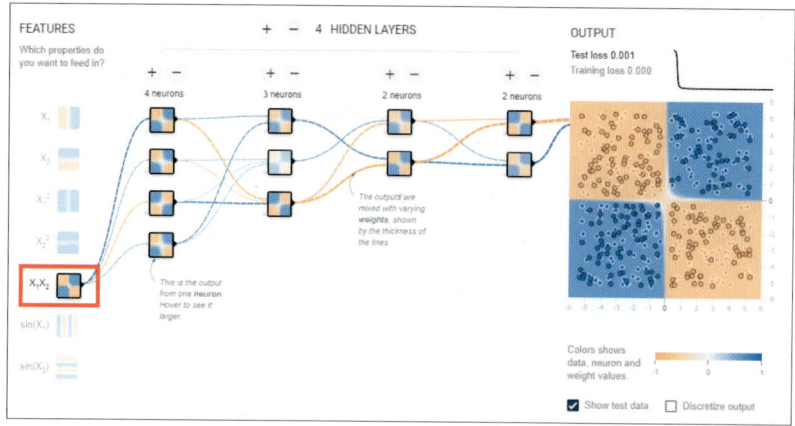

그림 7-11 입력값으로 X_1X_2 선택

세 번째 데이터 모습은 다음 그림과 같습니다. 두 번째 데이터 모습과 비슷하지만 좀 더 단순합니다.

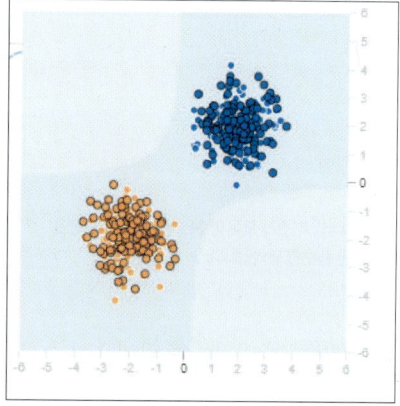

그림 7-12 좀 더 단순한 세 번째 데이터 모습

다음 그림은 학습이 잘되었을 때입니다. 크게 두 부분으로 나뉜 모습이 눈에 들어옵니다.

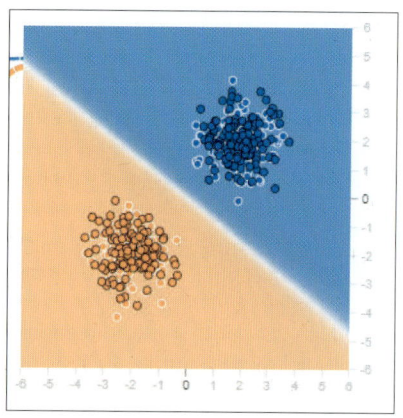

그림 7-13 학습이 잘되어 명확하게 구분된 모습

이때 입력값은 X_1과 X_2를 선택했습니다.

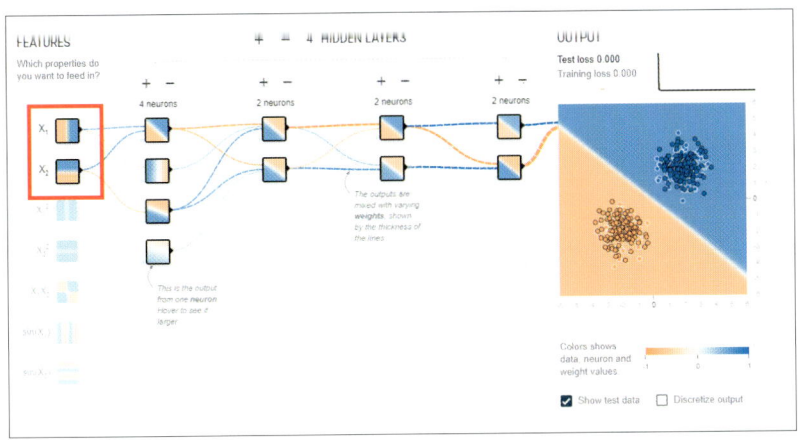

그림 7-14 입력값으로 X_1과 X_2를 선택

 6 복잡한 형태의 데이터 구분하기

이번에는 좀 더 복잡한 형태의 데이터를 구분해 보겠습니다. 딥러닝의 장점이 바로 복잡한 형태의 데이터를 잘 구분할 수 있다는 것이죠.

데이터 중 오른쪽 아래에 있는 나선형 데이터를 선택해 봅시다. 네 번째 데이터는 앞의 데이터와 그 모습이 조금 다릅니다. 여러분은 어떻게 분류하면 좋을지 감이 오나요? 이 데이터는 잘 구별하기가 쉽지 않습니다.

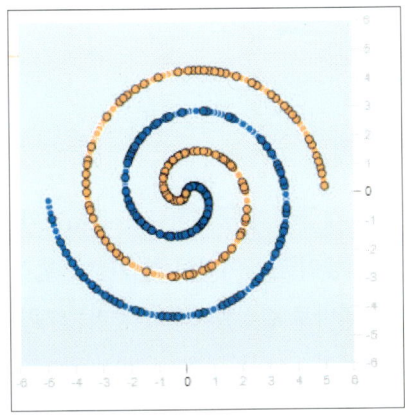

그림 7-15 분류하기 어려운 나선형 데이터

입력하는 데이터 모습, 층(레이어) 개수, 각 층의 뉴런 개수 등을 변경하며 여러분이 직접 이 데이터를 잘 구분할 수 있는 신경망 모델을 만들어 보세요.

다음 그림은 학습이 잘되었을 때입니다. 나선형으로 데이터가 분류된 것을 살펴볼 수 있습니다.

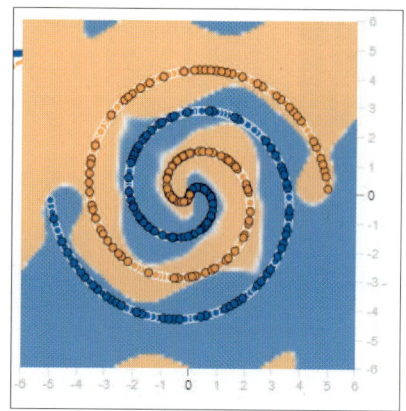

그림 7-16 학습이 잘된 모습

이때 입력값은 X_1과 X_2, $sin(X_1)$과 $sin(X_2)$입니다.

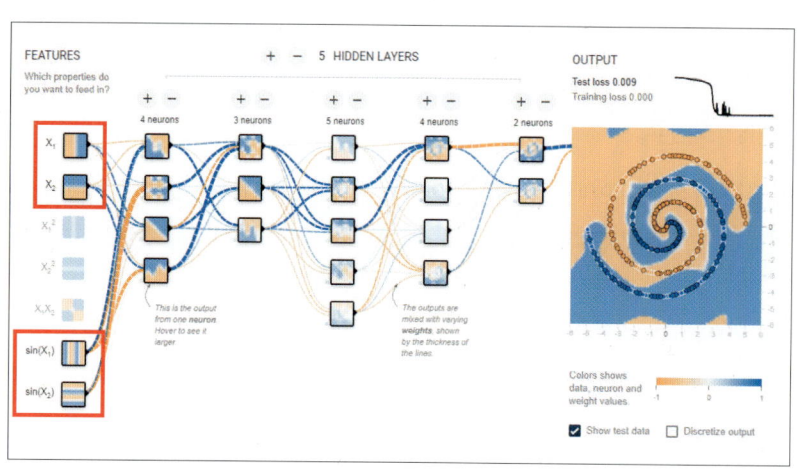

그림 7-17 입력 데이터, 층 개수, 뉴런 개수에 따라 생성되는 딥러닝 모델

여기에서 알 수 있는 사실은 '딥러닝할 때는 어떤 데이터를 넣을 것인가'가 중요하다는 점입니다. 단순히 데이터를 많이 넣고 오래 학습시킨다고 좋은 성능의 인공지능이 만들어지지 않습니다. 딥러닝 모델을 만들 때 어떤 데이터를 넣을지, 층 개수와 뉴런 개수를 얼마로 결정할지도 인공지능 개발자의 몫입니다.

7 텐서플로 플레이그라운드 2배로 즐기기

텐서플로 플레이그라운드를 체험해 보니 어떤가요? 지금부터는 텐서플로 플레이그라운드에서 제공하는 다양한 옵션을 살펴보겠습니다. 여러 옵션을 변경하면서 다양한 인공 신경망 모델을 개발할 수 있습니다. 텐서플로 플레이그라운드의 위쪽 화면은 다음 그림과 같습니다.

그림 7-18 텐서플로 플레이그라운드 위쪽 화면

각 용어가 무엇을 의미하는지 살펴볼까요?

❶ **Learning rate**: Learning rate(학습률)는 딥러닝의 핵심 개념인 경사 하강법과 관련한 용어입니다. 딥러닝에서는 정답과 예측값의 오차를 최소화하는 방식으로 학습을 진행합니다. 이때 오차 값을 최소화하기 위해 각 뉴런을 연결하는 가중치 값을 수정해 나가는데, 한 번 수정할 때 얼마만큼 수정할지를 Learning rate 값으로 결정합니다.

❷ **Activation**: 활성화 함수를 의미합니다. 텐서플로 플레이그라운드에서는 렐루, 하이퍼볼릭탄젠트, 시그모이드, 선형 함수를 사용할 수 있습니다.

❸ **Regularization**: 정규화를 의미합니다. 정규화의 목적은 과적합(overfitting)을 줄이는 것입니다. 과적합은 모델이 학습된 데이터에는 잘 작동하지만 이전에 보지 못한 데이터에는 예측이 좋지 않은 상태를 의미합니다.

❹ **Regularization rate**: 정규화할 때 어느 정도로 값을 수정할지 정하는 값입니다.

❺ **Problem type**: 텐서플로 플레이그라운드에서는 문제를 분류(classification)와 회귀(regression)로 나눕니다. 분류 문제는 데이터를 주황색과 파란색의 데이터로 분류하도록 학습시키는 것이고, 회귀 문제는 연속된 데이터 값을 예측하도록 인공지능을 학습시키는 것입니다.

UNIT 08 다양한 딥러닝 기술 살펴보기

앞에서 인공 신경망이란 무엇인지, 어떤 원리인지 살펴보았습니다. 인공 신경망의 영문 명칭은 ANN입니다. 인공적인 신경망을 의미하는 Artificial Neural Network의 약어죠. 이 인공 신경망(ANN)이 다양한 딥러닝 기술의 기초입니다. 인공 신경망의 층을 여러 개로 해서 깊게 만든 것이 심층 신경망이며, 이 심층 신경망을 학습시키는 과정을 딥러닝이라고 하기 때문입니다. 앞으로 설명할 다양한 딥러닝 기술은 바로 인공 신경망을 어떤 식으로 구성했는지에 따라 구별합니다. 그러므로 인공 신경망을 가장 우선으로 이해합니다.

기초적인 인공 신경망을 사용하면 주변에서 보았던 다양한 인공지능을 개발할 수 있습니다. 이미지 인식 인공지능 또한 인공 신경망을 사용하여 개발할 수 있습니다.

 인공 신경망의 선조격인 퍼셉트론을 개발한 프랭크 로젠블러트가 만든 인공지능도 바로 A, B, C 같은 문자를 분류할 수 있는 기계였습니다.

이미지 인식 인공지능을 개발하는 과정을 잠시 살펴볼까요?

숫자를 인식하는 인공지능 개발을 예로 들어 봅시다. 컴퓨터 관점에서 보면 그림 8-1의 왼쪽처럼 숫자 0 이미지는 픽셀로 되어 있습니다. 이 이미지에서 각 픽셀은 하나하나의 점으로 되어 있지만, 컴퓨터는 이 점을 숫자로 인식합니다. 바로 0~255의 숫자 중 하나로 말이죠. 흑백일 경우 검은색은 0, 흰색은 255로 나타냅니다. 회색은 검은 정도에 따라 1~254개의 숫자 중 하나로 표현하죠.

이 이미지를 인식하는 인공지능을 기본적인 인공 신경망으로 만들 수 있습니다. 픽셀을 입력값으로 인공 신경망에 넣으면 됩니다. 이때 가장 간단한 방법은 다음 그림과 같이 이미지의 픽셀을 한 줄로 세우는 것입니다.

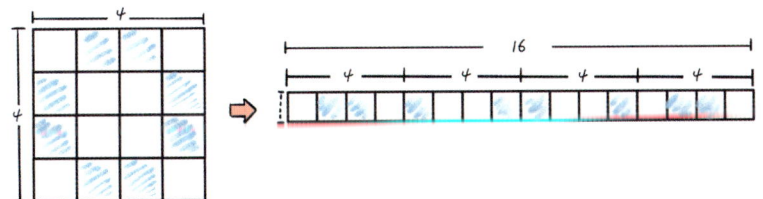

그림 8-1 4×4 이미지를 1×16 형태로 바꾸기

 픽셀(pixel)은 이미지를 구성하는 기본 단위로 picture element, 즉 화소라고도 합니다. 컴퓨터 이미지를 가장 작은 단위까지 자세히 보면 하나하나의 점이 모여서 구성되어 있습니다. 이때 점 하나하나를 픽셀이라고 합니다.

그런 다음 이 16개의 숫자를 인공 신경망에 넣는 것입니다. 마지막 결괏값이 0이라고 알려 주면 인공 신경망은 스스로 가중치와 편향을 바꾸어 가며 이 이미지가 숫자 0이라는 것을 학습합니다.

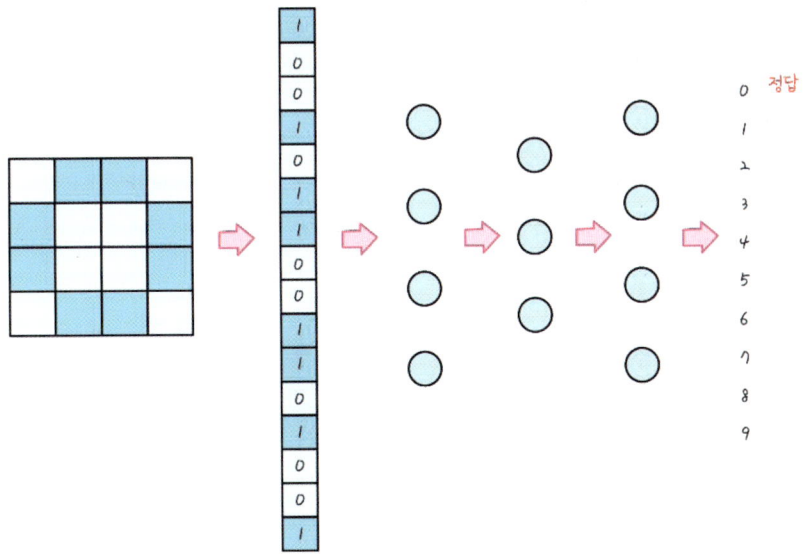

그림 8-2 16개의 숫자를 인공 신경망에 넣어 학습한 후 정답 결과 도출

그럼 지금부터 인공 신경망의 대표적인 방법을 살펴보겠습니다.

 UNIT 17에서는 손글씨 데이터셋인 MNIST 데이터셋을 사용하여 숫자 인식 인공지능을 직접 만듭니다. 하지만 숫자 인식 인공지능을 개발하려면 프로그래밍 방법은 물론 다양한 딥러닝 관련 지식이 필요하기 때문에 셋째 마당까지 모두 학습한 후 넷째 마당을 보는 것을 추천합니다.

잠깐만요 머신러닝의 학습 방법과 알고리즘은 어떻게 다른가요?

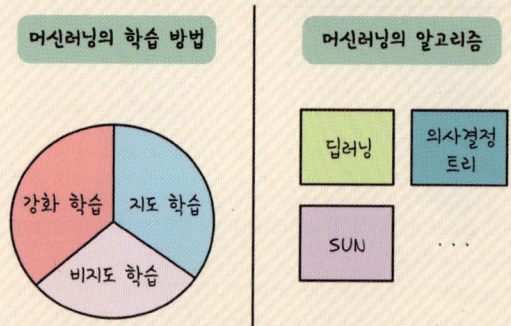

그림 8-3 머신러닝의 학습 방법과 알고리즘 비교

"머신러닝의 학습 방법에는 지도 학습, 비지도 학습, 강화 학습이 있다고 했는데, 그렇다면 딥러닝도 학습 방법인가요?"

딥러닝은 인공 신경망을 사용한 머신러닝의 알고리즘 중 하나입니다. 머신러닝의 학습 방법과 머신러닝의 알고리즘은 다른 영역입니다. 이렇게 머신러닝의 다양한 영역 중 하나인 딥러닝에도 다양한 학습 방법이 있습니다. 바로 지도 학습, 비지도 학습, 강화 학습처럼 말이죠.

앞에서 예를 든 것은 정답이 있는 데이터로 학습했기 때문에 지도 학습 방법의 딥러닝입니다. 아주 기본적인 딥러닝 방법이죠. 딥러닝에도 비지도 학습 방법의 딥러닝과 강화 학습 방법의 딥러닝이 있습니다. 비지도 학습 방법의 딥러닝에는 오토인코더, 생성적 적대 신경망(GAN) 등이 있습니다. 강화 학습 방법을 사용하는 Deep Q-Network 딥러닝 모델도 있습니다. 이 책의 넷째 마당에서는 지도 학습 방법의 딥러닝인 기본적인 인공 신경망(ANN)과 순환 신경망(RNN)의 인공 신경망을 실습하고 비지도 학습 방법의 딥러닝인 GAN을 실습해 봅니다.

※ RNN, GAN은 딥러닝의 여러 알고리즘 중 하나입니다. 순환 신경망(RNN)은 연속된 값으로 특정한 값을 예측할 때 사용하며, 생성적 적대 신경망(GAN)은 무엇인가를 만들 수 있는 생성 신경망의 일종입니다. 자세한 내용은 UNIT 09에서 다루겠습니다. 단 강화 학습은 이 책에서는 따로 다루지 않습니다. 강화 학습을 제대로 공부하고 싶은 사람은 중급서 이상의 딥러닝 서적을 볼 것을 권장합니다.

딥러닝 기술은 과거 기술이 아니라 현재에도 꾸준히 연구되고 다양한 곳에 적용되는 분야입니다. 이 책에서는 앞에서 설명한 기본적인 인공 신경망 이외에 합성곱 신경망, 순환 신경망, 생성 신경망을 살펴보겠습니다.

1 합성곱 신경망 살펴보기

이 방법이 바로 기본적인 인공 신경망을 사용하는 것입니다. 물론 실제 이미지 인식 인공지능을 딥러닝 방법으로 만들 때는 합성곱 신경망(Convolutional Neural Network, CNN)을 사용합니다. 인공 신경망이 사람의 뇌가 작동하는 원리를 보고 만들었듯이, 합성곱 신경망 또한 시각 세포의 작동 원리를 본떠서 만들었습니다.

앞서 만들어 본 숫자 인식 인공 신경망을 사용하여 똑바로 선 숫자 3을 학습시킨 인공지능은 기울어진 3을 보고 3으로 인식하지 못할 가능성이 있습니다. 하지만 우리 눈은 그것이 기울어졌든 아니든 그것이 3이라는 것을 압니다.

우리 눈은 전체에 대한 패턴을 인식하는 계층과 부분에 대한 패턴을 인식하는 계층이 서로 얽혀 있기 때문입니다. 합성곱 신경망은 바로 이러한 원리에 착안하여 개발했습니다. 앞에서 다양한 이미지의 픽셀값을 한 줄로 세워서 학습시켰다면, 합성곱 신경망은 이미지를 특정한 영역별로 추출하여 학습시킨다는 특징이 있습니다.

그림 8-1에서 살펴본 픽셀로 된 숫자 0을 2×2, 즉 4칸씩 뽑아냅니다. 이러한 과정을 거쳐 부분의 특징을 찾아낼 수 있죠.

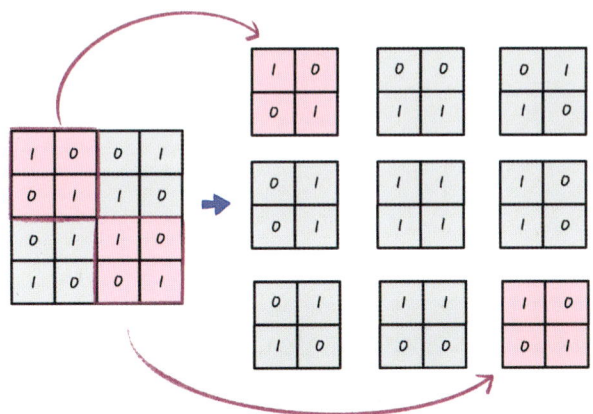

그림 8-4 4×4 이미지를 2×2로 추출하는 모습

그런 다음 추출한 데이터를 인공 신경망에 넣습니다. 그리고 마지막 결괏값이 0이라고 알려 주면 인공 신경망은 스스로 가중치와 편향을 바꾸어 가며 이 이미지가 숫자 0이라는 것을 학습합니다.

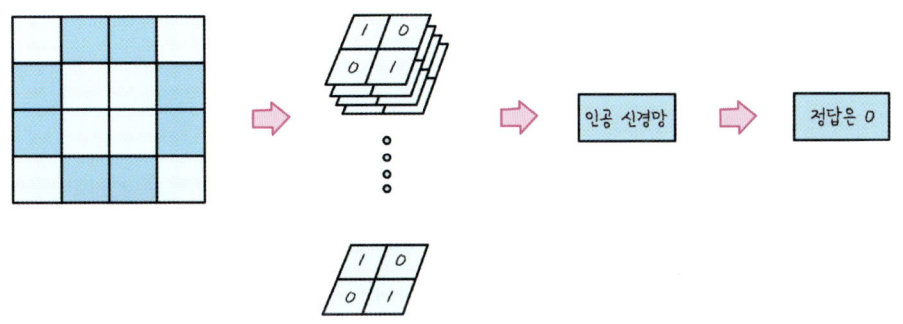

그림 8-5 전체와 부분을 학습하는 CNN

UNIT 08 다양한 딥러닝 기술 살펴보기　**089**

하지만 그림 8-4와 같은 방법으로 인공 신경망에 넣지는 않습니다. 좀 더 복잡한 과정을 거쳐야 정확한 합성곱 신경망을 완성할 수 있습니다. 합성곱 신경망이 데이터 각 부분의 특징을 잘 나타내는 신경망이라는 것을 나타내고자 단순하게 표현했을 뿐입니다.

 잠깐만요   합성곱 연산

앞에서 설명한 내용은 완전한 합성곱 신경망이 아닙니다. 합성곱 신경망을 정확하게 구현하려면 부분 데이터를 추출하는 과정에 좀 더 복잡한 단계가 필요합니다. 더 자세히 설명하면 2×2 형태로 추출한 데이터를 어떤 값(필터라고 합니다)으로 곱하고 특징적인 값을 찾아내는 과정이 필요합니다.
이때 추출한 데이터를 필터와 곱할 때 합성곱 연산을 하는 것이죠. 그래서 이 신경망 이름이 합성곱 신경망입니다.
이러한 합성곱 연산을 사용하면 이미지의 어떤 영역에 어떤 특징과 패턴이 있는지 알아낼 수 있습니다.

합성곱 신경망은 이미지의 특징을 파악하는 데 특화된 딥러닝 방법입니다. 예를 들어 필기체 인식이나 차량 번호판 인식, 의료용 인공지능 개발, 물체 인식 등 이미지를 인식하는 다양한 분야에서 사용합니다.

2 순환 신경망 살펴보기

딥러닝의 알고리즘 중에는 연속된 값을 예측할 수 있는 알고리즘이 있습니다. 이 알고리즘이 바로 순환 신경망(Recursive Neural Network, RNN)입니다. 순환 신경망은 재귀 신경망이라고도 합니다. 재귀(recursive)란 원래의 자리로 되돌아간다는 의미입니다. 사실 재귀는 이해하기 상당히 어려운 개념입니다.

혹시 〈인셉션〉 영화를 본 적이 있나요? 이 영화에서는 어떤 사람의 생각을 바꾸려고 그 사람의 꿈속으로 들어갑니다. 그리고 더 깊은 무의식으로 접근하기 위해서 꿈속에서 꿈을 꿉니다. 〈인셉션〉의 주인공인 레오나르도 디카프리오가 문제를 해결하는 방식은 상대방 꿈속에 들어가는 것입니다. 그 상태에서 다시 문제를 해결하기 위해 꿈속에서 다시 꿈속으로 들어가는 이러한 과정이 재귀 개념과 상당히 닮아 있습니다(그림 8-6).

혹시 팩토리얼에 대해 들어 본 적 있나요? 팩토리얼(!)은 어떤 범위에 있는 수를 모두 곱하는 것을 의미합니다. 5!은 5×4×3×2×1, 즉 120입니다. 갑자기 팩토리얼 개념을 설명하는 이유는 프로그래밍에서 팩토리얼을 해결할 때 재귀 개념을 사용하기 때문입니다.

그림 8-6 꿈속의 꿈

5!을 5×4×3×2×1로 나타낼 수 있지만 5×4!로 나타낼 수도 있습니다. 4!은 4×3!로 나타낼 수 있죠. 이때 재귀 개념이 사용됩니다. '5를 구하라'는 명령을 '5×4!을 구하라'고 할 수도 있고, 다시 '5×4×3!을 구하라'는 식으로 바꿀 수도 있습니다. 팩토리얼 개념을 이용해서 계속 한 단계씩 들어가는 방식인 셈이죠. 순환 신경망에서 사용되는 재귀의 뜻은 이처럼 하나의 신경망을 계속적으로 반복해서 학습하는 것입니다. 사실 꿈속의 꿈이라는 말이 명확하게 다가오지 않듯이, 재귀라는 개념도 한 번에 완벽하게 이해하기란 어렵습니다.

일반적인 인공 신경망(ANN)에서는 신경망 구성에 따라 가중치가 한 방향으로 이동하며 변합니다. 하지만 순환 신경망에서는 가중치 변화가 한 방향으로 이동하는 것이 아니라, 다시 자기 자신에게 돌아오는 형태를 띱니다. 계속 반복적으로 가중치가 수정되는 모습이 나타나죠.

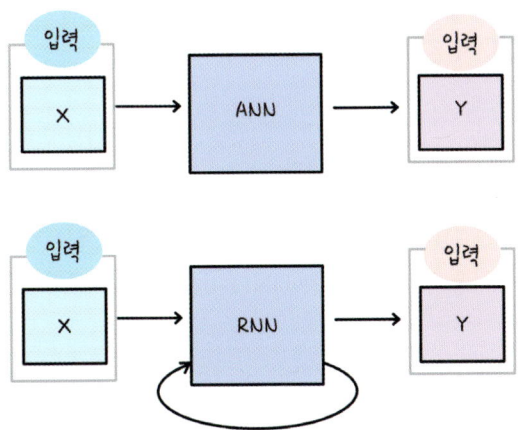

그림 8-7 일반적인 인공 신경망과 순환 신경망

그러면 이러한 순환 신경망은 어디에 사용될까요? 연속 데이터 결과를 예측하거나 분류할 때 사용됩니다. 순환 신경망이 기존의 일반적인 인공 신경망보다 뛰어난 점은 바로 전후 관계를 학습한다는 것입니다. 일반적인 데이터 패턴을 학습하는 인공 신경망에서 한 단계 더 나아간 학습 방식입니다. 순환 신경망은 전후 관계에 대한 패턴을 학습하기 때문에 다양한 곳에서 사용됩니다.

먼저 언어 번역에 사용됩니다. 전 세계에는 수많은 언어가 있습니다. 그리고 언어를 번역해 주는 다양한 번역 서비스가 있습니다. 이러한 서비스는 순환 신경망을 이용해서 한 단계 더 발전하고 있습니다.

Hot Dog의 뜻을 알고 있나요? 물론 '뜨거운 개'라는 뜻일 수도 있지만 우리가 먹는 음식인 '핫도그'를 뜻할 수도 있습니다. 그럼 어떻게 Hot Dog가 뜨거운 개인지, 음식인 핫도그인지 구별할 수 있을까요? 이럴 때는 문맥(글의 흐름)을 살펴보아야 합니다. 사람들은 문맥을 살펴보며 이것이 뜨거운 개인지 핫도그인지를 쉽게 구별합니다. 하지만 형태만 알고 있는 인공지능이라면 그 의미를 잘 구별해 내기가 어렵겠지요. 또 '이', '그', '저' 같은 대명사가 무엇을 의미하는지 문맥을 보지 않고서는 쉽사리 파악할 수 없습니다.

문맥을 학습할 수 있는 인공지능을 만드는 데 바로 이 순환 신경망을 사용합니다. 실제로 구글의 번역 기술에 순환 신경망 기술을 사용하니 기존 방식보다 훨씬 뛰어난 번역 성능을 보여 주었다고 합니다.

우리 주변에는 시간의 흐름 또는 연속된 관계를 가진 데이터가 많습니다. 이러한 데이터를 사용하여 인공지능 모델을 만들 때 바로 순환 신경망을 사용합니다. 셋째 마당에서는 코로나 19 바이러스 확진자 수를 학습해서 향후 확진자 수를 예측하는 인공지능을 순환 신경망 방식으로 만들어 보겠습니다.

3 스케치 RNN으로 순환 신경망 체험하기

연속된 데이터 관계를 파악할 수 있는 순환 신경망을 체험해 보겠습니다.

지금부터 소개할 도구는 스케치 RNN(Sketch RNN)입니다. 스케치 RNN은 이름에서도 알 수 있듯이 순환 신경망을 사용합니다. 스케치 RNN에서 사용하는 데이터는 UNIT 03에서 살펴본 퀵 드로우(Quick Draw)의 데이터셋입니다.

퀵 드로우는 여러분이 그린 그림이 무엇인지 인공지능이 맞히는 게임입니다. 퀵 드로우 데이터셋은 퀵 드로우를 체험하는 수많은 사람이 그린 그림 데이터로 구성되어 있으며, 어떤 순서로 그림을 그렸는지 포함되어 있습니다. 예를 들어 고양이를 그린다면 사람들은 대부분 얼굴을 그리고 귀를 그린 후 눈, 코, 입, 수염을 그리는 등 모두 같지는 않겠지만 일련의 순서에 따라서 그릴 것입니다.

이러한 순서 또한 연속된 데이터입니다. 스케치 RNN은 이러한 순서 데이터를 학습했습니다. 사람들이 그린 순서대로 그림들을 학습했기 때문에 그림을 그리는 과정을 예측할 수 있습니다.

그래서 고양이를 그릴 때 누군가 얼굴을 그리면 자동으로 귀를 그려 줍니다. 또 귀를 그리면 자동으로 눈을 그려 줍니다. 물론 꼭 이 순서대로 하지는 않으므로 귀를 그리면 얼굴을 그리고, 눈과 코, 입을 그려 줍니다. 다음 그림은 얼굴 형태인 동그라미를 그리면 자동으로 귀, 눈, 코를 그려 준 모습입니다.

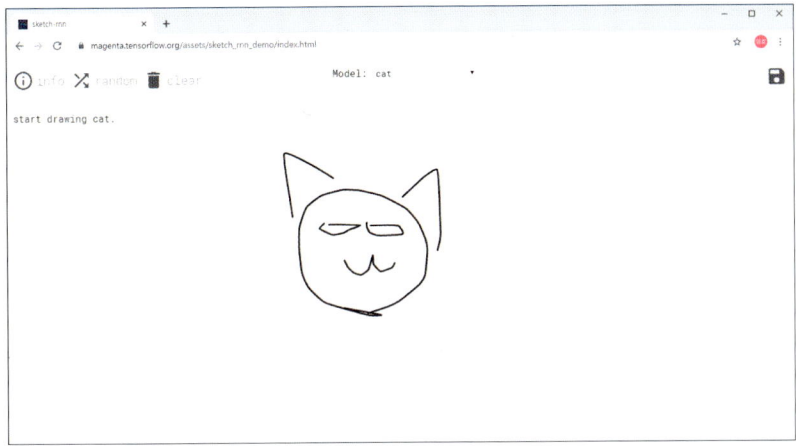

그림 8-8 동그라미를 그리면 귀, 눈, 코를 자동으로 그림

그럼 지금부터 스케치 RNN을 체험해 봅시다.

1 구글에서 sketch rnn이라고 검색합니다. sketch-rnn-Magenta Tensorflow를 클릭합니다. 혹은 https://magenta.tensorflow.org/assets/sketch_rnn_demo/index.html을 입력해도 됩니다.

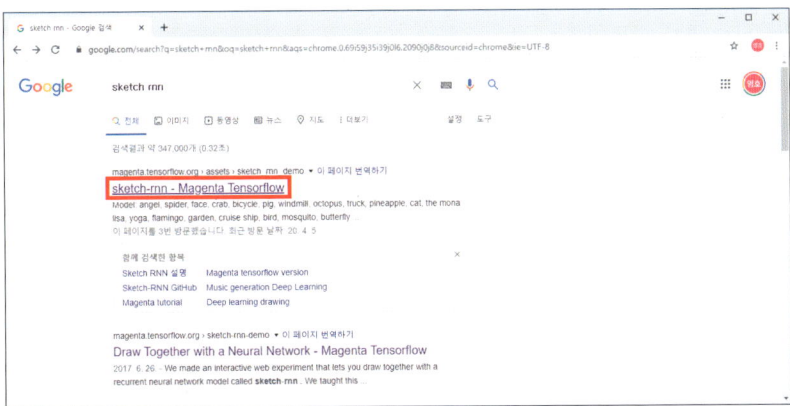

그림 8-9 구글에서 sketch rnn 검색 후 클릭

2   간단한 화면이 보입니다. 화면 위쪽 가운데에 있는 Model은 내가 무엇을 그릴지 알려 주는 공간입니다. 드롭다운 버튼(▼)을 눌러서 고양이(cat)를 선택합니다.

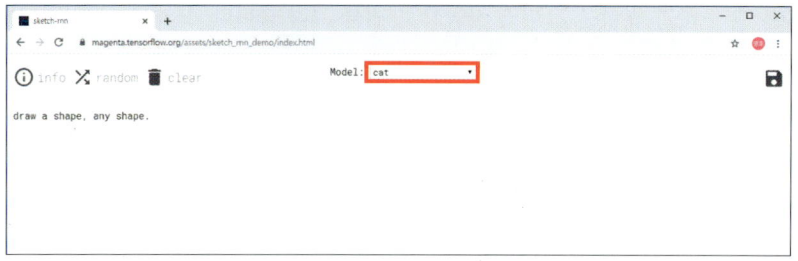

그림 8-10 Model에서 cat 선택

3   고양이 얼굴을 그려 봅시다.

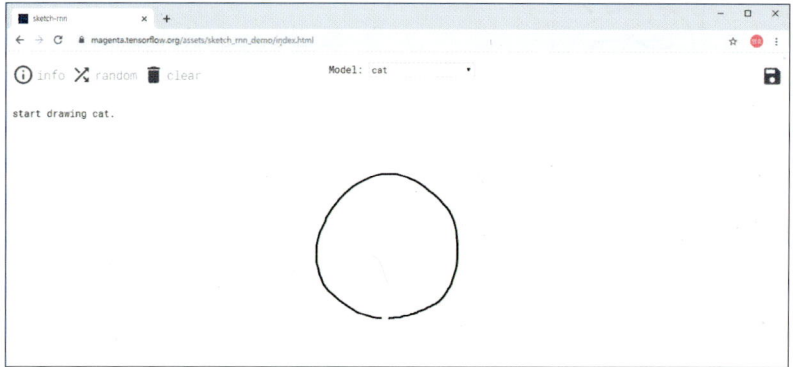

그림 8-11 고양이 얼굴 그리기

4   자동으로 귀, 눈, 코, 수염까지 그려 줍니다. 물론 완벽하지는 않습니다. 하지만 우리가 고양이를 그리는 것처럼 순서에 맞게 그림을 그리는 모습을 볼 수 있습니다. 바로 이 인공지능이 그림을 그리는 순서를 학습했기 때문이죠.

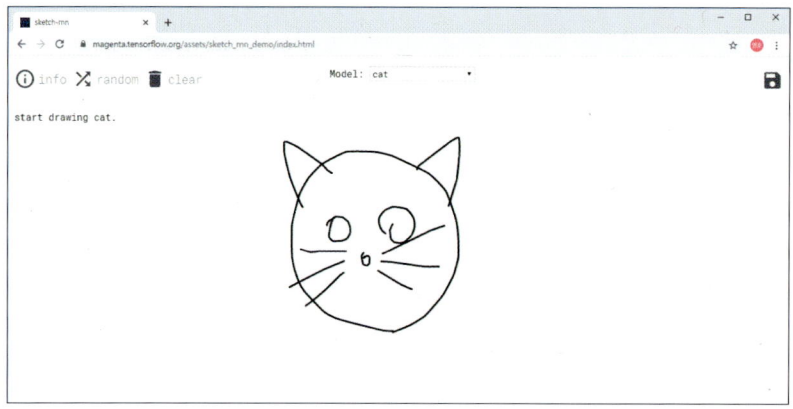

그림 8-12 인공지능이 자동으로 귀, 눈, 코, 수염을 그린 모습

5 새(bird)를 선택해 볼까요? 부리를 그려 보겠습니다.

그림 8-13 Model에서 bird 선택 후 부리 그리기

6 다음 그림과 같이 순서대로 알아서 그려 줍니다. 물론 완벽하지는 않습니다.

그림 8-14 새의 모습을 자동으로 그림

이와 같이 스케치 RNN은 순환 신경망을 사용하여 사람들이 그림을 그리는 순서를 학습한 인공지능입니다.

 생성 신경망 살펴보기

앞에서 살펴본 인공지능 기술은 모두 무엇인가를 판별하거나 예측하는 데 사용했습니다. 예를 들어 딥러닝 기술로 강아지와 고양이를 학습한 인공지능을 살펴볼까요? 이 인공지능은 새로운 이미지를 보면 두 가지, 즉 강아지 혹은 고양이 중 하나로 판별합니다. 또 집의 크기, 지역, 집을 지은 연도를 보고 주택 가격을 예측할 수 있는 인공지능도 살펴봅시다. 이 인공지능은 특정한 집의 크기와 지역,

지은 연도를 넣으면 집값을 예측해 줍니다. 이와 같이 딥러닝을 사용하여 만든 대부분의 인공지능은 무엇인가를 판별하거나 예측하려는 목적으로 만들었습니다. 하지만 이제 인공지능의 판도가 바뀌고 있습니다.

아래 두 명의 사진이 있습니다. 둘 중 한 명은 진짜이며, 나머지 한 명은 인공지능이 생성한 얼굴입니다. 여러분이 보기에 어떤 사진이 진짜처럼 보이나요?

그림 8-15 어떤 얼굴이 진짜 사람의 얼굴일까요?

정답은 바로 '오른쪽' 사람입니다.

여러분이 직접 이 활동을 체험해 볼 수 있습니다. 다음 주소(URL)로 접속하여 인공지능이 생성한 얼굴과 실제 얼굴을 구분해 보세요.

- https://www.whichfaceisreal.com/

주소가 직관적이죠? '이름 그대로 어떤 얼굴이 진짜일까 닷컴'입니다. 이 웹 사이트에서는 styleGAN 기술을 적용하여 이미지를 생성합니다. 넷째 마당에서 살펴볼 GAN 알고리즘의 일종이죠. 하지만 생성 신경망이 개발되기 시작하면서 무엇인가를 새롭고 창의적으로 만들어 낼 수 있는 분야에도 인공지능이 들어오기 시작했습니다.

그렇다면 인공지능이 어떻게 새로운 것을 만들어 낼 수 있을까요? 바로 **생성적 적대 신경망**(Generative Adversarial Network, GAN)과 **디퓨전 모델**(diffusion model) 기술 덕분입니다.

■ 이미지 생성 인공지능의 시작 GAN

GAN은 2개의 인공지능이 서로 경쟁하면서 점점 더 정교한 결과물을 만들어 내는 방식입니다. 쉽게 설명하면, 그림을 그리는 사람과 그것을 평가하는 심사위원이 있다고 생각하면 됩니다. 처음에 그림을 그리는 사람(생성자)은 아무렇게나 그림을 그려서 심사위원(판별자)에게 보여 줍니다. 심사위원은 이 그림이 진짜인지 가짜인지 판단합니다. 처음에는 "이건 가짜네요!"라고 금방 알아차리겠지요. 그러면 그림을 그리는 사람은 더 정교한 그림을 그리기 위해 노력합니다. 심사위원도 더욱 꼼꼼하게 평가하려고 하겠지요. 이렇게 두 사람이 경쟁하면서 점점 더 실제 같은 그림이 만들어지는 것입니다. 이와 같은 원리로 GAN은 이미지를 생성하는 인공지능을 학습시키는 데 활용합니다. 특히 딥페이크(deepfake) 기술에서 많이 사용합니다.

 잠깐만요 딥페이크

딥페이크는 인공지능 기술을 사용해서 기존에 있던 영상 혹은 사진에 새로운 사람의 얼굴이나 특정 부위를 합성한 것입니다. 또 흐릿한 사진을 선명하게 변환하는 데도 활용되고, 예술 분야에서도 새로운 그림을 창작하는 데 사용됩니다.

이처럼 GAN은 매우 강력한 기술이지만 몇 가지 한계가 있습니다. 생성자가 반복적으로 비슷한 패턴의 이미지를 만들어 내는 경우가 많고, 다양한 스타일을 표현하는 데 어려움이 있을 수 있습니다. 이러한 문제를 해결하기 위해 최근에는 디퓨전 모델이라는 새로운 기술이 등장했습니다.

■ 이미지 생성의 새로운 지평을 연 디퓨전 모델

디퓨전 모델은 GAN과는 전혀 다른 방식으로 이미지를 생성합니다. GAN이 2개의 인공지능이 서로 경쟁하면서 더 정교한 이미지를 만들어 내는 방식이라면, 디퓨전 모델은 처음부터 이미지를 흐릿하게 만들었다가 다시 원래의 형태로 복원하는 방식입니다.

비유를 통해 이 방식을 살펴보겠습니다. 유리잔에 잉크 한 방울을 떨어뜨리면 어떻게 될까요? 처음에는 잉크가 한곳에 모여 있어 색이 진하지만, 시간이 지나면서 점점 물에 퍼져 흐려집니다. 결국 잉크는 물 전체로 확산되어 어디가 원래 잉크였는지 구별할 수 없게 되죠.

디퓨전 모델도 이와 같은 방식으로 동작합니다. 처음에는 분명한 형태를 가진 이미지가 있습니다. 그런데 이 이미지에 점차 노이즈(잡음)를 추가하면서 데이터를 흐릿하게 만듭니다. 마지막에는 온통 랜덤한 잡음만 남게 되죠.

이제 이미지를 선명하게 만드는 과정, 즉 다시 원래의 잉크 방울을 복원하는 과정을 살펴보겠습니다. 실제 현실에서는 원래 잉크 방울을 복원하기가 쉽지 않습니다. 하지만 디퓨전 모델은 이러한 과정을 논리적으로 수행하기 때문에 가능하죠. 노이즈만 남은 상태에서 조금씩 잡음을 제거하면서 원래의 이미지를 복원하는 방법을 학습하는 것입니다. 마치 덧칠된 그림을 지우개로 하나씩 지워 나가면서 원래의 선을 찾아가는 것과 비슷합니다. 이 과정을 수천수만 번 반복하다 보면 처음에는 무작위한 노이즈에서 시작했지만 점차 윤곽이 드러나고, 결국에는 완전히 새로운 이미지를 생성할 수 있습니다.

■ GAN과 디퓨전 모델의 차이

GAN과 디퓨전 모델은 모두 새로운 이미지를 생성하는 기술이지만, 동작 방식이 다릅니다. 어떻게 다른지 살펴볼까요?

첫째, 학습 방식이 다릅니다. GAN은 2개의 인공지능이 서로 경쟁하면서 학습하지만, 디퓨전 모델은 노이즈를 점진적으로 제거하는 과정을 거쳐 이미지를 학습합니다.

둘째, 생성 속도에도 차이가 있습니다. GAN은 한 번의 연산으로 이미지를 만들어 낼 수 있어 속도가 빠릅니다. 하지만 같은 스타일의 이미지를 반복해서 생성하는 경향이 있습니다. 반면에 디퓨전 모델은 속도는 다소 느리지만, 훨씬 더 다양한 스타일과 자연스러운 결과물을 생성할 수 있습니다.

셋째, 활용 분야가 다릅니다. GAN은 주로 딥페이크 기술에 사용됩니다. 영화에서 배우 얼굴을 다른 사람의 얼굴로 바꾸거나 존재하지 않는 인물의 얼굴을 만들어 낼 때 활용되죠. 반면 디퓨전 모델은 미드저니, 스테이블 디퓨전 같은 AI 그림 생성 도구에서 많이 사용됩니다. 사용자가 원하는 스타일을 입력하면, 인공지능이 완전히 새로운 창작물을 만들어 냅니다.

이러한 생성 모델링은 새로운 것을 만들어 낼 수 있는 기술이지만, 윤리적 측면에서 문제가 될 수 있습니다. 딥페이크 기술로 어떤 사람이 실제로 존재하지 않았던 장소에 있는 것처럼 보이는 사진을 생성하거나, 동영상이나 사진 속 인물을 새로운 얼굴로 바꾸는 등 사회적 혼란이나 사생활 침해 문제를 일으킬 수 있습니다. 더욱이 이러한 기술은 범죄에 악용될 수도 있기 때문에 사용할 때 각별한 주의가 필요합니다.

디퓨전 모델도 마찬가지입니다. AI가 자유롭게 그림을 생성할 수 있는 긍정적인 면도 있지만, 동시에 원작자의 창작물을 무단으로 학습하여 유사한 결과물을 만들어 낼 수 있는 부정적인 면도 있습니다. 또 불법적인 콘텐츠를 생성하는 데 사용될 가능성도 있어 규제와 윤리적 고민이 필요합니다.

생성 모델링은 인공지능이 무엇인가를 새롭게 만들어 낼 수 있다는 것을 의미합니다. 판별 신경망이 발전하던 시기에는 창의적이고 생산적인 부분에서는 인공지능이 사람을 따라올 수 없을 것이라고 생각했습니다. 이 점을 사람과 인공지능을 구별하는 가장 큰 차이점으로 보았습니다. 하지만 생성 신경망이 개발되기 시작하면서 무엇인가 새롭게 창의적으로 만들 수 있는 분야까지 인공지능이 들어오기 시작했습니다. 기술이 발전하는 만큼 AI를 어떻게 활용할지도 함께 고민해야 합니다. 윤리적 문제를 고려하면서 AI를 책임감 있게 사용하는 것이 중요하겠죠. 앞으로 AI가 우리 삶을 어떻게 변화시킬지, 우리가 AI를 어떻게 활용해야 할지 함께 고민해 보기 바랍니다.

5 디퓨전 모델 체험하기

디퓨전(diffusion) 모델에 텍스트를 입력하면 AI가 그림을 생성해 줍니다. 예를 들어 다음과 같은 문장을 입력하면 그에 맞는 이미지를 만들어 줍니다.

> "우주를 떠다니는 고양이"
>
> "햇살이 비치는 숲속의 오두막"
>
> "고흐 스타일로 그린 도시 야경"

구글의 제미나이(Gemini)를 사용해서 그림 생성을 진행해 보겠습니다.

1 디퓨전 모델을 사용한 여러 서비스가 있습니다. 먼저 검색 창에서 '제미나이'를 검색합니다.

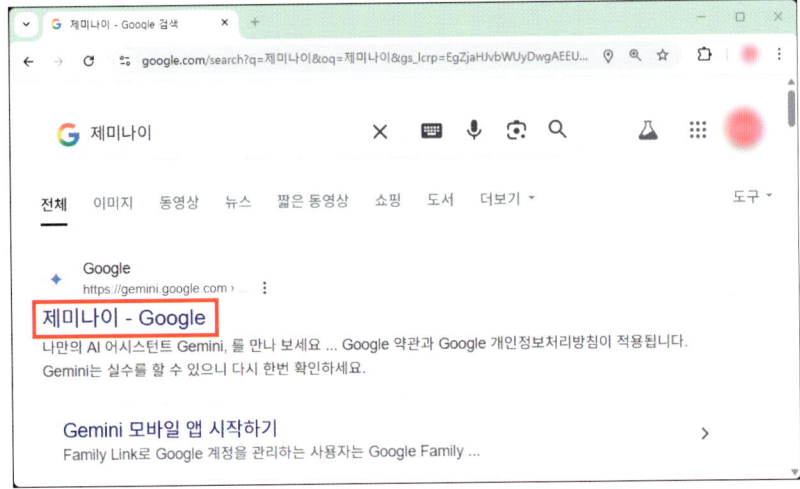

그림 8-16 구글 제미나이 접속

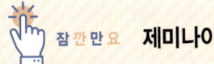 **제미나이**

제미나이는 구글에서 개발한 대규모 언어 모델입니다. 방대한 텍스트와 코드 데이터를 학습하여 다양한 주제에 심층적인 지식이 있으며, 복잡한 질문에도 정확하고 포괄적인 답변을 제공할 수 있습니다. 단순히 정보를 제공하는 것을 넘어 창의적인 글쓰기, 코드 생성, 언어 번역 등 다채로운 작업을 수행할 수 있습니다.

2 제미나이에서 그림을 생성하기 위해서는 로그인이 필요합니다. 로그인을 하지 않으면 텍스트 생성은 가능하지만 이미지 생성은 불가능합니다. 오른쪽 위의 **로그인** 버튼을 클릭한 후 구글 계정으로 로그인합니다.

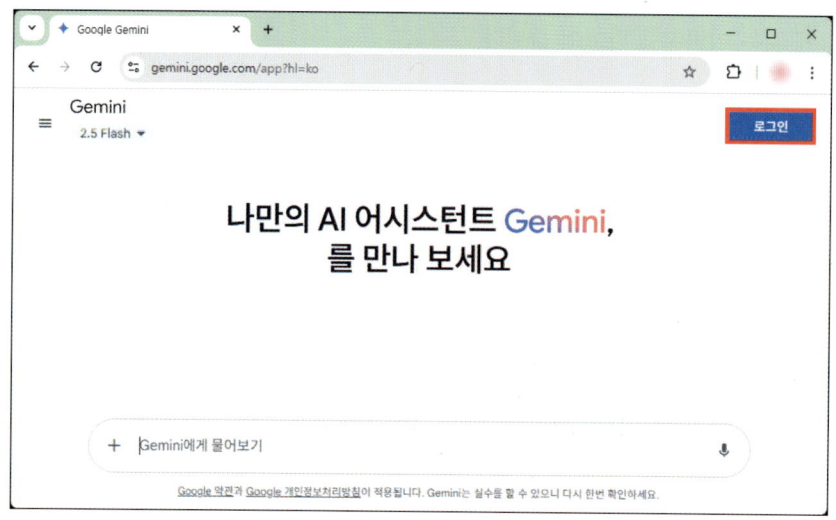

그림 8-17 제미나이 로그인

3 로그인 후 대화 창에 '즐겁게 뛰어노는 강아지를 그려줘'라고 입력합니다. 물론 여러분이 생성하고 싶은 내용을 넣어도 됩니다.

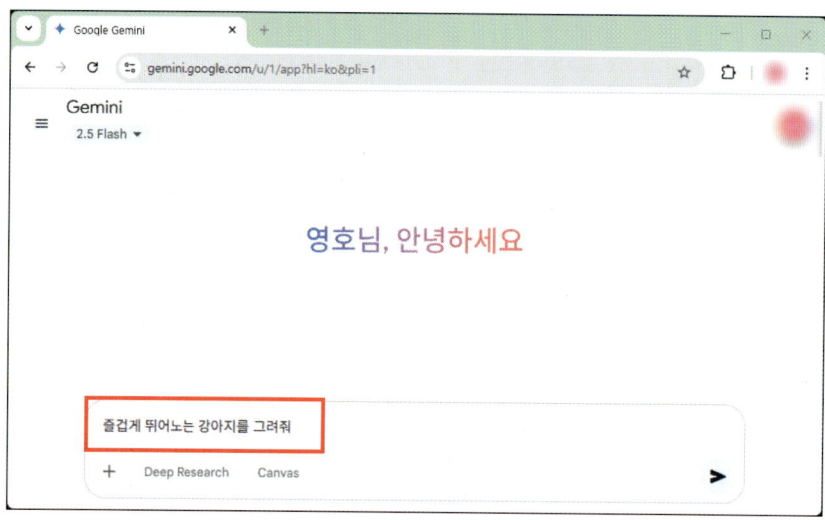

그림 8-18 프롬프트 입력

4 다음과 같이 이미지가 생성된 것을 확인할 수 있습니다. 물론 챗지피티(ChatGPT), 클로드(Claude) 등 서비스를 사용해서 이미지를 생성할 수도 있습니다.

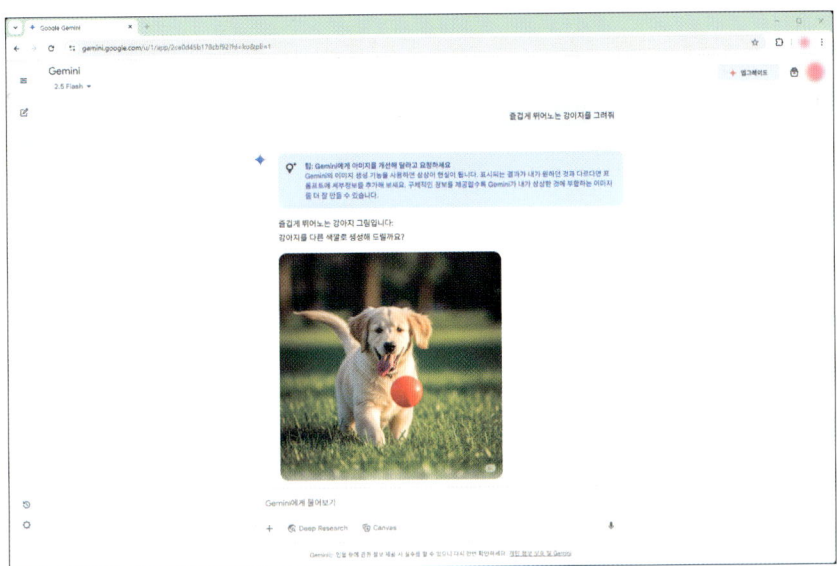

그림 8-19 이미지 생성 화면

인공지능 개발을 위한 파이썬 첫걸음

딥러닝을 만들려면 컴퓨터를 사용해야 합니다. 컴퓨터에서 명령을 내리려면 컴퓨터가 사용하는 언어를 알고 있어야 하죠. 지금부터 딥러닝을 만들 때 사용하는 프로그래밍 언어는 바로 파이썬입니다. 셋째 마당에서는 앞으로 만들 프로그램을 이해하는 데 필수인 파이썬의 문법 요소를 알아보겠습니다. 이미 파이썬을 알고 있다면 넷째 마당으로 건너뛰어도 되지만, 기초를 튼튼하게 하기 위해 가볍게 읽어 보길 추천합니다.

UNIT 09 인공지능 개발의 기초, 파이썬과 코랩

지금까지 인공 신경망의 원리를 살펴보았습니다. 이제는 인공 신경망을 직접 설계하고 학습시켜 볼 차례입니다. 이를 위해서는 넘어야 할 장애물이 하나 더 있습니다. 바로 프로그래밍입니다. 인공 신경망 또한 프로그램이기 때문에 프로그래밍 과정을 거쳐 모델을 설계하고 학습시키고 사용할 수 있습니다. 따라서 아무리 인공 신경망을 잘 이해한다고 하더라도 프로그래밍에 익숙하지 않다면 인공 신경망을 만들 수가 없습니다.

이 책에서는 인공지능을 개발하기 위해 다양한 도구를 사용할 것입니다(이 내용은 'UNIT 16 딥러닝 개발 환경 살펴보기'에서 자세하게 다룹니다). 이 도구들은 모두 파이썬이라는 프로그래밍 언어를 사용합니다. 그럼 지금부터 인공지능을 프로그래밍하는 기초 지식인 파이썬 프로그래밍을 차근차근 살펴보겠습니다.

1 파이썬이란

파이썬을 만든 귀도 반 로섬(Guido van Rossum)은 네덜란드의 CWI, 우리로 치면 국립 수학 및 컴퓨터 연구기관에서 일하는 연구원이었습니다. 그는 1989년 그해 크리스마스를 재미있게 보내려고 이 프로그래밍 언어를 만들었다고 합니다.

파이썬 로고를 보면 신화에 나오는 비단뱀이 등장합니다. 영어로 'python'은 '비단뱀'이라는 뜻입니다. 반 로섬은 왜 프로그래밍 언어의 이름을 이렇게 지었을까요?

그림 9-1 파이썬 로고

사실 그는 비단뱀에서 이 프로그래밍 언어의 이름을 따온 것이 아닙니다. 그가 파이썬을 구현하기 시작했을 무렵인 1970년대 BBC 코미디 시리즈인 〈Monty Python's Flying Circus〉에서 이 이름을 따왔습니다. 신비하고 짧은 이름이 필요하다고 생각하던 찰나 이 대본을 접한 덕분이었죠.

그럼 왜 파이썬을 사용할까요? 먼저 파이썬은 사용하기 쉽습니다. 프로그래밍 언어 또한 사람이 사용하는 여러 언어처럼 문법이 있습니다. 문법이 복잡한 언어를 공부하기 어렵듯이 프로그래밍 언어도 문법이 복잡하면 공부하기 어렵습니다. 하지만 파이썬은 비교적 쉬운 문법이라서 초보자가 접근하기 좋습니다. 반 로섬은 '파이썬은 초보자가 사용하기 쉬운 프로그래밍 언어'라고 말했는데, 이 말처럼 파이썬은 초보자를 위한 교육용으로도 많이 사용합니다.

다음으로 파이썬에는 수많은 라이브러리가 있습니다. 라이브러리(library)의 뜻은 알다시피 '도서관'입니다. 우리는 여러 책을 읽으러 도서관에 갑니다. 책을 읽는 이유 중 하나는 다른 사람이 얻은 지식을 쉽게 내 것으로 만들 수 있다는 점입니다. 이처럼 프로그래밍 언어에 라이브러리가 풍부하다는 말은 곧 다른 사람이 만들어 놓은 다양한 프로그램을 내 것처럼 사용할 수 있다는 의미입니다. 라이브러리를 활용하면 우수한 성능의 프로그램을 쉽게 만들 수 있습니다.

그림 9-2 도서관에서 원하는 책을 꺼내듯 수많은 라이브러리를 사용할 수 있는 파이썬

또 파이썬은 인터프리터 언어라는 특징이 있습니다. 인터프리터 언어란 무엇일까요? 이를 이해하기 위해 먼저 프로그래밍 언어를 살펴봅시다.

프로그래밍 언어는 컴퓨터가 이해할 수 있는 언어입니다. 컴퓨터는 기계이므로 기계가 이해할 수 있으려면 기계가 알아들을 수 있는 언어를 사용해야 합니다. 하지만 아쉽게도 기계는 0과 1만 구별할 수 있습니다. 기계에 무언가 말하려면 0과 1의 나열로 말해야 하는데, 이는 보통 어려운 일이 아닙니다. 그래서 컴퓨터 과학자는 일반적으로 많이 사용하는 언어인 영어를 사용해서 컴퓨터와 대화할 수 있도록 언어를 만들었습니다. 이 언어를 기계가 이해할 수 있는 언어로 번역하는 번역기도 만들었죠. 이때 사람이 알파벳으로 사용하는 언어를 고급 언어, 기계가 이해하는 언어를 저급 언어, 번역기를 컴파일러라고 합니다.

번역 방법에 따라 두 가지 언어로 구분할 수 있습니다. 프로그램 전체를 번역하는 방법과 명령어를 한 줄씩 번역하는 방법입니다. 전체를 번역하는 방법을 사용하는 언어를 컴파일러 언어라고 하며, 한 줄씩 번역하는 방법을 사용하는 언어를 인터프리터 언어라고 합니다. 프로그램 전체를 번역하면 프로그램 실행 속도는 빠르지만, 프로그램을 실행할 때마다 번역하는 과정이 필요합니다. 프로그램을 한 줄씩 번역하면 상대적으로 속도는 느리지만 실행 결과를 바로 알 수 있다는 장점이 있습니다.

파이썬은 인터프리터 언어, 즉 명령어를 한 줄씩 번역하는 방법을 사용하는 언어입니다. 따라서 작성한 프로그램을 바로바로 확인할 수 있습니다.

그럼 이러한 특징을 지닌 파이썬을 어떻게 내 컴퓨터에서 실행할 수 있는지 살펴보겠습니다.

2 코랩으로 파이썬 환경 구축하기

컴퓨터에서 파이썬을 사용하는 방법은 크게 두 가지가 있습니다. 첫 번째는 프로그래밍 언어를 컴퓨터가 알아들을 수 있는 기계어로 바꾸어 주는 프로그램을 설치하는 방법입니다. 파이썬을 사용해서 프로그래밍하려면 컴퓨터가 파이썬이라는 언어를 알아들을 수 있는 프로그램을 설치해야 합니다.

 내 컴퓨터에 설치하는 방법은 부록 A를 참고하세요.

두 번째는 파이썬 언어를 사용할 수 있는 도구를 사용하는 방법입니다. 이 책에서는 이 방법을 사용하여 컴퓨터에 파이썬 프로그램을 설치하지 않고 실습하겠습니다. 구글 코랩(colab) 도구를 사용할 것입니다.

그림 9-3 구글 코랩 로고

코랩은 구글에서 교육과 과학 연구를 위해 개발한 도구로, 모든 사람이 무료로 사용할 수 있도록 공개했습니다. 코랩은 기본적으로 파이썬 프로그래밍 언어를 지원하며, 딥러닝을 구현하고 실제 실현해 볼 수 있는 다양한 도구를 제공합니다. 놀라운 것은 코랩을 사용하면 딥러닝 연산을 빠르게 처리할 수 있는 GPU를 사용할 수 있다는 점입니다.

이제 코랩의 기본 인터페이스를 살펴보고, 파이썬 기본 문법을 익혀 보겠습니다.

1 구글에서 colab을 검색하고 맨 위쪽에 있는 **Google Colab**(https://colab.research.google.com)
에 접속합니다.

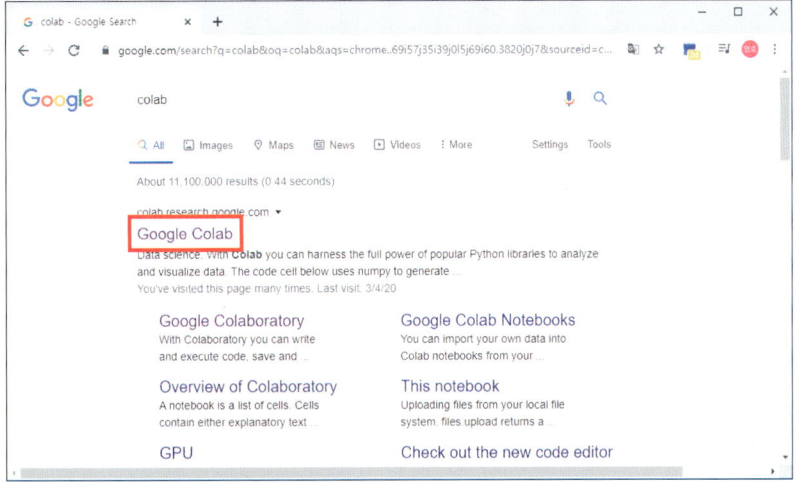

그림 9-4 구글에서 colab 검색 후 Google Colab 클릭

2 코랩은 구글 드라이브와 연결할 수 있습니다. 코랩에서 작성한 코드는 구글 드라이브에 저장하여 웹 브라우저로 언제 어디서든 살펴볼 수 있습니다.

그림 9-5 코랩 메인 화면

3   구글 계정을 사용하여 로그인합니다.

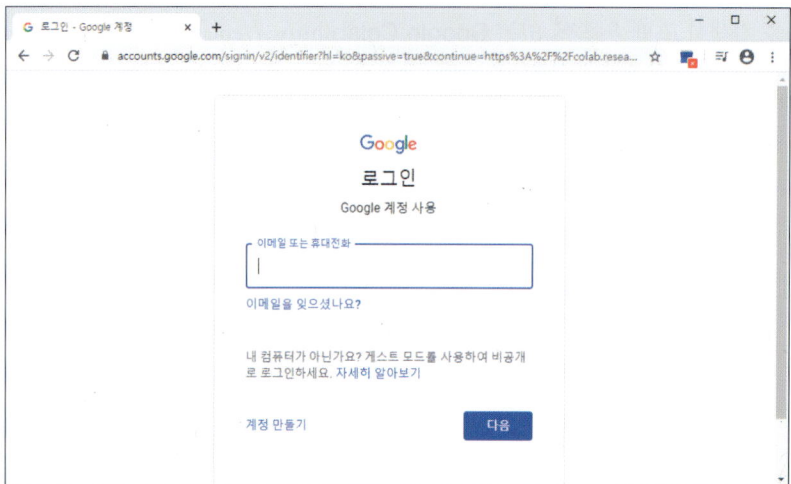

그림 9-6 구글 계정으로 로그인

4   로그인하면 다음 화면이 나옵니다. 최근에 사용한 파일, 구글 드라이브에 있는 파일 등을 빠르게 불러올 수 있습니다. 새로운 코드를 작성하기 위해 아래쪽에 있는 **새 노트**를 클릭합니다.

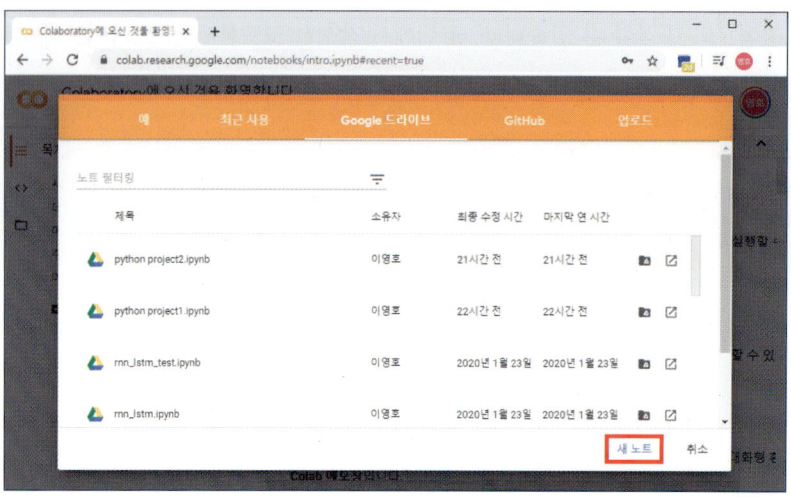

그림 9-7 [새 노트] 클릭

5 새로운 노트가 생성된 것을 확인할 수 있습니다. 우선 여기까지 확인한 후 이어서 파이썬 기초 프로그래밍을 배워 이곳에 코드를 작성해 보겠습니다.

그림 9-8 빈 노트 생성 확인

 잠깐만요 꼭 코랩을 사용해야 하나요?

아닙니다. 꼭 코랩을 사용할 필요는 없습니다. 하지만 코랩을 사용하면 장점이 많습니다. 우선 복잡한 설치 과정 없이 웹 브라우저에서 파이썬 프로그래밍 언어를 사용할 수 있습니다. 또 코랩에서는 구글 서버의 GPU와 TPU를 무료로 사용할 수 있습니다. 머신러닝에 필요한 다양한 라이브러리도 쉽게 사용할 수 있습니다.
하지만 여러분이 만든 코드의 실행 결과가 단 12시간만 저장된다는 단점이 있습니다.

UNIT 10 파이썬 프로그래밍 시작, 천리길도 변수부터

우리는 "2 더하기 10은 몇이야?"라는 질문에 바로 계산하여 대답할 수 있습니다. 하지만 컴퓨터에 같은 질문을 한다면 아마 대답을 못할 것입니다. 컴퓨터는 사람이 하는 말을 알아들을 수 없기 때문입니다(사람이 하는 말을 알아들을 수 있는 인공지능이라면 달라지겠죠?). 이처럼 컴퓨터가 사람이 하는 말을 알아듣게 하려고 프로그래밍 언어를 개발한 것입니다. 지금부터는 그 프로그래밍 언어 중 파이썬 언어의 문법을 살펴보겠습니다.

먼저 간단한 더하기 프로그램을 만들어 보겠습니다. 첫 번째 수는 2, 두 번째 수는 10인 두 수를 더하는 간단한 프로그램이죠.

코랩을 실행한 후 첫 번째 코드에 다음 그림과 같이 입력하고 실행 버튼(▶)을 클릭합니다. 그러면 그림과 같이 계산 결과를 바로 아래 줄에서 확인할 수 있습니다.

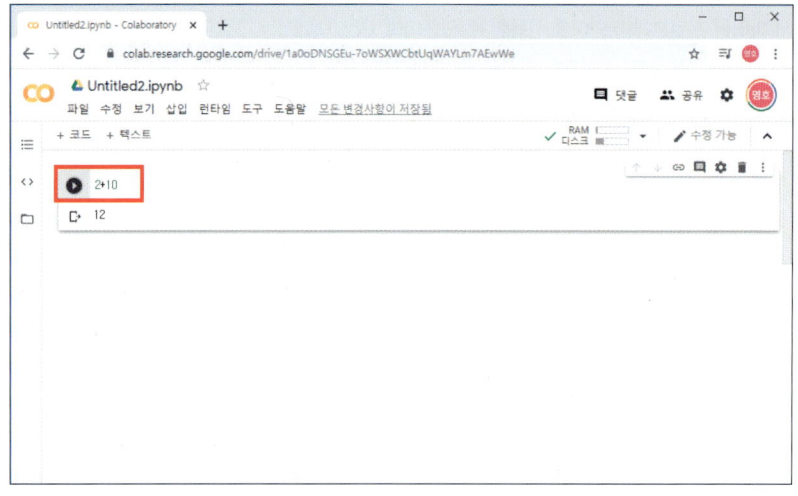

그림 10-1 코랩에서 '2+10' 입력 후 실행 버튼 클릭

정말 간단하지요? 너무 간단해서 우리가 생각하는 '프로그램'이라고 보기는 힘들 것 같습니다. 좀 더 프로그램처럼 보이도록 **변수**라는 개념을 사용해 보겠습니다.

변수는 영어로 variable이라고 하며, 이는 '변할 수 있는'이라는 뜻입니다. 변수를 한자로 살펴보아도 '변할 변(變)' 자를 사용합니다. 즉, 변수는 변할 수 있는 수를 의미합니다.

프로그래밍할 때는 기본으로 변수를 사용합니다. 특정한 값을 보관할 수 있는 공간이 필요하기 때문입니다. 이 특정한 값은 계산 결과가 될 수도 있고, 사용자가 입력한 값이 될 수도 있으며, 출력해야 하는 값이 될 수도 있습니다.

우리가 공간 이름을 안다면 그 값을 다른 곳에서도 쉽게 사용할 수 있습니다. 프로그래밍에서는 다양한 곳에서 여러 값을 불러서 사용하기 때문에 변수 사용은 필수입니다.

1 변수를 사용해서 숫자 더하기 프로그래밍하기

1 코랩에서 코드 추가 버튼(파일 메뉴 아래의 **+코드**)을 클릭합니다.

그림 10-2 [+코드] 클릭

2 첫 번째 값을 보관할 수 있는 변수를 만들어 봅시다. 다음 그림과 같이 코드를 입력합니다.

그림 10-3 a라는 변수를 만들고 2를 저장

```
a = 2       # a라는 변수를 만들고, a라는 공간에 2라는 값을 넣는다는 의미입니다.
a           # a라는 변숫값에 무엇이 들어 있는지 확인하겠다는 의미입니다.
```

 TIP 코랩이 아닌 환경에서 변숫값을 확인하려면 print( ) 함수를 사용하세요. print(a)처럼 작성하면 됩니다.

3 **+코드**를 클릭하여 두 번째 값을 보관할 수 있는 변수를 만들어 봅시다. 다음 그림과 같이 코드를 입력합니다.

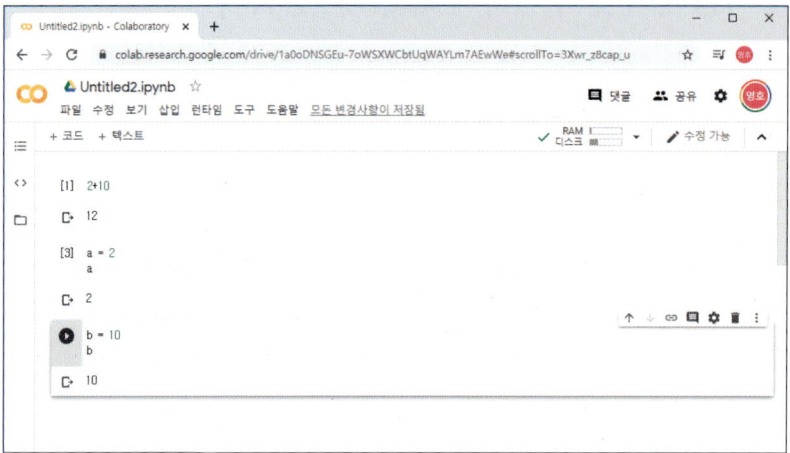

그림 10-4 b라는 변수를 만들고 10을 저장

```
b = 10      # b라는 변수를 만들고, b라는 공간에 10이라는 값을 넣는다는 의미입니다.
b           # b라는 변숫값에 무엇이 들어 있는지 확인하겠다는 의미입니다.
```

4 세 번째로 더한 값을 저장할 수 있는 변수(c)를 추가하고, 첫 번째 값을 가지고 있는 변수(a)와 두 번째 값을 가지고 있는 변수(b)를 더한 값을 저장하겠습니다.

```
c = a + b   # c에 a 값과 b 값을 더한 새로운 값을 넣는다는 의미입니다.
c           # c 변숫값에 무엇이 들어 있는지 확인하겠다는 의미입니다.
```

 TIP 지금부터 효율적으로 지면을 활용하고자 코랩에서 입력하는 코드는 스크린샷 없이 텍스트로만 소개하겠습니다.

2 변수를 사용해서 문자 더하기 프로그래밍하기

변수에는 숫자뿐만 아니라 문자도 넣을 수 있습니다. 이번에는 문자를 넣은 후 서로 더하는 프로그램을 만들어 보겠습니다(단 문자는 문자끼리, 숫자는 숫자끼리 더할 수 있습니다).

> **잠깐만요** **변수 이름 정하기**
>
> 지금까지 a, b, c라는 변수를 만들고 손쉽게 값을 저장해 보았습니다. 이때 변수 이름은 꼭 a나 b가 아니어도 됩니다. 변수를 만들 때 의미가 드러나는 변수 이름(다음 예에서 제시되는 first, second 등)을 작성하면 다음에 해당 변수를 쉽게 찾아서 사용할 수 있으며, 다른 사람도 쉽게 프로그램을 읽을 수 있답니다.
> 파이썬에서 변수를 만들 때 사용할 수 없는 단어도 있습니다. 바로 예약어라는 것인데요. 이 예약어는 파이썬 프로그램에서 특정한 기능을 수행하는 명령어로 True, False, None, if, else, def 등이 있습니다.

1 **+코드**를 클릭하여 첫 번째 변수를 만들겠습니다.

```
first = '안녕'      # first라는 변수를 만들고 '안녕'이라는 값을 넣습니다.
first              # first라는 변숫값에 무엇이 들어 있는지 확인합니다.
```

실행 결과
```
'안녕'
```

 TIP '안녕' 같은 문자열을 입력할 때는 작은따옴표(' ') 혹은 큰따옴표(" ")를 꼭 사용해야 합니다.

2 **+코드**를 클릭하여 두 번째 변수를 만들겠습니다.

```
second = '하세요'   # second라는 변수를 만들고 '하세요'라는 값을 넣습니다.
second             # second라는 변숫값에 무엇이 들어 있는지 확인합니다.
```

실행 결과
```
'하세요'
```

3 hello라는 변수를 만든 후 first와 second 변수를 합친 값을 넣겠습니다.

```
hello = first + second      # hello에 first와 second 변수 안에 있는 값을 더한 값을 넣습니다.
hello                       # hello라는 변숫값에 무엇이 들어 있는지 확인합니다.
```

실행 결과
'안녕하세요'

3 변수의 자료형 살펴보기

변수는 어떤 값을 가지는지에 따라 변수의 자료형 또한 달라집니다. 문자값을 담고 있는 변수는 문자형 변수라고 합니다. 숫자값을 담고 있는 변수는 숫자가 정수일 때는 정수형 변수, 실수일 때는 실수형 변수라고 합니다. 예를 들어 같은 3이라고 해도 변수가 가진 값에 따라 다른 이름으로 부릅니다. 그냥 3은 정수형 데이터, 3.0은 실수형 데이터, '3(글자일 경우)'은 문자형 데이터입니다.

이 내용은 앞으로 딥러닝 개발 실습에서 중요하게 다룹니다. 데이터 값을 계산할 때 그 형태에 따라서 계산될 수도 되지 않을 수도 있기 때문입니다. 그러므로 데이터 형태가 무엇인지 아는 것이 중요하며, 데이터 형태를 내가 사용하기 알맞게 변경할 수 있는 것도 중요합니다.

 잠깐만요   **정수형 변수와 실수형 변수**

정수형 변수는 정수형 데이터를 담을 수 있는 변수를 의미합니다. 여기에서 정수(integer)는 양의 정수(1, 2, 3, 4, 5, 6, 7, 8…), 음의 정수(-1, -2, -3, -4, -5, -6, -7, -8…), 0으로 된 수를 의미합니다.
실수형 변수는 실수 형태의 데이터를 담을 수 있는 변수를 의미합니다. 여기에서 실수 형태의 데이터는 소수점이 있는 데이터로 실수형 데이터 타입이라고 합니다.

- **정수형 데이터**: 1, 3, 4, -100, -53424 등
- **실수형 데이터**: 1.0, 3.2, 3.3435, -33.5345 등

그럼 변수의 자료형을 살펴보기 위해 간단하게 실습해 보겠습니다.

type( ) 함수를 사용하면 변수의 자료형을 살펴볼 수 있습니다. 코랩에서 **+코드**를 클릭하고 다음과 같이 작성합니다.

```
type(hello)    # hello라는 변수의 자료형을 확인합니다.
```

실행 결과
```
str
```

결과를 보니 hello는 문자형 변수(str)라고 알려 주네요!

이번에는 2의 값을 담고 있는 a 변수의 자료형을 살펴보겠습니다.

```
type(a)    # a라는 변수의 자료형을 확인합니다.
```

실행 결과
```
int
```

a라는 변수는 정수형 변수(int)임을 알려 줍니다.

a 변수에 다른 값을 넣을 수 있습니다. 실수를 넣은 후 a 변수의 자료형을 살펴보겠습니다.

```
a = 2.5        # a라는 변수에 2.5를 넣습니다.
type(a)        # a라는 변수의 자료형을 확인합니다.
```

실행 결과
```
float
```

a 변수에 실수 데이터 2.5를 넣으니 실수형 변수(float)임을 알려 줍니다.

 강제로 변수형 바꾸기

프로그래밍하다 보면 강제로 자료형을 바꾸어야 할 때가 있습니다. 예를 들어 1을 문자 1이 아닌 숫자 1로 사용할 때입니다.

다음과 같이 새로운 문자형 변수를 만들어 보겠습니다.

```
string2int = '10'           # string2int 변수에 문자값인 10을 넣습니다.
type(string2int)            # string2int라는 변수의 자료형을 확인합니다.
```

실행 결과
```
str
```

문자형 변수(str)라고 알려 줍니다. 이번에는 문자형 변수를 정수형 변수로 만들어 보겠습니다.

> int(string2int)   # string2int 변수의 자료형을 정수형(int)으로 바꿉니다.

실행 결과
> 10

> type(int(string2int))   # string2int 변수의 자료형을 정수형(int)으로 바꾼 후 자료형을 확인합니다.

실행 결과
> int

정수형 변수(int)로 바뀌었음을 알 수 있습니다.

이번에는 문자형 변수를 실수형 변수로 만들어 보겠습니다.

> float(string2int)

실행 결과
> 10.0

결과를 보니 10.0처럼 소수점이 생성된 것을 확인할 수 있습니다. type() 함수로 자료형을 살펴보면 실수형 변수(float)임을 알 수 있습니다.

> type(float(string2int))   # string2int 변수의 자료형을 실수형(float)으로 바꾼 후 자료형을 확인합니다.

실행 결과
> float

잠깐만요 파일은 어떻게 저장하나요?

코랩에서 작성한 파일은 자동으로 저장됩니다. 파일을 쉽게 구분하고 싶을 때는 다음 그림과 같이 '변수.ipynb(물론 다른 이름으로 해도 됩니다)'라고 직접 파일 이름을 바꿉니다.

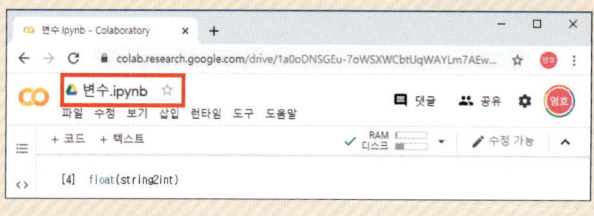

그림 10-5 구분하기 쉬운 파일 이름으로 바꾸기

UNIT 11 인공지능 파이썬 코딩의 주춧돌, 배열

UNIT 10에서 변수를 살펴보았습니다. 인공지능 코딩에서 변수만큼, 아니 변수보다 더 중요한 것이 **배열**이라는 개념입니다.

인공지능 코딩과 배열은 무슨 관계일까요? 인공지능은 기본적으로 데이터를 다룹니다. 데이터에는 1~2개 값이 아닌 수많은 값이 들어 있습니다. 변수는 하나의 값을 넣을 수 있지만, 배열에는 여러 값을 넣을 수 있습니다. 따라서 여러 데이터를 다루는 인공지능에서 배열은 반드시 알아야 하는 개념입니다.

그림 11-1 여러 값을 넣을 수 있는 배열

또 배열을 사용하면 특정한 공간에 여러 값을 넣을 수 있으며, 특정한 공간에 있는 값을 손쉽게 가져올 수 있습니다.

그림 11-2 배열을 사용하면 특정한 공간에 있는 값을 손쉽게 가져올 수 있다

1 배열 만들기

배열을 만드는 방법은 간단합니다. 배열 이름을 쓰고, 배열에 넣을 값들을 대괄호([ ])로 감싸 주면 됩니다.

```
list = [1, 3, 5, 7, 9, 11, 13, 15]    # list라는 배열을 만들고 그 안에 여러 값을 넣습니다.
list                                   # list 배열을 출력하는 모습입니다.
```

실행 결과
[1, 3, 5, 7, 9, 11, 13, 15]

결과를 살펴보면 list라는 배열이 생성된 것을 볼 수 있습니다. 그리고 배열을 의미하는 대괄호 안에 원소들이 들어 있습니다.

2 배열 길이 살펴보기

앞에서 방금 만든 배열은 값(원소) 개수가 8개입니다. 눈으로 살펴보아도 금방 8개라는 것을 알 수 있습니다. 하지만 인공 신경망을 만들 때 사용하는 데이터 개수는 눈으로 세기 힘들 정도로 많기 때문에 배열 길이를 살펴볼 수 있는 방법을 알아야 합니다.

len( ) 함수는 배열 원소의 길이(length)를 알려 줍니다.

```
len(list)    # list 배열 원소값을 알려 달라는 의미입니다.
```

실행 결과
8

list 배열 안에 총 8개의 원소가 있다는 것을 알 수 있네요.

3 배열의 각 원소에 접근하기

배열의 장점 중 하나는 각각의 원소에 바로 접근할 수 있다는 것입니다. 이는 배열을 만든 후 배열 안에 있는 각각의 원소를 뽑아서 사용하거나 심지어 그 값을 바꿀 수도 있다는 의미입니다.

다음과 같이 날짜별 온도를 나타내는 배열(temp)이 있다고 합시다.

- **첫 번째 날**: 25.6
- **누 번째 날**: 26.5
- **세 번째 날**: 26.7
- **네 번째 날**: 27.9
- **다섯 번째 날**: 28.9
- temp = [25.6, 26.5, 26.7, 27.9, 28.9]

각 원소에 접근할 수 있는 배열의 특성상 첫 번째 날의 온도나 두 번째 날의 온도 등 특정한 날의 온도를 가져와서 사용할 수 있습니다. 이를 위해서는 각 원소의 번호(인덱스)를 알고 있어야 합니다. 이때 주의해야 할 점이 있는데, 배열의 가장 앞에 있는 원소 번호는 1이 아니라 0이라는 것입니다.

 흔히 가장 앞에 있는 원소 번호를 1이라고 생각하기 쉽지만, 파이썬 프로그래밍에서는 0이라는 점을 꼭 기억하세요!

먼저 첫 번째 원소와 마지막 원소에 접근해 보겠습니다. 첫 번째 원소에 접근하기 위해서는 1이 아니라 인덱스 번호인 0을 넣어야 하며, 대괄호를 사용합니다.

```
list[0]    # list 배열의 첫 번째 원소값에 접근한다는 의미입니다.
```

실행 결과
```
1
```

첫 번째 원소인 1이 출력되는 것을 볼 수 있습니다.

마지막 원소에 접근하기 위해 7을 적어도 되지만, -1을 적습니다.

```
list[-1]   # list 배열의 가장 마지막 원소값에 접근한다는 의미입니다.
```

실행 결과
```
15
```

 파이썬 프로그래밍에서 -1은 마지막을 의미합니다. 그래서 마지막 원소의 인덱스 번호 대신 -1을 넣어도 되죠.

4 슬라이싱 살펴보기

다음으로 배열의 원소 중 일정한 부분만 가져올 수 있는 슬라이싱을 살펴보겠습니다. 앞으로 딥러닝 모델을 만들 때는 상당히 많은 데이터를 사용합니다. 그 데이터를 모두 딥러닝 모델을 만들 때 사용할 수도 있지만, 일부분만 가져와서 사용하는 경우가 더 많죠. 전체 데이터를 여러 부분으로 나누어서 사용하기도 한답니다. 이와 같이 데이터를 나눌 때는 슬라이싱을 사용하며, 이 슬라이싱은 빅데이터를 다룰 때 유용합니다.

다음과 같이 배열을 하나 만든 후 실습을 진행하겠습니다.

```
list = [1, 3, 5, 7, 9, 11, 13, 15]
```

이때 각 원소값과 인덱스 번호는 다음과 같습니다.

- 첫 번째 원소는 1(인덱스 번호는 0)
- 두 번째 원소는 3(인덱스 번호는 1)
- 세 번째 원소는 5(인덱스 번호는 2)
- 네 번째 원소는 7(인덱스 번호는 3)
- 다섯 번째 원소는 9(인덱스 번호는 4)
- 여섯 번째 원소는 11(인덱스 번호는 5)
- 일곱 번째 원소는 13(인덱스 번호는 6)
- 여덟 번째 원소는 15(인덱스 번호는 7)

그림 11-3 list 배열의 인덱스와 원소값

슬라이싱할 때 처음 위치와 마지막 위치를 정해 주면 그 사이 값을 가져옵니다. 그러므로 내가 어디에서부터 어디까지 자를지 알고 있어야 합니다.

슬라이싱할 때는 주의할 점이 하나 있습니다. 범위를 정할 때 처음 위치는 그대로 정하면 되지만 마지막 위치는 그렇지가 않습니다. 파이썬에서 슬라이싱할 때는 마지막 인덱스 번호 앞까지를 가져옵니다. 이 부분은 상당히 헷갈리므로 잘 살펴보아야 합니다.

다음과 같이 슬라이싱해 보겠습니다.

■ **인덱스 2부터 인덱스 5까지 가져오기**

첫 번째 슬라이싱은 바로 list[2:6]입니다. 바로 인덱스 2부터 인덱스 6 앞까지만 가져옵니다. 3번째 원소(인덱스 번호는 2)부터 6번째 원소(인덱스 번호는 5)까지 가져올 때는 다음과 같이 [2:6]으로 정해야 합니다.

> list[2:6] # list 배열의 3번째 원소(인덱스 번호는 2)부터 6번째 원소(인덱스 번호는 5)까지 가져옵니다.

실행 결과
[5, 7, 9, 11]

3번째부터 6번째까지 원소를 가져온 것을 확인할 수 있습니다.

■ **인덱스 2부터 마지막까지 가져오기**

인덱스 2인 3번째 원소부터 가져오려면 인덱스 번호 2와 마지막을 의미하는 '빈칸'을 넣으면 됩니다. 이처럼 빈칸을 넣을 때는 SpaceBar로 띄어쓰기를 할 필요가 없습니다.

> list[2:] # list 배열의 3번째부터 마지막 원소까지 가져옵니다.

실행 결과
[5, 7, 9, 11, 13, 15]

이처럼 3번째부터 마지막까지 원소를 가져온 것을 확인할 수 있습니다.

■ **인덱스 0부터 인덱스 4까지 가져오기**

처음부터 가져오려면 마찬가지로 처음을 의미하는 '빈칸'을 먼저 넣습니다. 그리고 인덱스 4인 5번째 원소까지 가져오려면 인덱스 번호 5를 알려 주어야 합니다.

> **TIP** 빈칸은 마지막을 의미하기도 하지만 처음을 의미하기도 합니다.

```
list[:5]    # list 배열의 처음부터 5번째 원소(인덱스 번호는 4)까지 가져옵니다.
```

실행 결과
[1, 3, 5, 7, 9]

처음부터 5번째까지 원소를 가져온 것을 확인할 수 있습니다.

■ **처음부터 마지막 원소 앞까지 가져오기**

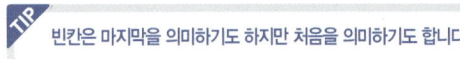

처음을 의미하는 '빈칸'과 마지막을 의미하는 -1을 넣으면 처음부터 마지막 원소 앞까지 가져올 수 있습니다.

```
list[:-1]    # list 배열의 처음부터 마지막 원소 앞까지 가져옵니다.
```

실행 결과
[1, 3, 5, 7, 9, 11, 13]

-1을 넣었기 때문에 마지막 번호인 인덱스 7의 앞까지(인덱스 번호 0부터 6까지)를 가져옵니다.

UNIT 12 인공지능을 위한 배열, 넘파이

앞에서 이야기했듯이 인공 신경망을 설계하고 직접 프로그래밍할 때 가장 많이 사용하는 부분이 바로 배열입니다. 이러한 배열은 앞에서 했던 방식으로 생성할 수도 있지만, 더 간편하게 인공 신경망에 적합한 배열을 생성할 수 있는 방법이 있습니다. 바로 넘파이(Numpy) 라이브러리를 사용하는 것입니다.

그림 12-1 넘파이 라이브러리

> **잠깐만요 파이썬의 다양한 라이브러리**
>
> 라이브러리는 함수 모음입니다. 프로그램을 만들 때 필요한 함수를 필요할 때마다 새롭게 만들어 프로그래밍할 수 있지만, 그렇게 하면 프로그래밍 효율이 떨어집니다. 그래서 이미 만들어 놓은 함수를 하나로 모아서 다른 사람이 사용할 수 있게 했는데, 이렇게 함수를 모아 놓은 것이 바로 라이브러리죠.
> 파이썬에는 다양한 라이브러리가 있습니다. 예로 그래프를 쉽게 그릴 수 있는 라이브러리(맷플로립), 데이터를 쉽게 다룰 수 있는 라이브러리(판다스) 등이 있죠. 이렇게 라이브러리가 많다는 것이 파이썬의 가장 큰 장점입니다. 이번에 사용할 넘파이는 배열이나 행렬의 계산에 필요한 함수를 모아 놓은 파이썬 라이브러리입니다.

1 넘파이 설치하기

파이썬의 수많은 라이브러리는 내 컴퓨터에 설치되어 있지 않으므로 필요한 라이브러리는 설치하여 사용합니다.

 현재 우리가 사용하는 코랩에서는 인공지능을 개발하는 데 필요한 다양한 라이브러리를 지원하므로 코랩을 사용하고 있다면 넘파이를 따로 설치하지 않아도 됩니다. 하지만 여러분이 코랩을 사용하지 않고 개인 컴퓨터에서 환경을 구성한다면 다양한 라이브러리를 설치해야 합니다.

라이브러리를 설치하는 방법 중 하나는 바로 pip 명령어를 사용하는 것입니다. 다음 방법으로 넘파이 라이브러리를 설치해 봅시다. 코랩을 사용한다면 기본적으로 설치되어 있기 때문에 이 부분은 건너뛰어도 됩니다. 자세한 설치 방법은 부록 A를 참고하세요.

```
pip install numpy    # pip 도구를 사용해서 numpy 라이브러리를 설치(install)하겠다는 의미입니다.
```

 pip는 파이썬으로 작성된 패키지 소프트웨어(다양한 라이브러리)를 설치하고 관리할 수 있는 패키지 관리 시스템입니다.

2 넘파이 불러오기

넘파이 라이브러리 역시 파이썬에 있는 기본 기능이 아닙니다. 넘파이 라이브러리를 사용하려면 넘파이 라이브러리를 불러와야 합니다. 지금부터 넘파이 라이브러리를 불러오는 방법을 살펴보겠습니다.

넘파이뿐만 아니라 모든 종류의 라이브러리를 불러올 때는 import문을 사용합니다. 이때 불러올 라이브러리의 정확한 이름을 알고 있어야 합니다.

```
import numpy    # numpy라는 이름의 라이브러리를 가져오겠다(import)는 의미입니다.
```

라이브러리를 불러온 이후 사용하기 위해서는 해당 라이브러리 이름을 항상 입력해야 합니다. 라이브러리 이름이 짧다면 괜찮지만, 이름이 길다면 매번 입력하기가 쉽지 않겠죠? 이때 as 명령어를 사용하면 해당 라이브러리 이름을 부르기 쉽게 줄여서 사용할 수 있습니다. 우리는 앞으로 numpy를 np라고 줄여서 사용하겠습니다.

```
import numpy as np   # numpy 라이브러리를 가져오며, 이를 호출할 때 np라는 이름으로 부르겠다(as)는 의미입니다.
```

 앞으로 진행할 인공지능 코딩에서는 다양한 라이브러리를 불러옵니다. 그 라이브러리를 쉽게 활용하려고 as문을 많이 사용하니, 꼭 기억해 두세요.

3 넘파이 배열 만들기

이제 넘파이 배열을 만들어 보겠습니다. 단 넘파이 라이브러리를 사용한다는 의미로 앞부분에 꼭 넘파이를 적어야 합니다.

■ 넘파이 배열 만들기

넘파이의 array() 함수를 사용하면 넘파이 배열을 만들 수 있습니다. 이를 코드로 나타내면 np.array()입니다. narray라는 배열의 이름을 설정하고 생성할 배열값을 대괄호를 사용하여 np.array() 함수의 괄호 ( ) 안에 넣습니다.

```
narray = np.array([1, 3, 5, 7, 9])   # narray라는 배열을 만들고 그 값은 1, 3, 5, 7, 9라는 의미입니다.
```

실행 결과
```
array([1, 3, 5, 7, 9])
```

배열이 만들어졌으며 그 값이 [1, 3, 5, 7, 9]라고 보여 줍니다.

잠깐만요 np.array에서 마침표(.)의 의미

앞에서 넘파이 라이브러리 중 array() 함수를 사용했습니다. 이때 array() 함수를 사용하려고 마침표(.)를 썼습니다. 너무 작아서 안 보였나요? 파이썬 프로그래밍에서 마침표는 하위 단계로 내려간다는 의미입니다.

넘파이 라이브러리 안에는 다양한 함수가 있습니다. 그 함수를 사용하려면 함수가 어디에 있는지 설명해 주어야 합니다. 예를 들어 한 마을에 시윤이라는 이름이 두 명이 있다고 합시다. 그냥 시윤이라고 하면 누구인지 알기 어렵죠. 그래서 '빨간 지붕집 시윤이'라고 부르면 정확하게 파악할 수 있습니다. 시윤이에게는 동생 세인이가 있습니다. 세인이 또한 '빨간 지붕집 세인이'라고 부르면 누군지 정확하게 알 수 있겠죠?

이와 같이 빨간 지붕집이 라이브러리 이름, 시윤이와 세인이가 각각의 함수라고 보면, 이를 파이썬 문법에 따라 다음과 같이 쓸 수 있습니다.

```
빨간 지붕집.시윤()
빨간 지붕집.세인()
```

마침표를 사용하면 라이브러리 내부 함수에 접근할 수 있습니다. 앞으로 다양한 라이브러리 함수를 사용할 예정입니다. 그때마다 등장하는 마침표 의미를 잘 기억하기 바랍니다.

■ 넘파이 배열의 모습 살펴보기

넘파이 배열을 만드는 것도 중요하지만, 배열 형태를 살펴보는 것 또한 중요합니다. 내가 데이터를 어떤 형태로 넣는지가 인공 신경망을 설계할 때 중요하기 때문이죠.

다음 그림과 같이 4개의 원소로 구성된 여러 배열이 있습니다. 이 배열은 원소가 모두 같다는 공통점이 있지만, 배열 형태는 모두 다릅니다. 가로와 세로가 몇 줄인지 각각 다르기 때문입니다.

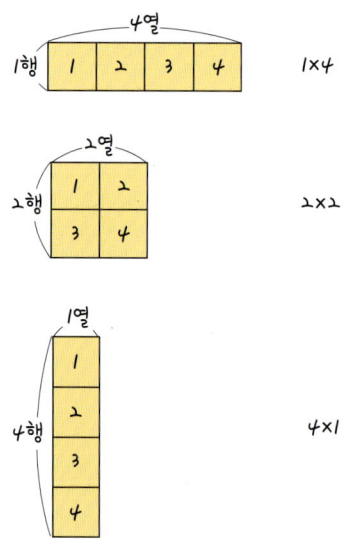

그림 12-2 다양한 배열 형태

우리가 인공 신경망을 설계하고 딥러닝 모델을 만들 때 어떤 배열 형태로 입력할지 결정해야 합니다. 결정에 맞는 배열을 입력하려면 배열 형태를 정해야 하고 우리가 정한 배열이 의도한 대로 구성되었는지 살펴보는 과정 또한 필요합니다.

이와 같이 배열 형태를 살펴볼 때 사용하는 명령어가 바로 '형태'를 의미하는 단어인 shape입니다. 내가 만든 narray라는 배열은 이미 넘파이 배열이라서 다음과 같이 넘파이 라이브러리 안에 있는 다양한 명령어를 사용할 수 있습니다.

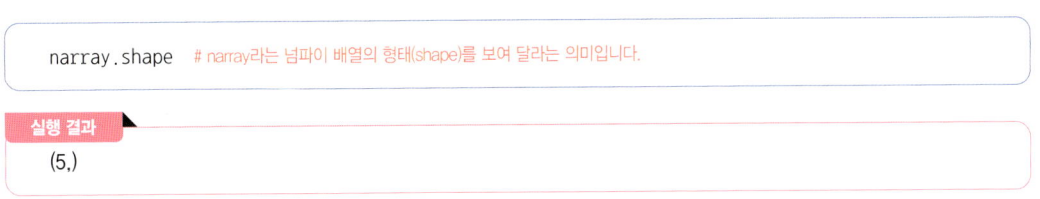

narray 배열에는 5개의 원소가 있다는 것을 확인할 수 있습니다.

4 넘파이 2차원 배열 만들기

2차원이라고 하니 말이 어렵죠? 우리가 지금까지 만든 배열 형태는 1차원입니다. 다음 그림을 살펴볼까요?

그림 12-3 1차원, 2차원, 3차원 형태

이와 같이 1차원 배열은 지금까지 만든 것처럼 [1, 3, 5, 7, 9] 각 값들이 1차원 형태로 구성된 것을 의미합니다.

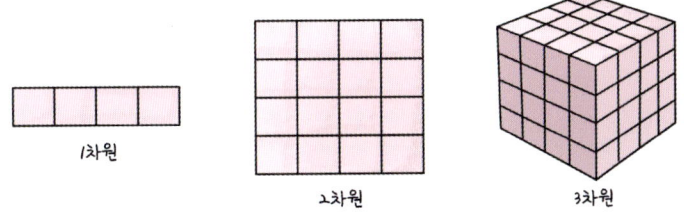

그림 12-4 1차원 배열 형태

그러면 2차원 배열은 어떠할까요? 다음 그림과 형태가 같습니다.

그림 12-5 2차원 배열의 형태

이때 6이라는 값은 배열의 어디에 위치할까요? 이를 위해 행렬 개념이 필요합니다. 2차원 배열에서 가로의 각 줄을 '행'이라고 하며, 세로의 각 줄을 '열'이라고 합니다.

> **TIP** 행과 열은 헷갈릴 수 있으니 잘 기억해 두세요!

그래서 2차원 배열을 행렬이라 하고 영어로는 매트릭스(matrix)입니다. 그러면 6이라는 값은 2행 3열에 있다고 볼 수 있죠. 그리고 이와 같은 배열을 2×5 배열이라고 합니다.

이제 2차원 배열을 만들어 보겠습니다. 1차원 배열로 만드는 것과 비슷하지만 조금 다릅니다. 먼저 대괄호 안에 다시 각 행을 대괄호로 묶어서 넣습니다. 다음과 같이 darray라는 넘파이 배열을 2차원 배열로 만듭니다. 배열값을 [[1행의 값들], [2행의 값들]]로 넣어 줍니다.

```
darray = np.array([[1, 3, 5, 7, 9], [2, 4, 6, 8, 10]])
darray
```

> 실행 결과
> ```
> array([[1, 3, 5, 7, 9],
>        [2, 4, 6, 8, 10]])
> ```

배열 형태이며 첫 번째 행과 두 번째 행에 들어 있는 원소값을 보여 주고 있습니다.

> **TIP** 지금 만든 이 배열을 사용하여 앞으로 다양한 넘파이 배열을 만들어 보겠습니다.

이번에는 shape 명령어를 사용하여 darray 배열의 모습을 살펴보겠습니다.

```
darray.shape    # darray라는 넘파이 배열의 형태(shape)를 보여 달라는 의미입니다.
```

> 실행 결과
> ```
> (2, 5)
> ```

행렬의 가로가 2줄, 세로가 5줄이라고 알려 줍니다.

5 넘파이 배열 형태 바꾸기

넘파이의 강력한 기능 중 하나는 바로 배열 형태를 바꿀 수 있다는 점입니다. 이때 사용하는 함수가 바로 reshape()입니다. 이 함수의 괄호 안에 여러분이 바꾸려는 형태를 적어 주면 됩니다. 이 함수 또한 인공지능 프로그래밍에서 상당히 많이 사용됩니다.

■ 2차원 행렬 바꾸기

생성한 darray는 가로 2, 세로 5인 행렬이었습니다. 이를 가로 5, 세로 2인 형태로 바꾸어 보겠습니다.

```
d52 = darray.reshape(5, 2)    # darray 배열의 형태를 5개의 행과 2개의 열로 바꾸겠다는 의미입니다.
```

실행 결과
```
array([[1, 3],
       [5, 7],
       [9, 2],
       [4, 6],
       [8, 10]])
```

■ 2차원을 1차원으로 바꾸기

이번에는 앞에서 사용하던 2차원 배열(darray)을 1차원으로 나타내 보겠습니다.

```
d10 = darray.reshape(10, )    # darray의 형태를 가로가 10인 형태인 1차원 배열로 바꾸겠다는 의미입니다.
```

실행 결과
```
array([1, 3, 5, 7, 9, 2, 4, 6, 8, 10])
```

배열이 하나의 행에 10개의 원소가 있는 형태로 바뀌었네요. 이때 두 번째 행이 첫 번째 행의 마지막 원소 뒤에 붙습니다.

배열의 모습에서 뭔가 이상한 점을 발견했나요? 앞에서 배열 형태를 말할 때 (행, 열)로 표시한다고 했습니다. 이 규칙대로 하면 (10,)가 아니라 (1, 10)으로 나타내야 하죠.

하지만 1차원 배열일 경우 형태를 나타낼 때는 (원소 수,)로 나타내기도 합니다.

넘파이 배열 darray가 변하는 모습은 다음과 같습니다.

처음	darray.reshape(5, 2) 명령 후	darray.reshape(10,) 명령 후
array = ([1, 3, 5, 7, 9], [2, 4, 6, 8, 10])	array([[1, 3], [5, 7], [9, 2], [4, 6], [8, 10]])	array([1, 3, 5, 7, 9, 2, 4, 6, 8, 10])

6 넘파이 함수 살펴보기

넘파이 라이브러리에서는 다양한 함수를 사용할 수 있습니다. 다양한 함수 중에서도 특히 이 책에서 사용하는 함수 위주로 살펴보겠습니다. 넘파이 라이브러리가 행렬이나 다차원 배열을 쉽게 처리할 수 있도록 도와주는 도구인 만큼 배열과 관련한 함수가 많습니다.

넘파이 라이브러리에는 사용자가 원하는 배열을 만들어 주는 함수가 있습니다. 그중 0으로 된 배열과 1로 된 배열을 만드는 방법, 랜덤한 숫자의 배열을 만드는 방법을 살펴보겠습니다.

■ 0으로 된 넘파이 배열 만들기

zeros( ) 함수를 사용하여 모든 원소가 0인 행렬을 만들어 줍니다.

```
zero = np.zeros((2, 5))    # zero라는 넘파이 배열을 만드는데 그 값은 모두 0(np.zeros)으로 하고, 형태는 세로로 2줄(행), 가로로 5줄
zero                        (열)을 만들라는 의미입니다.
```

실행 결과
```
array([[0., 0., 0., 0., 0.],
       [0., 0., 0., 0., 0.]])
```

2×5 행렬이 만들어지며 그 값이 모두 0으로 채워집니다.

■ 1로 된 넘파이 배열 만들기

ones() 함수를 사용하여 모든 원소가 1인 행렬을 만들어 줍니다.

```
one = np.ones((2, 5))    # one이라는 넘파이 배열을 만드는데 그 값은 모두 1(np.ones)로 하고, 형태는 세로로 2줄(행), 가로로 5줄(열)
                         # 을 만들라는 의미입니다.
one
```

실행 결과
```
array([[1., 1., 1., 1., 1.],
       [1., 1., 1., 1., 1.]])
```

2×5 행렬이 만들어지며 그 값이 모두 1(실수형)로 채워집니다.

■ 무작위 수로 된 배열 만들기

무작위 수로 된 배열을 만들려면 넘파이의 random 라이브러리를 사용합니다. 지금부터 random 라이브러리를 사용하여 무작위 숫자를 만들어 보겠습니다.

rand

rand() 함수는 0부터 1 사이에 무작위 값을 균일한 확률 분포로 생성합니다. 이 함수를 사용하면 어느 한곳에 몰리지 않은 값을 얻을 수 있습니다. 다음은 rand() 함수를 사용하여 0과 1 사이의 무작위 값 3개를 만들어 r 변수에 저장해서 출력하는 코드입니다.

```
r = np.random.rand(3)    # r이라는 넘파이 배열을 만드는데 랜덤한 값(np.random.rand)으로 구성하며, 생성하는 수의 개수가 3개라는
                         # 의미입니다.
print(r)
```

실행 결과
```
[0.33176596 0.76271979 0.70570591]
```

 무작위 값이므로 여러분 결과는 책과 다를 것입니다.

많은 수를 만들어 보면 정말 0과 1 사이의 균등한 분포로 만들어지는지 확인할 수 있습니다.

```
import matplotlib.pyplot as plt    # 그래프를 그리기 위해 matplotlib 라이브러리를 사용하며 그 이름을 plt로 정합니다.
r1000 = np.random.rand(1000)       # 1000개의 무작위 값을 만든 후 이를 r1000 변수에 저장합니다.
plt.hist(r1000)                    # r1000 변숫값을 히스토그램으로 표시합니다.
plt.grid()                         # 히스토그램을 격자 무늬 형태로 표시합니다.
```

실행 결과

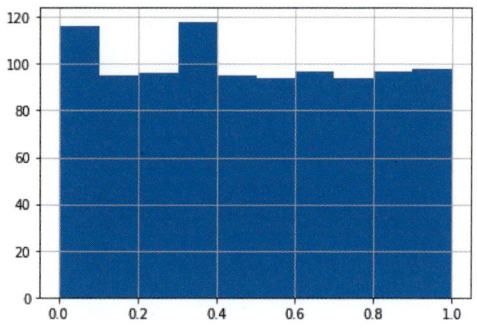

> **TIP** 히스토그램을 화면에 나타낼 때 가로의 값은 각각의 숫자값, 즉 0부터 1까지 숫자를 나타내며 세로의 값은 그 값을 가진 값 개수를 의미합니다.

normal

normal( ) 함수는 정규 분포(가우시안 분포)로 값을 생성합니다. 이때 평균과 표준편차를 정해 줄 수 있습니다. 다음은 평균이 0, 표준편차가 1인 정규 분포로 3개의 무작위 값을 생성하여 화면에 출력하는 코드입니다.

```
rn = np.random.normal(0, 1, 3)
rn
```

실행 결과
array([-1.47268374, -0.12373834, -0.20537594])

이렇게 보면 이 값을 정규 분포로 생성한 것이 맞는지 잘 알 수 없지만, 더 많은 수를 생성하면 그 값들이 정규 분포로 생성되었는지 살펴볼 수 있습니다.

> **잠깐만요** **정규 분포**
>
> 다양한 자연 현상 사례를 살펴볼 때 그 사례가 평균에 집중되고, 평균에서 멀수록 그 사례가 적어지는 경향을 나타냅니다. 예를 들어 성인 남자의 키를 살펴볼까요? 대부분 평균 키에 속하며, 키가 아주 작은 사람과 키가 아주 큰 사람은 평균인 사람보다 그 수가 적습니다.
> 이처럼 일반적인 분포를 정규 분포라고 합니다. 정규 분포를 그래프로 나타내면 평균값을 중심으로 좌우가 똑같은 종 모양을 보입니다. 이를 좀 더 수학적인 표현으로 설명하면 정규 분포 곡선은 평균에서 좌우로 멀어질수록 x축에 무한히 가까워지는 종 모양을 띈다고 볼 수 있습니다.

무작위 값을 1000개 만들어 볼까요?

```
rn1000 = np.random.normal(0, 1, 1000)   # 정규 분포 값을 가지는 랜덤한 값을 만드는데 그 값은 0~1 사이고,
                                        # 개수는 1000개입니다.
plt.hist(rn1000)                        # 배열값을 히스토그램으로 나타냅니다.
plt.grid()                              # 격자 무늬 형태로 표시합니다.
```

실행 결과

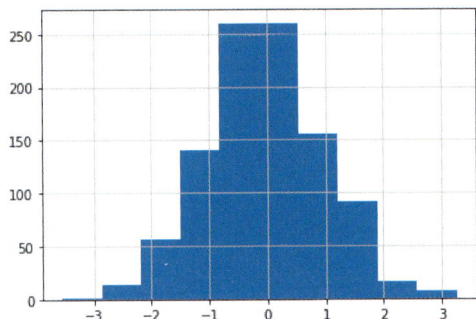

생성된 값이 0에 몰려 있는 것을 확인할 수 있습니다. 이것으로 normal() 함수는 정규 분포에 해당하는 값을 생성하는 것을 알 수 있습니다.

randint

randint() 함수는 특정한 값 사이에서 무작위 값을 생성합니다. 이 함수 이름(int)에서 볼 수 있듯이 정숫값을 생성합니다.

```
ni = np.random.randint(1, 100, 5)   # ni라는 넘파이 배열을 만들며, 그 값을 1~100 사이에서 5개의 무작위 정숫값(np.random.
                                    # randint)을 생성한다는 의미입니다.
ni                                  # 생성한 값을 출력합니다.
```

실행 결과

array([92, 3, 93, 68, 18])

이와 같이 1부터 100까지 숫자 중 무작위로 5개의 정수를 생성한 것을 확인할 수 있습니다.

seed

컴퓨터가 무작위 수를 만든 모습을 살펴보면, 아무런 규칙 없이 무작위로 만든 것 같지만 사실 특정한 알고리즘 규칙으로 만든 것입니다. 즉, 일정한 기준이 있다고 볼 수 있죠. 그러므로 우리는 무작위 수를 생성하지만 어떤 수를 생성할지 예측할 수도 있습니다. 그 기준을 정하는 것이 바로 seed() 함수입니다. 이 함수 이름(seed)을 직역하면 씨앗으로, 랜덤한 값을 만드는 근본이 된다고 생각하면 됩니다.

```
print(np.random.rand(3))    # 랜덤한 숫자 3개를 출력합니다.
print(np.random.rand(3))    # 랜덤한 숫자 3개를 출력합니다.
```

실행 결과

[0.77038256 0.94313997 0.19435926]
[0.58487229 0.6477384 0.65207554]

이와 같이 같은 코드를 넣었지만 서로 다른 값이 나오는 것을 볼 수 있습니다. 하지만 seed( ) 함수를 사용하여 기준을 정하면 다음과 같이 같은 수가 나오는 것을 볼 수 있습니다.

```
np.random.seed(0)            # seed() 함수에 특정한 숫자를 넣어서 기준을 정합니다.
print(np.random.rand(3))     # 무작위 숫자 3개를 출력합니다.
np.random.seed(0)            # seed() 함수를 사용하여 기준을 앞과 동일하게 정합니다.
print(np.random.rand(3))     # 무작위 숫자 3개를 출력합니다.
```

실행 결과

[0.5488135 0.71518937 0.60276338]
[0.5488135 0.71518937 0.60276338]

이와 같이 seed( ) 함수를 사용하면 동일한 무작위 수를 만들 수 있습니다.

UNIT 13 인공지능을 위한 반복문

컴퓨터의 가장 큰 장점은 바로 반복을 잘한다는 것입니다. 컴퓨터는 아무런 불평불만 없이(물론 전기가 많이 들기는 하지만) 수천수만, 아니 그보다 훨씬 더 많은 양이라 하더라도 반복 작업을 할 수 있습니다.

모든 프로그래밍 언어를 배울 때 기본으로 배우는 구문이 바로 반복문입니다. 반복문이 사용되지 않는 프로그램이 드물 정도로 반복문은 프로그램에서 많이 사용합니다. 인공지능처럼 많은 수의 데이터를 다루는 경우에 반복문은 더욱더 빛을 발합니다.

모든 프로그래밍 언어에서 반복문 구조는 어렵습니다. 특히 파이썬의 반복문은 프로그래밍 공부를 포기하고 싶어질 정도로 좀처럼 쉽게 다가오지 않습니다. 다른 언어와는 다르게 배열 개념을 사용하기 때문이죠. 이곳에서는 파이썬에서 반복문을 사용하는 방법을 알아보겠습니다.

반복문이란 말 그대로 어떤 행동 혹은 프로그램을 계속 실행한다는 의미입니다. 이러한 반복문은 우리의 생활 속에서도 살펴볼 수 있습니다.

예를 들어 카페에서 아르바이트하는 직원의 상황을 살펴봅시다. 환경 보호를 위해 실내에서는 일회용 용기를 사용할 수 없어 매장에서 음료를 먹는 사람에게는 음료를 머그컵에 담아 주어야 합니다. 물론 환경을 지키는 훌륭한 일이지만, 직원에게는 설거지라는 고충이 따르지요.

여러분이 직원이라면 어떤 기계가 있으면 좋을 것 같나요? 네. 식기세척기 또는 설거지해 주는 로봇이 있으면 좋겠지요?

설거지해 주는 로봇은 다음 작업을 반복할 것입니다.

❶ 컵을 물에 헹군다.

❷ 세제를 사용해서 컵을 닦는다.

❸ 컵을 물에 다시 헹군다.

로봇은 컵을 물에 헹구고, 세제로 닦고, 다시 물에 헹구는 작업을 몇 번 해야 할까요? 컵이 10개이기 때문에 열 번 작업해야 하겠죠(설거지할 컵이 없는데 이 동작을 계속 반복하는 것도 웃기겠죠?).

이와 같이 반복문에는 작업을 몇 번 반복할지가 상당히 중요합니다. C나 C++, 자바 등 다양한 프로그래밍 언어에 모두 반복문이 있지만, 반복을 몇 번 할지 지시하는 프로그래밍 문법은 저마다 다릅니다.

지금부터 파이썬에서 반복문 문법을 살펴보겠습니다.

> **TIP** 파이썬에는 for문과 while문 반복문이 있습니다. 둘 다 다루면 좋겠지만, 이 책에서는 파이썬의 반복문 중 가장 많이 사용되는 for문을 기준으로 설명하겠습니다.

1 배열과 반복문(for문)

파이썬의 반복문을 이해하려면 앞에서 살펴본 배열과 반복문의 관계부터 살펴보아야 합니다. 결론부터 말하자면 파이썬에서는 사용하는 배열의 원소 수만큼 반복을 진행합니다. 무슨 말인지 이해를 돕기 위해 일단 다음과 같이 5개의 원소가 있는 배열을 만들어 보겠습니다.

```
five = [1, 2, 3, 4, 5]    # 1부터 5까지 원소가 있는 five 배열을 만듭니다.
len(five)                 # five 배열의 원소 수를 보여 줍니다.
```

실행 결과
```
5
```

five 배열의 원소 수는 5임을 알 수 있습니다. 그럼 지금부터 반복문 중 for문을 사용해서 프로그램을 만들어 보겠습니다.

2 반복문(for문) 만들기

파이썬에서 사용하는 for문의 문법은 다음과 같습니다.

```
for (변수) in (배열):
    (반복할 내용)
```

 표시는 뭔가요?

■ 표시는 4칸 띄운다는 의미로, 파이썬에서는 인덴트(indent)라고 합니다. 이 인덴트가 파이썬과 다른 언어의 가장 큰 차이를 보여 주는 대목이라고 할 수 있습니다.

C, C++, 자바 같은 언어는 반복문, 조건문, 함수 등 코드 블록을 표시하기 위해서 중괄호({ })를 사용합니다. 하지만 파이썬은 중괄호를 사용하지 않습니다. 중괄호를 사용할 때 불편한 점(깜빡하고 쓰지 않는 등)을 없애기 위해서죠.

파이썬에서는 들여쓰기 자체가 문법입니다. 각 구문을 작성할 때는 꼭 들여쓰기를 해야 합니다. 들여쓰기는 기본이 4칸입니다. 수준이 한 단계 깊어질수록 4의 배수, 즉 4칸, 8칸, 12칸… 이렇게 칸이 늘어납니다. 대부분 파이썬 편집기에서는 SpaceBar로 4칸을 띄어도 되지만, Tab을 한 번 누르면 4칸씩 들여쓰기가 됩니다.

이제 실제 프로그램을 만들며 반복문을 자세히 살펴보겠습니다.

■ 설거지하는 프로그램 만들기

지금 만들 프로그램은 설거지를 끝낼 때마다 '설거지 끝'이라고 말합니다. 물론 설거지하는 프로그래밍은 하지 않고, '설거지 끝'이라는 말만 하도록 할게요.

```
for i in five:           # five라는 배열을 사용하는 반복문을 만든다는 의미입니다.
    print("설거지 끝")    # 4칸 띄어쓰기 후 반복하길 원하는 내용(설거지 끝)을 출력합니다.
```

실행 결과
```
설거지 끝
설거지 끝
설거지 끝
설거지 끝
설거지 끝
```

'설거지 끝'이라는 말을 다섯 번 반복하네요. 이와 같이 파이썬의 for문에서는 배열에 있는 원소 수만큼 반복합니다. 여기에서 문법을 복습하면 for를 쓰고 (변수)의 자리에 i를 적었습니다. in 뒤인 (배열) 자리에 앞에서 만든 five를 적었습니다. 따라서 five 배열의 원소 수인 5만큼 그 아래에 있는 print("설거지 끝") 명령을 수행합니다. print문은 특정한 값을 화면에 출력할 때 사용하는 함수입니다.

 반복문 안의 i는 반복문에서 사용하는 변수라고 생각하면 됩니다. 이 변수는 무엇이며, 언제 사용하는지는 조금 뒤에 설명합니다.

■ 컵 10개를 설거지하는 프로그램 만들기

카페에 손님이 많아졌네요. 컵 10개를 설거지하는 반복문을 만들려면 어디를 수정해야 할까요? for문은 배열의 원소 수만큼 반복하기 때문에 배열을 바꾸어야 합니다. 바로 원소 수가 10개인 배열로 말이죠.

```
ten = [9, 8, 7, 6, 5, 4, 3, 2, 1, 0]    # 원소 수가 10개인 ten 배열을 만듭니다.
len(ten)                                  # ten 배열의 원소 수를 살펴봅니다.
```

실행 결과
```
10
```

원소 수가 10개네요. 정말 열 번 반복하는지 확인해 볼까요?

```
for i in ten:           # in 뒤인 (배열) 자리에 앞에서 만든 ten을 적었습니다.
    print("설거지 끝")   # 4칸 띄어쓰기 후 반복하길 원하는 내용(설거지 끝)을 입력합니다.
```

실행 결과
```
설거지 끝
설거지 끝
설거지 끝
설거지 끝
설거지 끝
설거지 끝
설거지 끝
설거지 끝
설거지 끝
설거지 끝
```

■ 반복문의 변수(i)는 어디에 쓰나요?

여러분은 혹시 반복문 프로그램을 작성하면서 궁금한 점이 생기지 않았나요? 도대체 for 뒤에 쓴 i는 어디에 쓸까요? 사용하지도 않는데 꼭 필요한지 의문이 들지 않나요? 여기에 바로 파이썬 반복문의 특징이 있습니다.

파이썬 반복문에서는 사용하는 배열의 원소 숫자만을 사용하지 않습니다. 바로 반복할 때마다 배열의 원소에 접근합니다.

그림 13-1 반복할 때마다 배열의 원소에 접근

실제 코드를 작성하여 for문에서 반복할 때마다 해당 순서의 배열 원소를 가져오는지 확인해 봅시다.

```
for i in five:              # 원소가 5개인 five 배열을 가져와서 반복문을 만듭니다.
    print(i, "번째 설거지 끝")   # i 변수를 사용합니다.
```

실행 결과
```
1번째 설거지 끝
2번째 설거지 끝
3번째 설거지 끝
4번째 설거지 끝
5번째 설거지 끝
```

변수 i의 자리에 배열의 각 원소가 들어간 것을 확인할 수 있습니다.

이번에는 원소가 10개인 배열을 확인해 봅시다.

```
for i in ten:               # 원소가 10개인 ten 배열을 가져와서 반복문을 만듭니다.
    print(i, "개 남았습니다.")   # 변수 i를 사용합니다.
```

실행 결과
```
9개 남았습니다.
8개 남았습니다.
7개 남았습니다.
6개 남았습니다.
5개 남았습니다.
4개 남았습니다.
3개 남았습니다.
2개 남았습니다.
1개 남았습니다.
0개 남았습니다.
```

i 변수 자리에 배열의 각 원소가 들어간 것을 확인할 수 있습니다.

3 range() 함수 살펴보기

설거지할 컵이 100개, 아니 1000개라면 어떻게 해야 할까요? 원소 수가 1000개인 배열을 일일이 만들어야 할까요? 그렇게 해야 한다면 반복문을 사용하는 의미가 없습니다. 이때 사용하는 함수가 바로 range() 함수입니다.

■ range() 함수란

range() 함수는 특정 구간의 숫자를 만들어 줍니다. 예를 들어 range(10)은 10개의 숫자를 만들라는 의미입니다. 그런데 앞에서는 특정 구간이라고 했는데 10개의 숫자가 어떤 구간인지를 말하지 않았죠? 일단 한번 만들어 봅시다.

```
rten = range(10)    # 10개의 숫자를 만들고 rten에 넣습니다.
list(rten)          # list() 함수를 사용해서 rten에 넣은 10개의 숫자를 배열로 만듭니다.
```

실행 결과
[0, 1, 2, 3, 4, 5, 6, 7, 8, 9]

원소 수가 10개인 배열이 만들어졌습니다. 만들어진 숫자를 살펴보니 0부터 시작해서 1씩 증가하는 규칙이 눈에 보이네요.

■ range() 함수 더 알아보기

이와 같이 range() 함수는 사용자가 지정하는 만큼 숫자를 만들어 줍니다. 그렇다면 특정한 구간은 어떻게 정하는 것일까요?

range() 함수를 사용하니 시작하는 숫자가 0이었습니다. 특정한 구간이라고 하면 [1, 2, 3, 4, 5]처럼 시작하는 숫자를 바꿀 수 있어야겠죠? 이를 위해서 range() 함수에는 특정 구간을 정하는 규칙이 있습니다.

range(시작 숫자, 끝 숫자, 건너뛰기)

이때 시작 숫자가 0일 때와 건너뛰기 숫자가 1일 때는 생략해도 됩니다. 먼저 숫자 1, 2, 3, 4, 5를 만들어 보겠습니다. 1로 시작하는 숫자인 five1을 만드는 데 range() 함수를 사용합니다. 시작 숫자가 1, 끝 숫자가 6인 것은 끝 숫자 전까지만 만들기 때문입니다. 1씩 건너뛰기 때문에 건너뛰는 숫자는 1로 했습니다.

```
five1 = range(1, 6, 1)
list(five1)
```

실행 결과
```
[1, 2, 3, 4, 5]
```

1부터 시작해서 6 바로 전 숫자인 5까지를 원소로 하는 배열이 만들어진 것을 볼 수 있습니다.

다음으로 [9, 8, 7, 6, 5, 4, 3, 2, 1, 0] 숫자를 만들어 보겠습니다. 이번에는 9로 시작하는 숫자인 ten9를 만드는 데 range( ) 함수를 사용합니다. 시작 숫자가 9, 끝 숫자가 -1인 것은 끝 숫자 전까지만 만들기 때문입니다. -1씩 건너뛰기 때문에 건너뛰는 숫자는 -1로 했습니다.

```
ten9 = range(9, -1, -1)
list(ten9)
```

실행 결과
```
[9, 8, 7, 6, 5, 4, 3, 2, 1, 0]
```

9부터 시작해서 -1 전인 0까지 원소로 가지는 배열이 만들어졌습니다.

■ **range( ) 함수로 for문 만들기**

이제 range( ) 함수를 사용하여 for문을 만들어 보겠습니다. 앞에서 작성한 '몇 번째 설거지 끝'이라는 것을 말하는 프로그램을 만들어 보겠습니다.

```
for i in range(1, 6):
    print(i, "번째 설거지 끝")
```

실행 결과
```
1번째 설거지 끝
2번째 설거지 끝
3번째 설거지 끝
4번째 설거지 끝
5번째 설거지 끝
```

앞에서 만든 코드와 같은 결과가 나오네요.

 코드의 for문을 보면 (배열) 자리에 range( ) 함수를 사용했으며 시작 숫자가 1, 끝 숫자가 6입니다. 건너뛰기 숫자는 1일 때 생략 가능하므로 넣지 않았습니다.

5 대신 10, 100 등 큰 숫자를 넣은 후 실행하면 해당 숫자만큼 반복되는 것을 확인할 수 있습니다.

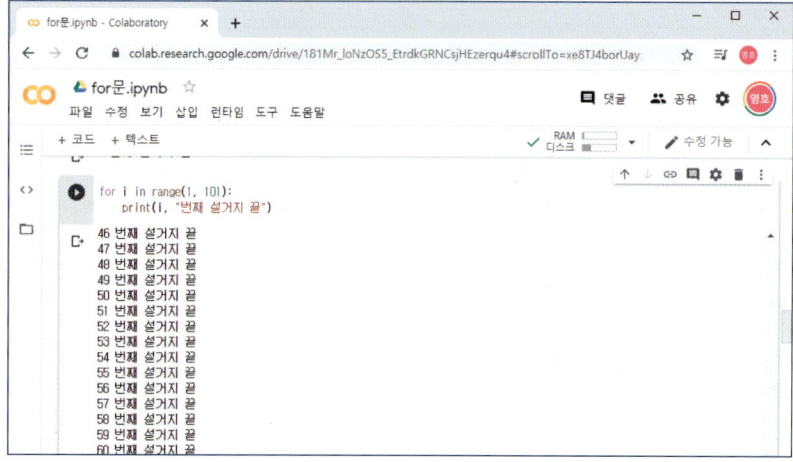

그림 13-2 100번 반복한 결과

> TIP
> range() 함수의 값을 변형하면 반복문의 횟수 및 반복문 내부에 들어가는 값을 바꿀 수 있습니다. range() 함수를 변경하여 다양한 값을 출력하는 반복문을 만들어 보세요.

UNIT 14 인공지능을 위한 조건문

파이썬 프로그래밍을 할 때 반복문과 함께 자주 사용되는 것이 바로 조건문입니다. 조건이라는 말에서 알 수 있듯이, 특정한 조건에 해당되는지(조건이 참인지), 아니면 해당되지 않는지(조건이 거짓인지)에 따라 서로 다르게 명령할 수 있는 방법이 바로 조건문입니다.

예를 들어 자동문에서 '누군가 열림 버튼을 누른다면'이 바로 조건입니다. 사람이 열림 버튼을 누른다면 이 조건이 참이 되는 것입니다. 조건이 참일 때는 문이 열리도록 프로그래밍했기 때문에 자동문이 스스로 열리는 것입니다.

조건문은 다양한 상황이 예상되는 프로그래밍에서 유용하게 사용됩니다. 그럼 지금부터 파이썬에서 사용하는 조건문을 살펴봅시다.

1 if문 살펴보기

파이썬뿐만 아니라 거의 모든 프로그래밍 언어에서 조건문은 if문을 사용합니다. "만약 내가 여자라면"을 영어로 하면 "if I were a woman"인 것처럼 if는 '만약 ~라면'이라는 뜻입니다. 파이썬에서도 이와 비슷하게 조건문을 사용합니다.

```
if (조건):      # if 뒤에 조건을 작성하고 마지막에 콜론(:)을 붙입니다.
    명령문      # 4칸을 띄운 후 명령문을 작성합니다.
```

 조건문에서도 함수를 사용한 이후 파이썬 문법인 인덴트(4의 배수로 들여쓰기)를 꼭 사용해야 합니다. 함수 뒤에 콜론(:)을 넣으면 자동으로 아래 줄부터 들여쓰기가 되지만, 그렇게 되지 않을 때도 있으니 잘 확인해야 합니다.

if문을 사용하여 특정 숫자가 10보다 큰지 말해 주는 프로그램을 만들어 보겠습니다.

먼저 특정한 숫자를 넣습니다. 다음 코드를 넣은 후 실행 버튼을 클릭합니다.

```
num = 15      # num이라는 변수를 만들고 그 안에 15라는 값을 넣습니다.
```

+코드를 클릭하고 다음과 같이 if문을 작성한 후 실행 버튼을 클릭하여 결과를 확인합니다.

```
if num >= 10:              # num이라는 변숫값이 '10 이상일 때'라는 조건을 만들어 줍니다.
    print("10보다 큽니다.")   # 조건이 참일 때 출력합니다.
```

실행 결과
10보다 큽니다.

 if else문 살펴보기

앞에서 우리가 살펴본 if문은 조건이 참일 때만 어떤 명령을 실행할 수 있습니다. 하지만 조건이 참이 아닐 때도 어떤 명령을 내려야 할 경우가 있습니다.

예를 들어 내가 짜장면이 먹고 싶다면 중국집에 짜장면을 주문한다는 조건문이 있습니다. 이 경우에 짜장면을 먹고 싶지 않다면 어떻게 될까요?

여기에서는 짜장면을 먹고 싶지 않을 경우에는 어떻게 하는지 알 수 없습니다. 짜장면을 먹고 싶지 않을 때 어떻게 할지에 대한 명령이 없기 때문입니다. 하지만 짜장면이 먹고 싶지 않다고 해서 배가 고프지 않은 것은 아닙니다. 짬뽕이 먹고 싶을 수도 있고, 볶음밥이 먹고 싶을 수도 있습니다.

짜장면이 먹고 싶지 않다면, 즉 '짜장면이 먹고 싶다가 아니라면'일 때는 짬뽕을 시킨다는 명령어가 있으면 이 문제는 해결되겠죠?

이때 사용하는 것이 바로 if else문입니다. if else문은 '만약 ~라면, 만약 ~가 아니면'이라는 뜻으로 '이프엘스문'이라고 읽습니다.

```
if (조건):         # if 뒤에 조건을 작성하고 마지막에 콜론(:)을 붙입니다.
    명령문         # 4칸을 띄운 후 조건이 참일 때 명령문을 작성합니다.
else:              # else 뒤에 조건을 작성할 필요는 없습니다.
    명령문         # 4칸을 띄운 후 조건이 아닐 때 명령문을 작성합니다.
```

if else문을 사용하여 숫자가 홀수인지 짝수인지 구별하는 프로그램을 만들어 보겠습니다.

구별하고 싶은 숫자를 적습니다. 여기에서는 숫자 10을 num2라는 변수에 넣습니다.

```
num2 = 10   # num2라는 변수를 만들고 10의 값을 넣습니다.
```

홀수와 짝수를 구별하는 프로그램을 다음과 같이 만듭니다.

```
if num2 %2 == 0:            # if 뒤에 조건을 넣습니다.
    print("짝수입니다.")     # 조건이 참일 때 수행할 명령을 작성합니다.
else:                       # '그렇지 않으면'에 해당합니다.
    print("홀수입니다.")     # 조건이 참이 아닐 때 수행할 명령을 작성합니다.
```

실행 결과
짝수입니다.

if문에 작성한 조건(num2 %2 == 0)은 무슨 뜻일까요? 'num2 변수의 값을 2로 나누었을 때 나머지가 0이면'이라는 의미로 만약 어떤 수를 2로 나누었을 때 나머지가 0이면, 즉 나누어 떨어지면 그 수는 짝수입니다(4 나누기 2, 18 나누기 2를 생각해 보세요).

따라서 이 조건이 참일 경우 '짝수입니다.'는 문장을 출력하는 것입니다. 그렇지 않을 경우, 즉 나머지가 0이 아니라면(1이라면) '홀수입니다.'를 출력합니다. 여기에서는 num2의 값이 10, 즉 짝수이므로 '짝수입니다.'가 출력됩니다.

3 홀짝 구별하는 함수 만들기

홀수와 짝수를 구별하는 프로그램을 만들어 보았습니다. 물론 이 프로그램은 숫자 10만 구별할 수 있습니다. 숫자 9를 구별하려면 어떻게 해야 할까요?

프로그램 전체를 수정해야 합니다. 이렇듯 앞에서 만든 프로그램은 다양한 숫자의 홀수와 짝수 여부를 판별해 볼 수 없기 때문에 조금 불편합니다. 이러한 불편함을 줄일 수 있는 방법이 바로 함수를 만드는 것입니다.

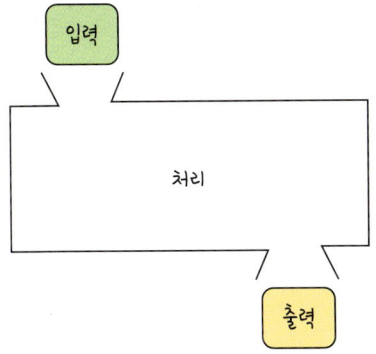

그림 14-1 어떤 값을 입력하면 처리 과정을 거쳐 특정한 값을 출력하는 함수

함수라고 하면 수학에 나오는 함수가 떠오르지 않나요? 프로그래밍 함수 또한 이와 비슷한 개념입니다.

함수에 어떤 값을 입력하면 함수 내부의 처리 과정을 거쳐 특정한 값을 출력합니다. 예를 들어 입력받는 값을 홀수와 짝수로 구분하라는 함수가 있다고 생각해 봅시다. 그러면 이 함수에 4를 입력하면 짝수, 5를 입력하면 홀수라는 출력값이 나오겠죠? 이처럼 함수를 만들면 다양한 입력값에 대한 출력값을 도출할 수 있습니다.

프로그래밍에서 사용되는 함수 구조는 다음과 같습니다. 함수를 만드는 키워드는 def입니다.

 def는 '정의하다'는 뜻의 definition에서 유래했습니다. def는 함수를 정의할 때 사용하는 예약어(키워드)이므로 함수 이름이나 변수 이름으로 사용할 수 없습니다.

```
def (함수 이름)(매개변수):    # def 뒤에 여러분이 사용하고 싶은 함수 이름과 매개변수(파라미터)를 넣습니다.
    (함수 내용)              # 4칸을 띄우고 함수에 넣고 싶은 프로그램을 넣으면 됩니다.
```

 잠깐만요 매개변수

매개변수(파라미터: parameter)란 함수 내부에서 사용하는 변수를 의미합니다. 매개변수는 변수의 특별한 한 종류입니다. 함수 내부에서는 이 인자를 사용하여 다양한 처리를 하게 됩니다. 이와 같이 이 변수를 함수 내부에서 사용하기 때문에 이를 매개변수라고 합니다.

먼저 홀수와 짝수를 구별하는 함수인 number_check() 함수를 만듭니다. 이때 num이라는 인수를 받아 함수 안에서 사용하겠습니다.

```
def number_check(num):           # 함수를 정의합니다.
    if num %2 == 0:              # num의 값을 2로 나눈 값이 0이라면
        print("짝수입니다.")       # 짝수라고 말합니다.
    else:                        # 그렇지 않으면
        print("홀수입니다.")       # 홀수라고 말합니다.
```

 print("짝수입니다.") 부분은 if문에 해당하기 때문에 8칸을 띄어야 합니다.

함수를 사용하여 10이 홀수인지 짝수인지 알아봅시다. 함수를 사용하려면 다음과 같이 함수 이름을 적고 괄호 안에 어떤 값을 살펴볼지 넣습니다.

```
number_check(10)    # number_check 함수를 호출하며 그 함수에 10이라는 전달 인자를 넣어 줍니다.
```

실행 결과
짝수입니다.

이와 같이 함수에 10이라는 숫자를 넣으면 2로 나눈 나머지가 0이기 때문에 '짝수입니다.'는 메시지가 출력됩니다.

 잠깐만요 전달 인자

전달 인자(argument)란 함수를 호출할 때 사용하는 값입니다. number_check라는 함수를 호출할 때는 어떤 값을 체크할지 그 값을 넣어 주어야 합니다. 함수에서 사용하는 매개변수는 변수 의미로, 함수를 호출할 때 사용하는 전달 인자는 값의 의미로 생각하면 됩니다.

이번에는 11이 홀수인지 짝수인지 알아봅시다.

```
number_check(11)    # number_check 함수를 호출하며 그 함수에 11을 넣어 줍니다.
```

실행 결과
홀수입니다.

함수에 11이라는 숫자를 넣으면 2로 나눈 나머지가 1이기 때문에 '홀수입니다.'는 메시지를 출력합니다.

UNIT 15 생성형 인공지능 개발을 위한 파이썬 문법

1 딕셔너리: 이름표가 붙은 주머니

우리는 앞에서 변수를 살펴보았습니다. 변수는 하나의 공간에 값을 저장하는 것이죠. 여기에서 **리스트** 개념도 알아 두면 좋습니다. 리스트는 여러 개의 공간을 번호 순서대로 정리해 놓은 구조입니다. 예를 들어 다음과 같이 1개의 변수에 여러 개의 공간을 순서대로 저장할 수 있습니다.

```
fruits = ["사과", "바나나", "포도"]
```

0번에는 사과, 1번에는 바나나, 2번에는 포도가 순서대로 저장되어 있습니다. 사과를 꺼내고 싶을 때는 다음과 같이 번호를 이용해서 꺼낼 수 있습니다.

```
print(fruits[0])
```

실행 결과
```
사과
```

이처럼 리스트는 여러 값을 한 줄로 정리해 놓고 순서(인덱스)를 사용해서 값을 꺼내는 구조입니다. 하지만 리스트를 사용하다 보면 "순서 대신 값마다 이름표를 붙여서 꺼낼 수는 없을까?" 같은 생각이 들 수 있습니다. 리스트가 아닌 다른 방식으로 정보를 저장할 수 있다면 어떨까요? 각 값마다 '이름표'를 붙여서 저장해 두고, 그 이름만 알면 쉽게 꺼낼 수 있어 훨씬 더 편리하지 않을까요?

이때 사용하는 것이 바로 **딕셔너리**(dictionary)입니다. 딕셔너리는 영어 뜻 그대로 사전이라는 의미입니다. 국어사전을 사용한다고 생각해 볼까요? 지금은 책으로 된 사전을 많이 사용하지는 않지만, 예전에는 단어 뜻을 찾기 위해서는 책으로 된 사전을 주로 사용했습니다. 국어사전은 가나다 순으로 단어가 기록되어 있습니다. 그 단어에 해당하는 뜻이 옆에 작성되어 있죠. 예를 들어 '인공지능'을 국어사전에서 찾으면 다음과 같이 나와 있습니다.

> "인공지능: 인간의 지능이 가지는 학습, 추리, 적응, 논증 따위의 기능을 갖춘 컴퓨터 시스템. 전문가 시스템, 자연 언어의 이해, 음성 번역, 로봇 공학, 인공 시각, 문제 해결, 학습과 지식 획득, 인지과학 따위에 응용한다."

우리가 지금부터 사용할 딕셔너리도 국어사전과 같은 구조입니다. 그럼 지금부터 딕셔너리 구조를 자세히 살펴보겠습니다.

■ 이름표가 붙은 주머니? 딕셔너리란 무엇인가요?

딕셔너리는 마치 여러 개의 주머니가 들어 있는 가방과도 같습니다. 그 주머니 하나하나에는 어떤 값이 들어 있으며, 주머니마다 이름표가 붙어 있습니다. 이름표에는 이러한 것들이 적혀 있습니다.

"이름" → "영웅"
"나이" → 25
"취미" → "노래"

이제 우리는 "이름이 뭐야?"라고 묻는 대신 "'이름'이라는 이름표가 붙은 주머니를 열어 주세요!"라고 말할 수 있어요.

그림 15-1 딕셔너리

■ 딕셔너리는 어떻게 표현할까요?

파이썬에서 딕셔너리는 중괄호 { }를 사용해서 만들 수 있습니다. 그 안에는 '키: 값' 형태로 여러 정보를 저장할 수 있어요. 다음 예시는 한 학생 정보를 저장한 딕셔너리입니다.

```
people = {
    "name": "영웅",
    "age": 25,
    "hobby": "노래"
}
```

이 딕셔너리에서는 name이라는 키(key)가 '영웅'이라는 값을 가리키고 있고, age는 25, hobby는 '노래'라는 값을 가지고 있어요. 여기에서 키는 이름표와 같고, 값(value)은 그 주머니 안에 들어 있는 내용물이라고 보면 됩니다.

그럼 이제 코랩에서 직접 따라해 보며 딕셔너리를 어떻게 사용하는지 익혀 봅시다. 먼저 딕셔너리를 하나 만들어 볼까요?

```
people = {
    "name": "영웅",
    "age": 25,
    "hobby": "노래"
}
```

이 코드는 people이라는 이름의 딕셔너리를 만들고 그 안에 이름, 나이, 취미 정보를 저장합니다.

다음으로 name이라는 키에 해당하는 값을 꺼내 볼까요?

```
print(people["name"])
```

실행 결과
```
영웅
```

다음으로 hobby 키에 해당하는 값도 꺼내 보겠습니다.

```
print(people["hobby"])
```

실행 결과
```
노래
```

이렇게 딕셔너리는 원하는 값을 꺼낼 때 인덱스 번호를 사용하지 않고, 이름표(키)를 사용합니다.

 잠깐만요　리스트와 딕셔너리는 뭐가 다른가요?

다음 리스트가 있다고 가정해 봅시다.

　　사람1 = [영웅, 25, 노래]

이 리스트에서 사람이 몇 살인지 구하려면 리스트의 두 번째 위치에 나이에 해당하는 값이 있다는 것을 미리 알고 있어야 합니다. 이와 같이 리스트는 순서를 기억해야 값을 꺼낼 수 있는 반면, 딕셔너리는 '나이'라는 키를 알고 있다면 순서에 상관없이 꺼낼 수 있어서 훨씬 직관적입니다.

따옴표 없이 키를 쓰면 오류가 발생해요!

print(people[name])으로 작성하면 오류가 발생합니다. name을 변수로 인식하기 때문이죠. "name"처럼 항상 따옴표(" ")를 붙여야 문자열로 인식해서 키로 사용됩니다. 다음과 같이 올바르게 사용해야 합니다.

```
print(people["name"])
```

 딕셔너리에 없는 키를 불러오면 어떻게 될까요?

print(people["height"])처럼 딕셔너리에 없는 키를 호출하면 다음 오류가 발생합니다. 딕셔너리에 height라는 이름표(키)가 없어서 오류가 발생하는 것이죠.

```
KeyError: 'height'
```

■ LLM의 추론 결과는 딕셔너리 형태로

우리가 앞으로 사용할 LLM(대규모 언어 모델)은 추론한 결과를 주로 딕셔너리 형태로 줍니다. 예를 들어 LLM에서 추론한 결과가 다음과 같이 result라는 딕셔너리에 저장되었다고 가정해 봅시다. 물론 실제 추론한 결과는 다음과 같이 단순한 형태가 아닐 가능성이 높습니다.

```
result = {"generated_text": "안녕하세요! 무엇을 도와드릴까요?"}
```

LLM을 사용하는 사용자 입장에서는 "안녕하세요! 무엇을 도와드릴까요?"라는 대답만 필요할 뿐, generated_text라는 키는 굳이 필요하지 않죠? 그렇기 때문에 앞에서 살펴본 것처럼 다음과 같이 값을 꺼내야 합니다.

```
print(result["generated_text"])
```

이처럼 딕셔너리를 잘 알아야 LLM이 생성한 결과를 정확히 꺼내서 확인할 수 있습니다.

그림 15-2 딕셔너리를 알아야 LLM이 생성한 결과를 알 수 있다

딕셔너리는 여러 개의 값을 이름표(키)를 붙여 저장할 수 있는 구조로, 값을 꺼낼 때는 순서가 아니라 키 이름으로 꺼내는 방식입니다. LLM 실습에서는 결과가 딕셔너리로 주어지기 때문에 이 문법을 잘 알아 두는 것이 중요합니다.

2 리스트 컴프리헨션, 스마트한 리스트 만들기

우리는 앞에서 여러 개의 값을 저장하는 방법으로 리스트(list)를 배웠습니다. 리스트는 배열처럼 순서대로 값을 담을 수 있는 파이썬의 기본 자료형입니다. 이러한 리스트는 마치 줄 지어 있는 바구니처럼 값을 차례대로 담아 두는 구조였죠.

```
numbers = [1, 2, 3, 4, 5]
```

이 리스트에서 numbers[0]을 하면 첫 번째 값 1을 꺼낼 수 있었고, numbers[3]을 하면 네 번째 값인 4를 꺼낼 수 있었습니다. 리스트의 순서를 나타내는 인덱스 값이 0부터 시작하기 때문이죠. 순서인 인덱스가 0이면 첫 번째, 3이면 0, 1, 2, 3으로 해서 네 번째가 되는 것이죠. 이처럼 리스트는 다양한 데이터를 한 번에 저장할 수 있어 아주 유용한 도구입니다. 그런데 리스트를 사용하다 보면 이러한 생각이 들 수 있습니다.

"리스트 안의 값들을 전부 2배로 만들 수는 없을까?"

"짝수만 골라서 리스트를 만들 수는 없을까?"

"리스트에 포함된 모든 값의 앞부분에 '보고 싶은'이라는 문구를 한 번에 붙일 수는 없을까?"

사실 앞에서 배운 반복문으로 이 과정을 모두 진행할 수 있습니다. 하지만 반복문으로 매번 리스트의 값을 수정하는 일은 번거롭죠. 그래서 지금부터는 **리스트 컴프리헨션**(list comprehension)을 사용해 보겠습니다. 리스트 컴프리헨션은 리스트의 연산을 훨씬 쉽게 처리해 주는 파이썬의 특별한 문법입니다.

> **잠깐만요 리스트 컴프리헨션은 무엇이고 왜 알아야 할까요?**
>
> 리스트(list)는 파이썬의 기본적인 시퀀스 자료형으로, 여러 개의 값을 순서대로 저장할 수 있는 구조입니다. 컴프리헨션(comprehension)는 우리말로 '내포'라고 하며, 어떤 것을 간결한 방식으로 포함하거나 표현한다는 의미에서 온 표현입니다. 그래서 리스트 컴프리헨션은 기존 리스트에서 새 리스트를 간결하게 만드는 표현 방식이라고 생각하면 됩니다.
>
> 파이썬으로 인공지능이나 데이터를 다루다 보면 리스트를 만들고, 그 안의 값들을 바꾸고, 필요한 것만 골라내는 작업을 매우 자주 하게 됩니다. 복잡한 작업을 한 줄로 처리할 수 있는 마법 같은 문법! 그것이 바로 리스트 컴프리헨션입니다.

■ 리스트 컴프리헨션 실습하기

리스트 컴프리헨션은 말 그대로 리스트를 만들면서 계산까지 동시에 처리하는 방법입니다. 다음과 같이 1부터 5까지 값을 가지고 있는 리스트를 만들어 봅시다.

```
numbers = [1, 2, 3, 4, 5]
```

numbers라는 이름의 리스트를 만들고, 그 안에 숫자 1부터 5까지 넣습니다. 이 리스트는 [1, 2, 3, 4, 5]라는 데이터를 가지고 있어서 나중에 이 값들을 하나씩 꺼내 쓸 수 있어요.

이 리스트의 각 값을 2배로 만든 새로운 리스트가 필요할 때는 다음과 같이 반복문을 사용하여 만들 수 있습니다.

```
double_numbers = []                    # 빈 리스트를 만듭니다. 곧 numbers의 값들을 2배로 만든 값들이 여기에
                                       #   하나씩 담깁니다.
for num in numbers                     # 1, 2, 3, 4, 5를 차례대로 num에 담아서 이후 코드를 실행합니다.
    double_numbers.append(num * 2)     # num이라는 값에 2를 곱한 후 double_numbers 리스트에
                                       #   추가(append)합니다.
print(double_numbers)                  # double_numbers 리스트 안에 값들을 출력합니다.
```

실행 결과
```
[2, 4, 6, 8, 10]
```

이렇게 코드를 작성하면 기존 리스트의 각 값을 2배로 만들 새로운 리스트를 만들 수 있습니다. 하지만 리스트 컴프리헨션을 사용하면 훨씬 더 간단하게 이 과정을 프로그래밍할 수 있습니다.

리스트 컴프리헨션의 구조는 다음과 같습니다.

> [계산할 내용 for 값 in 리스트]

우리말로 바꾸어 보면 "'리스트'에서 '값'을 하나씩 꺼내서 그 '값'으로 어떤 '계산'을 한 후 결과를 다시 '리스트'로 만들어 줘!"처럼 이해할 수 있습니다.

조금 복잡해 보이기는 하지만 다음 그림을 살펴보면 이해할 수 있을 것입니다. 특정한 계산을 하는 기계가 있고, 그 기계는 컨베이어 벨트로 연결되어 있습니다. 컨베이어 벨트에 리스트의 각 값을 넣어서 기계 안으로 넣습니다. 그다음 기계에서는 특정한 계산을 하고, 그 결과를 새로운 리스트 상자에 하나씩 순서대로 넣는 것이죠.

그림 15-3 리스트 컴프리헨션이 돌아가는 과정

리스트 컴프리헨션 실습①

그럼 지금부터 1부터 5까지 숫자로 된 리스트에 2를 곱한 리스트를 리스트 컴프리헨션으로 만들어 보겠습니다.

```
number_list = [1, 2, 3, 4, 5]
result = [x * 2 for x in number_list]
print(result)
```

실행 결과
[2, 4, 6, 8, 10]

number_list라는 리스트를 만들어 1, 2, 3, 4, 5 값을 넣어 주고, 그 결과들을 result라는 이름의 리스트로 만듭니다. 그다음 number_list 리스트에 포함된 값을 하나씩 꺼내서 x에 넣어 줍니다. 꺼낸 값에 2를 곱하고 결괏값을 출력합니다.

리스트 컴프리헨션 실습②

다음으로 사람 이름이 담긴 names 리스트를 만들어 보겠습니다.

```python
names = ["영웅", "소희", "보검"]
```

이 이름 앞에 '보고 싶은'을 붙여서 새롭게 만들고 싶다면 다음과 같이 프로그래밍하면 됩니다.

```python
labels = ["보고 싶은 " + name for name in names]
print(labels)
```

실행 결과
['보고 싶은 영웅', '보고 싶은 소희', '보고 싶은 보검']

for name in names문으로 names 리스트에 포함된 값을 하나씩 꺼내서 name에 넣어 줍니다. 꺼낸 값의 앞부분에 '보고 싶은'을 더합니다. 이때 '보고 싶은' 뒤에 공백을 넣어서 리스트에 포함된 값과 한 칸 띄워서 결과가 나오게 합니다. 그다음 그 결과들을 labels라는 이름의 리스트로 만듭니다.

리스트 컴프리헨션 실습③

지금까지는 리스트 속 모든 값에 어떤 계산을 적용하는 리스트 컴프리헨션을 살펴보았습니다. 이번에는 거기에 조건을 추가해서 원하는 값만 골라내는 방법을 배워 보겠습니다.

조건이 들어간 리스트 컴프리헨션의 형식은 다음과 같습니다.

```
[계산할 값 for 값 in 리스트 if 조건]
```

우리말로 풀어 보면 "'리스트'에서 '값'을 하나씩 꺼내서 그 값이 '조건'에 맞을 때만 '계산'을 해서 '리스트'로 만들어 줘!"처럼 말할 수 있습니다. 예를 들어 1부터 10까지 수 중에서 짝수만 리스트로 만들고 싶다면 이렇게 할 수 있습니다.

```python
evens = [x for x in range(1, 11) if x %2 == 0]   # 1부터 10까지 숫자를 만들어 주고 하나씩 x에 넣습니다(11은
                                                 # 포함되지 않아요!). 이때 x를 2로 나눈 나머지가 0이면, 즉
                                                 # 짝수일 경우에만 넣습니다.
print(evens)                                     # 결괏값이 담긴 리스트를 출력합니다.
```

실행 결과
```
[2, 4, 6, 8, 10]
```

리스트 컴프리헨션은 계산만 할 수도 있고, 그 안에 조건을 넣을 수도 있습니다. 이처럼 조건을 넣으면 필요한 값만 골라서 리스트를 만들 수 있어 더욱 유용하죠.

■ LLM 결과를 처리할 때 사용하는 리스트 컴프리헨션

리스트 컴프리헨션은 LLM 결과를 정리할 때 편리하게 사용할 수 있습니다. 앞으로 우리가 실습할 인공지능 모델(LLM)은 이렇게 결과를 줄 수 있어요.

```python
results = [
    {"generated_text": "안녕하세요"},
    {"generated_text": "무엇을 도와드릴까요?"},
    {"generated_text": "오늘 날씨는 맑습니다."}
]
```

여기에서 generated_text만 뽑고 싶다면 리스트 컴프리헨션을 이렇게 쓰면 됩니다.

```python
texts = [result["generated_text"] for result in results]
print(texts)
```

실행 결과
```
[ '안녕하세요', '무엇을 도와드릴까요?', '오늘 날씨는 맑습니다.']
```

앞 코드는 딕셔너리와 리스트 컴프리헨션의 개념이 모두 포함되어 있습니다. 그래서 좀 더 복잡해 보일 수 있어요. 하나씩 살펴보면 그리 복잡하지는 않으니, 같이 살펴보겠습니다. 먼저 LLM의 결과인 results는 딕셔너리입니다. 그렇기 때문에 키인 generated_text로 해당하는 값을 가져올 수 있습니다.

- **tests = [...]**: 리스트 컴프리헨션한 결괏값을 넣습니다.
- **for result in results**: results 리스트에 포함된 값을 하나씩 꺼내서 result에 넣어 줍니다.
- **result["generated_text"]**: 꺼낸 값의 generated_text 키에 해당하는 값을 가져옵니다.

리스트 컴프리헨션은 리스트를 짧고 간단하게 만드는 파이썬 문법입니다. 이 문법을 사용하면 일반적인 반복문보다 코드가 짧고 깔끔해진다는 장점이 있죠. 그리고 앞으로 생성형 인공지능인 LLM의 추론 결과를 처리할 때 매우 자주 사용되니 지금 잘 익혀 두면 앞으로 많은 도움이 될 것입니다.

3 람다 함수: 짧고 간단한 계산기 만들기

지금까지 우리는 여러 번 등장한 함수(def)로 어떤 일을 정해 두고 필요할 때마다 꺼내서 사용할 수 있다는 것을 살펴보았습니다. 일종의 도구함인 함수를 사용하여 반복적으로 쓰는 계산이나 동작을 미리 정의해 두고, 필요할 때마다 꺼내서 "이거 해 줘!"라고 부르면 되죠. 예를 들어 다음과 같은 함수가 있다고 합시다.

```
def add(a, b):
    return a + b
```

이 함수는 a와 b를 더한 값을 돌려주는 계산기입니다. 이렇게 함수를 만들어 두면 add(3, 7)처럼 불러 쓸 수 있습니다. 이러한 예시처럼 함수를 여러 줄로 만드는 것이 좋은 경우도 있지만, 간혹 "이 계산은 정말 간단한데, 굳이 함수 이름을 만들고 줄까지 나눌 필요가 있을까?"라는 생각이 들 때가 있어요. 예를 들어 누군가가 숫자를 하나 줄 테니 그 숫자에 2만 곱해서 알려 달라고 할 때, 굳이 이름을 만들고 여러 줄로 함수를 만들 필요가 있을까요? 프로그래머는 워낙 효율성을 중요하게 여기기 때문에 이러한 불편을 참지 않습니다. 그래서 이때 사용할 수 있는 특별한 문법이 만들어지게 되었죠. 바로 **람다 함수**(lambda function)입니다.

■ 람다 함수란

람다 함수는 이름이 없는 함수입니다. 그래서 '익명 함수(anonymous function)'로도 부릅니다. 파이썬에서는 lambda라는 키워드를 사용해서 람다 함수를 만들 수 있습니다.

```
lambda x: x * 2
```

이 문장은 "x라는 값을 받으면, 그 값을 2배로 만들어서 돌려주세요."처럼 해석할 수 있습니다. 이것이 전부입니다! 딱 한 줄, 짧고 간단하죠? 그러면 람다 함수는 왜 쓰나요? 앞에서도 잠깐 설명하기는 했지만, 람다 함수는 다음 상황에서 자주 씁니다.

- 함수를 한 번만 쓰고 말 때
- 간단한 계산을 임시로 처리하고 싶을 때
- 다른 함수 내부에서 간단한 값의 계산을 하는 도우미 함수가 필요할 때

우리가 함수를 만드는 데 꼭 필요한 것이 바로 함수 이름입니다. 그런데 한 번만 쓰고 말 함수, 간단한 함수까지 꼭 이름을 붙여야 한다면 프로그래머가 생각해야 할 것이 너무 많아지겠죠. 즉, 함수를 따로 정의하고 이름까지 붙이기에 너무 간단한 작업일 때, 람다 함수는 정말 편리합니다.

"이 계산 한 번만 하고 말 건데… 이름 붙이기 애매하네?"

그렇다면 바로 람다 함수가 제격입니다.

그림 15-4 람다 함수를 사용하는 이유

■ 람다 함수 실습하기

앞에서 람다 함수는 이름이 없다고 했습니다. 그러면 이름 없는 함수를 어떻게 사용할까요? 람다 함수는 그 자체로는 이름이 없지만, 필요하다면 변수에 담아서 사용할 수 있어요.

람다 함수 실습①

지금부터 숫자에 2를 곱하는 람다 함수를 사용해 보겠습니다.

```
double = lambda x: x * 2    # x를 입력으로 받아서 x * 2를 반환한 값을 double이라는 변수에 담아 놓습니다.
print(double(4))            # 결과는 4 * 2 = 8입니다.
```

실행 결과
```
8
```

여기에서 double은 함수 이름처럼 보이지만, 사실은 람다 함수를 담은 변수 이름입니다. 즉, 람다 함수는 여전히 이름 없는 함수지만, 우리가 만든 double 변수가 그 함수를 잠시 부를 수 있게 도와주는 역할을 하죠.

람다 함수 실습②

다음으로 두 수를 더하는 람다 함수를 만들어 보겠습니다.

```
value = lambda a, b: a + b  # 입력으로 a와 b를 받아 두 수를 더한 값을 반환한 값을 value라는 변수에 저장합니다.
                            # 그래서 나중에 value(5, 9)처럼 사용할 수 있습니다.
print(value(5, 9))          # value는 lambda a, b: a + b라는 함수를 가리키고 있으니까 value(5, 9)는 결국 5 + 9를
                            # 계산해서 14를 반환합니다.
```

실행 결과
```
14
```

람다 함수에서도 매개변수를 여러 개 받을 수 있습니다. 단 반드시 한 줄로만 계산해야 합니다.

이처럼 람다 함수는 이름이 없지만, value라는 변수에 담아서 마치 이름 있는 함수처럼 쓸 수 있습니다. 람다 함수는 절대 일반 함수를 대체하려는 것이 아닙니다. 일반 함수는 구조적인 작업에 적합하고, 람다 함수는 '잠깐 쓰는 계산기' 역할을 한다고 보면 됩니다.

 잠깐만요 **람다 함수는 반드시 한 줄짜리 계산만 가능**

간단한 계산을 한 번만 쓸 때 유용하게 사용할 수 있습니다. 일반 함수처럼 복잡한 구조는 만들 수 없습니다. 너무 복잡한 계산은 def로 일반 함수를 만들면 훨씬 좋아요.

4 map과 filter: 리스트 전체에 변화 주기

앞에서 우리는 리스트 컴프리헨션을 살펴보았습니다. 리스트 컴프리헨션은 리스트의 값을 바꾸거나 조건을 걸어 원하는 값을 골라내는 아주 유용한 문법이었죠. 그런데 여기에서는 조금 다른 방법으로 리스트를 다루는 도구를 살펴보려고 합니다.

바로 `map()`과 `filter()`입니다. 지금부터 나오는 내용은 리스트 컴프리헨션과 그 의미가 비슷합니다. 사실 리스트 컴프리헨션은 지금부터 다룰 내용을 위해 미리 기초를 다지려고 살펴보았습니다.

■ map( ) 함수를 사용하여 리스트 전체에 같은 계산 적용하기

`map()`은 리스트 속 값을 하나씩 꺼내어 정해진 계산을 적용한 후 그 결과를 다시 리스트로 만들어 주는 역할을 합니다. map 함수의 형식은 다음과 같습니다.

```
map(계산할 함수, 리스트)
```

이 형식은 "'리스트'에서 값을 하나씩 꺼내서 '계산할 함수'로 처리해 줘."로 해석할 수 있습니다.

map 함수 실습①

어떤 숫자 리스트에 있는 모든 값에 2를 곱하고 싶다고 해 봅시다. 우리는 이렇게 쓸 수 있어요.

```python
numbers = [1, 2, 3, 4, 5]      # numbers라는 리스트를 만들고 1, 2, 3, 4, 5 값을 넣어 줍니다.
doubled = list(map(lambda x: x * 2, numbers))   # 리스트(numbers)의 값을 하나씩 꺼내서 첫 번째에 있는
                                                # 함수(lambda x: x * 2)에 넣어 계산합니다. 그다음 list( )로
                                                # 감싸서 다시 리스트 형태로 넣어 줍니다.
print(doubled)
```

실행 결과
```
[2, 4, 6, 8, 10]
```

map 함수 실습②

다음으로 `map()` 함수를 사용하여 이름표를 만들어 보겠습니다. 학생 이름이 담긴 리스트가 있을 때, 모든 이름 앞에 '3학년 2반'이라는 말을 붙이고 싶다고 할게요.

```
names = ["영웅", "소희", "보검"]                        # names에 영웅, 소희, 보검의 이름을 넣어 줍니다.
labels = list(map(lambda x: "보고 싶은 " + x, names))   # names 리스트의 이름을 하나씩 꺼내서 람다
                                                        함수에 넣고 계산을 적용합니다. 그다음 list로
                                                        감싸서 다시 리스트 형태로 바꾸어 줍니다.

print(labels)
```

실행 결과

['보고 싶은 영웅', '보고 싶은 소희', '보고 싶은 보검']

이처럼 map은 리스트 전체에 동일한 작업을 반복해야 할 때 아주 유용합니다. 우리가 지금은 간단한 리스트를 가지고 실습하고 있지만, 앞으로 LLM(대규모 언어 모델)을 다룰 때는 수천 개, 수만 개의 문장을 한꺼번에 처리해야 할 때가 많습니다. 예를 들어 LLM에 문장을 입력하기 전에 모든 문장 앞에 어떤 태그를 붙인다거나, 특정한 형식으로 바꾸는 등 형식을 변경하는 작업을 해야 할 때가 있어요. 이러한 작업을 일일이 하나씩 한다면 시간이 너무 오래 걸리겠죠? 이때 map() 함수는 정말 강력한 도구가 됩니다. 리스트 속 값 하나하나에 같은 작업을 반복해서 적용할 수 있으니까요.

■ **filter( ) 함수: 조건에 맞는 값만 골라내기**

이번에는 필요한 값만 고르고, 나머지는 버리는 도구를 배워 보겠습니다. 바로 filter()입니다. filter는 말 그대로 필터예요. 조건에 맞는 값은 통과시키고, 조건에 맞지 않으면 버립니다. filter 함수의 형식은 다음과 같습니다.

```
filter(조건 함수, 리스트)
```

이 형식은 "'리스트'에서 '값'을 하나씩 꺼내서 '조건'을 검사하고, 조건을 만족하는 값만 반환해 줘."로 해석할 수 있습니다.

문 앞에 숫자들이 줄을 서 있다고 상상해 봅시다. 문 위에는 '짝수만 통과 가능'이라는 조건이 붙어 있습니다. 그래서 1, 3, 5 등 홀수는 문에 가로막혀 튕겨 나가고 2, 4, 6은 조건에 맞는 숫자이기 때문에 문을 통과해서 다음 방으로 이동합니다. 여기에서 문은 프로그래밍에서 말하는 '조건 검사기'고, 그 조건에 맞는 값만 다음 단계로 넘어가서 새로운 리스트를 만드는 거예요.

그림 15-5 조건에 맞는 값만 골라내는 filter 함수

이처럼 filter() 함수는 리스트에 있는 값 중에서 조건을 만족하는 값만 통과시키고, 나머지는 걸러 냅니다.

filter 함수 실습①

그럼 지금부터 filter()로 짝수만 골라내는 실습을 해 보겠습니다.

```python
numbers = [1, 2, 3, 4, 5, 6]          # numbers에 1, 2, 3, 4, 5, 6 값을 넣어 줍니다.
evens = list(filter(lambda x: x %2 == 0, numbers))   # 리스트에서 숫자를 하나씩 꺼내서 그 숫자가 짝수인지
                                        # 조건을 검사하고, 조건을 만족한 값만 새로운
                                        # 리스트에 저장합니다. 그다음 결과를 리스트로 바꾸어
                                        # 줍니다.
print(evens)
```

실행 결과
```
[2, 4, 6]
```

filter 함수 실습②

이번에는 문장 리스트 중에서 '안녕'으로 시작하는 문장만 뽑아 보는 예제를 실행해 봅시다.

```python
texts = ["안녕하세요", "무엇을 도와드릴까요?", "안녕, 반가워요!"]   # texts에 세 문장을 넣어 줍니다.
greetings = list(filter(lambda x: x.startswith("안녕"), texts))   # startswith() 함수를 사용하여
                                        # 문장이 '안녕'이라는 말로
                                        # 시작하는지 확인합니다. 조건이
                                        # True가 되는 문장만 골라
                                        # 리스트로 바꾼 후 greetings에
                                        # 넣어 줍니다.
print(greetings)
```

> **실행 결과**
> ['안녕하세요', '안녕, 반가워요!']

 잠깐만요 **문자열에서 조건을 확인하는 방법**

- startswith(): 어떤 말로 시작하는지 확인할 수 있습니다. 문장이 '안녕' 같은 말로 시작하는지 알고 싶을 때 사용합니다. 예를 들어 '안녕하세요'처럼 처음 부분이 어떤 단어로 시작되는지 확인할 수 있어요.
- endswith(): 어떤 말로 끝나는지 확인할 수 있습니다. 문장이 '요.'나 '니다.' 같은 말로 끝나는지 알고 싶을 때 사용합니다. 공손한 말투인지, 명령문인지 등을 구분할 수 있어요.

■ 리스트 컴프리헨션과 map/filter는 뭐가 다를까요?

우리는 앞에서 리스트 컴프리헨션을 배웠고, 지금은 map()과 filter()라는 새로운 도구를 배웠습니다. 그런데 이러한 생각이 들 수 있어요.

> "이거 다 비슷한 거 아니야?"
> "그냥 리스트 컴프리헨션만 쓰면 되는 거 아니야?"

맞아요! 사실 리스트 컴프리헨션과 map/filter는 할 수 있는 일이 거의 비슷합니다. 모두 어떤 시퀀스(리스트 등)에 대해 값을 변환하거나 조건에 따라 걸러 낼 수 있는 도구죠. 하지만 표현 방식과 생각하는 관점이 약간 다릅니다.

우리가 수학 문제를 풀 때도 같은 문제이지만 다른 방식으로 풀 수 있죠? 프로그래밍 역시 마찬가지입니다.

그림 15-6 리스트 컴프리헨션과 map/filter 함수의 차이

왼쪽에서는 사람이 하나하나 직접 도시락을 싸고 있어요. 이것은 우리가 리스트 컴프리헨션을 사용할 때처럼 어떻게 만들지 한 줄로 직접 정하는 방식을 나타냅니다. 리스트 컴프리헨션은 종이 위에 "숫자를 하나씩 꺼내 2배로 만들어서 리스트에 넣을 거야!"라고 한 줄로 직접 쓰는 방식입니다. 마치 직접 손으로 만든 도시락 같은 느낌이죠. 직관적이고 읽기 쉬워서 많은 파이썬 사용자가 선호합니다.

오른쪽에서는 기계가 재료를 받아서 자동으로 도시락을 만들어 주고 있어요. 이것은 map()이나 filter()를 사용할 때처럼 계산기 map이나 필터 기계 filter를 하나 만든 후 리스트를 통과시켜서 결과를 얻는 방식을 나타냅니다. 계산은 기계가 대신 하는 구조인 것이죠. 말하자면 도시락 공장에 작업을 맡기는 것과 비슷해요.

그러면 왜 두 가지를 모두 배울까요? 리스트 컴프리헨션은 직관적이고 쉽게 쓸 수 있어요. 그래서 파이썬을 처음 배우는 사람에게 적합합니다. 반면 map과 filter는 기계처럼 반복 작업을 처리할 수 있어요. 그래서 map 함수를 데이터 전처리하는 과정에서 많이 볼 수 있습니다.

앞으로 LLM 실습처럼 데이터가 아주 많을 때는 계산기처럼 돌릴 수 있는 방식이 더 편하답니다.

■ LLM에서 map/filter는 어떻게 사용될까요?

map()은 리스트 안 값을 하나씩 꺼내 정해진 계산을 적용하는 도구입니다. 그리고 filter()는 리스트 안 값 중에서 조건에 맞는 값만 골라 주는 도구입니다. 우리가 곧 실습할 LLM 모델은 다음과 같은 결과를 줄 수 있어요. 다음 내용을 코랩에 입력해 봅시다.

LLM 출력 결과를 활용한 map 함수 실습하기

```
results = [
    {"generated_text": "안녕하세요!"},
    {"generated_text": "무엇을 도와드릴까요?"},
    {"generated_text": "오늘 날씨는 맑아요."}
]
```

생성 결과만 꺼내서 리스트로 만들고 싶을 때는 map()을 쓰면 됩니다.

```
texts = list(map(lambda x: x["generated_text"], results))
print(texts)
```

- **map(함수, 리스트)**: results 리스트의 이름들을 하나씩 꺼내서 람다 함수에 넣고 계산을 적용합니다.

- `lambda x: x["generated_text"]`: results 딕셔너리 구조에서 각 요소를 가져와서 generated_text 키에 해당하는 값만 가져옵니다. 첫 번째 요소에서는 '안녕하세요!'만 가져오겠죠?
- `texts = list(...)`: 이 값을 리스트 형태로 바꾸어 texts에 넣습니다.

LLM 출력 결과를 활용한 filter 함수 실습하기

이 중에서 '안녕'으로 시작하는 문장만 뽑고 싶다면 다음과 같이 filter()를 쓰면 됩니다.

```
greetings = list(filter(lambda x: x.startswith("안녕"), results))
print(greetings)
```

- `filter(함수, 리스트)`: results 리스트의 이름들을 하나씩 꺼내서 람다 함수에 넣고 계산을 적용합니다.
- `lambda x: x.startswith("안녕")`: results 딕셔너리 구조에서 각 요소를 가져와서 '안녕'으로 시작하는 값만 가져옵니다. 첫 번째 요소에서는 '안녕하세요!'이니 안녕으로 시작해서 통과됩니다.
- `greetings = list(...)`: 이 값을 리스트 형태로 바꾸어 greetings에 넣습니다.

LLM 실습에서 이렇게 map과 filter가 함께 등장하는 경우가 정말 많습니다. 둘 다 lambda와 함께 사용하면 아주 강력해지며, LLM 실습에서 데이터셋의 형태를 변경할 때 또는 결과를 정리하거나 필요한 문장만 뽑을 때 자주 사용됩니다.

 ## 객체와 클래스: 기능을 가진 도구를 만드는 방법

지금까지 우리는 숫자와 문자열 같은 간단한 값을 변수에 저장하거나 리스트로 여러 값을 모으고, 함수를 이용해서 계산을 정리하는 방법을 배워 왔습니다. 그런데 앞으로 우리가 사용할 인공지능 도구들은 그보다 훨씬 더 기능이 복잡하고 똑똑합니다.

이제 우리는 파이썬으로 '특정한 정보를 담고 있고, 어떤 동작을 할 수 있는 도구'를 직접 다룰 수 있어야 합니다. 결론부터 말하자면 바로 이러한 도구가 **객체**(object)고, 그 도구를 만드는 설명서가 **클래스**(class)입니다.

■ 객체와 클래스란

객체는 간단히 말하면 정보도 가지고 있고, 할 수 있는 일도 있는 것입니다. 예를 들어 '말하는 로봇'을 생각해 봅시다.

로봇은

> 이름이 있을 수 있고,
> 색깔이 정해져 있을 수 있고,
> 키도 가지고 있을 수 있습니다.

→ 이것은 모두 그 로봇이 가진 정보, 즉 '속성(attribute)'입니다.

그리고 이 로봇은

> 말을 할 수도 있고,
> 걸어갈 수도 있고,
> 노래를 부를 수도 있죠.

→ 이것은 로봇이 할 수 있는 기능, 즉 '동작(method)'입니다.

이렇게 정보(속성)와 기능(동작)을 한꺼번에 가지고 있는 것이 바로 객체입니다.

게임에서 캐릭터를 만든다고 가정해 볼까요?

> 캐릭터 이름: 마법사 유진
> 능력치: 마법 90점

→ 이것은 그 캐릭터의 '속성'입니다.

그리고 캐릭터는 다음 일을 할 수 있습니다.

> 마법쓰기
> 회복하기

→ 이것은 '기능'입니다.

이처럼 속성과 기능을 함께 가진 것이 바로 객체입니다.

그럼 클래스는 무엇일까요? 앞에서 만든 마법사 캐릭터(객체)를 여러 개 만들어야 한다고 생각해 봅시다.

> 캐릭터 유진
> 캐릭터 민준
> 캐릭터 현준

모두 이름과 능력은 다르지만, '이름과 능력이 있고 마법을 쓰고 회복할 수 있는 캐릭터'라는 구조는 같아요. 이처럼 객체를 만드는 틀을 먼저 만들어 두는 것을 클래스(class)를 생성한다고 합니다. 클래스는 객체를 만드는 설정 창, 설계도, 캐릭터 생성기라고 생각하면 됩니다.

그림 15-7 객체와 클래스

그림 15-7에서 볼 수 있듯이 붕어빵을 만들 때 사용하는 틀은 '클래스'라고 볼 수 있고, 그 틀(클래스)에 팥을 넣으면 팥 붕어빵(객체)이, 슈크림을 넣으면 슈크림 붕어빵(객체)이 만들어지는 것을 볼 수 있습니다.

■ 클래스와 객체 생성하기

직접 클래스를 생성해서 객체를 만들어 봅시다. 지금부터 우리가 직접 로봇을 만드는 틀(클래스)을 생성하고 그것을 바탕으로 로봇 객체를 만들어 보겠습니다.

```python
# 로봇을 만드는 틀을 만들어 봅니다.
class Robot:
    def __init__(self, name, color):
        self.name = name
        self.color = color

    def introduce(self):
        print(f"안녕하세요! 저는 {self.color}의 {self.name}입니다.")

# 이제 로봇 객체를 만들어 볼게요!
robot1 = Robot("말하는로봇", "파란색")
robot2 = Robot("춤추는로봇", "초록색")

# 로봇이 자기소개를 하도록 해 봅시다!
robot1.introduce()
robot2.introduce()
```

> **실행 결과**
> 안녕하세요! 저는 파란색의 말하는로봇입니다.
> 안녕하세요! 저는 초록색의 춤추는로봇입니다.

- `class Robot`: 로봇을 만드는 틀을 생성하겠다는 뜻이에요. 이 틀이 바로 클래스입니다.
- `def __init__(self, name, color)`: `__init__`은 객체를 생성할 때 실행되는 특별한 함수입니다. 이 함수에는 `self`라는 매개변수와 `name`, `color`라는 매개변수가 있습니다. `name`과 `color`는 로봇이라는 객체를 만들 때 속성을 의미합니다. 사용자가 어떤 객체를 만드는가에 따라서 달라지는 값이죠.
- `self.name = name`: 객체를 만들 때 사용자가 입력한 `name`이 그 객체 이름으로 저장(`self.name`)됩니다.
- `self.color = color`: 객체를 만들 때 사용자가 입력한 `color`가 그 객체 이름으로 저장(`self.color`)됩니다.
- `def introduce(self)`: 이것은 로봇이라는 객체가 가진 기능(method)이에요. "자기소개하기"라는 기능을 만들어 준 것입니다.
- `print(f"안녕하세요! 저는 {self.color}의 {self.name}입니다.")`: 출력문의 문법을 사용하여 객체에 저장된 속성값을 가져와서 출력합니다.
- `robot1 = Robot(...)`: Robot이라는 클래스를 호출하여 robot1이라는 객체를 만들어 줍니다. 그다음 객체를 만들 때 필요한 속성을 넣어 줍니다.
- `Robot("말하는로봇", "파란색")`: 처음에 클래스를 정의할 때 `def __init__(self, name, color):`처럼 입력했습니다. 여기에서 `self`는 자기 자신을 가리키는 것이기 때문에 생략하면 되고 `name`, `color`의 값을 '말하는로봇', '파란색'으로 넣어 줍니다.

 잠깐만요 self는 뭐예요?

self는 파이썬이 객체를 만들 때 '지금 이 객체 자신'을 가리키는 말입니다. robot1을 만들고 있을 때 self는 robot1을 뜻하고, robot2를 만들고 있을 때 self는 robot2를 뜻합니다. 객체마다 이름이 다르기 때문에 self라는 용어로 통일한 것이죠.

그래서 self.name = name이라는 문장은 "지금 만들고 있는 로봇(self) 안에 name이라는 정보를 넣자. 그 값은 우리가 입력한 name이다." 같이 해석할 수 있습니다. 즉, self.name은 로봇 안에 있는 이름 정보를 가리킵니다.

내용이 조금 복잡하니 정리해 볼까요?

- `__init__`: 객체가 만들어질 때 처음 실행되는 함수입니다.
- `self`: 지금 만들고 있는 그 객체 자신을 가리킵니다.
- `self.속성 = 값`: 객체 안에 속성 정보를 저장합니다.
- `def 기능(self)`: 객체가 할 수 있는 일을 정의합니다.

■ 객체와 클래스는 LLM 실습에서 어떻게 쓰일까요?

지금까지 배운 객체와 클래스는 단순히 프로그래밍 개념으로만 끝나는 것이 아닙니다. 앞으로 실습할 생성형 인공지능(LLM) 도구는 전부 이러한 객체의 형태로 만들어져 있어요. 앞으로 여러분은 생성형 인공지능 도구들로 다음 작업을 할 것입니다.

- 문장을 단어 단위로 자르기
- 모델에 문장을 넣으면 새로운 답변 생성하기
- 생성된 결과에서 특정 조건을 만족하는 문장만 분석하기

이러한 도구들은 단순한 숫자나 문자열이 아닙니다. 각 도구는 다음과 같은 형태를 띱니다.

- **속성**(attribute): 어떤 모델을 쓰는지, LLM을 실행할 때 설정은 어떻게 되어 있는지 정보가 포함되어 있습니다.
- **기능**(method): 문장을 넣으면 결과를 뽑아 주는 `generate()`, 결과를 다듬는 `clean()`, 특정 단어만 뽑아 주는 `filter()` 등 다양한 기능이 포함되어 있습니다.

즉, 모두 정보와 기능을 함께 가진 객체입니다!

실제 사례를 살펴볼까요? 다음은 허깅페이스에서 제공하는 라이브러리를 이용해서 만든 코드입니다. 나중에 우리는 다음과 같이 코드를 작성하게 될 수도 있어요.

```
tokenizer = AutoTokenizer.from_pretrained("microsoft/phi-4")
```

물론 지금은 너무 어렵게 보이겠지만, `tokenizer`는 일반적인 변수가 아니라 클래스로 만들어진 객체입니다. 이 객체들은 `.tokenize()`, `.predict()`, `.generate()` 같은 기능(method)을 가지고 있어 우리는 이 객체에 "이 문장 좀 분석해 줘.", "이거 답변 만들어 줘."라고 시킬 수 있어요. 예를 들어 다음과 같이 말이죠.

```
tokens = tokenizer.tokenize(text)
```

이 코드는 tokenizer라는 객체에서 tokenize라는 기능을 사용한다는 의미입니다. 이 부분은 다섯째 마당에서 다시 나오니, 자세한 내용은 뒤에서 살펴보기로 해요. 앞으로 우리가 인공지능 도구를 쓸 때 그 도구는 단순한 계산기가 아니라 정보도 가지고 있고, 스스로 일을 할 수 있는 똑똑한 객체입니다.

또 우리가 앞으로 다룰 인공지능 도구는 전부 클래스에서 만들어진 객체입니다. 그렇기 때문에 앞에서 다룬 객체와 클래스의 개념을 명확하게 알아 둘 필요가 있습니다.

지금까지 파이썬의 기초 문법을 살펴보았습니다. 물론 여기에서 배운 내용이 파이썬 전체를 설명한다고는 할 수 없습니다. 하지만 지금까지 살펴본 내용은 앞으로 실습할 인공지능 프로그래밍에서 알아야 하는 기초입니다. 첫 술에 배부를 수는 없지만, 이 내용을 잘 숙지한다면 뒷부분에서 실습할 인공지능 프로그래밍도 자신감 있게 할 수 있을 것입니다.

넷째 마당

딥러닝 프로그래밍 시작

여기까지 오느라 수고 많았습니다. 이제 드디어 딥러닝을 사용하여 인공지능 모델을 만들어 볼 차례입니다. 딥러닝 모델을 만들려면 알아야 할 지식이 많습니다. 이를 위해 지금까지 인공지능이란 무엇인지, 인공 신경망에서 시작한 딥러닝이란 무엇인지 살펴보았습니다. 또 우리가 실제로 딥러닝을 만들려면 알아야 할 기본적인 파이썬 문법도 살펴보았습니다. 물론 딥러닝을 사용하여 인공지능을 만드는 과정은 쉽지 않습니다. 더군다나 프로그래밍에 익숙하지 않다면 더욱더 그렇게 느낄 것입니다. 그래서 프로그래밍 초보자도 쉽게 프로그래밍할 수 있도록 코드 한 줄 한 줄 자세한 설명을 달아 두었습니다. 지금부터 이 책과 함께 딥러닝 프로그래밍의 세계로 들어가 봅시다.

UNIT 16 딥러닝 개발 환경 살펴보기

딥러닝을 개발하는 방법에는 여러 가지가 있습니다. 물론 딥러닝을 개발하는 것 또한 프로그래밍이기에 프로그래밍 언어를 사용해야 합니다. 그렇다면 프로그래밍 언어만으로도 딥러닝을 개발할 수 있을까요? 어떤 사람이 무엇인가를 만들기 위해 모래를 옮기고 있다고 합시다. 그런데 이 사람이 삽 한 자루만 가지고 있다면 어떨까요? 물론 모래를 다 옮길 수는 있겠지만, 그만큼 많이 노력하고 시간을 아주 오래 들여야겠지요. 이 일을 쉽게 할 수 있는 방법은 없을까요? 바로 한 번에 모래를 많이 옮길 수 있는 굴삭기를 사용하는 것입니다.

딥러닝을 만들 때도 마찬가지입니다. 프로그래밍 언어를 사용하여 처음부터 하나하나 만들 수도 있지만, 그러면 너무나 많은 노력이 필요합니다. 모래를 옮길 때 굴삭기를 사용하는 것처럼 딥러닝을 만들 때도 쉽게 작업할 수 있게 도와주는 도구들이 있습니다. 지금부터 그 도구들을 소개하고, 이것을 이용해서 딥러닝 인공지능을 직접 만들어 보겠습니다.

 1 텐서플로 살펴보기

첫 번째로 소개할 도구는 텐서플로(Tensorflow)입니다. 텐서플로는 특정한 프로그래밍 언어가 아니라, 손쉽게 딥러닝 모델을 만들 수 있게 도와주는 프로그래밍 라이브러리입니다. C++ 언어를 기본으로 만들었지만 파이썬, 자바 등 다양한 언어에서 사용할 수 있습니다. 대부분 기능이 파이썬 라이브러리로 구성되어 파이썬에서 가장 편하게 사용할 수 있답니다.

딥러닝을 만드는 재료는 데이터입니다. 이 데이터를 사용하여 모델을 학습시킵니다. 텐서플로에서는 이러한 데이터 모습을 텐서(Tensor)라고 합니다. 이 데이터 흐름(flow)을 바탕으로 딥러닝이 완성되기 때문에 텐서플로라는 이름을 붙인 것입니다. 텐서플로는 1.0 버전과 2.0 버전이 있으며, 이 책에 나오는 코드는 2.0 버전에 최적화되었습니다.

그림 16-1 텐서플로 로고

앞서 우리가 프로그래밍 개념을 코랩에서 실습하며 배웠듯이, 지금부터 딥러닝 모델 개발 또한 코랩에서 실시하겠습니다. 혹시 라이브러리를 추가하는 방법을 기억하나요? 라이브러리를 추가하려면 먼저 컴퓨터에 라이브러리가 있어야 합니다. 즉, 라이브러리를 먼저 내려받아야 한다는 의미죠. 다행히도 우리가 사용하는 코랩은 기본적으로 텐서플로 라이브러리가 설치되어 있습니다. 한번 확인해 볼까요?

 코랩이 아닌 여러분 개인 컴퓨터에서 텐서플로를 사용하려면 텐서플로 라이브러리를 별도로 내려받아야 합니다. 이 부분은 부록 A를 참고하세요.

코랩에 접속하여 새 노트를 만듭니다.

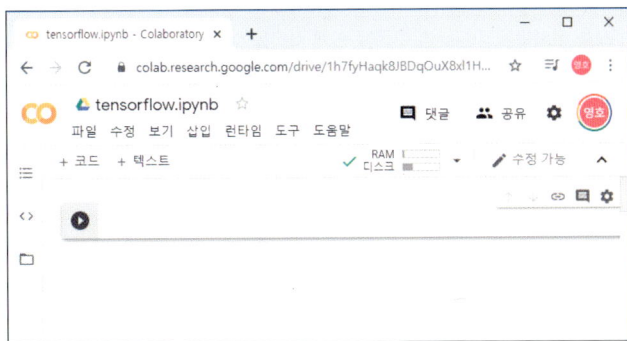

그림 16-2 코랩 접속 후 새 노트 생성

코랩에서 텐서플로 라이브러리가 정상적으로 사용 가능한지 확인해 보겠습니다. 정상적으로 설치되었다면 다음과 같이 입력하여 현재 사용 가능한 텐서플로 라이브러리 버전을 확인합니다.

```
%tensorflow_version    # 텐서플로 라이브러리의 버전을 확인하는 코드입니다.
```

> **실행 결과**
>
> Currently selected TF version: 2.x
> Available versions:
> * 1.x
> * 2.x

현재 텐서플로 버전은 2.0이라고 알려 주네요.

2 케라스 살펴보기

다음으로 소개할 도구는 바로 케라스(keras)입니다. 케라스 또한 텐서플로와 마찬가지로 딥러닝을 만들 때 사용하는 라이브러리입니다. 그럼 케라스와 텐서플로는 같을까요? 정답을 미리 말하자면 그렇지 않습니다. 텐서플로를 사용하면 심층적인 인공 신경망을 손쉽게 만들 수 있습니다. 하지만 케라스를 사용하면 텐서플로만 사용했을 때보다 더 쉽게 이를 만들 수 있죠. 즉, 케라스는 텐서플로를 사용하기 쉽게 만들어 주는 도구라고 볼 수 있습니다. 따라서 케라스를 사용하려면 텐서플로 라이브러리를 불러온 상태여야 합니다.

> **잠깐만요 텐서플로 이외의 다양한 도구를 사용할 때 케라스를 쓸 수 있나요?**
>
> 텐서플로는 심층 신경망을 생성하기 위해 구글이 만든 도구입니다. 심층 신경망을 생성하는 도구에는 텐서플로 이외에도 테아노(theano)나 마이크로소프트에서 만든 CNTK라는 도구가 있습니다. 케라스는 텐서플로 이외에도 테아노나 CNTK를 사용할 수 있습니다. 케라스는 이러한 심층 신경망을 만드는 도구들을 쉽게 사용할 수 있도록 도와줍니다.
>
>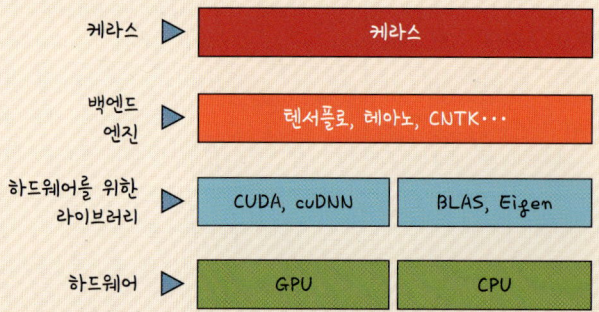
>
> 딥러닝 모델을 만들려면 CPU나 GPU 같은 하드웨어, 이러한 하드웨어를 구동하는 라이브러리가 필요합니다. 이를 사용하여 인공지능을 만들 수 있는 텐서플로, 케라스 같은 소프트웨어도 필요합니다. 즉, CPU나 GPU 같은 하드웨어를 다룰 수 있는 다양한 라이브러리를 텐서플로, 테아노, CNTK 등에서 제어할 수 있죠. 그리고 텐서플로, 테아노, CNTK 등을 쉽게 다룰 수 있도록 해 주는 것이 바로 케라스입니다.

케라스 웹 사이트(https://keras.io)에서 살펴볼 수 있듯이 케라스는 사용자에게 친화적입니다. 여기에서 친화적이라는 것은 사용자가 더 편리하게 사용할 수 있다는 의미죠.

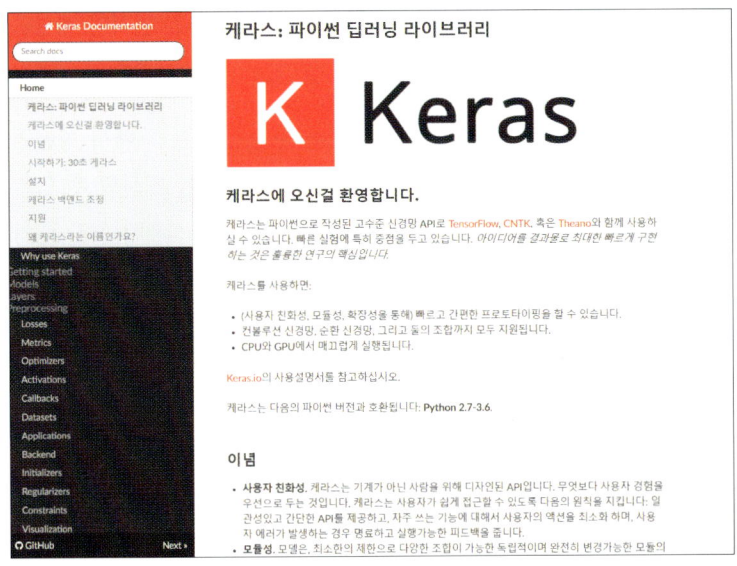

그림 16-3 케라스 웹 사이트

케라스 웹 사이트의 이념 부분에 '기계가 아닌 사람을 위해 디자인된 API'라고 밝히고 있듯이, 케라스는 사람들이 쉽게 사용할 수 있도록 구성되었습니다. 이에 텐서플로를 만든 구글은 사용자들이 케라스를 이용하여 텐서플로를 더 잘 사용할 수 있다고 판단했습니다. 그래서 2017년부터 텐서플로의 케라스를 이용하여 핵심 라이브러리를 사용할 수 있게 했는데, 이는 곧 텐서플로의 다양하고 강력한 기능들을 케라스를 사용하여 구현할 수 있다는 의미입니다. 지금부터 케라스를 사용하는 방법을 살펴보겠습니다. 일반적인 라이브러리를 불러오듯이 불러오면 됩니다.

```
import keras   # 케라스 라이브러리를 불러오는 코드입니다.
```

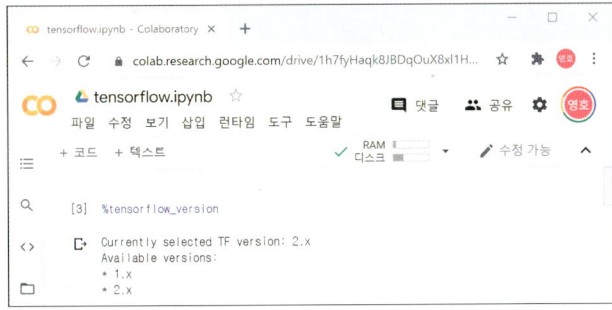

그림 16-4 케라스 불러오기

이렇게 케라스 라이브러리를 불러왔을 때 아무런 오류가 발생하지 않으면 정상적으로 동작한 것입니다.

3 GPU 살펴보기

심층 신경망 모델을 구성해서 딥러닝을 구현하려면 수많은 계산 과정이 필요합니다. 이러한 계산은 컴퓨터의 중앙처리장치(CPU)가 담당합니다. 잠시 CPU가 작동하는 원리를 살펴볼까요?

CPU는 데이터를 읽어 와서 그 값을 계산한 후 답을 넘겨주는 과정을 수행합니다. 그래서 성능이 좋은 CPU는 한 번에 데이터를 읽어 들일 수 있는 능력이 뛰어납니다. 그 데이터를 계산할 수 있는 능력 또한 뛰어납니다. CPU는 일의 순서를 잘 계산한 후 순서에 맞추어 계산을 수행합니다. 대부분 프로그램이 복잡한 순서를 가진 알고리즘으로 구현되었기 때문에 CPU는 이러한 프로그램을 잘 순서화해서 일을 처리할 수 있습니다.

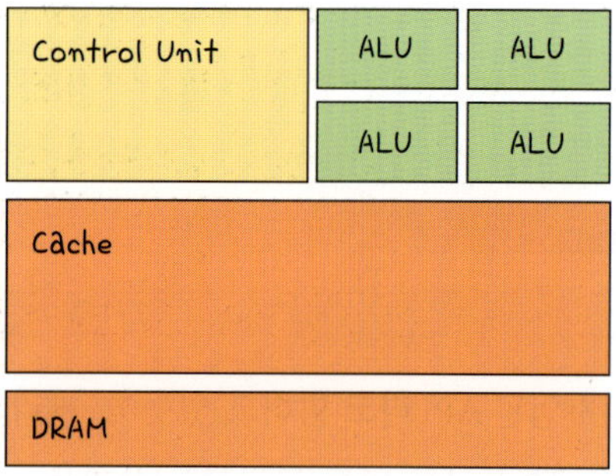

| Control Unit | ALU | ALU |
| | ALU | ALU |
| Cache |
| DRAM |

그림 16-5 CPU 내부

CPU 처리 과정은 다음과 같습니다. 처리할 일을 메모리(DRAM)에 불러들여서 어떤 식으로 처리할지 결정한 후(Control Unit) 계산을 처리합니다(Arithmetic Logic Unit, ALU). 이와 같은 특징 때문에 CPU는 복잡한 계산을 빠르게 수행할 수 있습니다.

> **잠깐만요 혹시 코어(core)를 들어 본 적 있나요?**
>
> CPU에서는 한 번에 하나의 일을 수행하기 때문에 동시에 수행할 수 있도록 명령어를 해석하고 계산을 수행하는 부분을 늘리기 시작했습니다. 이 부분이 바로 코어입니다. 그래서 코어가 1개이면 한 번에 하나의 계산을 수행하고, 2개이면 한 번에 2개의 계산을 수행할 수 있습니다. 일반적으로(물론 항상 그렇지는 않지만) 코어 수가 많을수록 CPU 성능이 좋다고 말합니다.

딥러닝에서 사용하는 계산들은 기존에 CPU가 수행한 계산보다 훨씬 덜 복잡합니다. 따라서 '복잡한 계산을 빠르게 하는' CPU 장점이 빛을 발하지 못하게 되고, 그러다 보니 딥러닝 계산에 최적화된 처리 장치를 개발하게 됩니다. 복잡한 명령어를 해석하는 장치 부분을 줄이고, 실제 계산을 수행하는 부분을 많이 늘린 셈이죠.

GPU는 그 이름에서도 알 수 있듯이 그래픽 작업을 처리하는 용도로 개발되었습니다. 픽셀로 구성된 그래픽 작업을 수행할 때 계산이 빨라야 더 부드럽고 사실적인 모습을 보여 줄 수 있기 때문에 간단하지만 많은 계산을 할 수 있도록 설계된 것입니다.

다음 그림을 보면 알 수 있듯이, GPU에는 어떤 식으로 처리할지를 결정하고(Control Unit) 계산을 처리하는 부분(ALU)이 CPU에 비해 상대적으로 많습니다. 물론 처리할 수 있는 능력은 CPU보다 떨어지지만 그 수가 많아 많은 계산을 동시에 수행하므로 빠른 속도를 나타낼 수 있죠. 즉, CPU와 달리 GPU는 단순한 계산을 동시에 순식간에 할 수 있다는 장점이 있습니다.

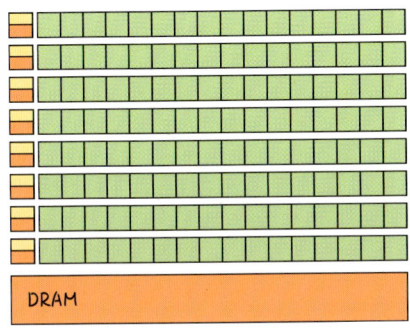

그림 16-6 GPU 내부

딥러닝 또한 간단하지만 많은 문제를 해결해야 하므로 GPU를 사용하기 시작했습니다. 또 GPU가 계산 성능이 좋기는 하지만 복잡한 문제를 빠르게 해결할 수 없기 때문에 CPU와 GPU를 적절히 사용하는 것이 중요합니다.

물론 이러한 GPU를 인공 신경망에 사용하기 위해서는 컴퓨터에 GPU가 설치되어 있어야 합니다. 하지만 우리가 사용하고 있는 환경인 코랩에서는 구글의 GPU와 TPU를 무료로 사용할 수 있습니다.

> 잠깐만요 **TPU**
>
> TPU(Tensor Processing Unit)는 텐서를 처리하려고 만든 처리 장치입니다. 텐서는 텐서플로 라이브러리에서 사용하는 데이터를 의미합니다. 구글은 이러한 텐서플로라는 머신러닝 라이브러리를 구체적으로 처리하기 위해 자체적으로 TPU를 개발했습니다.

지금부터 코랩에서 GPU를 사용하는 방법을 알아보겠습니다. 그림 16-7과 같이 **런타임 > 런타임 유형 변경** 메뉴를 선택합니다.

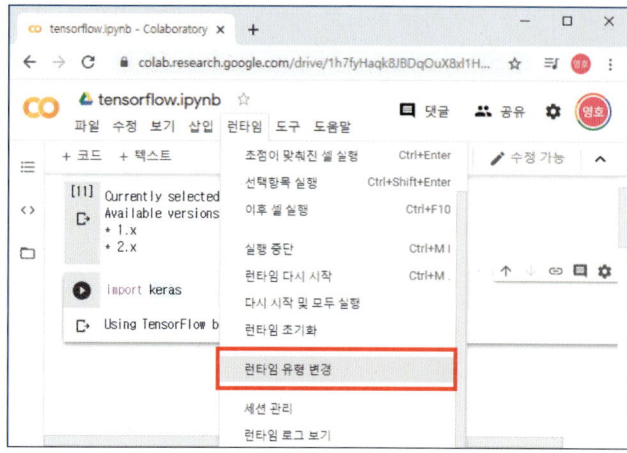

그림 16-7 런타임 > 런타임 유형 변경 메뉴 선택

> **TIP** 런타임이란 프로그래밍 언어, 즉 여기에서는 파이썬이 되겠죠? 이러한 프로그래밍 언어가 동작되는 환경을 의미합니다. 프로그램을 처리할 때 환경을 CPU로 할지 GPU로 할지를 결정하는 것도 동작 환경을 바꾸는 것이므로 [런타임 유형 변경] 메뉴를 선택해야 합니다.

노트 설정 창에서 하드웨어 가속기를 선택할 수 있습니다. 다음 그림과 같이 GPU와 TPU를 선택할 수 있습니다.

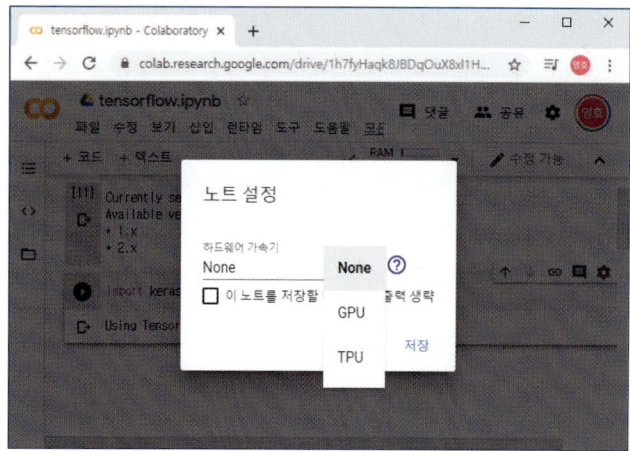

그림 16-8 노트 설정 창

여기에서는 **GPU**를 선택하고 **저장** 버튼을 클릭합니다.

> **TIP** TPU를 사용하기 위해서는 코드를 TPU 사용 환경에 적절하도록 수정할 필요가 있습니다. 우리가 사용하는 케라스는 GPU가 있을 경우 자동으로 GPU 환경을 사용하지만, TPU는 자동으로 사용하지 않기 때문입니다.

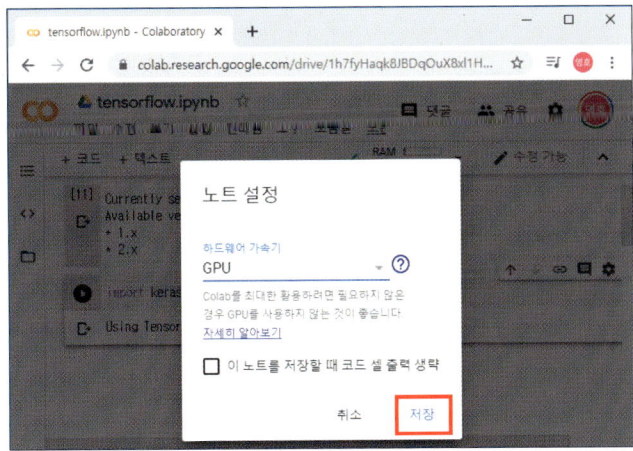

그림 16-9 GPU를 선택한 후 저장

 잠깐만요 '필요하지 않은 경우 GPU나 TPU를 사용하지 않는 것이 좋다'는 메시지가 나오는데, 왜 그런가요?

GPU와 TPU를 사용할 때 구글에서 누구에게 먼저 사용할 수 있게 할 것인지 우선순위를 정했습니다. 오래 실행되는 계산을 사용하는 사용자보다 대화식으로 코랩을 사용하는 사용자 또는 최근 코랩에서 더 적은 리소스를 사용한 사용자에게 우선순위가 부여됩니다.

결과적으로 장기 실행 계산에 코랩을 사용하는 사용자 또는 최근 코랩에서 더 많은 리소스를 사용한 사용자는 사용이 제한될 가능성이 높고 GPU 및 TPU에 대한 액세스가 일시적으로 제한됩니다.

잠깐만요 'GPU 런타임에 연결되어 있지만 GPU를 활용하고 있지 않다'는 메시지가 나오는데, 왜 그런가요?

코랩 설명을 보면 코랩에서는 GPU와 TPU를 포함한 가속 컴퓨팅 환경을 선택 사항으로 제공합니다. GPU 또는 TPU 런타임에서 코드를 실행한다고 해서 반드시 GPU 또는 TPU가 활용되는 것은 아닙니다. GPU 사용량 한도에 도달하지 않도록 GPU를 활용하지 않을 때는 표준 런타임으로 전환하는 것이 좋습니다.

지금까지 구글 코랩을 사용하여 딥러닝 모델을 만들 준비를 끝마쳤습니다. 물론 코랩이 아닌 여러분만의 환경을 구축하여 딥러닝 모델을 만들어도 아무런 문제없습니다. 그렇게 하려면 부록을 참고하여 파이썬과 텐서플로, 케라스 등 다양한 라이브러리를 설치한 후 다음 UNIT으로 넘어가길 추천합니다.

이제 코랩을 사용하여 숫자 인식, 코로나 19 확진자 수 예측, 숫자 생성 딥러닝 모델을 각각 만들어 보겠습니다.

UNIT 17 숫자 인식 인공지능 만들기

이제부터 본격적으로 딥러닝을 이용한 인공지능을 만들어 보겠습니다. 여기에서는 손으로 쓴 숫자를 인식하는 인공지능을 만들어 볼 텐데요. 이 숫자 인식 인공지능 개발은 마치 컴퓨터 프로그래밍을 배울 때 'Hello world'를 화면에 나타내는 것만큼이나 딥러닝에서 기본으로 사용하는 예제입니다. 하지만 기본이라고 해서 그리 녹록하지는 않습니다. 한걸음씩 차근차근 인공지능을 만들어 봅시다. 다음 그림은 숫자 0~9 중 하나입니다. 여러분은 각각 어떤 숫자라고 생각하나요?

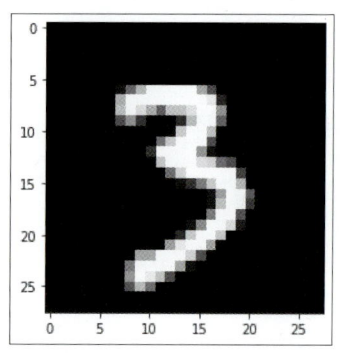 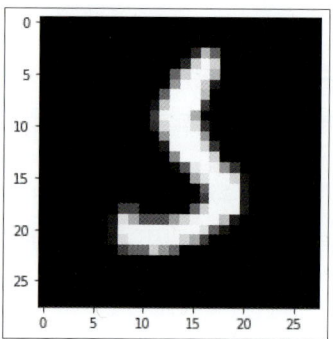

그림 17-1 어떤 숫자일까?

왼쪽 그림은 누구나 3이라고 생각할 수 있습니다. 하지만 오른쪽 그림은 무엇인지 한눈에 알아차리기 쉽지 않습니다. 인공지능은 과연 두 번째 그림을 맞힐 수 있을까요? 알아맞힌다면 성능이 좋은 인공지능일 것입니다. 지금부터 우리는 이러한 숫자를 알아맞히는 인공지능을 만들어 보겠습니다. 먼저 인공지능을 만들려면 무엇이 필요할까요? 바로 인공지능이 학습할 수 있는 데이터가 필요합니다. 우리가 사용할 데이터는 MNIST 데이터셋입니다. 이 데이터셋에는 다음 그림과 같이 7만 개의 손글씨 숫자가 있습니다. 숫자는 0~9 총 10개로 구성되며, 이 데이터 역시 인공지능 모델을 만들 때 기본으로 사용하는 데이터셋입니다.

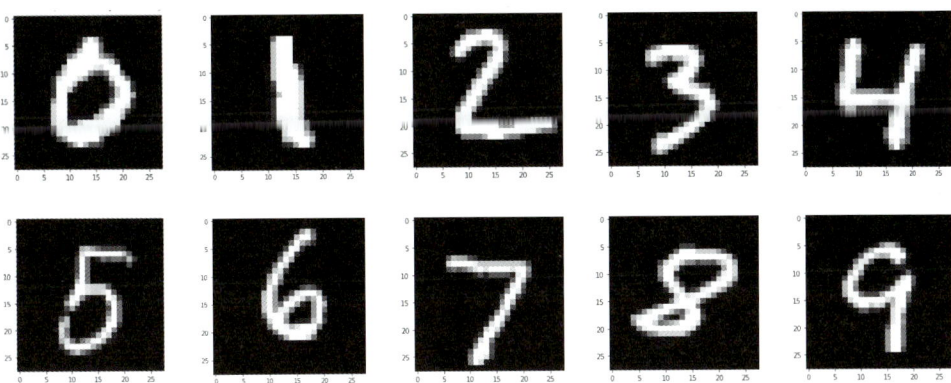

그림 17-2 MNIST 데이터셋

1 개발 환경 만들기

앞에서 소개했듯이 우리는 코랩을 사용하겠습니다. 먼저 코랩에서 새 노트를 생성하고 이름을 'mnist_deeplearning.ipynb'로 변경합니다.

> **TIP** 다른 이름으로 변경해도 됩니다.

이 책에서는 딥러닝 모델을 개발하는 데 다양한 라이브러리를 사용합니다. 이를 위해서는 가장 먼저 사용할 라이브러리를 추가하는 작업이 필요하죠. 다음 코드를 입력한 후 왼쪽 실행 버튼을 클릭하여 잘 실행되는지 확인합니다.

```python
from tensorflow.keras.models import Sequential
from tensorflow.keras.layers import Dense, Activation
from tensorflow.keras.utils import to_categorical
from tensorflow.keras.datasets import mnist
import numpy as np
import matplotlib.pyplot as plt
```

> **TIP** 코랩에서는 파이썬에서 사용하는 대부분의 라이브러리를 이미 제공하고 있기 때문에 라이브러리를 별도로 설치할 필요는 없습니다. 혹시 개별 환경에서 사용한다면 부록 A를 참고하세요.

```
from tensorflow.keras.models import Sequential
```

우리는 앞에서 인공 신경망의 종류를 살펴보았습니다. 기본적인 인공 신경망은 레이어가 순차적으로 구성되어 있습니다.

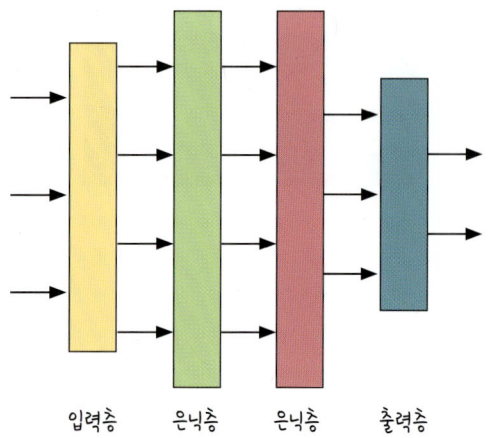

그림 17-3 순차 형태의 인공 신경망

 순차 형태의 인공 신경망은 데이터를 입력하는 입력층, 데이터를 학습하는 은닉층, 결과를 출력하는 출력층이 한 방향으로 순차적으로 구성된 인공 신경망을 의미합니다.

이렇게 순차적인 신경망을 구성할 때 사용할 수 있는 함수가 바로 케라스의 모델 도구(models) 중 시퀀셜 모델(Sequential) 함수입니다. 앞 코드는 바로 시퀀셜 모델을 불러오는 명령어입니다. from 명령어는 어디에서 가지고 오는지를 의미하고, import 명령어는 특정 함수를 의미합니다.

```
from tensorflow.keras.layers import Dense, Activation
```

레이어 도구(layers) 중 Dense와 Activation 도구를 불러오는 명령어입니다. Dense는 전결합층(fully-connected layer)을 의미합니다. 인공 신경망에는 입력층, 은닉층, 출력층 등 각각의 층이 있습니다. 이러한 층들이 바로 앞의 층과 서로 연결되어 있는 것을 전결합층이라고 합니다. Dense를 사용하여 각 레이어의 뉴런 수를 설정할 수 있습니다. 그리고 Activation은 활성화 함수를 의미합니다.

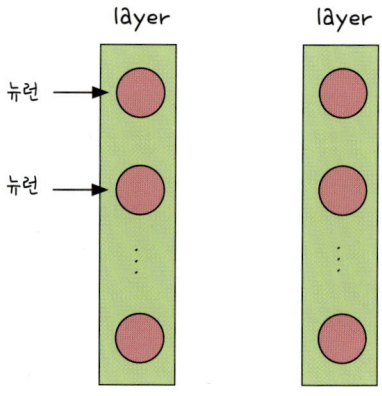

그림 17-4 레이어의 뉴런(노드) 수 설정

`from tensorflow.keras.utils import to_categorical`

유틸 도구(utils) 중 to_categorical 함수를 불러오는 명령어입니다. 우리가 만들 인공지능 모델은 0부터 9 사이에 있는 숫자 이미지를 구별하는 인공지능입니다. 이때 이미지를 잘 학습시키는 방법 중 하나로 원-핫 인코딩을 사용하는데, 원-핫 인코딩을 구현할 수 있는 함수가 바로 to_categorical 함수입니다.

> **잠깐만요** **원-핫 인코딩**
>
> 원-핫 인코딩(one-hot incoding)이란 하나의 값만 1로 나타내고, 나머지 값은 모두 0으로 표시하는 방법입니다. 예를 들어 살펴볼까요?
> MNIST 데이터셋 각 이미지가 나타내는 숫자는 0~9 중 하나입니다. 원-핫 인코딩은 각 숫자를 0, 1, 2, 3… 같은 하나의 숫자로 나타내는 것이 아니라 벡터로 표현합니다. 즉, 숫자 0을 0이라고 나타내는 것이 아니라 [1, 0, 0, 0, 0, 0, 0, 0, 0, 0]으로 나타내죠. 이렇게 표현하면 숫자 0은 첫 번째에 해당하는 값이라는 것을 알려 줄 수 있습니다. 마찬가지로 9에는 열 번째에 해당하는 숫자이기 때문에 [0, 0, 0, 0, 0, 0, 0, 0, 0, 1]로 나타낼 수 있습니다. 원-핫 인코딩은 17.4절(190쪽)에서 자세히 설명하겠습니다.

`from tensorflow.keras.datasets import mnist`

케라스를 사용하여 딥러닝 모델 개발을 연습할 수 있는 여러 데이터가 있습니다. 그 데이터는 데이터셋 도구(datasets)에 있으며, mnist 데이터셋을 불러오는 명령어입니다.

`import numpy as np`

넘파이라는 수학 계산 라이브러리를 사용합니다. 이때 as 명령어로 함수 이름을 바꿀 수 있습니다. 이제 우리는 numpy를 np로 줄여서 사용할 수 있습니다.

`import matplotlib.pyplot as plt`

맷플로립(matplotlib)이라는 그래프 라이브러리를 사용합니다. 이 라이브러리를 사용하면 파이썬으로 막대그래프나 꺾은선그래프, 히스토그램 등 다양한 그래프를 쉽게 그릴 수 있습니다. 그중에서 그림을 그리는 pyplot 라이브러리를 사용하며, plt라고 줄여서 씁니다.

개발 환경을 설정했으니 이제 데이터셋을 불러오겠습니다.

2 데이터셋 불러오기

인공지능 모델을 만들려면 훈련(train) 데이터와 검증(test) 데이터가 필요합니다. 이것은 마치 우리가 학교에서 보는 시험과 비슷합니다.

시험 공부할 때는 시험에 무엇이 나올지 알 수 없습니다. 그래서 여러 내용을 공부한 후 이를 바탕으로 시험을 봅니다. 인공지능도 마찬가지입니다. 인공지능 성능을 살펴보기 위해서 학습에 사용한 데이터로 성능을 평가하는 것은 의미가 없습니다. 학습에 사용하지 않은 데이터를 얼마나 잘 알아맞히는지가 그 인공지능 성능을 결정합니다.

그럼 MNIST 데이터셋을 불러와 보겠습니다. 화면 위의 **+코드**를 클릭하여 코드 입력줄을 추가합니다.

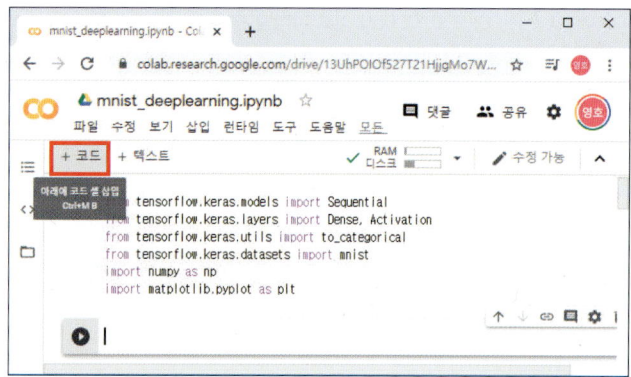

그림 17-5 코드 입력줄 추가

 앞으로 코드 셀 하나의 내용을 입력한 이후에는 이처럼 화면 위의 **+코드**를 클릭하여 코드 입력줄을 추가하여 작성합니다.

```
(x_train, y_train), (x_test, y_test) = mnist.load_data()
print("x_train shape", x_train.shape)
print("y_train shape", y_train.shape)
print("x_test shape", x_test.shape)
print("y_test shape", y_test.shape)
```

실행 결과

```
Downloading data from https://storage.googleapis.com/tensorflow/tf-keras-datasets/mnist.npz
11493376/11490434 [==============================] - 0s 0us/step
x_train shape (60000, 28, 28)
y_train shape (60000,)
x_test shape (10000, 28, 28)
y_test shape (10000,)
```

```
(x_train, y_train), (x_test, y_test) = mnist.load_data()
```

mnist 데이터셋에는 load_data() 라는 함수가 포함되어 있는데 MNIST 데이터셋에서 데이터를 불러오라는 명령어입니다. MNIST 데이터셋은 이미 네 부분으로 나뉘어 있는데 첫 번째 부분을 x_train으로, 두 번째 부분을 y_train으로, 세 번째 부분을 x_test로, 마지막 부분을 y_test로 불러오라는 명령어입니다. 그리고 이 값은 모두 넘파이 라이브러리를 사용하여 만들었습니다. 앞으로 이 값들을 사용할 때는 넘파이 라이브러리의 다양한 함수, 예를 들어 데이터의 형태를 바꾸는 reshape 함수 같은 여러 함수를 사용할 수 있습니다.

다음 그림에서 볼 수 있듯이 MNIST 데이터셋은 훈련 데이터와 검증 데이터로 구성되어 있습니다. 훈련 데이터에는 각 손글씨 그림과 그 그림이 어떤 숫자를 의미하는지(정답) 들어 있으며, 검증 데이터에도 마찬가지입니다.

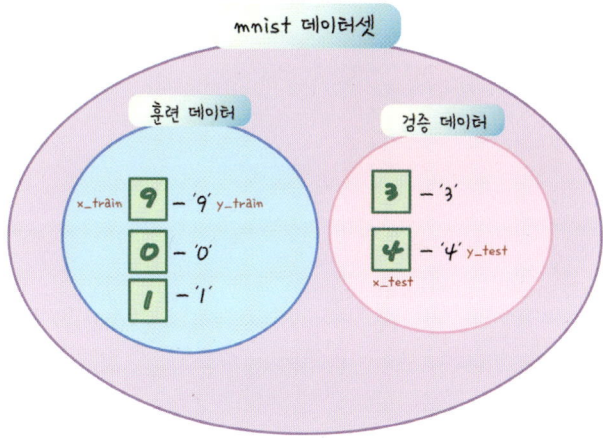

그림 17-6 MNIST 데이터셋 형태

```
print("x_train shape", x_train.shape)
```

파이썬 명령어 중 print문을 사용하여 x_train 데이터의 형태를 출력하는 명령어입니다. print문을 사용할 때 따옴표 안에 있는 문자(x_train shape)는 문자 그대로 출력됩니다. 하지만 따옴표 안에 있지 않은 문자는 그 값이 출력됩니다. 이 명령어를 실행하면 x_train.shape가 가진 값이 출력됩니다.

그렇다면 x_train.shape는 어떤 값을 가지고 있을까요? shape는 넘파이 라이브러리에서 사용하는 명령어로, 이 명령어를 사용하면 데이터 형태를 볼 수 있습니다.

이 코드를 실행한 결괏값은 x_train shape (60000, 28, 28)입니다. 그럼 실제 x_train 데이터를 한 번 살펴볼까요?

x_train 데이터에는 총 6만 개의 데이터가 있으며, 각 데이터에는 가로 28개, 세로 28개의 데이터가 있으므로 x_train 데이터의 모습은 60000, 28, 28입니다. 이 중에서 첫 번째 데이터의 실제 모습은 다음 그림과 같습니다. 어떤 숫자처럼 보이나요? 숫자 7을 나타내는 그림입니다. 검은색은 0, 흰색은 255, 회색은 1~254 사이의 숫자로 나타내며, 가로 28개의 숫자와 세로 28개의 숫자로 구성된 것을 볼 수 있습니다.

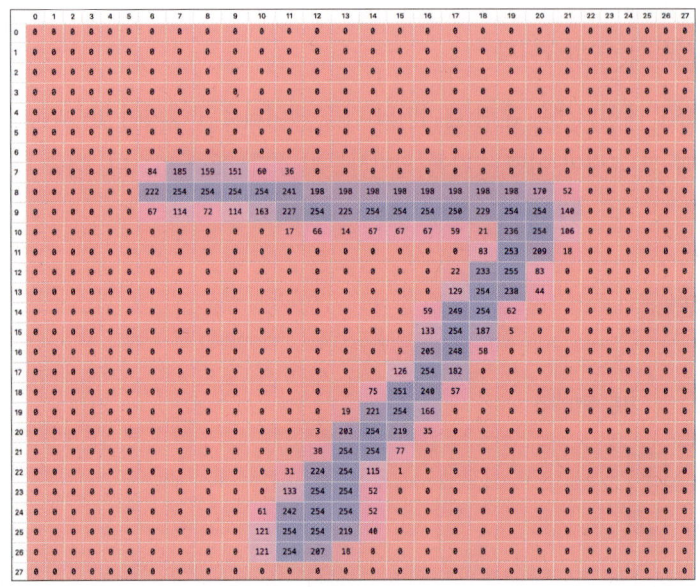

그림 17-7 x_train 데이터 중 첫 번째 데이터: 숫자 7을 나타냄

print("y_train shape", y_train.shape)

print문을 사용하여 y_train 데이터의 형태를 출력하는 명령어입니다. y_train 데이터는 x_train 데이터의 정답이라고 생각하면 됩니다. x_train의 데이터 개수가 6만 개였으니 y_train 데이터 또한 6만 개겠죠? 실행 결과는 다음과 같습니다.

> **실행 결과**
> y_train shape (60000,)

데이터 개수가 6만 개이며, 그 뒷부분에는 아무런 정보가 없습니다. 이렇게 콤마(,) 이후에 아무것도 나오지 않으면 이는 1차원 배열을 의미합니다.

실제 y_train 데이터를 살펴봅시다. 첫 번째 7은 x_train 중 첫 번째 데이터 값이 무엇인지 나타내고 있습니다.

0	7
1	2
2	1
3	0
4	4
5	1
6	4
7	9
8	5
9	9
10	0

그림 17-8 y_train 데이터(정답) 모습

TIP 첫 번째인데 인덱스 번호가 0인 것은 파이썬을 포함하여 대부분 프로그래밍 언어에서는 첫 번째를 1이 아닌 0으로 설정하기 때문입니다.

앞에서 살펴본 x_train의 첫 번째 데이터 정답과 일치하네요. 이러한 데이터가 각각 6만 개가 있다고 보면 됩니다.

```
print("x_test shape", x_test.shape)
```

print문을 사용하여 x_test 데이터의 형태를 출력하는 명령어로, 결괏값은 x_test shape (10000, 28, 28)입니다. x_train 데이터와 다른 점은 데이터의 총 개수인데요. x_train 데이터는 6만 개였지만 x_test 데이터는 1만 개입니다.

```
print("y_test shape", y_test.shape)
```

print문을 사용하여 y_test 데이터의 형태를 출력하는 명령어로, 결괏값은 y_test shape (10000,)입니다. 마찬가지로 y_train 데이터와 다른 점은 데이터의 총 개수입니다. y_train 데이터는 6만 개였지만 y_test 데이터는 1만 개입니다.

잠깐만요 **갑자기 코드가 여러 줄 나오니 어려워진 느낌이 들어요!**

파이썬 문법을 배운지 얼마 되지 않았는데 라이브러리를 사용하는 고급 프로그래밍으로 넘어왔기 때문에 어렵게 느껴지는 것은 당연합니다.

지금 우리는 숫자 이미지를 구분하는 인공지능을 만들고 있습니다. 지금까지 한 과정은 요리할 때 필요한 재료를 준비하듯이, 인공지능을 만드는 데 꼭 필요한 데이터를 준비하는 과정이었습니다. 이제는 재료를 손질할 차례입니다. 이 데이터를 딥러닝 모델에 잘 넣을 수 있도록 형태를 조금 바꾸어 보겠습니다.

3 MNIST 데이터셋에서 X 형태 바꾸기

28×28 형태의 데이터를 인공지능 모델에 넣으려면 형태를 바꿀 필요가 있습니다. 이제부터 만들 인공 신경망의 입력층에 데이터를 넣을 때는 한 줄로 만들어서 넣어야 하기 때문입니다.

> **TIP** 인공지능을 만들 때 항상 입력 데이터를 한 줄로 만들 필요는 없습니다. 인공지능 개발자가 모델을 설계하는 방식에 따라 입력 형태는 바뀔 수 있습니다.

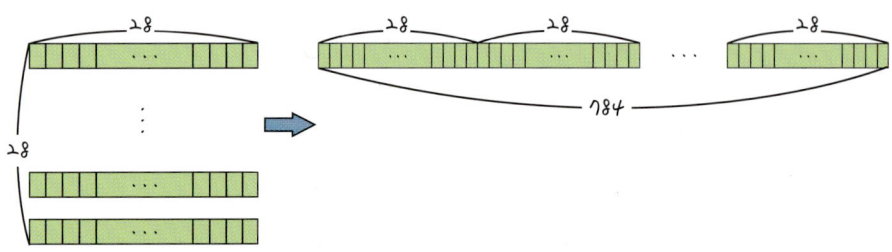

그림 17-9 28×28을 1×784로 변환하여 딥러닝 모델에 입력하는 과정

우리가 준비한 데이터의 모습은 28×28입니다. 이 데이터를 1×784 형태처럼 한 줄로 만든 후 이를 딥러닝 모델에 입력하려고 합니다. 지금부터 이 과정을 코딩하여 보겠습니다.

```python
X_train = x_train.reshape(60000, 784)
X_test = x_test.reshape(10000, 784)
X_train = X_train.astype('float32')
X_test = X_test.astype('float32')
X_train /= 255
X_test /= 255
print("X Training matrix shape", X_train.shape)
print("X Testing matrix shape", X_test.shape)
```

실행 결과
```
X Training matrix shape (60000, 784)
X Testing matrix shape (10000, 784)
```

X_train = x_train.reshape(60000, 784)

28×28 형태인 x_train 데이터를 1×784로 바꾸는 명령어입니다. 이때 사용하는 reshape 명령어는 넘파이의 명령어입니다. 이 명령어를 사용하면 데이터 형태를 원하는 대로 바꿀 수 있습니다. 784는 28×28을 한 값입니다. 그렇기 때문에 reshape 함수에 (60000, 784)를 넣으면 (60000, 28, 28) → (60000, 784)로 데이터 형태가 바뀝니다.

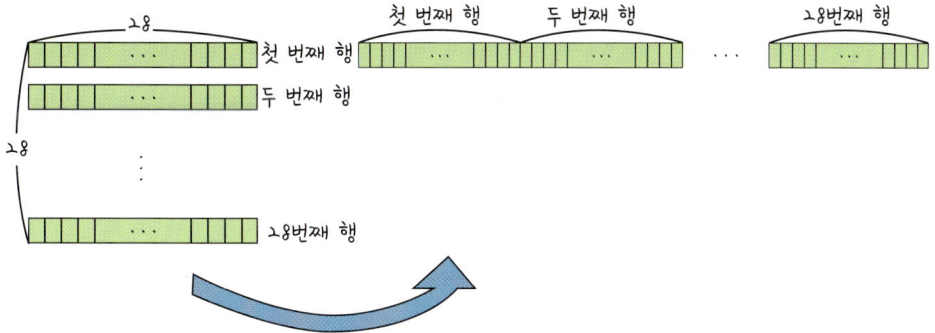

그림 17-10 28×28을 1×784로 변환하여 딥러닝 모델에 입력하는 과정

그림 17-10과 같이 첫 번째 행 바로 옆에 두 번째 행이 붙고, 마지막으로 28번째 행이 붙어서 데이터가 한 줄로 만들어지는 모습을 볼 수 있습니다.

앞으로 사용할 코드에서는 다양한 변수가 등장합니다. 이때 이 책에서는 각 변수들을 대문자와 소문자로 구분하고 있습니다. 이러한 구분법을 바로 카멜 구분법이라고 합니다. 대문자와 소문자가 섞여 있는 모습이 낙타의 등과 닮았기 때문이죠. 그래서 성격이 같은 변수는 대문자와 소문자로 구분하려고 합니다. X_train과 x_train처럼 말이죠. 비슷해 보이지만 엄연히 다른 변수라는 점을 꼭 기억하세요.

```
X_test = x_test.reshape(10000, 784)
```

이 명령어 또한 28×28 형태인 x_test 데이터를 1×784로 바꾸는 명령어입니다. (10000, 28, 28) → (10000, 784)로 데이터 형태가 바뀝니다.

```
X_train = X_train.astype('float32')
```

이제부터는 정규화하기 위해 데이터를 0~1 사이 값으로 바꾸려고 합니다. 이 값은 모두 실숫값인데 지금 가진 X_train 데이터는 정수형이기 때문에 자료형을 바꾸어 주어야 합니다. 이를 위해 X_train 데이터 형태를 실수 형태로 바꾸고 그 데이터를 다시 X_train 변수에 넣습니다.

정규화하는 이유는 데이터의 특성을 더 잘 드러나도록 하기 위해서입니다. 이렇게 정규화하면 정규화하지 않은 데이터보다 학습이 잘될 수 있습니다.

```
X_test = X_test.astype('float32')
```

X_test 데이터 또한 정규화하기 때문에 자료형을 실수 형태로 바꾸어 줍니다. 그리고 바꾼 데이터를 다시 X_test 변수에 넣습니다.

```
X_train /= 255
```

앞에서 MNIST 데이터셋의 각 형태를 살펴보았듯이 검은색은 0, 흰색은 255, 회색은 1~254 사이의 값으로 되어 있습니다. 이를 0~1 사이의 값으로 바꾸는 방법은 바로 255로 나누는 것입니다. X_train의 각 데이터를 255로 나눈 값을 다시 X_train에 저장하는 코드입니다. 프로그래밍에서 나누기 기호는 /입니다.

```
X_test /= 255
```

X_test의 각 데이터를 255로 나눈 값을 다시 X_test에 저장하는 코드입니다.

```
print("X Training matrix shape", X_train.shape)
```

X_train 데이터의 바뀐 형태를 출력해 봅시다. 출력 결괏값은 (60000, 784)입니다.

```
print("X Testing matrix shape", X_test.shape)
```

X_test 데이터의 바뀐 형태를 출력해 봅시다. 출력 결괏값은 (10000, 784)입니다.

4 MNIST 데이터셋에서 Y 형태 바꾸기

지금부터 y_train 데이터와 y_test 데이터의 형태를 바꾸겠습니다. 인공지능이 분류를 잘할 수 있도록 하기 위해서입니다. 우리가 만들고 있는 인공지능은 이미지를 0~9 사이의 숫자로 분류하는 인공지능입니다. 이를 다시 살펴보면 인공지능은 이미지가 가진 숫자의 특성, 즉 "이 숫자는 3이고 2보다 1 더 큰 수다."와 같은 특성은 알 필요 없습니다. 우리가 만드는 인공지능의 목표는 3과 2를 잘 구분하면 되는 것이죠.

그림 17-11 숫자의 특성을 학습하는 인공지능

그러므로 이미지의 레이블(정답)을 인공지능에 0, 1, 2, 3, 4…처럼 숫자로 알려 주는 것이 아니라 더 잘 구분할 수 있는 방법으로 알려 줄 필요가 있습니다. 바로 0은 0이라는 숫자 의미보다 인공지능이 구분할 10개의 숫자 중 첫 번째 숫자로, 1은 1이라는 숫자 의미보다 두 번째 숫자로 말해 주는 것이죠.

이를 조금 어려운 말로 표현하면 수치형 데이터를 범주형 데이터로 변환하는 것이라고 할 수 있습니다. 이와 같이 몇 번째라는 식으로 알려 주면 인공지능은 더 높은 성능으로 분류할 수 있습니다. 그래서 예측이 아닌 분류 문제에서는 대부분 정답 레이블을 첫 번째, 두 번째, 세 번째처럼 순서로 나타내도록 데이터 형태를 바꿉니다. 이때 사용하는 방법이 바로 원-핫 인코딩(one-hot incoding) 입니다.

```
Y_train = to_categorical(y_train, 10)
Y_test = to_categorical(y_test, 10)
print("Y Training matrix shape", Y_train.shape)
print("Y Testing matrix shape", Y_test.shape)
```

실행 결과
Y Training matrix shape (60000, 10)
Y Testing matrix shape (10000, 10)

Y_train = to_categorical(y_train, 10)

Y_train 데이터를 원-핫 인코딩합니다. 이때 사용하는 함수가 텐서플로의 케라스 내부 유틸(utils) 도구인 to_categorical입니다. 구조가 참 복잡하죠? 이 구조는 굳이 신경 쓸 필요가 없습니다.

to_categorical 함수는 수치형 데이터를 범주형 데이터로 만들어 줍니다. 함수를 사용하기 위해서는 변경 전 데이터(y_train)와 원-핫 인코딩할 숫자, 즉 몇 개로 구분하고자 하는지가 필요합니다. 인공지능이 예측하는 결과는 0~9의 숫자이므로 분류하고자 하는 값은 10개입니다. 따라서 원-핫 인코딩을 위해 구분하려는 수를 10으로 설정합니다.

 17.1절(181쪽)에서 살펴본 바와 같이, 원-핫 인코딩은 한 숫자만 1로 나타내는 것입니다. 예를 들어 7이라는 숫자를 10개의 순서 중 하나로 나타내면 (0, 0, 0, 0, 0, 0, 0, 1, 0, 0)처럼 나타낼 수 있습니다. 7은 0부터 9까지 중 여덟 번째 숫자이기 때문에 여덟 번째(7)에만 1로 표시한 것입니다.

원-핫 인코딩 결과 Y_train 데이터가 그림 17-12와 같은 형태로 바뀌었습니다.

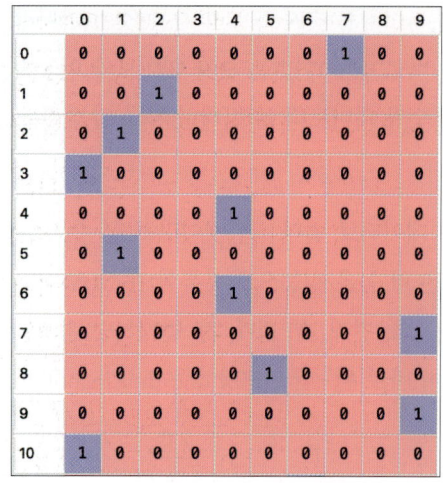

그림 17-12 원-핫 인코딩 후 Y_train 데이터의 모습

첫 번째 데이터는 7에서 [0, 0, 0, 0, 0, 0, 0, 1, 0, 0]으로 바뀌었습니다. 여덟 번째에만 1로 표시된 모습을 볼 수 있는데 0, 1, 2, 3, 4, 5, 6, 7에서 7의 위치가 여덟 번째이기 때문입니다. 같은 방법으로 두 번째 데이터는 2에서 [0, 0, 1, 0, 0, 0, 0, 0, 0, 0]으로 바뀌었습니다.

```
Y_test = to_categorical(y_test, 10)
```

y_test 데이터를 원-핫 인코딩하여 Y_test에 넣습니다.

```
print("Y Training matrix shape", Y_train.shape)
```

Y_train 데이터의 바뀐 형태를 출력해 봅시다. 출력 결괏값은 (60000, 10)입니다. (60000,)과 달라진 점이 보이나요? 각 행의 데이터 개수가 1개에서 10개로 늘어났기 때문입니다.

```
print("Y Testing matrix shape", Y_test.shape)
```

Y_test 데이터의 바뀐 형태를 출력해 봅시다. 이 또한 출력 결괏값은 (10000, 10)입니다.

데이터만 있으면 바로 인공지능을 만들 것 같지만 그렇지 않았죠? 이와 같이 인공지능을 만들기 위해서는 데이터를 내가 만들기 원하는 방향으로 변환하는 것이 중요합니다. 그렇기 때문에 데이터 분석 및 변환은 인공지능 개발에서 빼놓고 생각할 수 없습니다. 지금까지 데이터를 준비했으니 이제 인공지능 모델 설계를 시작할 차례입니다.

5 인공지능 모델 설계하기

우리가 설계하고 있는 인공지능 모델은 4개의 층으로 되어 있습니다. 첫 번째 층은 입력층으로 데이터를 넣는 곳이죠. 두 번째와 세 번째 층은 은닉층입니다. 마지막 네 번째 층은 결과가 출력되는 출력층입니다.

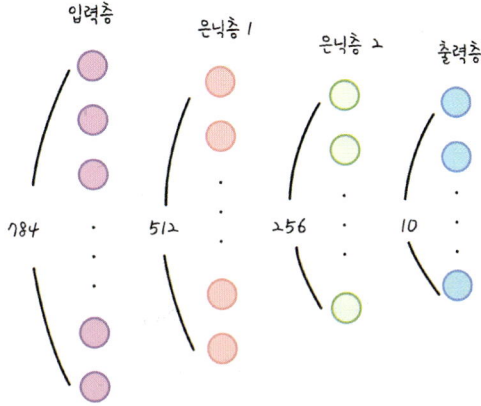

그림 17-13 4개의 층으로 된 인공지능 모델

 입력층, 은닉층, 출력층은 4.1절에서 살펴보았습니다. 뉴런(노드)의 수는 설계하기 나름입니다. 여러분이 노드의 수를 변경해 가며 모델을 실행시키면서 성능이 어떻게 차이가 나는지 살펴보세요.

입력층의 뉴런 수는 784입니다. 우리가 넣는 784개의 데이터가 한 줄로 되어 있기 때문입니다. 앞에서 우리는 28×28 픽셀로 숫자 모습을 이렇게 바꾸었습니다. 이제 이 데이터를 딥러닝 모델에 넣을 예정이며, 첫 번째 은닉층의 노드는 512개로 해 보겠습니다. 첫 번째 은닉층에서 두 번째 은닉층으로 갈 때 활성화 함수는 렐루(ReLU) 함수를 사용할 예정입니다.

 렐루 함수는 활성화 함수 중 하나입니다. 0보다 작은 값이 입력되면 0을 반환하고, 0보다 큰 값이 입력되면 그 값을 그대로 반환하는 함수입니다. 시그모이드 함수에 비해 학습이 더 잘되기 때문에 최근 많이 사용하고 있습니다.

두 번째 은닉층의 노드는 256개로 해 보겠습니다. 여기에서 마지막 층으로 갈 때도 활성화 함수는 렐루 함수를 사용할 예정입니다. 마지막 노드가 10개인 이유는 입력된 이미지를 10개로 구분하기 위해서입니다. 그리고 가장 높은 확률값으로 분류하기 위해서 각 노드의 최종값을 소프트맥스(softmax) 함수를 사용하여 나타냅니다.

TIP 소프트맥스 함수는 5.2절 활성화 함수에서 다루었습니다. 소프트맥스 함수는 입력된 여러 값을 0~1 사이 값으로 모두 정규화하여 출력합니다. 그 출력값의 합은 항상 1이 되는 특성이 있습니다. 그래서 분류 문제에서 어떤 범주를 가장 높은 확률로 예측하는지 살펴보는 데 주로 사용합니다.

```python
model = Sequential()
model.add(Dense(512, input_shape=(784,)))
model.add(Activation('relu'))
model.add(Dense(256))
model.add(Activation('relu'))
model.add(Dense(10))
model.add(Activation('softmax'))
model.summary()
```

실행 결과

```
Model: "sequential"

Layer (type)                 Output Shape              Param #
=================================================================
dense (Dense)                (None, 512)               401920
_____
activation (Activation)      (None, 512)               0
_____
dense_1 (Dense)              (None, 256)               131328
_____
activation_1 (Activation)    (None, 256)               0
_____
dense_2 (Dense)              (None, 10)                2570
_____
activation_2 (Activation)    (None, 10)                0
=================================================================
Total params: 535,818
Trainable params: 535,818
Non-trainable params: 0
```

그럼 코드가 의미하는 내용이 무엇인지 한 줄씩 살펴보겠습니다.

model = Sequential( )

우리는 이 인공지능 모델을 시퀀셜 방식으로 개발합니다. 케라스는 시퀀셜 모델을 사용하여 이러한 형태의 딥러닝 모델을 쉽게 개발할 수 있도록 도와줍니다. 지금부터 딥러닝에 사용할 모델(model)을 시퀀셜 모델(Sequential)로 정의합니다.

```
model.add(Dense(512, input_shape=(784,)))
```

모델에 층을 추가합니다. 추가하는 명령어는 add입니다. 바로 앞에서 만든 딥러닝 모델(model)이 가지고 있는 함수를 사용하기 때문에 model 뒤에 점을 찍은 후 add 함수를 적습니다. 이때 층이 어떤 형태인지 설정하기 위해 Dense 함수를 사용합니다. Dense 함수의 첫 번째 인자는 해당 은닉층의 노드 수이며, 두 번째 인자인 input_shape는 입력하는 데이터 형태입니다.

우리가 입력하는 데이터 형태(input_shape)는 (784,)이며, 첫 번째 은닉층의 노드는 512개로 구성되어 있습니다.

```
model.add(Activation('relu'))
```

다음 층으로 값을 전달할 때 어떤 활성화 함수를 사용하여 전달할지 결정합니다. 여기에서는 렐루(relu) 함수를 사용합니다. 렐루 함수는 5.2절 활성화 함수에서 살펴보았습니다.

```
model.add(Dense(256))
```

다음 층을 추가합니다. 두 번째 은닉층은 256개의 노드로 구성되어 있습니다. 두 번째 은닉층부터는 입력받는 노드를 설정해 줄 필요가 없습니다. 따라서 사용자가 굳이 신경 쓰지 않아도 되죠. 이러한 점이 바로 케라스를 사용하는 이유입니다.

```
model.add(Activation('relu'))
```

역시 relu 방식으로 값을 전달합니다.

```
model.add(Dense(10))
```

마지막 층을 추가합니다. 마지막 층은 10개의 노드로 구성되어 있습니다. 그 이유는 최종 결괏값이 0부터 9까지 숫자 중 하나로 결정되기 때문입니다.

```
model.add(Activation('softmax'))
```

각 노드에서 전달되는 값의 총합이 1이 되도록 소프트맥스 함수를 사용합니다.

```
model.summary()
```

summary는 모델이 어떻게 구성되었는지 살펴보는 함수입니다.

실행 결과를 해석해 보겠습니다.

> **실행 결과**
>
> ```
> Model: "sequential"
> _____
> Layer (type)                 Output Shape              Param #
> =================================================================
> dense (Dense)                (None, 512)               401920
> _____
> activation (Activation)      (None, 512)               0
> _____
> dense_1 (Dense)              (None, 256)               131328
> _____
> activation_1 (Activation)    (None, 256)               0
> _____
> dense_2 (Dense)              (None, 10)                2570
> _____
> activation_2 (Activation)    (None, 10)                0
> =================================================================
> Total params: 535,818
> Trainable params: 535,818
> Non-trainable params: 0
> ```

일단 모델은 시퀀셜 모델로 구성되어 있습니다. 레이어를 나타내는 Layer 부분과 레이어의 모습을 나타내는 Output Shape 부분, 각 노드와 편향을 연결하는 가중치의 수를 나타내는 Param 부분으로 나뉘어 있습니다.

먼저 첫 번째 레이어는 512개의 노드로 되어 있으며 총 401,920(=784×512 + 512)개의 파라미터입니다. 바로 784개의 입력층에서 512개의 은닉층으로 각각 연결되어 있어서 784×512개만큼 가중치가 있고, 은닉층 각 노드 수만큼 편향(512)이 있기 때문입니다.

다음 레이어는 256개의 노드로 되어 있으며, 총 131,328(=512×256 + 256)개의 파라미터입니다. 마지막 레이어는 0부터 9까지 숫자를 구분하는 10개의 노드로 되어 있으며 총 2570(256×10 + 10)개의 파라미터입니다.

6 모델 학습시키기

모델을 설계한 후 할 일은 바로 이 모델을 실행하는 것입니다. 심층 신경망에 데이터를 흘려보낸 후 정답을 예측할 수 있도록 신경망을 학습하는 과정이 필요합니다. 바로 딥러닝을 할 차례죠.

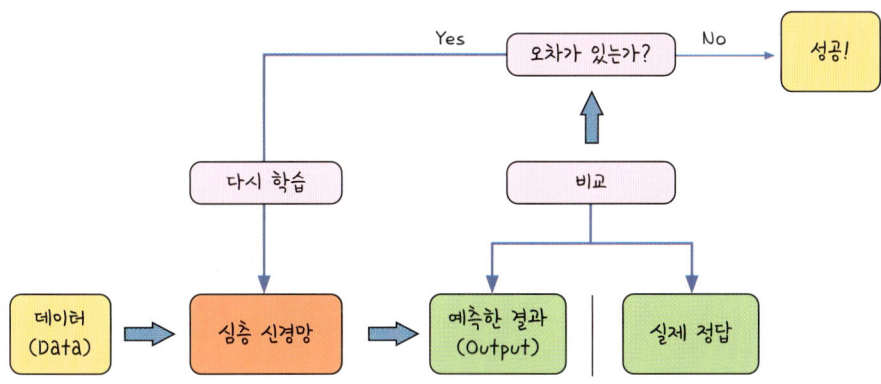

그림 17-14 모델 실행 과정

그림 17-14와 같이 데이터를 사용하여 심층 신경망을 딥러닝 기법으로 학습시킵니다. 이때 신경망이 예측한 결과와 실제 정답을 비교한 후 오차가 있다면 다시 신경망을 학습시키는 과정을 거칩니다. 오차가 없다면 더 학습시킬 필요는 없지만 웬만해서는 오차가 0으로 나오는 경우는 거의 없습니다. 보통 학습시키는 횟수를 정한 후 그만큼만 학습시킵니다.

이처럼 신경망을 잘 학습시키려면 학습한 신경망이 분류한 값과 실젯값의 오차부터 계산해야 합니다. 오차를 줄이는 데 경사 하강법을 사용합니다. 지금부터 모델을 학습시켜 봅시다.

> 경사 하강법은 '6.2절 인공 신경망의 핵심! 오차 줄이기'에서 살펴보았습니다.

```
model.compile(loss='categorical_crossentropy', optimizer='adam', metrics=['accuracy'])
model.fit(X_train, Y_train, batch_size=128, epochs=10, verbose=1)
```

> **실행 결과**
>
> ```
> Epoch 1/10
> 469/469 [==============================] - 4s 9ms/step - loss: 0.2277 - accuracy: 0.9339
> Epoch 2/10
> 469/469 [==============================] - 4s 9ms/step - loss: 0.0816 - accuracy: 0.9747
> Epoch 3/10
> 469/469 [==============================] - 4s 9ms/step - loss: 0.0522 - accuracy: 0.9840
> Epoch 4/10
> 469/469 [==============================] - 4s 9ms/step - loss: 0.0348 - accuracy: 0.9890
> Epoch 5/10
> 469/469 [==============================] - 4s 9ms/step - loss: 0.0267 - accuracy: 0.9915
> Epoch 6/10
> 469/469 [==============================] - 4s 9ms/step - loss: 0.0222 - accuracy: 0.9926
> Epoch 7/10
> 469/469 [==============================] - 4s 9ms/step - loss: 0.0179 - accuracy: 0.9940
> Epoch 8/10
> 469/469 [==============================] - 4s 9ms/step - loss: 0.0173 - accuracy: 0.9941
> Epoch 9/10
> 469/469 [==============================] - 4s 9ms/step - loss: 0.0144 - accuracy: 0.9952
> Epoch 10/10
> 469/469 [==============================] - 4s 9ms/step - loss: 0.0112 - accuracy: 0.9963
> <tensorflow.python.keras.callbacks.History at 0x7f92a1ff7f28>
> ```

첫 번째 에포크부터 열 번째 에포크로 갈수록 오차값(loss)이 줄어드는 모습을 볼 수 있습니다. 정확도(accuracy) 또한 지속적으로 증가하는 것을 볼 수 있습니다.

model.compile(loss='categorical_crossentropy', optimizer='adam', metrics=['accuracy'])

케라스는 심층 신경망의 학습 방법을 정하는 명령어를 제공합니다. 그 명령어는 바로 compile 함수입니다. 이 함수를 사용하는 데 몇 가지 규칙이 있습니다. 첫 번째로는 오차값을 계산하는 방법을 알려 주어야 합니다. 이 인공지능은 이미지를 10개 중 하나로 분류해야 하므로 다중 분류 문제에 해당합니다. 그렇기 때문에 categorical_crossentropy 방법을 사용합니다.

두 번째로는 오차를 줄이는 방법을 알려 주어야 합니다. 오차를 줄이기 위해 옵티마이저(optimizer)를 사용합니다. 옵티마이저에는 다양한 방법이 있지만 여기에서는 adam이라는 방법을 사용합니다.

 **옵티마이저**

딥러닝으로 인공지능 모델을 학습시킬 때 발생하는 오차를 줄이려고 경사 하강법이라는 알고리즘을 사용합니다. 이때 경사 하강법을 어떤 방식으로 사용할지 다양한 알고리즘이 있는데 그러한 알고리즘을 케라스에서 모아 놓은 것이 바로 옵티마이저 라이브러리입니다. 옵티마이저 종류에는 아담(adam), 확률적 경사 하강법(SGD) 등이 있습니다.

마지막으로는 학습 결과를 어떻게 확인할지 알려 주어야 합니다. 여기에서는 정확도로 모델의 학습 결과를 확인해 보겠습니다. 정확도(accuracy)는 실제 6만 개의 데이터 예측 결과와 실젯값을 비교한 후 정답 비율을 알려 줍니다.

`model.fit(X_train, Y_train, batch_size=128, epochs=10, verbose=1)`

이제 실제로 학습시킬 차례입니다. 케라스는 학습시키기 위해 '맞춘다'는 뜻인 fit 함수를 제공합니다. 이 함수를 사용하려면 마찬가지로 규칙을 따라야 합니다. 첫 번째로 입력할 데이터를 정합니다. 우리는 X_train, Y_train 데이터를 사용하여 인공지능 모델을 학습하기 때문에 이 두 가지를 넣습니다.

두 번째로 배치 사이즈(batch_size)를 정합니다. 배치 사이즈란 인공지능 모델이 한 번에 학습하는 데이터 개수를 의미합니다. 여기에서는 한 번에 128개의 데이터를 학습시키겠습니다. 즉, 배치 사이즈는 128로 하겠습니다.

세 번째로 에포크(epochs)를 정합니다. 에포크는 모든 데이터를 한 번 학습하는 것을 의미합니다. 여기에서는 모든 데이터를 열 번 반복해서 학습시키겠습니다. epochs는 10으로, verbose는 1로 설정했습니다. verbose는 케라스 fit 함수의 결괏값을 출력하는 방법을 의미합니다.

verbose 값은 0, 1, 2 중 하나로 결정할 수 있습니다.

표 16-1 verbose 값 의미

verbose 값	의미
0	아무런 표시를 하지 않음
1	에포크별 진행 사항을 알려 줌
2	에포크별 학습 결과를 알려 줌

> **실행 결과**
> ```
> Epoch 1/10
> 469/469 [==============================] - 4s 9ms/step - loss: 0.2277 - accuracy: 0.9339
> Epoch 2/10
> 469/469 [==============================] - 4s 9ms/step - loss: 0.0816 - accuracy: 0.9747
> Epoch 3/10
> 469/469 [==============================] - 4s 9ms/step - loss: 0.0522 - accuracy: 0.9840
> Epoch 4/10
> 469/469 [==============================] - 4s 9ms/step - loss: 0.0348 - accuracy: 0.9890
> Epoch 5/10
> 469/469 [==============================] - 4s 9ms/step - loss: 0.0267 - accuracy: 0.9915
> Epoch 6/10
> 469/469 [==============================] - 4s 9ms/step - loss: 0.0222 - accuracy: 0.9926
> Epoch 7/10
> 469/469 [==============================] - 4s 9ms/step - loss: 0.0179 - accuracy: 0.9940
> Epoch 8/10
> 469/469 [==============================] - 4s 9ms/step - loss: 0.0173 - accuracy: 0.9941
> Epoch 9/10
> 469/469 [==============================] - 4s 9ms/step - loss: 0.0144 - accuracy: 0.9952
> Epoch 10/10
> 469/469 [==============================] - 4s 9ms/step - loss: 0.0112 - accuracy: 0.9963
> ```

> **TIP** 실행 결과는 컴퓨터 환경마다 차이가 있으므로 책과 다를 수 있습니다.

7 모델 정확도 살펴보기

지금까지 심층 신경망 모델을 설계하고, 그 모델을 학습시켰습니다. 이제 그 모델 성능이 어느 정도인지 확인해야겠죠? 지금부터 인공지능 모델을 얼마나 잘 학습했는지 시험해 보겠습니다. 시험 내용은 '검증 데이터를 얼마나 잘 맞히는가'입니다.

```
score = model.evaluate(X_test, Y_test)
print('Test score:', score[0])
print('Test accuracy:', score[1])
```

> **실행 결과**
> ```
> 313/313 [==============================] - 1s 2ms/step - loss: 0.0817 - accuracy: 0.9800
> Test score: 0.08166316896677017
> Test accuracy: 0.9800000190734863
> ```

```
score = model.evaluate(X_test, Y_test)
```

케라스의 evaluate 함수는 모델 정확도를 평가할 수 있는 기능을 제공합니다. 이 함수를 사용하려면 두 가지 데이터를 넣어야 합니다. 첫 번째 데이터는 테스트할 데이터로, 여기에서는 X_test를 입력합니다. 두 번째 데이터는 테스트할 데이터의 정답으로, 여기에서는 Y_test를 입력합니다.

evaluate 함수에 데이터를 넣으면 두 가지 결과를 보여 주는데 첫 번째는 바로 오차값(loss)입니다. 오차값은 0~1 사이의 값으로, 0이면 오차가 없는 것이고 1이면 오차가 아주 크다는 것을 의미합니다. 두 번째는 정확도(accuracy)입니다. 모델이 예측한 값과 정답이 얼마나 정확한지 0과 1 사이의 값으로 보여 줍니다. 1에 가까울수록 정답을 많이 맞춘 것을 의미합니다.

생성한 모델에 X_test, Y_test 데이터를 입력하여 얻은 두 가지 결괏값인 오차와 정확도를 score 변수에 넣습니다.

```
print('Test score:', score[0])
```

score 변수에는 오차값과 정확도가 들어 있습니다. 여기에서는 오차값을 출력하기 위해 score 변수의 첫 번째 항목인 점수를 출력합니다. score[0]에서 숫자가 1이 아니고 0인 이유는 이제 다들 알죠? 프로그래밍에서는 첫 번째가 0으로 시작하기 때문입니다.

```
print('Test accuracy:', score[1])
```

score 변수의 두 번째 항목인 정확도를 출력합니다. 최종 오차는 0.08, 정확도는 0.98이 나온 것을 확인할 수 있습니다.

8 모델 학습 결과 확인하기

지금까지 심층 신경망 모델의 구조를 만들고 그 모델을 학습시킨 후 학습 결과까지 살펴보았습니다. 사실 여기까지만 해도 이미 인공지능을 만든 것입니다. 하지만 실제로 인공지능이 어떤 그림을 무엇으로 예측했는지 궁금하지 않나요? 지금부터는 인공지능이 잘 구분한 그림과 잘 구분하지 못한 그림을 살펴보겠습니다.

```
predicted_classes = np.argmax(model.predict(X_test), axis=1)
correct_indices = np.nonzero(predicted_classes==y_test)[0]
incorrect_indices = np.nonzero(predicted_classes!=y_test)[0]
```

> 여기에서부터 조금 코드가 복잡해집니다. 딥러닝 프로그래밍이라기보다 시각화 프로그래밍에 가까우니 가볍게 살펴보고 넘어가도 좋습니다.

```
predicted_classes = np.argmax(model.predict(X_test), axis=1)
```

우리가 만든 인공지능 모델인 model에서 결과를 예측하는 함수인 predict 함수에 X_test 데이터를 입력해 보겠습니다. X_test 데이터의 개수가 몇 개였는지 기억나나요? 1만 개였습니다. 따라서 예측한 값 또한 1만 개가 나오며, 그 모습은 다음 그림과 같습니다.

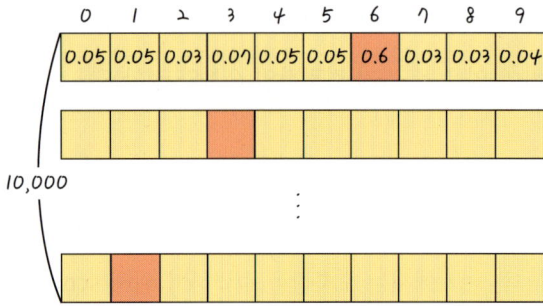

그림 17-15 X_test의 예측값

각 입력 데이터를 보고 인공지능이 0부터 9까지 숫자 중에서 어떤 수로 예상하는지 알려 주는 모습입니다. 첫 번째 줄에서는 인덱스 값 6에 0.6이라는 값이 들어 있습니다. 나머지 숫자는 그보다 작은 숫자들이 있죠. 이는 인공지능 모델이 이미지를 보고, 그 이미지가 숫자 6일 확률이 가장 높다고 생각한 것입니다.

이렇게 예상한 모습이 총 1만 개가 있습니다. 이러한 모습으로 출력될 수 있었던 이유는 소프트맥스 함수를 사용했기 때문입니다.

> 소프트맥스 함수를 사용하면 출력값을 0부터 1까지 숫자 중 하나로 변환해 줍니다. 그리고 모든 출력값을 더하면 1이 된다는 특징이 있습니다.

그렇다면 우리가 만든 인공지능은 결과를 무엇이라고 나타내야 할까요? 바로 가장 높은 확률이 나온 6이겠죠? 이때 넘파이의 argmax 함수를 사용합니다. argmax 함수는 여러 데이터 중에서 가장 큰 값이 어디에 있는지 나타내기 때문입니다.

그림 17-15와 같은 행렬 데이터에서 argmax 함수를 사용하기 위해서는 열 중에서 가장 큰 것을 고를지, 행 중에서 가장 큰 것을 고를지 알려 주어야 합니다. 이때 기준을 정하는 것이 바로 axis입니다. axis=0은 각 열(세로)에서 가장 큰 수를 고르는 것이고 axis=1은 각 행(가로)에서 가장 큰 수를 고르는 것입니다. 우리는 각 행(가로)에서 가장 큰 값을 찾아야 하기 때문에 axis=1로 설정합니다.

그 결과 첫 번째 넣은 데이터 정답이 6이라는 것을 알 수 있습니다. 이제 argmax 함수를 사용하여 인공지능 모델이 예측한 모든 값을 predicted_classes 변수에 넣겠습니다.

`correct_indices = np.nonzero(predicted_classes==y_test)[0]`

인공지능이 잘 예측한 숫자 모습이 무엇인지 찾아보겠습니다. 이 과정은 생각보다 복잡합니다.

먼저 실젯값과 예측값이 일치하는 값을 찾아내어 correct_indices 변수에 저장하는 과정입니다.

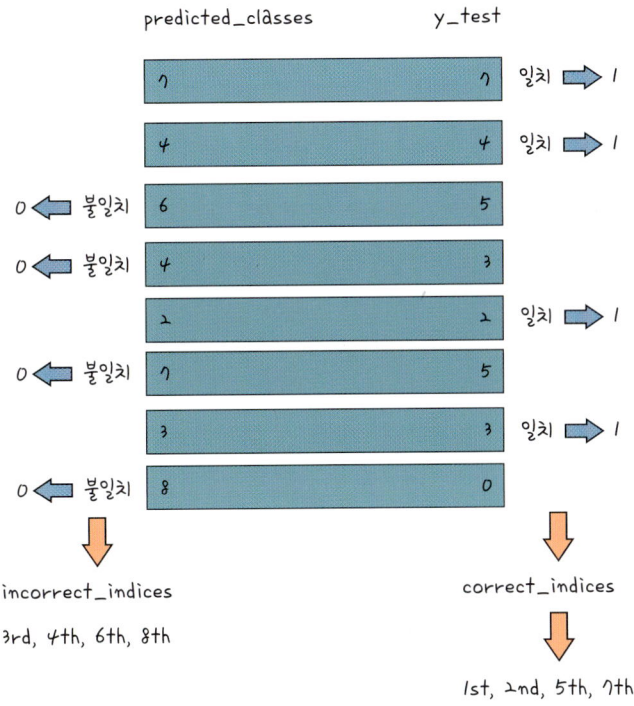

그림 17-16 예측값과 실젯값이 일치하는지 판별하는 nonzero 함수

논리 연산자를 사용하여 예측값(predicted_classes)과 실젯값(y_test)을 비교해 보겠습니다. 먼저 2개의 값이 일치하는(==, 프로그래밍에서 같다는 의미는 ==로 표시합니다) 값을 찾아보겠습니다. 즉, 어떤 그림을 정확하게 예측했는지 살펴보는 과정입니다.

논리 연산의 결과 두 값이 같으면 1(참), 같지 않으면 0(거짓)이 나옵니다. 앞의 코드에서는 예측한 결괏값(predicted_classes)과 실제 결괏값(y_test)의 데이터를 비교하여 결과가 같으면 1이, 다르면 0이 나옵니다.

같은 값을 찾기 위해서 1만 개의 수 모두를 하나하나 확인하기란 쉽지 않은 일이지요. 이때 사용할 수 있는 함수가 바로 넘파이 함수의 nonzero 함수입니다. nonzero 함수는 넘파이 배열에서 0이 아닌 값, 즉 여기에서는 1(인공지능이 예측한 값과 정답이 일치하는 수)을 찾아내는 함수입니다. 이 함수를 사용하면 다음과 같이 정확하게 예측한 데이터 위치를 알아냅니다.

이제 nonzero 함수를 사용하여 0이 아닌 값(여기에서는 1인 값)을 찾아 줍니다. 이때 정확하게 예측한 데이터 위치, 즉 첫 번째, 두 번째, 다섯 번째, 일곱 번째…를 correct_indices 변수에 넣어 줍니다.

`incorrect_indices = np.nonzero(predicted_classes != y_test)[0]`

이제 인공지능이 예측하지 못한 값은 무엇이며, 그 숫자는 어떤 모양인지 찾아보겠습니다. 앞의 과정과 비슷하지만 조금 다른 점이 있습니다.

실젯값과 예측값이 일치하지 않는 값을 찾아내는 incorrect_indices 변수에 저장하되, 바로 윗줄의 코드와 다른 점은 일치하지 않는(!=, 프로그래밍에서 같지 않다는 의미는 !=로 표시합니다) 값을 찾는 것입니다. 따라서 윗줄 코드와는 달리, 논리 연산의 결과 예측값과 실젯값이 같으면 0(거짓), 같지 않으면 1(참)의 값이 나옵니다. 마찬가지로 nonzero 함수를 사용하여 일치하지 않는 값을 찾습니다.

그림 17-16에서 볼 수 있듯이 정확하게 예측하지 못한 데이터 위치, 즉 세 번째, 네 번째, 여섯 번째, 여덟 번째를 incorrect_indices 변수에 넣습니다. 결과적으로 incorrect_indices 변수에는 인공지능이 정확하게 예측하지 못한 데이터 위치가 저장됩니다.

잘 예측한 데이터 살펴보기

이제 정확하게 예측한 데이터 위치와 그렇지 않은 데이터 위치를 알게 되었습니다. 그렇다면 그 데이터는 어떻게 생겼는지 확인해 보겠습니다. 실제로 우리가 그 결과를 눈으로 살펴볼 수 있도록 matplotlib 라이브러리를 사용해서 화면에 그래프를 출력해 보겠습니다.

```
plt.figure()
for i in range(9):
    plt.subplot(3,3,i+1)
    correct = correct_indices[i]
    plt.imshow(X_test[correct].reshape(28,28), cmap='gray')
    plt.title("Predicted {}, Class {}".format(predicted_classes[correct],
              y_test[correct]))
plt.tight_layout()
```

실행 결과

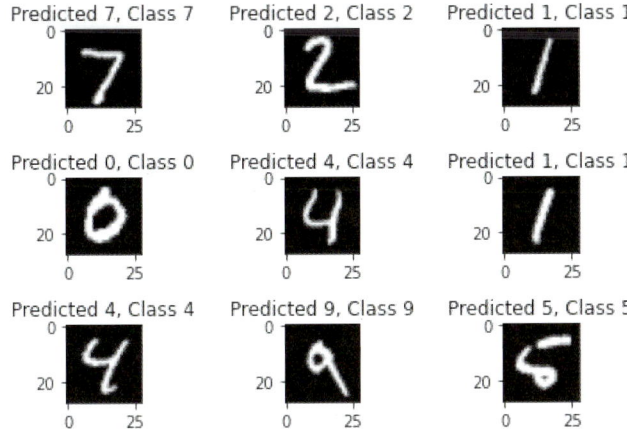

실행 결과를 보면 총 9개의 이미지가 나타나며, 예측값과 실젯값이 보입니다. 가장 첫 번째 그림을 보면 예측값은 7이고 실젯값은 7로 정확하게 예측한 것을 볼 수 있습니다.

각 코드 의미를 더 자세히 알아보겠습니다.

plt.figure()

matplotlib을 사용하여 그래프를 그리려면 그래프를 그리겠다는 명령을 먼저 수행해야 합니다. 그 명령어가 바로 figure 함수이며, 이를 사용하여 그림을 그릴 준비를 합니다.

for i in range(9):

파이썬의 for 반복문으로 지금부터 9개의 그림을 그립니다.

plt.subplot(3,3,i+1)

for문 내부입니다. 그러므로 4칸을 띄우고 코드를 입력해야 합니다. subplot 함수는 그림 위치를 정해 주는 함수로, 3개의 인자가 들어갑니다. 첫 번째 인자는 그림의 가로 개수고, 두 번째 인자는 그림의 세로 개수입니다. 마지막 인자는 순서입니다.

이와 같이 subplot(3,3,i+1)로 지정하면 가로 3개, 세로 3개의 그림을 그릴 것이고, 지금 그림은 i+1번째에 넣게 됩니다. 첫 번째 반복에서는 i 값이 0이고 i+1 값이 1이기 때문에 첫 번째에 넣는다는 의미가 됩니다. 반복하면서 9번째 그림까지 순서가 맞아집니다.

`correct = correct_indices[i]`

for문 내부입니다. 그러므로 4칸을 띄우고 코드를 입력해야 합니다. 앞에서 만든 correct_indices 배열에서 첫 번째부터 아홉 번째까지 값을 반복할 때마다 correct 변수에 넣습니다. 첫 번째 반복에서 i 값은 0이라고 가정해 봅시다. 그러면 correct 변수에는 정답을 모아 놓은 배열인 correct_indices의 첫 번째 값이 들어갑니다. 이 예제에서는 0(첫 번째 숫자 데이터) 값이 들어갑니다.

`plt.imshow(X_test[correct].reshape(28,28), cmap='gray')`

for문 내부입니다. 그러므로 4칸을 띄우고 코드를 입력해야 합니다. imshow 함수는 어떤 이미지를 보여 줄지 그 내용을 담고 있습니다. 첫 번째 반복에서는 X_test 변수에 들어 있는 첫 번째 그림(correct 변수에 첫 번째 그림을 의미하는 0이 들어 있으니까)을 가져옵니다.

하지만 이 그림은 각 데이터가 28×28 형태가 아니라 각 데이터가 한 줄로 늘어선 모습을 하고 있습니다. 우리가 처음에 데이터를 한 줄로 바꾸었기 때문이죠. 이 형태를 다시 28×28 형태로 바꾸어 주어야 하는데, 이때 사용하는 함수가 바로 reshape(28,28) 함수입니다. 그리고 그림을 회색조로 나타내기 위해 cmap='gray'를 입력합니다.

`plt.title("Predicted {}, Class {}".format(predicted_classes[correct], y_test[correct]))`

for문 내부입니다. 그러므로 4칸을 띄우고 코드를 입력해야 합니다. 이는 그림 설명을 넣는 코드입니다. 예측한 값을 나타내기 위해 Predicted {(값이 들어가는 공간)}에 예측한 결괏값(predicted_classes[correct])을 넣습니다. 그리고 실젯값을 나타내고자 Class {(값이 들어가는 공간)}에 실젯값(y_test[correct])을 넣습니다. 이때 format 함수를 사용하여 값을 넣어 줍니다.

`plt.tight_layout()`

이제 for문을 빠져나와서 화면에 그림을 보여 주려고 tight_layout 함수를 사용합니다.

실행 결과를 보면, 왼쪽 위부터 첫 번째 이미지에 대한 예측 결과와 실젯값이 표시된 모습을 볼 수 있습니다. 첫 번째 이미지를 예측한 값(Predicted)은 7이고 실젯값(Class) 또한 7입니다. 두 번째 이미지 또한 예측한 값(Predicted)은 2고, 실젯값(Class)도 2입니다.

10 잘 예측하지 못한 데이터 살펴보기

이제 어떤 숫자를 잘 예측하지 못했는지 살펴봅시다. 코드는 앞의 코드, 즉 잘 예측한 데이터 살펴보기 코드와 동일합니다. 하지만 변수만 잘 예측하지 못한 그림으로 바뀔 뿐입니다.

```python
plt.figure()
for i in range(9):
    plt.subplot(3,3,i+1)
    incorrect = incorrect_indices[i]
    plt.imshow(X_test[incorrect].reshape(28,28), cmap='gray')
    plt.title("Predicted {}, Class {}".format(predicted_classes[incorrect],
              y_test[incorrect]))
plt.tight_layout()
```

실행 결과

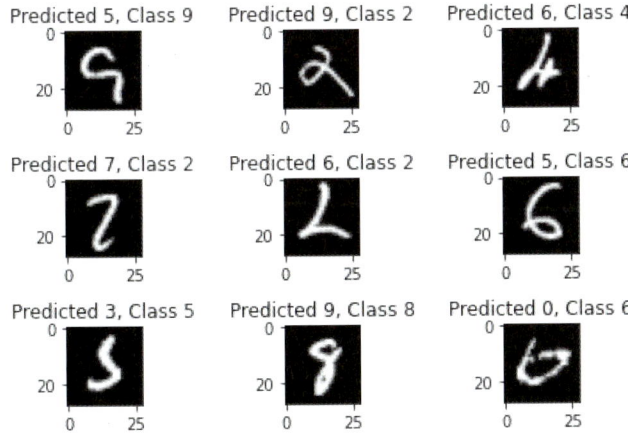

앞의 실행 결과는 실제 에포크를 10으로 설정한 후 코드를 실행한 것입니다. 어떤가요? 인공지능의 성능을 한눈에 확인해 볼 수 있죠? 사실 마지막 값은 사람이 봐도 0인지 6인지 헷갈립니다. 인공지능도 피해 가지는 못했네요. 이와 같이 잘못 예측한 값을 확인해 보겠습니다.

> **잠깐만요** **인공지능 성능이 높지 않아 보이는데, 왜 그런가요?**
>
> 맞습니다. 생각보다 인공지능 성능이 높지 않네요. 왜 그럴까요? 바로 인공지능 모델 학습이 잘되지 않았기 때문입니다. 인공지능 모델 학습이 잘되려면 모델의 학습 횟수를 늘려야 합니다.

plt.figure( )

matplotlib을 사용하여 그래프를 그리려면 그래프를 그리겠다는 명령을 먼저 해야 합니다. 그 명령어가 바로 figure 함수이며, 이를 사용하여 그림을 그릴 준비를 합니다.

for i in range(9):

파이썬의 for 반복문을 사용하여 9개의 그림을 그립니다.

plt.subplot(3,3,i+1)

for문 내부입니다. 그림 순서를 정해 줍니다.

incorrect = incorrect_indices[i]

for문 내부입니다. 앞에서 만든 incorrect_indices 배열에서 첫 번째부터 아홉 번째까지 값을 반복할 때마다 incorrect 변수에 넣습니다. 첫 번째 반복에서 i 값은 0입니다. 이때 incorrect_indices 배열의 첫 번째 값이 13이라고 가정해 봅시다. 이는 13번째 그림을 맞히지 못했다는 의미고, incorrect 변수에는 13이 들어갑니다.

plt.imshow(X_test[incorrect].reshape(28,28), cmap='gray')

for문 내부입니다. imshow 함수는 어떤 이미지를 보여 줄지 그 내용을 담고 있습니다. 첫 번째 반복에서는 X_test 변수에 들어 있는 13번째 그림(incorrect 변수에 13이 들어 있으니까)을 가져옵니다. 그림 형태를 바꾸기 위해 reshape(28,28) 함수를 사용하고, 마찬가지로 그림을 회색조로 나타내기 위해 cmap='gray'를 입력합니다.

plt.title("Predicted {}, Class {}".format(predicted_classes[incorrect], y_test[incorrect]))

for문 내부입니다. 그림 설명을 넣습니다. 예측한 값을 나타내기 위해 Predicted {(값이 들어가는 공간)}에 예측한 결괏값(predicted_classes[incorrect])을, 실젯값을 나타내기 위해 Class {(값이 들어가는 공간)}에 실젯값(y_test[incorrect])을 넣습니다. 이때 format 함수를 사용하여 값을 넣어 줍니다.

plt.tight_layout( )

이제 for문을 빠져나와서 화면에 그림을 보여 주려고 tight_layout 함수를 사용합니다.

실행 결과를 보면 화면의 왼쪽 위부터 첫 번째 이미지에 대한 예측값과 실젯값이 표시된 모습을 볼 수 있습니다. 첫 번째 이미지를 예측한 값(Predicted)은 6이지만 실젯값(Class)은 5입니다. 두 번째 이미지 또한 예측한 값(Predicted)은 9이지만, 실젯값(Class)은 2입니다.

> **잠깐만요 과적합 문제가 생길 수 있어요!**
>
> 인공지능 모델의 학습 횟수를 무작정 늘린다고 해서 인공지능 성능이 계속 좋아지는 것은 아닙니다. 바로 과적합(overfitting) 문제가 일어날 수 있기 때문입니다.
> 과적합이란 인공지능이 훈련 데이터에만 최적화되는 것을 의미합니다. 인공지능 모델을 계속 학습시킨다면 인공지능 모델이 학습하고 있는 데이터, 즉 훈련 데이터만 잘 구별할 수 있습니다. 이 경우 새로운 데이터인 검증 데이터를 인공지능 모델에 넣었을 때 잘 구별하지 못하는, 즉 성능이 나빠지는 현상을 볼 수 있습니다.
> 이러한 현상을 바로 '과적합'이라고 합니다. 그렇기 때문에 인공지능 모델을 학습시킬 때 얼마만큼 학습시키는 것이 좋은지 결정하는 것 또한 인공지능 모델 설계에서 중요한 부분입니다.

지금까지 첫 번째 인공지능인 숫자를 구분하는 인공지능을 만들어 보았습니다. 갑자기 어려운 코드들이 나와서 많이 당황스러웠나요? 코드 하나하나를 세부 의미까지 이해하는 것도 중요하지만 딥러닝의 개발 흐름을 알아보는 것이 이 책 목표이기에 전반적인 흐름을 먼저 이해하길 추천합니다.

우리가 설계한 모델 이외에 수많은 새로운 모델을 다양하게 만들 수 있습니다. 레이어 수나 각 레이어의 노드 수, 활성화 함수, 에포크 수 등 다양한 파라미터를 수정하여 인공지능을 설계할 수 있습니다.

숫자를 구분하는 인공지능은 우리가 만든 방법 이외에도 CNN이라는 방법을 사용하여 만들 수 있습니다. CNN은 이미지를 인식하는 데 높은 성능을 보이고 있기 때문에 영상 인식 분야에서 주로 사용됩니다.

우리가 만든 이 신경망이 여러 신경망 알고리즘의 기초가 됩니다. 이 신경망을 기초로 하여 순환 신경망, 생성적 적대 신경망 등 다양한 딥러닝 알고리즘이 만들어지게 되었습니다. 그만큼 기초가 되는 신경망이라고 할 수 있습니다.

따라서 지금까지 잘 따라왔다면 앞으로 살펴볼 딥러닝의 심화된 모델을 학습할 준비가 된 것입니다. 그럼 지금부터 딥러닝의 새로운 모델을 만들어 볼까요?

UNIT 18 전염병 예측 인공지능 만들기

최근 우리 사회의 큰 이슈는 전염병입니다. 전염병으로 우리 삶의 모습이 급격하게 변했습니다.

블루닷이라는 서비스는 코로나 19 확산을 누구보다 먼저 예측한 인공지능으로 유명합니다. 사실 블루닷을 개발한 캄란 칸 박사는 코로나 19 확산 이전에도 데이터 분석 기술을 사용하여 다양한 질병 확산을 예측했습니다.

2016년 지카 바이러스가 전 세계적으로 이슈가 되었던 것을 기억하나요? 지카 바이러스는 모기를 통해 전염되며, 임산부가 전염되면 태아가 소두증이라는 병에 걸리는 무서운 질병이었습니다. 캄란 칸 박사는 항공 데이터를 사용하여 지카 바이러스가 어디로 퍼져 나가며, 그 범위는 어디까지인지 정확하게 예측했습니다. 지카 바이러스의 확산 경로를 예측한 인공지능이 코로나 19 바이러스의 확산 초기에 확산 경로 및 감염자 수를 정확하게 예측하여 전 세계적인 관심을 받았습니다.

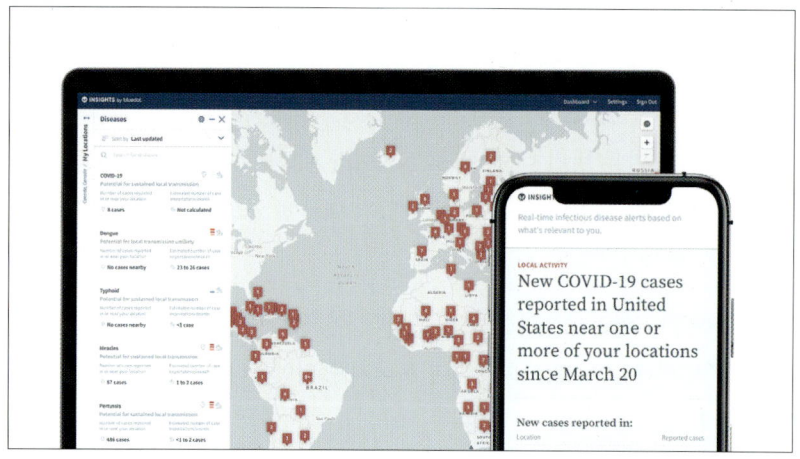

그림 18-1 블루닷(https://bluedot.global/products/)

이와 같이 인공지능을 사용하여 전염병이 발생할 수 있는 곳을 예측하는 기술이 이미 사용되고 있으며, 인공지능을 사용하여 전염병의 발병률을 예측하기도 합니다. 여기에서는 전염병의 발병률을 예측하는 인공지능을 만들어 보겠습니다. 이번에 만드는 인공지능은 이전 3일(일수는 물론 변경할 수 있습니다)의 확진자 수를 토대로 다음 날의 확진자 수를 예측하는 간단한 인공지능입니다.

다음 그림은 여기에서 만들 인공지능이 코로나 19 확진자 수를 예측한 모습입니다. 파란색 선은 실제 확진자 수고, 주황색 선과 초록색 선은 인공지능이 예측한 확진자 수입니다. 실제 확진자 수와 비슷하게 예측하는 모습을 볼 수 있죠? 그럼 지금부터 확진자 수를 예측하는 인공지능을 만들어 보겠습니다.

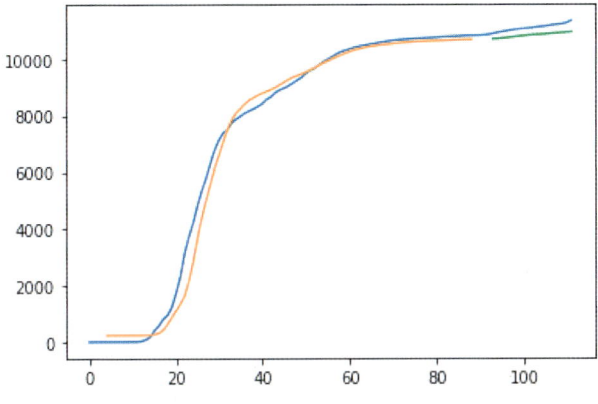

그림 18-2 코로나 19 확진자 수 예측 그래프

1 코로나 19 확진자 수 예측 인공지능 개발 원리

코로나 19 확진자 수를 예측하는 인공지능을 만드는 방법은 다양합니다. 이전 며칠 동안의 확진자 수 추이를 바탕으로 바로 다음 날의 확진자 수를 예측하는 방법을 사용하겠습니다. 이 방법을 사용하기 전에 '며칠' 동안의 확진자 수 추이를 바탕으로 예측할지 결정해야 합니다.

이 책에서는 3일 동안의 확진자 수 추이를 보고 다음 날의 확진자 수를 예측하겠습니다. 따라서 인공지능은 3일 동안의 확진자 수를 보고 다음 날의 확진자 수가 어떻게 되었는지 학습합니다. 100일 동안의 확진자 수가 있다면 가장 먼저 1~3일 차의 확진자 수가 어떻게 변했는지 살펴보고 4일 차 확진자 수를 학습합니다. 그리고 2~4일 차의 확진자 수가 어떻게 변했는지 살펴보고 5일 차 확진자 수를 학습합니다. 이러한 방식으로 계속 학습하여 97~99일 차의 확진자 수로 100일 차 확진자 수를 학습하게 됩니다.

혹시 이러한 방식이 딥러닝의 여러 알고리즘 중 어떤 알고리즘인지 눈치챈 사람이 있나요? 맞습니다. 바로 연속된 데이터 형태에서 그 패턴을 찾아내는 순환 신경망(RNN) 방식입니다. 우리는 이제 RNN의 기본적인 형태를 설계하고 학습시켜 보겠습니다.

 순환 신경망은 '8.2절 순환 신경망 살펴보기'를 참고하세요.

먼저 코랩에서 새 노트를 만들고 빈 노트 이름을 'corona_rnn.ipynb'로 변경합니다.

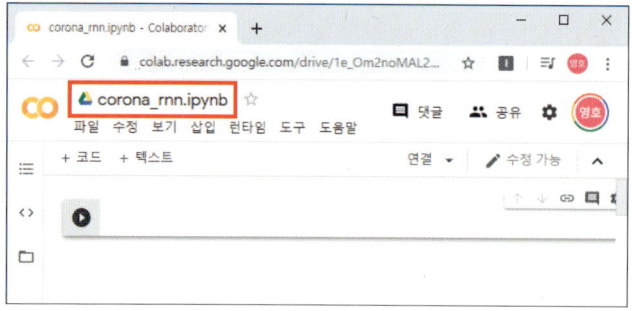

그림 18-3 새 노트 만들기

확진자 수를 예측하는 인공지능을 만들려면 다음과 같은 라이브러리를 사용해야 합니다.

```
from keras.models import Sequential
from keras.layers import SimpleRNN, Dense
from sklearn.preprocessing import MinMaxScaler
from sklearn.metrics import mean_squared_error
from sklearn.model_selection import train_test_split
import math
import numpy as np
import matplotlib.pyplot as plt
from pandas import read_csv
```

각 라이브러리가 어떤 기능을 하며, 어떤 명령어로 이를 불러왔는지 하나씩 살펴볼까요?

from keras.models import Sequential

케라스의 모델 도구(models) 중 시퀀셜 모델을 불러오는 명령어입니다.

from keras.layers import SimpleRNN, Dense

레이어 도구(layers) 중 SimpleRNN과 Dense 도구를 불러오는 명령어입니다. 순환 신경망(RNN)에는 LSTM, GRU 등 다양한 방법이 있는데, SimpleRNN은 가장 기본적인 순환 신경망의 모습입니다. LSTM과 GRU는 SimpleRNN을 한층 더 발전시킨 순환 신경망입니다. 이때 Dense는 각 레이어에서 뉴런 수를 의미합니다. 순환 신경망 역시 레이어를 가지고 있는데, 각 레이어에 들어가는 뉴런 수를 정할 때 사용합니다.

from sklearn.preprocessing import MinMaxScaler

데이터를 정규화하는 MinMaxScaler 함수를 불러오는 명령어입니다. UNIT 17에서는 데이터를 정규화하기 위해서 수식으로 계산했습니다. 물론 이 방법도 있지만, 누군가 만들어 놓은 함수를 사용하면 더 쉽겠죠? 바로 sklearn 라이브러리의 전처리 함수를 사용하는 방법입니다. 여기에서는 데이터 전처리, 즉 데이터를 인공지능에서 사용하기 전에 인공지능 모델에 적합하게 만드는 함수인 MinMaxScaler를 사용합니다.

from sklearn.metrics import mean_squared_error

결과의 정확도를 계산하는 함수인 mean_squared_error를 불러오는 명령어입니다. 코로나 확진자 수를 예측하는 모델 결과는 UNIT 17에서 만든 손글씨 분류 모델과는 달리 특정한 숫자로 나옵니다. 바로 연속된 값을 예측하는 회귀 문제입니다. 그래서 오차를 계산하는 방법 또한 분류 문제와는 다릅니다. 이때 사용할 수 있는 함수가 바로 mean_squared_error로, 이 함수는 실젯값과 예측값의 차이를 사용하여 오류를 구하는 역할을 합니다.

from sklearn.model_selection import train_test_split

데이터를 훈련 데이터와 검증 데이터로 나누는 명령어입니다. 데이터를 나누는 이유는 인공지능 성능을 측정하기 위함입니다.

import math
import numpy as np
import matplotlib.pyplot as plt

각각 수학 계산을 도와주는 math 라이브러리와 수학 계산 라이브러리인 numpy를 불러옵니다. 이때 넘파이는 np로 줄여서 사용합니다. 또 그래프 라이브러리인 matplotlib을 불러오고 그중에서 pyplot 라이브러리를 사용합니다. 이를 plt라고 줄여서 사용하겠습니다.

from pandas import read_csv

CSV 파일을 불러올 수 있는 read_csv 함수를 pandas 라이브러리에서 불러오는 명령어입니다. pandas는 파이썬에서 데이터를 처리할 때 유용하게 사용할 수 있는 라이브러리입니다.

 CSV 파일은 Comma-Separated Variables의 약어로 데이터를 쉼표로 구분한 파일 형식입니다.

자, 그럼 이제 셀을 실행하여 앞 코드가 잘 실행되는지 살펴봅시다.

2 데이터 가져오기

이번 예제에서는 외부 데이터를 사용합니다. 이를 위해 깃허브에 있는 데이터를 불러와서 사용합니다.

+코드를 클릭하고 빈칸에 다음 코드를 입력합니다.

```
!git clone https://github.com/yhlee1627/deeplearning.git
dataframe = read_csv('/content/deeplearning/corona_daily.csv', usecols=[3], engine='python',
                     skipfooter=3)
print(dataframe)
dataset = dataframe.values
dataset = dataset.astype('float32')
```

실행 결과

Cloning into 'deeplearning'...
remote: Enumerating objects: 3, done.
remote: Counting objects: 100% (3/3), done.
remote: Compressing objects: 100% (2/2), done.
remote: Total 3 (delta 0), reused 0 (delta 0), pack-reused 0
Unpacking objects: 100% (3/3), done.

```
     Confirmed
0        24
1        24
2        27
3        27
4        28
...     ...
107    11190
108    11206
109    11225
110    11265
111    11344

[112 rows x 1 columns]
```

 깃허브(https://github.com/)란 오픈소스 코드 저장소입니다. 깃허브를 사용하면 내가 작성하고 있는 다양한 소스 코드를 웹에 저장할 수 있으며, 다른 사람과 공동 작업을 하는 데 편리합니다.

```
!git clone https://github.com/yhlee1627/deeplearning.git
```

데이터를 불러오는 코드입니다. 저자의 깃허브 저장소인 yhlee1627의 deeplearning이라는 공간에 있는 자료를 불러오겠습니다. 이때 사용하는 명령어는 !git clone이며 이 뒤에 주소를 적으면 됩니다. 사용하는 주소는 https://github.com/yhlee1627/deeplearning.git입니다.

그럼 어떻게 자료가 저장되었는지 살펴보겠습니다. 코랩에서 자료가 저장된 공간을 보려면 왼쪽 위 폴더 모양의 아이콘(🗀)을 클릭합니다.

그림 18-4 폴더 모양 아이콘 클릭

우리가 사용하는 데이터는 corona_daily.csv입니다. 이 파일을 더블클릭하여 저장된 데이터 모습을 살펴보겠습니다.

Date	Inspected	Negative	Confirmed	Recovered	Deaths
2020-02-06	1352	1001	24	2	0
2020-02-07	2097	1134	24	2	0
2020-02-08	2598	1683	27	3	0
2020-02-09	3110	2552	27	3	0
2020-02-10	4325	3535	28	4	0
2020-02-11	5624	4811	28	7	0
2020-02-12	6511	5921	28	7	0
2020-02-13	7242	6679	28	7	0
2020-02-14	7734	7148	28	9	0
2020-02-15	8161	7647	29	9	0

그림 18-5 corona_daily.csv 파일 열기

첫 번째 열(Date)은 날짜를 의미하며, 두 번째 열(Inspected)은 검사자 수를 의미합니다. 세 번째 열(Negative)은 검사자 중 음성인 사람 수, 네 번째 열(Confirmed)은 확진자 수를 의미합니다. 다섯 번째 열(Recovered)은 회복한 사람 수, 마지막 열(Deaths)은 사망자 수를 의미합니다.

```
dataframe = read_csv('/content/deeplearning/corona_daily.csv', usecols=[3],
engine='python', skipfooter=3)
```

우리는 네 번째 행, 즉 확진자 수만 사용하여 인공지능 모델을 생성합니다. 파일을 읽어 와서 dataframe 변수에 저장하며, 이때 읽어 오는 파일 형식은 CSV 파일입니다.

CSV 파일을 읽어 오는 여러 방법 중에서는 pandas 라이브러리의 함수인 read_csv를 사용합니다. 첫 번째 '/content/deeplearning/corona_daily.csv'는 파일 경로를, 두 번째 usecols=[3]은 사용할 데이터를 의미합니다. 사용할 데이터가 네 번째 열에 있는 확진자 수이므로 3(파이썬은 0부터 시작하죠?)을 넣어 줍니다. 마지막 engine='python'은 사용할 언어를 의미합니다.

```
print(dataframe)
```

읽어 온 데이터(dataframe)의 모습을 출력하는 코드입니다.

```
dataset = dataframe.values
```

읽어 온 데이터(dataframe) 중 우리가 사용할 데이터, 즉 확진자 수 데이터만 가져옵니다. 우리가 읽어 온 데이터에는 각 데이터 설명과 데이터의 순서 값이 포함되어 있습니다. 인공지능 개발에 필요한 데이터에는 확진자 수만 필요하기 때문에 필요하지 않은 값은 빼고, 꼭 필요한 값만 가져오기 위해서 이렇게 코드를 입력합니다.

```
dataset = dataset.astype('float32')
```

정규화를 실시할 수 있도록 두 번째 행의 값을 실수로 바꾸어 줍니다. 모델이 더 좋은 성능을 가질 수 있도록 정규화하며, 정규화하기 위해서 보통 나눗셈을 사용합니다. 지금 읽어 온 데이터는 정수형 데이터이므로 정수형 데이터를 소수점 단위까지 나누기 위해서는 실수로 바꾸어 줄 필요가 있습니다.

3 데이터 정규화 및 분류하기

인공지능 모델의 성능을 높이려면 데이터 정규화가 필요합니다. 여기에서는 데이터를 0과 1 사이의 값으로 바꾸어서 사용합니다.

```
scaler = MinMaxScaler(feature_range=(0,1))
Dataset = scaler.fit_transform(dataset)
train_data, test_data = train_test_split(Dataset, test_size=0.2, shuffle=False)
print(len(train_data), len(test_data))
```

> 실행 결과
> 89 23

표 18-1 정규화 과정을 거친 데이터 모습

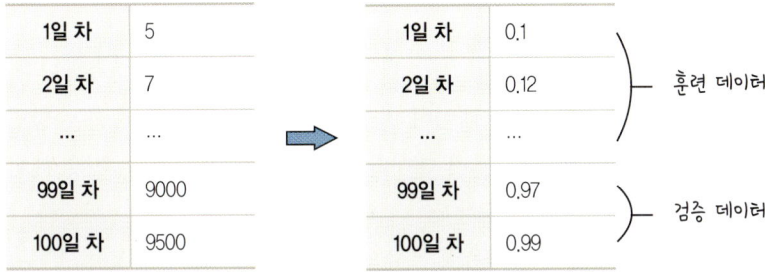

scaler = MinMaxScaler(feature_range=(0,1))

정규화하는 방법을 scaler로 정하고, 이를 위해 사이킷런 라이브러리 중 MinMaxScaler 함수를 사용합니다. 또 데이터를 정규화하는 범위를 0~1 사이의 값(feature_range=(0,1))으로 결정합니다.

Dataset = scaler.fit_transform(dataset)

바로 앞에서 만든 정규화 방법인 scaler를 사용한 후 MinMaxScaler 함수 중 fit_transform 함수를 사용하여 데이터를 정규화합니다. 이렇게 정규화한 데이터를 Dataset으로 정합니다.

train_data, test_data = train_test_split(Dataset, test_size=0.2, shuffle=False)

인공지능 모델을 만들 때는 훈련 데이터와 검증 데이터를 사용합니다. 이렇게 구분하는 것은 바로 인공지능 성능을 정확하게 측정하기 위함입니다. 검증 데이터 없이 훈련 데이터로만 인공지능 성능을 측정하면 어떻게 될까요?

훈련한 데이터에는 너무나도 정확한 성능을 보이겠지만, 미처 훈련하지 않은 데이터를 가져가면 그 성능이 좋다고 단정할 수 없겠죠? 이를 위해 인공지능 모델을 개발할 때 훈련 데이터와 검증 데이터로 구분합니다.

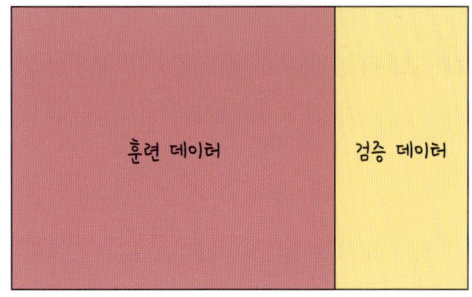

그림 18-6 훈련 데이터와 검증 데이터로 구분

train_test_split 함수를 사용하여 전체 데이터를 훈련 데이터와 검증 데이터로 분류합니다. 이 함수를 사용할 때 분류할 데이터(Dataset), 검증 데이터 비율(test_size=0.2), 추출하는 방법(shuffle=False)을 결정합니다. 이렇게 분류한 후 훈련 데이터를 train_data 변수에, 검증 데이터를 test_data에 넣습니다.

지금부터 분류가 잘되었는지 확인해 봅시다. 훈련 데이터의 개수와 검증 데이터의 개수를 출력합니다.

 잠깐만요 훈련 데이터와 검증 데이터 추출 방법

추출하는 방법에는 두 가지가 있습니다. 첫 번째는 무작위 추출(shuffle=True)이고 두 번째는 순차 추출(shuffle=False)입니다. 지금처럼 순서가 중요한 시계열 데이터, 즉 날짜별 데이터를 사용할 때는 순서를 맞추어 데이터를 추출할 필요가 있습니다.

```
print(len(train_data), len(test_data))
```
훈련 데이터의 개수와 검증 데이터의 개수를 출력하는 코드입니다.

 ## 4 데이터 형태 변경하기

우리가 만드는 순환 신경망(RNN) 모델은 이전의 연속된 데이터를 사용하여 이후 값을 예측합니다. 예를 들어 이전 3일치 데이터를 사용하여 네 번째 날짜 값을 예측하는 형식으로 말이죠.

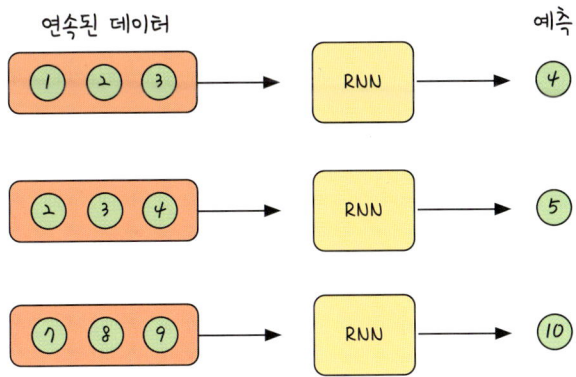

그림 18-7 3일치 확진자 수 데이터로 다음 날의 확진자 수 예측

1~3일 차 확진자 수(연속된 데이터)를 순환 신경망 모델에 넣으면 그다음 날짜의 확진자 수, 즉 4일 차 확진자 수를 예측해서 반환해 줍니다. 그리고 7~9일 차 확진자 수를 순환 신경망 모델에 넣으면 그다음 날짜의 확진자 수인 10일 차 확진자 수를 예측해서 반환합니다.

그런데 이러한 형태로 예측하려면 데이터 모습 또한 이에 맞게 변경해야 합니다. 현재 우리가 가지고 있는 데이터는 한 줄로 쭉 나열된 모습입니다. 1일 차 확진자 다음에 2일 차 확진자, 3일 차, 4일 차, 5일 차… 이렇게 말이죠.

그렇기 때문에 우리가 인공지능 모델에 데이터를 입력하려면 형태를 조금 바꾸어야 합니다.

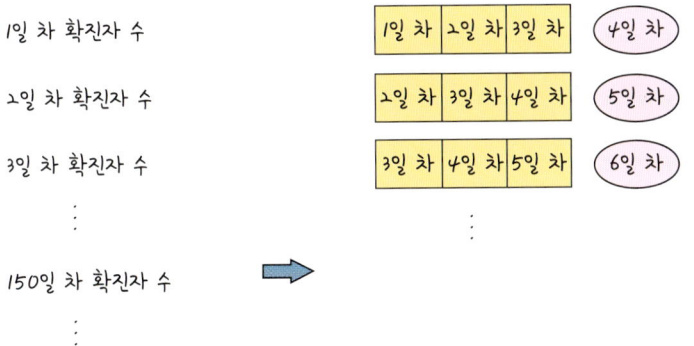

그림 18-8 예측 데이터의 모습을 연속된 값 형태로 바꾸어야 한다

즉, 이와 같이 한 줄로 나열된 데이터를 연속된 데이터 형태로 바꾸어 주는 과정이 필요합니다. 순환 신경망에서는 어떤 방식으로 데이터를 넣을지 정하는 것이 아주 중요합니다. 지금부터 우리가 살펴볼 코드가 조금은 복잡해 보이지만 꼭 넘어야 할 산이기도 합니다.

앞에서 말한 내용이지만 우리가 만드는 인공지능은 3일치 확진자 수를 바탕으로 그다음 날의 확진자 수를 예측합니다.

더 이해하기 쉽도록 10일치의 데이터가 있다고 가정해 봅시다. 다시 말해 1~3일 차를 바탕으로 4일 차를 예상하고, 2~4일 차를 바탕으로 5일 차를 예상합니다. 그리고 마지막은 7~9일 차를 바탕으로 10일 차를 예측하는 방식으로 끝납니다. 그러면 데이터를 다음 그림과 같은 형태로 구분해야 합니다.

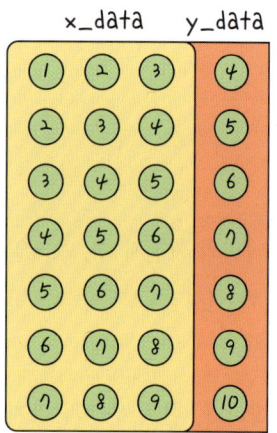

그림 18-9 x_data의 형태와 y_data의 형태

이러한 형태로 바꾸기 위해서는 다음 그림과 같은 과정이 필요합니다. 지금부터 데이터 형태를 바꾸어 주는 함수를 만들어 보겠습니다.

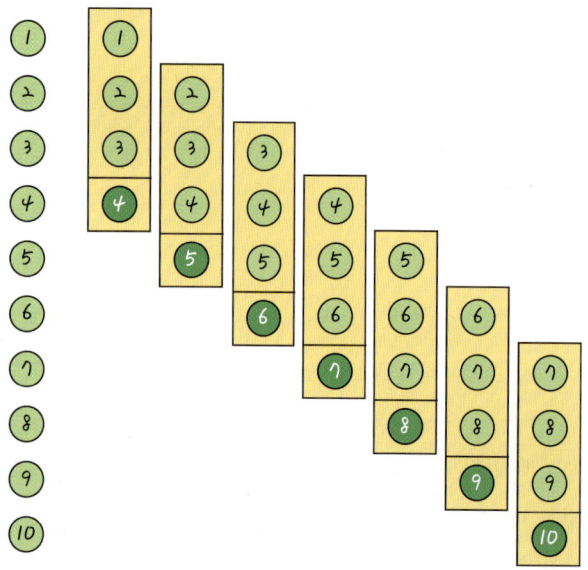

그림 18-10 데이터 형태를 바꾸는 과정

쉽게 이해하기 위해 총 10일 차까지 데이터만 있다고 가정해 봅시다. 먼저 1일 차부터 3일 차까지 뽑아서 x_data에 넣고, 그다음 4일 차를 y_data에 넣는 것이죠. 그리고 2일 차부터 4일 차까지 뽑

아서 x_data에 넣고, 그다음 5일 차를 y_data에 넣으면 됩니다. 이 과정을 총 일곱 번 하면 됩니다. 이러한 과정을 거쳐 10일치 데이터를 우리가 원하는 형태로 바꿀 수 있습니다. 이제 여러 날의 데이터를 변환할 수 있는 함수를 만들어 보겠습니다. 파이썬 문법에서 학습한 함수 개념을 사용합니다.

 잠깐만요 왜 함수를 만들까요?

우리가 프로그래밍할 때 함수를 만드는 이유는 동일한 프로그래밍을 반복하지 않기 위함입니다. 프로그래밍에서 특정 작업을 반복할 경우에 함수를 만들면 더 쉽게 코딩할 수 있습니다. 지금 함수를 만드는 이유도 이와 같습니다. 함수를 만들면 10일치 확진자 데이터가 아니라 20일치, 30일치, 혹은 150일치 확진자 데이터가 들어왔을 때도 데이터를 손쉽게 변환할 수 있습니다.

이 과정을 프로그래밍하면 다음과 같습니다.

```python
def create_dataset(dataset, look_back):
    x_data = []
    y_data = []
    for i in range(len(dataset)-look_back):
        data = dataset[i:(i+look_back), 0]
        x_data.append(data)
        y_data.append(dataset[i+look_back, 0])
    return np.array(x_data), np.array(y_data)
```

`def create_dataset(dataset, look_back):`

def를 사용하여 create_dataset 함수를 만들어 줍니다. 이때 함수에 들어가는 인자는 두 가지로, 첫 번째는 원래 데이터(dataset)이며, 두 번째는 연속되는 데이터 개수(look_back)입니다.

`x_data = [ ]`와 `y_data = [ ]`

배열([ ])을 사용하여 각각 x_data와 y_data를 넣을 수 있는 공간을 만듭니다.

`for i in range(len(dataset)-look_back):`

range 함수를 사용하여 몇 번을 반복할지 정해 줍니다. 반복하는 횟수가 조금 복잡한데요. 앞에서 예를 든 것처럼 전체 데이터가 10개라면 총 일곱 번을 반복하면 됩니다. 그림 18-10을 다시 보면 총 일곱 번의 과정이 필요한 것을 알 수 있습니다. 3일치를 바탕으로 예측하기 때문이죠.

파이썬의 반복문에서 반복 횟수를 정할 때는 range 함수를 사용합니다. 총 일곱 번 반복하려면 range(7)을 하면 됩니다. 그렇기 때문에 len(dataset)-look_back 같은 식이 필요합니다.

> **range** 함수는 연속된 정수를 만들어 줍니다. range(7)처럼 숫자가 하나만 있을 경우 0부터 그 숫자에 해당하는 숫자까지, 즉 0, 1, 2, 3, 4, 5, 6 이렇게 7개의 숫자를 생성해 줍니다.

```
data = dataset[i:(i+look_back), 0]
```

이제 반복문의 내부입니다. 첫 번째 반복에서 i는 0입니다. 먼저 1일 차부터 3일 차까지 데이터를 뽑아야 하기 때문에 전체 데이터(dataset)의 첫 번째부터 세 번째까지 열의 데이터를 추출합니다 (dataset[0:3, 0]). 그리고 이렇게 데이터를 추출할 때 확진자 수를 나타내는 첫 번째 열(0번째 열)에서만 추출하기 때문에 숫자 0을 입력합니다.

두 번째 반복에서 i는 1입니다. 2일 차부터 4일 차까지 데이터를 뽑아야 하므로 dataset[1:4, 0] 처럼 프로그래밍됩니다.

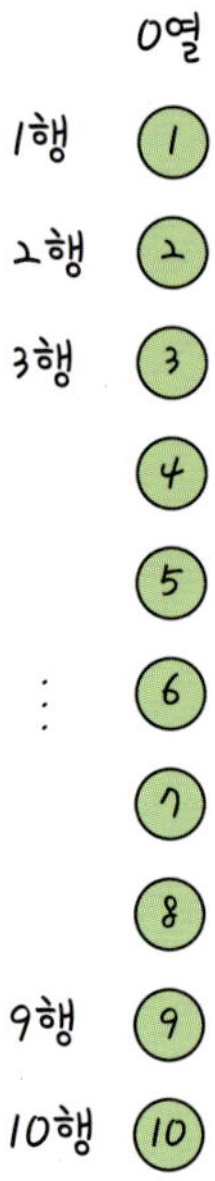

그림 18-11 사용하는 데이터 형태

```
x_data.append(data)
```

append 함수를 사용하여 바로 앞에서 추출한 3개의 연속된 데이터(data)를 x_data 배열에 넣어 줍니다.

```
y_data.append(dataset[i+look_back, 0])
```

이제 데이터를 추출하는 과정과 추출할 데이터를 배열에 넣는 과정을 한 번에 해 보겠습니다. append 함수를 사용하여 연속된 데이터의 이후 값을 y_data 배열에 넣어 줍니다. 첫 번째 반복에서는 네 번째 값, 즉 네 번째 확진자 수인 (3,0) 위치에 있는 값을 넣어 줍니다. 두 번째 반복에서는 다섯 번째 값, 즉 다섯 번째 확진자 수인 (4,0) 위치에 있는 값을 넣어 줍니다.

```
return np.array(x_data), np.array(y_data)
```

최종적으로 변환된 x_data와 y_data를 모델에서 계산을 쉽게 하도록 넘파이 배열로 바꿉니다.

 입력 데이터 생성하기

앞에서 만든 함수를 사용하여 실제 인공지능 모델에 입력할 수 있는 데이터를 만들어 보겠습니다. 이처럼 인공지능을 만드는 것의 시작은 어떻게 보면 데이터를 잘 정리하는 것입니다. 그리고 데이터를 인공지능 모델에 맞게 정리하는 작업에 많은 노력이 필요하답니다.

```
look_back = 3
x_train, y_train = create_dataset(train_data, look_back)
x_test, y_test = create_dataset(test_data, look_back)
print(x_train.shape, y_train.shape)
print(x_test.shape, y_test.shape)
```

실행 결과
```
(86, 3) (86,)
(20, 3) (20,)
```

이제 인공지능 모델을 개발하는 데이터를 생성하겠습니다.

```
look_back = 3
```

며칠 동안의 연속된 데이터를 바탕으로 인공지능에서 학습할지를 정해 주는 코드입니다. 이번 예제에서는 그 수를 3으로 설정(look_back = 3)하겠습니다(숫자를 변경해도 됩니다).

`x_train, y_train = create_dataset(train_data, look_back)`

훈련 데이터를 생성하기 위해 18.4절에서 만든 create_dataset 함수를 호출하겠습니다. 함수에 전달할 인자 중 첫 번째 인자에 훈련 데이터(train_data)를, 두 번째 인자에 look_back(3을 담고 있습니다)을 넣습니다.

함수를 호출한 결과 2개의 데이터가 생성(x_data, y_data)됩니다. 이제 이 함수를 호출하면 2개의 배열을 반환해 줍니다. 첫 번째는 3일치의 연속된 값(x_data)으로 된 데이터고, 두 번째는 인공지능이 학습할 값(y_data)입니다.

첫 번째 생성되는 x_data를 x_train 데이터로, 두 번째 생성되는 y_data를 y_train 데이터로 넣습니다.

`x_test, y_test = create_dataset(test_data, look_back)`

검증 데이터를 생성하기 위해 create_dataset 함수를 호출하겠습니다. 함수에 전달할 인자 중 첫 번째 인자에 검증 데이터(test_data)를 넣습니다. 두 번째 인자에는 look_back을 넣습니다. 마찬가지로 첫 번째 생성되는 x_data를 x_test 데이터로, 두 번째 생성되는 y_data를 y_test 데이터로 넣습니다.

`print(x_train.shape, y_train.shape)`

훈련 데이터 중 입력 데이터(x_train) 모습(shape)과 훈련 데이터 중 출력 데이터(y_train) 모습(shape)을 살펴보겠습니다.

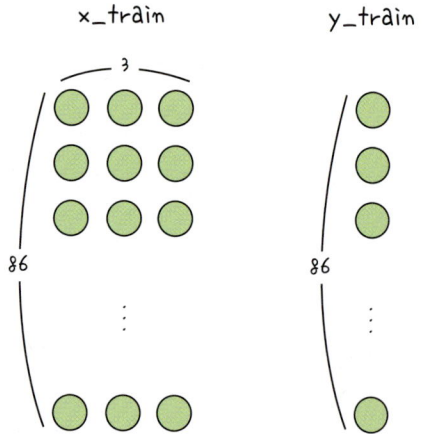

그림 18-12 훈련 데이터 중 입력 데이터(x_train)와 출력 데이터(y_train) 모습

이처럼 입력 데이터의 형태는 3일치 데이터가 늘어선 모양이고, 출력 데이터의 형태는 그다음 날짜의 확진자 수로 구성된 모습을 볼 수 있습니다.

`print(x_test.shape, y_test.shape)`

검증 데이터 중 입력 데이터(x_test)의 모습(shape)과 검증 데이터 중 출력 데이터(y_test)의 모습(shape)을 살펴보겠습니다. 이 또한 입력 데이터의 형태는 3일치 데이터가 늘어선 모양이고, 출력 데이터의 형태는 그다음 날짜의 확진자 수로 구성된 모습을 볼 수 있습니다.

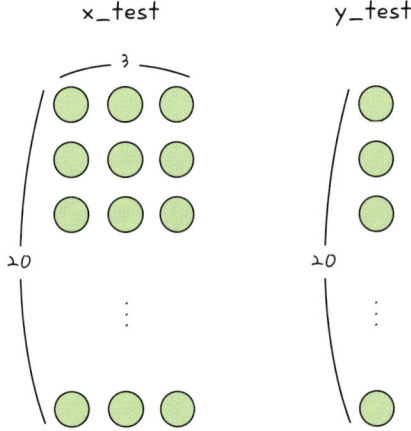

그림 18-13 검증 데이터 중 입력 데이터(x_test)와 출력 데이터(y_test) 모습

6 인공지능 모델에 넣어 줄 형태로 변환하기

생성한 데이터를 인공지능 모델에 넣을 수 있도록 한 번 더 형태를 바꾸어 줍니다. 왜 이렇게 자꾸 데이터 형태를 바꾸는지 궁금하지 않나요?

우리가 사용한 데이터를 인공지능 모델에 넣을 때 85×1×3 같은 형태로 넣기 위해서입니다. 지금 가진 데이터 모습은 3개의 데이터가 85층으로 구성되어 있습니다(그림 18-14 왼쪽). 하지만 우리는 이를 각각의 줄로 나누어서 넣을 필요가 있죠. 바로 1×3의 형태로 85개를 넣어야 합니다(그림 18-14 오른쪽).

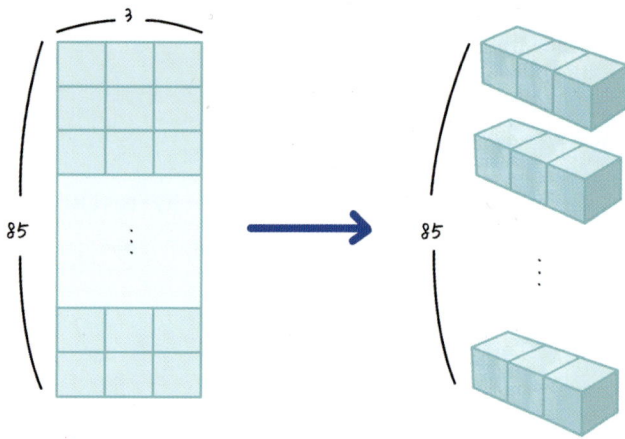

그림 18-14 2차원 배열을 3차원 배열로 바꾸기

똑같은 이야기 같지만 데이터를 넣을 때 1×3 형태의 데이터처럼 한 줄씩 넣는 것과 86×3 형태를 통째로 넣는 것에는 분명한 차이가 있습니다. 우리가 만드는 인공지능은 각각의 3일치 데이터를 학습해야 하기 때문입니다.

이렇게 바꾸는 것을 조금 어렵게 표현하면 2차원 배열을 3차원 배열로 바꾸는 것이라고 합니다.

```
X_train = np.reshape(x_train, (x_train.shape[0], 1, x_train.shape[1]))
X_test = np.reshape(x_test, (x_test.shape[0], 1, x_test.shape[1]))
print(X_train.shape)
print(X_test.shape)
```

실행 결과
(86, 1, 3)
(20, 1, 3)

훈련 데이터 개수가 86개이며 1×3 형태인 것을 볼 수 있습니다. 그리고 검증 데이터 개수가 20개이며, 형태도 훈련 데이터와 마찬가지로 1×3인 것을 볼 수 있습니다.

X_train = np.reshape(x_train, (x_train.shape[0], 1, x_train.shape[1]))

넘파이(np) 라이브러리 중 형태를 바꾸어 주는 함수(reshape)를 사용하여 훈련 데이터(x_train)의 형태를 바꾸어 줍니다. 함수의 첫 번째에는 바꿀 데이터(x_train)를, 두 번째에는 어떤 형태로 바꿀지 넣어 줍니다. 총 86개의 데이터로 만들 것이며, 1×3 형태여야 합니다. x_train.shape를 실행하면 (86, 3)이 나옵니다. 이때 첫 번째 값 x_train.shape[0]인 86을 넣고, 1개씩으로 나누기 위해 1을, 3을 넣기 위해 x_train.shape[1]의 값을 넣어 줍니다.

x_train.shape[0]은 x_train.shape의 결괏값 중 첫 번째 값을 의미합니다. 마찬가지로 x_train.shape[1]은 두 번째 값을 의미합니다.

```
X_test = np.reshape(x_test, (x_test.shape[0], 1, x_test.shape[1]))
```

검증 데이터(x_test) 역시 같은 방식으로 바꾸어 줍니다.

```
print(X_train.shape)
```

바뀐 형태의 훈련 데이터(x_train)의 모습(shape)을 살펴봅시다.

```
print(X_test.shape)
```

바뀐 형태의 훈련 데이터(x_test)의 모습(shape)을 살펴봅시다.

 인공지능 모델 만들기

이제 이 절의 핵심인 인공지능 모델을 만들어 보겠습니다. 순환 신경망은 말 그대로 신경망의 학습에서 순환적인 학습을 하는 모습을 보여 줍니다. 그런데 이 말이 사실 이해하기 쉽지 않습니다. 다음 그림의 왼쪽을 한번 살펴볼까요? 일반적인 시퀀셜 모델입니다.

 시퀀셜 모델이란 입력층과 은닉층, 출력층의 레이어가 한 방향으로 연결되어 구성된 모델을 의미합니다.

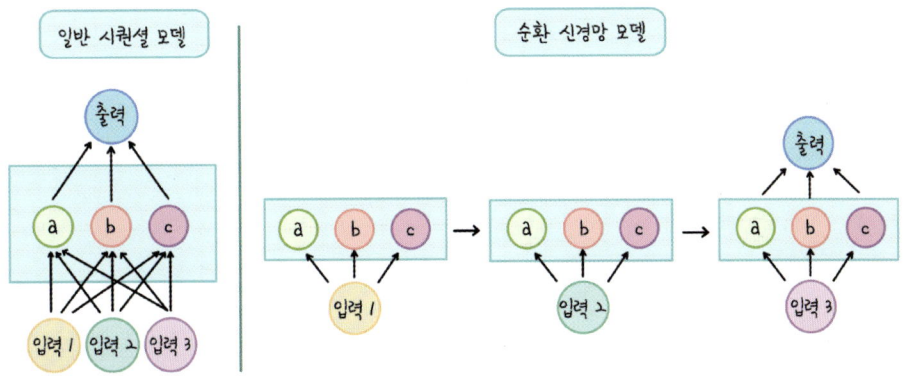

그림 18-15 일반적인 시퀀셜 모델과 순환 신경망 모델

일반적인 시퀀셜 모델은 UNIT 17에서 숫자 인식 인공지능 모델을 만든 것을 떠올려 봅시다. 그 모델은 입력 데이터가 은닉층을 거쳐 출력층까지 전달되어 특정한 값을 예측하는 것을 볼 수 있었습니다.

하지만 그림 18-15의 오른쪽인 순환 신경망에서는 그 방식이 조금 다릅니다. 먼저 여기에서는 3일 동안의 확진자 수를 바탕으로 그다음 날 확진자 수를 예측하기 때문에 입력하는 데이터가 3개입니다. 그리고 은닉층의 뉴런 수를 3개(a, b, c)로 정해서 실습해 보겠습니다(물론 더 많아도 상관없습니다).

이때 3일 동안의 확진자 데이터를 한 번에 넣어서 학습시키는 것이 아닙니다. 데이터 순서가 중요하기 때문이죠. 그래서 첫 번째 데이터를 넣고 은닉층에 있는 파라미터들(가중치와 편향의 값)을 학습시킵니다. 그러면 그때의 가중치와 편향의 값이 생기겠죠? 그 학습의 결괏값을 바로 출력하는 것이 아니라 다음 단계에서 참고할 수 있도록 넘겨줍니다.

그 이후 똑같은 은닉층에 첫 번째 데이터를 넣고 학습한 결과와 함께 두 번째 데이터를 넣고 학습시킵니다. 이때는 앞에서 첫 번째 값을 넣었을 때 학습한 결괏값을 포함하여 학습을 시작하고, 그다음 이 결과를 다시 다음 단계로 넘겨줍니다. 이후 이 결괏값과 세 번째 데이터를 넣고 학습시킨 후 최종값을 예측하는 구조입니다.

```
model = Sequential()
model.add(SimpleRNN(3, input_shape=(1,look_back)))
model.add(Dense(1, activation="linear"))
model.compile(loss='mse', optimizer='adam')
model.summary()
```

실행 결과

```
Model: "sequential"
_____
Layer (type)              Output Shape          Param #
=================================================================
simple_rnn (SimpleRNN)    (None, 3)             21

dense (Dense)             (None, 1)             4
=================================================================
Total params: 25
Trainable params: 25
Non-trainable params: 0
_____
```

생성한 모델 이름, 각 층의 형태, 파라미터(가중치 값)의 수를 볼 수 있습니다.

```
model = Sequential()
```

model이라는 인공지능 모델을 만들겠습니다. 이 모델은 시퀀셜(Sequential) 모델입니다. 순환 신경망(RNN) 역시 레이어들이 선형으로 연결된 모습이기 때문에 시퀀셜 모델로 설정하는 것입니다.

```
model.add(SimpleRNN(3, input_shape=(1,look_back)))
```

RNN 기법 중 SimpleRNN을 사용하겠습니다. SimpleRNN의 뉴런 수는 3개(이 값은 변경해도 상관 없습니다)이며, 어떤 데이터 형태를 넣는지(input_shape=(1,look_back)) 결정해 줍니다. 데이터 형태는 몇 개의 연속된 데이터를 넣는지에 따라 달라지기 때문에 (1,look_back) 형태로 설정합니다.

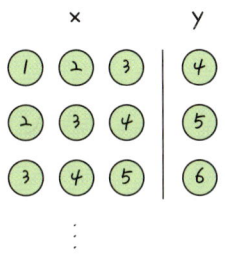

그림 18-16 입력 데이터 모습

이처럼 한 번에 1×3 형태인 3일치 데이터를 넣기 때문에 (1,look_back)을 넣습니다.

```
model.add(Dense(1, activation="linear"))
```

최종 예측값은 연속된 데이터 이후의 값, 즉 확진자 수입니다. 이 값은 여러 개가 아닌 하나의 값이므로 1개의 노드를 구성합니다.

```
model.compile(loss='mse', optimizer='adam')
```

인공지능을 계산하는 방법을 결정합니다. 손실 함수는 mse(평균 제곱 오차: mean_squared_error)로, 옵티마이저는 adam 옵티마이저를 사용하겠습니다. 다양한 손실 함수 중 왜 하필이면 평균 제곱 오차를 사용할까요? 바로 실제 확진자 수와 예측한 값의 차이를 바탕으로 오차를 나타낼 수 있기 때문입니다.

> 6.1절 나이를 예측하는 인공지능 모델의 오차 구하기를 참고하세요.

`model.summary()`

생성된 모델을 요약합니다.

실행 결과를 살펴볼까요? 여기에서 Model: "sequential_1"은 첫 번째 순서로 만든 순차 모델이라는 의미입니다(실습 환경에 따라 숫자는 달라질 수 있습니다). simple_rnn (SimpleRNN)은 SimpleRNN을 사용했다는 의미이며, Output Shape에서 볼 수 있듯이 총 노드 수는 3개입니다. Param은 simple_rnn의 파라미터(가중치와 편향 값) 수를 의미합니다.

dense (Dense)는 출력층에서 형태 및 파라미터 수를 의미합니다.

 **모델 학습시키기**

지금까지 만든 순환 신경망에 데이터를 추가하여 신경망을 학습시켜 보겠습니다. 신경망 학습을 위해 훈련 데이터(X_train, y_train)를 사용합니다.

```
model.fit(X_train, y_train, epochs=100, batch_size=1, verbose=1)
```

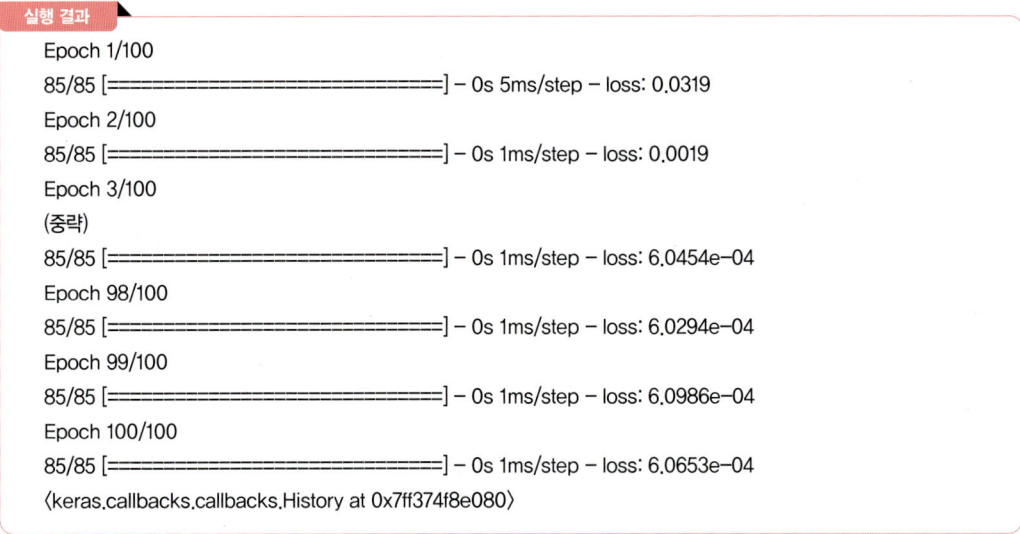

케라스의 함수를 사용하여 모델을 학습시켜 보겠습니다. 이때 입력 데이터(X_train), 출력 데이터(y_train), 반복 횟수(epochs=100), 한 번에 학습시킬 데이터양(batch_size=1)을 설정합니다.

학습 진행 경과를 어떻게 표시할지 결정하기 위해 에포크별 진행 사항을 간단히 알려 주는 방식인 verbose=1로 설정합니다.

> **TIP** 한 번에 학습시킬 데이터양이 1인 이유는 이번 예제에서는 그렇게 설정했기 때문입니다. 물론 여러분이 바꾸어도 상관없습니다.

9 데이터 예측하기

지금까지 모델을 학습시켰습니다. 모델을 학습시킨 후 해야 할 일은 바로 모델 성능을 측정하는 것입니다. 하지만 바로 모델 성능을 측정하지 않고, 한 단계를 더 거칠 예정입니다. 모델 성능을 측정하려면 실제 데이터를 예측한 값과 실제 데이터의 값 차이를 봐야 합니다. 그러므로 정규화를 거친 결과가 아닌 실제 확진자 수 데이터가 필요합니다. 다음 그림에서 볼 수 있듯이 RNN 모델로 구한 예측값을 정규화되기 전 값으로 변환해야 하며, 실젯값 또한 정규화되기 전 값으로 변환해야 합니다.

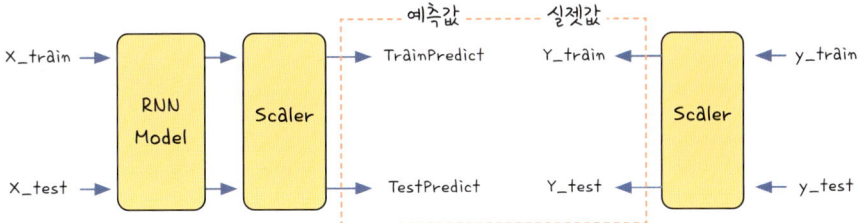

그림 18-17 순환 신경망 모델에서 예측값과 실젯값

지금부터 순환 신경망 모델에 실제 데이터를 넣었을 때 어떻게 예측값을 반환하는지 살펴보겠습니다. 먼저 입력 데이터를 모델에 넣어서 출력값을 얻습니다. 입력 데이터에는 훈련 데이터인 X_train과 X_test를 넣습니다. 출력값은 trainPredict와 testPredict로 나옵니다. 이 결괏값은 0과 1 사이의 값으로 나오기 때문에 Scaler를 거쳐 실젯값(TrainPredict와 TestPredict, 첫 문자가 대문자입니다)으로 변환합니다.

그리고 실젯값인 y_train 데이터와 y_test 데이터 역시 0과 1 사이 값이기 때문에 Scaler를 거쳐 실젯값(Y_train과 Y_test)으로 변환합니다.

```
trainPredict = model.predict(X_train)
testPredict = model.predict(X_test)
TrainPredict = scaler.inverse_transform(trainPredict)
Y_train = scaler.inverse_transform([y_train])
TestPredict = scaler.inverse_transform(testPredict)
Y_test = scaler.inverse_transform([y_test])
print(trainPredict)
```

```
trainPredict = model.predict(X_train)
```

케라스에는 생성한 인공지능 모델에 데이터를 넣어서 결괏값을 생성하는 predict 함수가 있습니다. 이 함수를 사용하여 훈련 데이터(X_train)의 값을 모델에 넣어 값을 예측합니다. 그리고 그 예측값을 trainPredict에 넣습니다.

```
testPredict = model.predict(X_test)
```

마찬가지로 predict 함수를 사용하여 검증 데이터(X_test)의 값을 모델에 넣어 값을 예측합니다. 그리고 그 예측값을 testPredict에 넣습니다.

```
TrainPredict = scaler.inverse_transform(trainPredict)
```

생성한 인공지능 모델에 훈련 데이터를 넣어서 얻은 결과가 바로 trainPredict입니다. 이 trainPredict에 저장된 값을 살펴보면 0과 1 사이의 값으로 나타난 것을 볼 수 있습니다.

인공지능 모델이 학습할 때 사용한 결괏값이 정규화 과정을 거친 0과 1 사이의 값이기 때문입니다.

실행 결과
```
[[0.01728329]
 [0.01722289]
 [0.01749584]
 [0.01747571]
 [0.01754917]
 [0.01754917]
 [0.01754917]
 ...
 [0.92954063]
 [0.93017685]
 [0.9305984 ]
 [0.93112814]
 [0.93168384]
 [0.93186057]
 [0.9324945 ]]
```

하지만 우리가 원하는 값은 0과 1 사이의 값이 아닌 확진자 수, 즉 자연수 형태입니다. 이를 위해서 훈련 데이터의 예측값(trainPredict)을 구할 때 scaler 라이브러리의 inverse_transform 함수를 사용합니다. 이 함수를 사용하면 0과 1 사이의 값을 정규화하기 전 확진자 수로 바꿀 수 있습니다.

 참고로 scaler는 18.3절에서 우리가 만든 함수입니다. 기존에 있는 함수가 아니라 정규화를 위해 sklearn 라이브러리의 MinMaxScaler로 만든 것이랍니다.

```
Y_train = scaler.inverse_transform([y_train])
```

이제 실제 확진자 수를 나타내는 훈련 데이터(y_train)의 형태를 변형할 차례입니다. 실제 확진자의 훈련 데이터는 y_train 변수에 있습니다. 하지만 이 변숫값 또한 0과 1 사이의 값으로 정규화된 값입니다. 이 값을 원래 값, 자연수 형태의 값으로 변경해야 하기 때문에 정규화할 때 사용한 scaler와 inverse_transform 함수를 씁니다. 이 함수를 사용하여 변형한 데이터를 Y_train 변수에 넣습니다.

```
TestPredict = scaler.inverse_transform(testPredict)
```

다음으로 훈련 데이터의 예측값, testPredict 변수에 들어 있는 값을 변형하겠습니다. 이 값 또한 0과 1 사이의 값으로 정규화된 값으로 예측되었기 때문에 값을 변형해야 합니다. 이를 위해 scaler와 inverse_transform 함수를 사용한 후 변경한 값을 TestPredict 변수에 저장합니다.

```
Y_test = scaler.inverse_transform([y_test])
```

검증 데이터의 형태를 변형할 차례입니다. 실제 확진자의 검증 데이터는 y_test 변수에 있습니다. 하지만 이 변숫값 또한 0과 1 사이의 값으로 정규화된 값입니다. 이 값을 원래 값, 자연수 형태의 값으로 변경해야 하기 때문에 scaler와 inverse_transform 함수를 사용합니다. 이 함수를 사용하여 변형한 데이터를 Y_test 변수에 넣습니다.

10 모델 정확도 살펴보기

모델이 예측한 값과 실젯값에는 어느 정도 차이가 있는지 살펴보겠습니다. 이때 사용하는 함수는 평균 제곱근 오차(root mean squared error)입니다. 바로 평균 제곱 오차를 제곱근한 값입니다.

> **TIP** 6.1절 나이를 예측하는 인공지능 모델의 오차 구하기를 참고하세요.

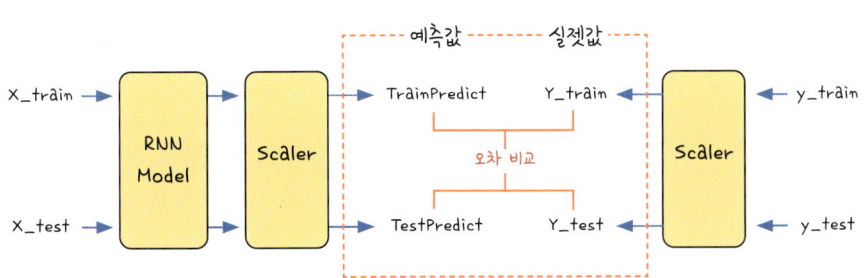

그림 18-18 예측값과 실젯값의 오차 구하기

이와 같이 앞에서 도출한 결과 데이터, 예측값과 실젯값의 차이를 구해서 모델 정확도를 측정해 보겠습니다.

```
trainScore = math.sqrt(mean_squared_error(Y_train[0], TrainPredict[:,0]))
print('Train Score: %.2f RMSE' % (trainScore))
testScore = math.sqrt(mean_squared_error(Y_test[0], TestPredict[:,0]))
print('Test Score: %.2f RMSE' % (testScore))
```

실행 결과
Train Score: 269.85 RMSE
Test Score: 255.18 RMSE

 여러분 실행 결과 수치는 책과 다를 수 있습니다.

평균 제곱근 오차가 훈련 데이터의 경우 270, 검증 데이터의 경우 255 정도로 나온 것을 볼 수 있습니다. 학습의 반복 횟수를 늘리거나 모델 형태를 변경하면 이 값은 줄어들 수 있습니다.

trainScore = math.sqrt(mean_squared_error(Y_train[0], TrainPredict[:,0]))

먼저 훈련 데이터를 얼마나 정확하게 예측하는지 살펴보겠습니다.

sklearn 라이브러리의 mean_squared_error 함수를 사용하면 mean_squared_error 값을 손쉽게 구할 수 있습니다. 이 함수의 첫 번째에는 실제 정답값 전체를 가져오기 위해 Y_train[0]을, 두 번째에는 예측값 전체를 가져오기 위해 TrainPredict[:,0]을 넣습니다. 예측값의 형태가 [:,0]인 이유는 2차원 배열로 되어 있기 때문입니다.

이제 mean_squared_error 함수가 자동으로 오차값을 제곱하여 각각의 값을 더한 결과를 반환합니다. 평균 제곱근 오차를 구하기 위해 결괏값을 제곱근한 값을 math.sqrt 함수를 사용하여 얻습니다.

print('Train Score: %.2f RMSE' % (trainScore))

훈련 데이터를 예측한 정확도를 출력해 보겠습니다. print문에서 변숫값을 출력하는 방법 중 하나로 실숫값을 출력할 때는 %f를 사용합니다. 이때 소수 둘째 자리까지만 출력하라는 의미로 %.2f를 입력했습니다. 출력할 변수를 % 기호 뒤에 넣으면 됩니다.

```
testScore = math.sqrt(mean_squared_error(Y_test[0], TestPredict[:,0]))
```

이제 드디어 검증 데이터를 예측한 결과의 정확도를 살펴볼 차례입니다. 앞에서 살펴본 것과 같은 방식으로 계산하면 됩니다. 이때 평균 제곱 오차를 구할 때 훈련 데이터의 값((Y_test)과 그 예측값(TestPredict)을 넣어 줍니다.

```
print('Test Score: %.2f RMSE' % (testScore))
```

검증 데이터를 예측한 정확도를 출력하는 코드입니다. 앞 과정과 동일하며 출력할 변수만 검증 데이터의 예측 정확도(testScore)로 바뀌었습니다.

 결과를 그래프로 확인하기

앞에서 평균 제곱근 오차(RMSE)를 구하여 모델 정확도를 살펴보았지만, 이 점수만으로 모델이 어느 정도 정확한지 한눈에 파악하기란 쉽지 않습니다. 그렇기 때문에 실제 데이터의 그래프와 훈련 데이터를 예측한 그래프, 검증 데이터를 예측한 그래프를 한 번에 그려서 비교해 보겠습니다.

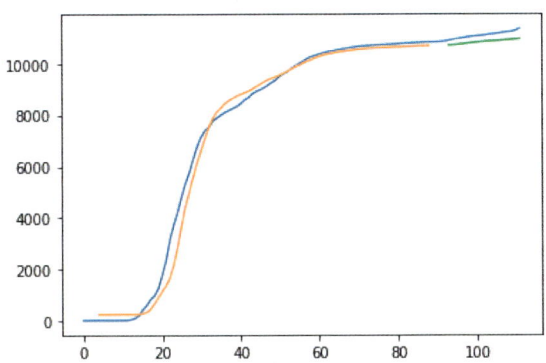

그림 18-19 실행 결과: 인공지능이 예측한 코로나 19 확진자 수 그래프

이 그래프가 바로 인공지능이 예측한 코로나 19 확진자 수입니다. 주황색과 초록색 선이 바로 인공지능이 예측한 확진자 수이며, 파란색 선이 실제 확진자 수입니다. 그래프를 보면 인공지능이 실제와 유사한 흐름으로 예측한 것을 확인할 수 있습니다. 직전 3일치를 바탕으로 다음 날을 예측하기 때문에 처음 3일 동안의 예측값이 없는 것을 볼 수 있습니다.

```
trainPredictPlot = np.empty_like(dataset)
trainPredictPlot[:, :] = np.nan
trainPredictPlot[look_back:len(TrainPredict)+look_back, :] = TrainPredict
testPredictPlot = np.empty_like(dataset)
testPredictPlot[:, :] = np.nan
testPredictPlot[len(TrainPredict)+(look_back)*2:len(dataset), :] = TestPredict
plt.plot(dataset)
plt.plot(trainPredictPlot)
plt.plot(testPredictPlot)
plt.show()
```

이제 예측한 값을 데이터 순서에 맞게 넣어 주겠습니다.

trainPredictPlot = np.empty_like(dataset)

먼저 훈련 데이터를 예측한 값을 저장할 배열을 만들어 보겠습니다. 이를 위해 전체 데이터(dataset)와 동일한(np.empty_like) 형태의 넘파이 배열(trainPredictPlot)을 만들어 줍니다. 실제 데이터와 예측한 데이터를 하나의 그림에서 비교하기 위함입니다.

trainPredictPlot[:, :] = np.nan

만들어진 배열의 모든 값을 nan으로 설정합니다. 앞에서 만든 배열을 깨끗하게 하기 위해 배열 값을 nan으로 설정하는 것입니다. 콜론(:)은 모든 값을 의미합니다. (처음):(마지막)에서 처음과 마지막은 생략하고 나타내죠.

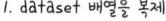
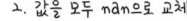
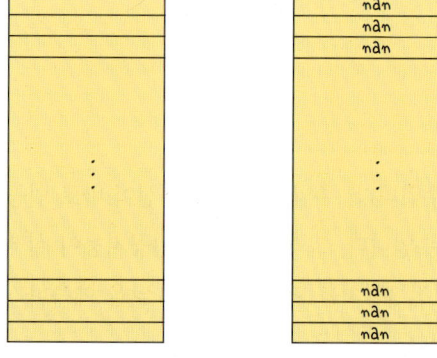

그림 18-20 trainPredict 배열값을 nan으로 교체

`trainPredictPlot[look_back:len(TrainPredict)+look_back, :] = TrainPredict`

훈련 데이터를 예측한 결괏값을 배열에 넣는 코드입니다. 훈련 데이터를 예측한 결괏값의 첫 번째 값은 1일 차 확진자 수가 아니라 4일 차 확진자 수입니다. 1~3일 차의 확진자 수를 보고 4일 차를 예측했기 때문입니다. 그러므로 처음 값(look_back)을 건너뛴 후 그래프를 그려야 합니다. 이를 위해 훈련 데이터를 예측한 결괏값의 구간을 다음과 같이 정해 줍니다(trainPredictPlot[look_back:len(TrainPredict)+look_back, :]).

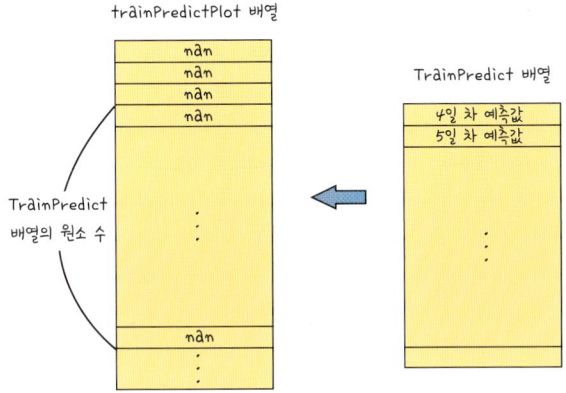

그림 18-21 TrainPredict 배열 삽입

그림 18-21과 같이 처음 3일치는 건너뛰고 4일 차(look_back)부터 TrainPredict 배열의 원소 수까지(len(TrainPredict)+look_back) 범위로 지정해 줍니다.

`testPredictPlot = np.empty_like(dataset)`

두 번째로 검증 데이터를 예측한 값을 나타낼 그래프를 그려 보겠습니다. 전체 데이터(dataset)와 동일한(np.empty_like) 넘파이 배열(testPredictPlot)을 만들어 줍니다.

`testPredictPlot[:, :] = np.nan`

만들어진 배열의 모든 값을 nan으로 설정합니다. 앞에서 만든 배열, 즉 그래프를 그릴 도화지를 깨끗하게 만들기 위해 배열값을 nan으로 설정하는 것입니다.

`testPredictPlot[len(TrainPredict)+(look_back)*2:len(dataset), :] = TestPredict`

검증 데이터를 예측한 결괏값을 그래프로 나타내는 코드입니다.

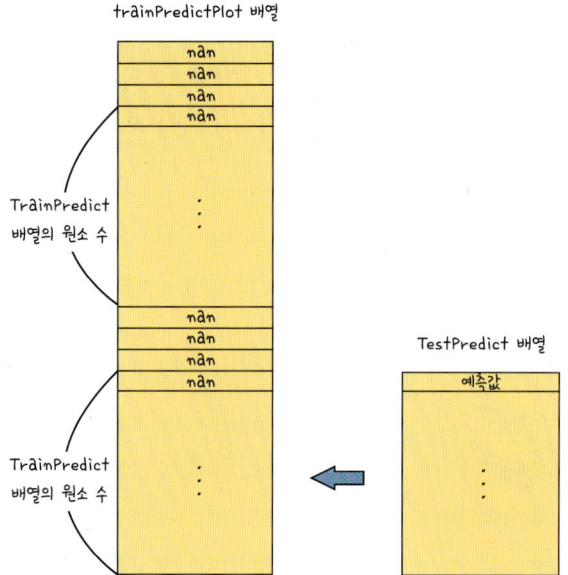

그림 18-22 TrainPredict 배열 삽입

검증 데이터의 예측값을 넣는 시작점은 훈련 데이터를 예측한 값 이후(len(TrainPredict)+look_back)에 3일치 예측값을 건너뛴(look_back) 자리입니다.

plt.plot(dataset)

plt 라이브러리의 plot 함수를 사용하여 18.2절에서 만든 dataset 데이터를 그래프로 나타냅니다.

plt.plot(trainPredictPlot)

plt.plot(testPredictPlot)

훈련 데이터로 예측한 값과 검증 데이터로 예측한 값을 각각 plt 라이브러리의 plot 함수를 사용하여 그 값을 그래프로 생성합니다.

plt.show( )

생성한 그래프를 show 함수를 사용하여 화면에 나타냅니다.

실행 결과

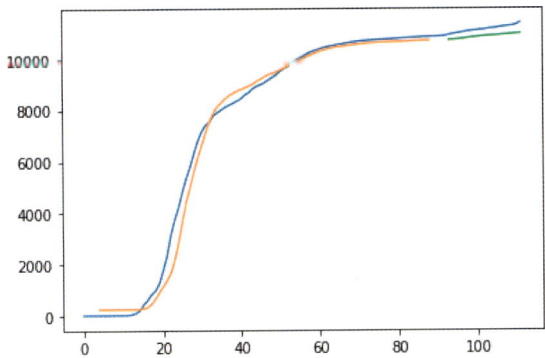

지금까지 순환 신경망을 사용하여 코로나 19 확진자 수를 예측하는 인공지능 모델을 개발했습니다. 프로그래밍하며 여러분도 느꼈겠지만 인공지능을 만드는 부분은 비중이 크지 않습니다. 비중이 큰 부분은 바로 데이터를 인공지능 모델에 넣을 수 있도록 변환하고, 모델로 나온 데이터를 보기 쉽게 변환하는 부분입니다. 이처럼 인공지능 모델을 만들기 위해서는 데이터를 얼마나 잘 처리하느냐가 성패를 좌우합니다.

혹시 여러분이 알고 있는 연속된 데이터셋이 있다면 그 데이터를 적용한 모델을 만들어 보길 추천합니다. 눈으로만 보기보다는 실제로 해 보는 것이 실력 향상의 지름길이기 때문입니다.

UNIT 19 숫자 생성 인공지능 만들기

여기에서는 손으로 쓴 숫자와 비슷하게 글씨를 쓰는 인공지능을 만들어 보겠습니다. 최근 인공지능은 사람만 할 수 있다고 생각했던 예술 분야까지 진출하고 있습니다.

캠브리지 컨설턴트(Cambridge Consultant)에서 공개한 인공지능 화가인 빈센트(Vincent)는 고객이 간단한 스케치만 제공하면 단숨에 유명 화가의 스타일로 예술 작품을 완성하는 인공지능 화가입니다.

뉴욕 크리스티 경매에서는 인공지능이 창작한 그림이 인류 역사상 최초로 경매에 나왔으며, 이 그림은 고가에 낙찰되었죠. 프랑스 연구자들이 개발한 인공지능 화가인 오비어스가 그린 '에드몽 드 벨라미'라는 제목의 초상화가 우리 돈으로 약 5억 원에 낙찰되었다고 합니다. 이 인공지능은 14세기부터 20세기까지 서양화 1만 5000여 작품을 분석해서 초상화를 학습했습니다.

특정한 소설가의 작품을 인공지능에 학습시키면 인공지능은 그 소설가의 문체로 글을 쓸 수 있습니다. 예를 들어 영국의 유명한 극작가인 셰익스피어의 여러 작품을 학습시킨 인공지능에 새로운 주제로 글을 작성하라고 했더니 셰익스피어의 문체로 글을 작성한 사례가 있습니다. 더 나아가 셰익스피어의 소설을 학습한 인공지능은 〈헨리 8세〉를 분석하여 〈헨리 8세〉를 셰익스피어가 혼자 쓴 것이 아니라 동료 작가인 존 플레처와 공동 집필했다는 사실을 입증했습니다.

이처럼 인공지능이 무엇인가를 창작하는 시대가 됨에 따라 인공지능의 저작권 관련 문제도 속속 등장하고 있습니다. 최근 중국에서 인공지능이 만든 콘텐츠도 저작권이 있다는 전 세계 첫 번째 판례가 나왔는데, 인공지능이 작성한 증권 기사를 허락 없이 사용한 피고에게 1500위안(약 25만 원)을 배상하라고 판결했습니다.

여기에서는 생성 신경망이라는 딥러닝 기법을 사용하여 무엇인가를 창작할 수 있는 인공지능을 만들어 보겠습니다. 다음 그림을 보면 여러 숫자가 있습니다. UNIT 17에서 살펴본 MNIST 데이터셋과 비슷하지 않나요? 하지만 사실 이 사진은 인공지능이 스스로 만든 숫자의 모습입니다.

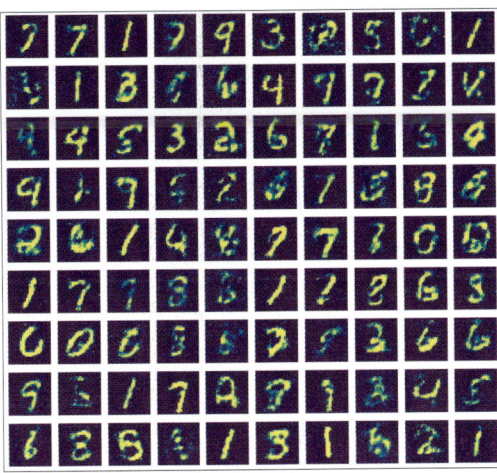

그림 19-1 인공지능이 만든 숫자의 모습

지금부터 우리는 이와 같이 사람이 쓴 손글씨와 비슷하게 글씨를 쓸 수 있는 인공지능을 만들어 보겠습니다. 이 인공지능을 만드는 데 사용하는 데이터 또한 앞에서 사용한 MNIST 데이터셋입니다.

 숫자 생성 인공지능 개발 원리

생성 신경망을 사용하며 숫자 생성 인공지능을 만들어 보겠습니다. 그리고 생성 신경망 중 GAN(Generative Adversarial Network: '갠' 또는 '간'이라고 읽습니다)이라는 기법을 사용하겠습니다. GAN의 뜻을 풀이해 보면 생성적 적대 신경망입니다. 무엇인가를 생성하는 기법인데, 적대적으로 생성한다는 것입니다. 이것이 무슨 의미일까요? 다음 그림을 살펴봅시다.

그림 19-2 판별자와 생성자

GAN이라는 신경망은 2개의 신경망으로 구성되어 있습니다. 바로 판별자 신경망과 생성자 신경망입니다. 생성자는 아무런 의미가 없는 그림에서 진짜처럼 그럴듯한 가짜 그림을 생성할 수 있으며, 판별자는 진짜 그림과 생성자가 만든 가짜 그림을 구별할 수 있습니다.

생성자는 목표가 있습니다. 바로 판별자가 자신이 만든 가짜 그림을 진짜처럼 생각하도록 하는 것이죠. 그렇다면 판별자의 목표는 무엇일까요? 판별자의 목표는 생성자가 만든 그림을 진짜인지 가짜인지 다 구별해 내는 것입니다.

이처럼 생성자와 판별자는 서로를 이기기 위해 학습하기 시작합니다. 그러면 생성자는 판별자가 진짜와 가짜를 구별하지 못할 정도로 진짜 같은 그림을 만들어 냅니다. 바로 이렇게 2개의 신경망을 사용하여 새로운 그림을 생성해 내는 기법이 바로 생성적 적대 신경망, GAN입니다.

2 개발 환경 만들기

1 코랩에서 새 노트를 만들고 이름을 'mnist_gan.ipynb'로 변경합니다.

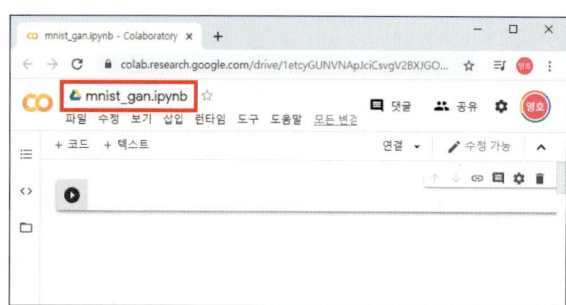

그림 19-3 새 노트 생성

2 이 예제 역시 케라스를 사용하여 작성하겠습니다. 지난번과 동일한 라이브러리도 몇 개 보이죠? 이번에는 성능이 좀 더 좋은 인공지능을 만들기 위해 라이브러리를 몇 개 추가하겠습니다.

```python
from keras.models import Model, Sequential
from keras.layers import Dense, Input
from keras.layers.advanced_activations import LeakyReLU
from keras.optimizers import Adam
from keras.datasets import mnist
from tqdm import tqdm
import numpy as np
import matplotlib.pyplot as plt
```

```
from keras.models import Model, Sequential
```

모델 도구(models) 중 Model과 시퀀셜(Sequential) 모델 함수를 불러오는 명령어입니다. GAN은 서로 다른 신경망, 즉 생성자 신경망과 판별자 신경망 2개가 필요합니다. 이 두 신경망은 모두 시퀀셜 형태로 만들기 때문에 시퀀셜 모델이 필요합니다.

```
from keras.layers import Dense, Input
```

레이어 도구(layers) 중 Dense와 Input 함수를 불러오는 명령어입니다. from 명령어는 어디에서 가지고 오는지 의미하고, import 명령어는 특정 함수를 의미합니다.

```
from keras.layers.advanced_activations import LeakyReLU
```

advanced_activations는 레이어 도구(layers) 중 좀 더 성능이 뛰어난 활성화(액티베이션) 함수를 불러오는 명령어입니다. 이번에는 LeakyReLU를 사용하겠습니다.

 활성화 함수 중 하나인 Leaky 렐루 함수는 렐루 함수와 비슷하지만 한 가지 다른 점이 있습니다. 0보다 큰 값이 들어왔을 때는 들어온 값과 같은 값을 반환하는 점에는 차이가 없습니다. 하지만 0보다 작은 값이 들어왔을 때는 그 반환하는 값이 다릅니다. 렐루 함수는 0보다 작은 값이 들어오면 무조건 0을 반환하지만 Leaky 렐루 함수는 0보다 작은 값이 들어오면 음수값을 반환합니다.

```
from keras.optimizers import Adam
```

학습한 모델의 오차를 줄이기 위해서 경사 하강법을 사용합니다. 이때 사용하는 옵티마이저(optimizers) 중 아담(Adam) 옵티마이저를 불러옵니다.

```
from keras.datasets import mnist
```

데이터셋 도구(datasets) 중 MNIST 데이터셋을 불러오는 명령어입니다.

```
from tqdm import tqdm
```

모델 학습을 시각적으로 보여 주는 라이브러리인 tqdm 라이브러리를 불러오는 명령어입니다. tqdm은 진행을 나타내는 아랍어(taqadum)에서 딴 이름입니다.

```
import numpy as np
import matplotlib.pyplot as plt
```

넘파이(numpy) 라이브러리와 맷플로립(matplotlib) 라이브러리를 불러옵니다.

3 데이터 불러오기

이 절에서는 인공지능이 기존 숫자 손글씨를 학습하여 스스로 새로운 숫자 손글씨를 만들어 내도록 하는 것이 목적입니다. 따라서 인공지능에 기존 숫자 손글씨 데이터를 제공해야 합니다.

이번 예제에서는 MNIST 데이터셋 중 일부만 사용할 예정입니다. 물론 모든 데이터를 사용하면 좋지만, 그러기에는 학습 시간이 오래 걸리기 때문에 일부(숫자 이미지 1만 개)만 사용하겠습니다.

> MNIST 데이터셋은 훈련 데이터(train)와 검증 데이터(test)로 구분되어 있습니다. 이때 훈련 데이터 개수는 6만 개이며, 검증 데이터 개수는 1만 개입니다. 우리는 1만 개만 사용하면 되기 때문에 검증 데이터만 쓸 예정입니다.

혹시 시간이 좀 더 걸리더라도 인공지능이 손글씨를 더 많이 학습하길 원한다면 6만 개의 데이터가 포함된 훈련 데이터(x_train)를 불러와도 됩니다.

```
(x_train, y_train), (x_test, y_test) = mnist.load_data()
x_test = (x_test.astype(np.float32)-127.5) / 127.5
mnist_data = x_test.reshape(10000, 784)
print(mnist_data.shape)
len(mnist_data)
```

실행 결과
```
Downloading data from https://storage.googleapis.com/tensorflow/tf-keras-datasets/mnist.npz
11493376/11490434 [==============================] - 0s 0us/step
(10000, 784)
10000
```

(x_train, y_train), (x_test, y_test) = mnist.load_data()

mnist의 load_data 명령어를 사용하여 데이터를 불러옵니다. 케라스에서 제공하는 MNIST 데이터셋은 크게 네 부분으로 나뉘어 있습니다. 네 부분을 불러와서 각 변수에 저장하는 명령어입니다.

첫 번째 부분과 두 번째 부분은 훈련 데이터입니다. 이 훈련 데이터는 픽셀값으로 구성된 이미지 데이터와 그 이미지 데이터가 나타내는 숫자가 무엇인지 알려 주는 데이터 이렇게 두 부분으로 나뉘어 있습니다.

세 번째 부분과 네 번째 부분은 검증 데이터입니다. 이 검증 데이터 또한 크게 이미지 데이터와 이미지 데이터가 나타내는 숫자가 무엇인지 알려 주는 데이터로 나뉩니다.

```
x_test = (x_test.astype(np.float32)-127.5) / 127.5
```

우리는 1만 개로 구성된 x_test 데이터를 사용할 예정입니다. 나머지는 어떻게 하냐고요? 나머지는 사용하지 않을 예정입니다.

이제 이 데이터를 사용하기 위해 먼저 정규화를 하겠습니다. 물론 앞에서 다룬 사이킷런 라이브러리의 정규화 함수(MinMaxScaler)를 사용해도 되지만, 이번에는 직접 해 보도록 하겠습니다.

그 데이터의 세부 값을 -1~1 사이의 값으로 나타내기 위해 먼저 나눌 수 있는 실숫값으로 데이터를 변경합니다(x_test.astype(np.float32)). 다음으로 데이터를 -1~1 사이의 값으로 변경합니다. MNIST 데이터셋의 그림은 0~255의 숫자로 되어 있는데, 그 중간값인 127.5를 뺀 후 다시 127.5로 나누면((x_test.astype(np.float32)-127.5) / 127.5) 0은 -1로, 255는 1로 값이 바뀌며 그 중간값 또한 비율에 따라 축소됩니다. 그리고 이렇게 변경된 값을 x_test로 저장합니다.

```
mnist_data = x_test.reshape(10000, 784)
```

28×28 형태인 데이터를 1열로 나타내기 위해 데이터 형태를 바꾸어 줍니다. UNIT 17에서 살펴본 MNIST 데이터셋을 기억하나요? 이 이미지 하나하나는 픽셀로 구성되어 있으며 픽셀 크기는 가로 28개, 세로 28개로 되어 있습니다. 이 모양을 가로로 쭉 늘여서 사용하려고 합니다. 즉, 28×28 형태를 784×1 형태로 변환하는 것입니다.

```
print(mnist_data.shape)
```

수정한 데이터 형태를 직접 확인해 보는 코드입니다. shape 명령어를 사용하여 확인한 결과 총 1만 개의 데이터가 있으며, 데이터 1개에는 784개의 값이 들어 있습니다.

```
len(mnist_data)
```

mnist_data 데이터의 개수를 알아볼 수 있는 또 다른 방법입니다. len 함수를 사용하면 그 안에 포함된 데이터 개수를 알 수 있습니다(꼭 필요한 코드는 아니니 참고로 보세요).

4 생성자 신경망 만들기

이제 새로운 손글씨를 스스로 만들어 내는 생성자 신경망을 만들어 보겠습니다. 생성자 신경망에 아무런 의미가 없는 숫자(여기에서는 노이즈값이라고 합니다)를 입력하면 생성자 신경망이 그럴듯한 숫자 이미지를 생성합니다.

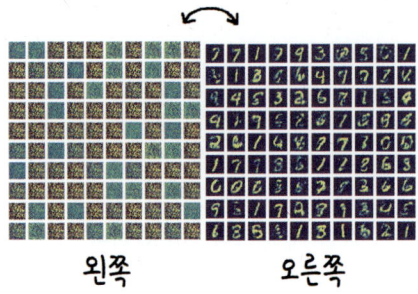

그림 19-4 의미 없는 숫자(노이즈값)로 그럴듯한 숫자 이미지 생성

지금 만드는 생성자 신경망은 아직 학습되지 않은 신경망입니다. 따라서 앞으로 생성적 적대 신경망(GAN)으로 판별자를 속일 수 있는 신경망으로 학습시켜 나갈 예정입니다.

```python
def create_generator():
    generator = Sequential()
    generator.add(Dense(units=256, input_dim=100))
    generator.add(LeakyReLU(0.2))
    generator.add(Dense(units=512))
    generator.add(LeakyReLU(0.2))
    generator.add(Dense(units=784, activation='tanh'))
    return generator
g = create_generator()
g.summary()
```

실행 결과

```
Model: "sequential"
_____
Layer (type)                 Output Shape              Param #
=================================================================
dense (Dense)                (None, 256)               25856
_____
leaky_re_lu (LeakyReLU)      (None, 256)               0
_____
dense_1 (Dense)              (None, 512)               131584
_____
leaky_re_lu_1 (LeakyReLU)    (None, 512)               0
_____
dense_2 (Dense)              (None, 784)               402192
=================================================================
Total params: 559,632
Trainable params: 559,632
Non-trainable params: 0
```

코드를 실행하면 이와 같이 새로운 신경망이 만들어지는 모습을 볼 수 있습니다. 물론 이 신경망 구조는 여러분이 변경해도 됩니다.

이 절에서 만드는 프로그램에는 여러 함수가 포함되어 있습니다. 함수를 만들면 코드를 재사용하기 쉬우며, 코드 또한 간결하게 표현할 수 있습니다.

def create_generator( ):

def 명령어를 사용하여 create_generator라는 함수를 만듭니다. 이 함수 이름은 제가 만든 것이니 다른 것으로 바꾸어도 상관없습니다. 하지만 이름을 바꾸면 앞으로도 바꾼 이름으로 계속 코딩해야 합니다.

def는 파이썬에서 함수를 만드는 명령어입니다. 예를 들어 def load_data( ):라고 하면 load_data라는 함수를 만든다는 의미이며, 괄호( )는 함수에 전달하는 값입니다. 지금은 괄호 안에 아무것도 없습니다. 이는 함수를 부를 때 어떤 값도 전달하지 않겠다는 의미입니다. 함수 이름을 다 쓰고, 콜론 기호(:)를 붙입니다.

generator = Sequential( )

generator라는 인공지능 모델을 만들겠습니다. 시퀀셜 모델을 사용합니다.

generator.add(Dense(units=256, input_dim=100))

이 모델에 입력하는 값은 100입니다(input_dim=100). 이때 숫자가 100인 것은 100개의 픽셀을 넣을 것이라서 큰 의미는 없습니다. 이 100개의 픽셀은 노이즈값으로, 100개의 픽셀값이 랜덤한 값을 가집니다. 뒤에서 설명하겠지만, 생성자는 무에서 유를 창조하지 않습니다. 생성자에 아무것도 아닌 모습의 어떤 데이터를 주면 그것을 특정한 숫자의 모습으로 탈바꿈시킵니다. 그리고 이 신경망의 첫 번째 층은 256개의 노드(units=256)로 구성되어 있습니다.

generator.add(LeakyReLU(0.2))

첫 번째 층의 활성화 함수는 LeakyReLU를 사용하겠습니다. LeakyReLU 함수 모양을 보면 음수값은 특정한 기울기를 보입니다. 여기에서는 그 기울기값을 (0.2)로 설정합니다.

Leaky 렐루 함수(LeakyReLU)는 5.2절의 활성화 함수를 참고하세요.

generator.add(Dense(units=512))

이 신경망의 첫 번째 층은 512개의 노드(units=512)로 구성되어 있습니다.

> 노드 수를 꼭 책과 같게 할 필요는 없습니다. 한번 여러분이 노드 수, 레이어(층) 수 등을 변경하며 모델을 훈련시켜 보고, 그 결과를 살펴보세요.

```
generator.add(LeakyReLU(0.2))
```

두 번째 층의 활성화 함수는 LeakyReLU를 사용하겠습니다. LeakyReLU 함수 모양을 보면 음수값은 특정한 기울기를 보입니다. 여기에서는 그 기울기값을 (0.2)로 설정합니다.

```
generator.add(Dense(units=784, activation='tanh'))
```

마지막 층, 즉 출력층의 활성화 함수는 tanh를 사용하겠습니다(다른 활성화 함수를 사용해도 됩니다). 그리고 출력층의 노드 수는 784개입니다. 784개인 것은 MNIST 데이터셋 모습이 바로 28×28개의 픽셀로 구성되어 있기 때문입니다. 1×784처럼 생성자가 만드는 데이터 모습도 이와 같은 모양인 784개의 픽셀을 나열한 모습으로 나타나야 하기 때문에 이와 같이 표시한 것입니다. 추후 이 모양을 다시 28×28 형태로 나타내면 숫자와 같은 모습으로 나타납니다.

> TIP 하이퍼볼릭탄젠트 함수(tanh)는 5.2절의 활성화 함수를 참고하세요.

```
return generator
```

함수를 호출했을 때 결괏값입니다. 우리가 만든 함수 create_generator를 호출하면 그 결과로 시퀀셜 형태의 신경망, 즉 우리가 만든 생성자 신경망인 generator를 반환합니다.

```
g = create_generator()
```

이제 이 함수를 호출하여 새로운 생성자 신경망을 하나 만들어 보겠습니다. 호출하는 방법은 함수 이름을 쓰고 그 뒤에 괄호( )를 넣는 것입니다. 함수를 호출할 때 전달할 인자가 하나도 없기 때문에 괄호는 빈칸으로 둡니다. 이 과정을 거쳐 만든 생성자 신경망인 generator를 g에 저장합니다.

```
g.summary()
```

함수를 호출하여 새롭게 만든 생성자 신경망인 g의 모습을 살펴보는 코드입니다. 은닉층이 2개고, 마지막 출력층이 있는 모습을 보여 줍니다. 출력층의 노드 수가 784개인 것도 확인할 수 있죠.

> **실행 결과**

```
Model: "sequential"
_____
Layer (type)                 Output Shape              Param #
=================================================================
dense (Dense)                (None, 256)               25856
_____
leaky_re_lu (LeakyReLU)      (None, 256)               0
_____
dense_1 (Dense)              (None, 512)               131584
_____
leaky_re_lu_1 (LeakyReLU)    (None, 512)               0
_____
dense_2 (Dense)              (None, 784)               402192
=================================================================
Total params: 559,632
Trainable params: 559,632
Non-trainable params: 0
_____
```

5 판별자 신경망 만들기

앞에서는 생성자 신경망을 만들었습니다. 생성자 신경망은 어떤 숫자 이미지를 만들어 내는 신경망입니다. 하지만 판별자 신경망은 이미지를 만들어 내는 신경망이 아니라 생성자 신경망이 만든 이미지가 가짜인지 정확하게 판별하는 신경망입니다. 이 신경망 역시 훈련되지 않은 신경망입니다. 앞으로 생성적 적대 신경망(GAN)으로 생성자 신경망과 지금 만드는 판별자 신경망을 학습시켜 나갈 예정입니다.

```python
def create_discriminator():
    discriminator = Sequential()
    discriminator.add(Dense(units=512, input_dim=784))
    discriminator.add(LeakyReLU(0.2))
    discriminator.add(Dense(units=256))
    discriminator.add(LeakyReLU(0.2))
    discriminator.add(Dense(units=1, activation='sigmoid'))
    discriminator.compile(loss='binary_crossentropy',
                          optimizer=Adam(learning_rate=0.0002, beta_1=0.5))
    return discriminator
d = create_discriminator()
d.summary()
```

> **실행 결과**
>
> ```
> Model: "sequential_1"
> _____
> Layer (type)                 Output Shape              Param #
> =================================================================
> dense_3 (Dense)              (None, 512)               401920
> _____
> leaky_re_lu_2 (LeakyReLU)    (None, 512)               0
> _____
> dense_4 (Dense)              (None, 256)               131328
> _____
> leaky_re_lu_3 (LeakyReLU)    (None, 256)               0
> _____
> dense_5 (Dense)              (None, 1)                 257
> =================================================================
> Total params: 533,505
> Trainable params: 533,505
> Non-trainable params: 0
> _____
> ```

> **TIP** 모델 옆에 있는 sequential 번호와 레이어 번호는 여러분이 구한 결과가 책과 다를 것입니다. 여러분이 만든 횟수만큼 번호가 계속 증가하기 때문입니다. 번호가 다르다고 해서 코딩 결과가 달라지는 것은 아니니 안심하세요.

코드를 실행하면 이와 같이 새로운 신경망이 만들어지는 모습을 볼 수 있습니다. 물론 이 신경망 구조는 여러분이 변경해도 됩니다.

그림 19-5 진짜 손글씨인지 아닌지 판별하는 인공지능

def create_discriminator( ):

def 명령어를 사용하여 create_discriminator 함수를 만듭니다.

```
discriminator = Sequential( )
```

discriminator라는 판별자 인공지능 모델을 만들겠습니다. 이 모델은 시퀀셜 모델을 사용합니다.

```
discriminator.add(Dense(units=512, input_dim=784))
```

이 모델에 입력하는 값은 784입니다(input_dim=784). 바로 생성자가 만든 손글씨(784개의 픽셀로 구성된)를 넣기 때문이죠. 이 신경망의 첫 번째 층은 512개의 노드(units=512)로 구성되어 있습니다.

```
discriminator.add(LeakyReLU(0.2))
```

첫 번째 층의 활성화 함수는 LeakyReLU를 사용하겠습니다. LeakyReLU 함수 모양을 보면 음수값은 특정한 기울기를 보입니다. 여기에서는 그 기울기값을 (0.2)로 설정합니다.

```
discriminator.add(Dense(units=256))
```

이 신경망의 두 번째 층은 256개의 노드(units=256)로 구성되어 있습니다.

```
discriminator.add(LeakyReLU(0.2))
```

두 번째 층의 활성화 함수는 LeakyReLU를 사용하겠습니다. LeakyReLU 함수 모양을 보면 음수값은 특정한 기울기를 보입니다. 여기에서는 그 기울기값을 (0.2)로 설정합니다.

```
discriminator.add(Dense(units=1, activation='sigmoid'))
```

최종 출력되는 값은 1개(units=1)입니다. 판별자가 하는 것은 데이터의 진위 여부를 판단하는 것입니다. 생성자가 데이터를 만들었는지 진짜 손글씨인지를 구분합니다. 따라서 진짜면 1을, 가짜면 0이라는 숫자를 보여 줍니다. 이때 활성화 함수는 시그모이드(activation='sigmoid')입니다.

```
discriminator.compile(loss='binary_crossentropy', optimizer=Adam(learning_rate=0.0002, beta_1=0.5))
```

오차값(loss)은 이항 교차 엔트로피(binary_crossentropy)를 사용합니다. 진짜인지 가짜인지 2개 중 하나로 구분하는 신경망이기 때문입니다. GAN을 만들려면 이전보다는 좀 더 정교하게 옵티마이저를 사용해야 합니다. 따라서 옵티마이저는 Adam으로, 학습 속도(학습률)를 0.0002로, 베타 최적화의 값을 0.5로 설정했습니다.

 이항 교차 엔트로피는 6.1절을 참고하세요.

잠깐만요 학습 속도(학습률)

옵티마이저에서 등장하는 학습률을 이해하기 위해 앞에서 설명한 경사 하강법을 다시 한 번 떠올려 봅시다. 경사 하강법은 모델 오차가 가장 작아지는 가중치 값을 찾아가는 방법으로, 미분 개념을 사용합니다. 이때 오차가 작아지는 방향으로 가중치 값을 이동하는데, 한 번에 얼마 정도 크기로 이동하는지 결정하는 것이 바로 학습률 개념입니다.

 잠깐만요 베타 값

옵티마이저에는 다양한 종류가 있습니다. SGD, 모멘텀, adagrad 등처럼 말이죠. adam 옵티마이저도 그 하나로, 어떤 방법으로 경사 하강법을 사용하는지에 따라 그 종류가 달라집니다. adam 옵티마이저는 다른 옵티마이저에 비해 그 성능이 높다고 알려져 있습니다. adam 옵티마이저를 사용할 때 사용자가 옵티마이저의 세부 값을 수정할 수 있는데 그 값이 바로 베타 1, 베타 2입니다.

return discriminator

함수를 호출했을 때 결괏값입니다. 우리가 만든 create_discriminator 함수를 호출하면 그 결과로 시퀀셜 형태의 판별자 신경망인 discriminator를 반환합니다.

d = create_discriminator( )

이제 이 함수를 호출하여 판별자 신경망을 만들겠습니다. 호출하는 방법은 함수 이름을 쓰고 그 뒤에 괄호를 넣는 것입니다. 그러면 만들어진 판별자 신경망인 discriminator가 d에 저장됩니다.

d.summary( )

함수를 호출하여 새롭게 만든 판별자 신경망인 d의 모습을 살펴보는 코드입니다. 은닉층이 2개고, 마지막 출력층이 있는 모습을 보여 줍니다. 출력층의 노드 수가 1개인 것도 확인할 수 있죠.

실행 결과

```
Model: "sequential_1"
_____
Layer (type)                 Output Shape              Param #
=================================================================
dense_3 (Dense)              (None, 512)               401920
_____
leaky_re_lu_2 (LeakyReLU)    (None, 512)               0
_____
dense_4 (Dense)              (None, 256)               131328
```

```
leaky_re_lu_3 (LeakyReLU)    (None, 256)        0

dense_5 (Dense)              (None, 1)          257
=================================================================
Total params: 533,505
Trainable params: 533,505
Non-trainable params: 0
```

 GAN 생성 함수 만들기

앞에서 생성자 신경망과 판별자 신경망을 만들었습니다. 이제 생성적 적대 신경망(GAN)을 만들 준비가 끝났습니다. 지금부터 생성자 신경망과 판별자 신경망을 적절하게 학습시켜 보겠습니다.

```python
def create_gan(discriminator, generator):
    discriminator.trainable = False
    gan_input = Input(shape=(100,))
    x = generator(gan_input)
    gan_output = discriminator(x)
    gan = Model(inputs=gan_input, outputs=gan_output)
    gan.compile(loss='binary_crossentropy', optimizer='adam')
    return gan
gan = create_gan(d, g)
gan.summary()
```

실행 결과

```
Model: "functional_1"
_____
Layer (type)                 Output Shape       Param #
=================================================================
input_1 (InputLayer)         (None, 100)        0

sequential_1 (Sequential)    (None, 784)        559632

sequential_2 (Sequential)    (None, 1)          533505
=================================================================
Total params: 1,093,137
```

Trainable params: 559,632
Non-trainable params: 533,505

생성적 적대 신경망은 생성자와 판별자가 서로 이기기 위해 마치 적대적으로 학습해 나가는 모습입니다. 생성자는 생성자대로 판별자를 속이려고 점점 더 정교한 손글씨를 작성하고, 판별자는 판별자대로 생성자가 만든 가짜 손글씨를 판별하려고 점점 더 성능을 높여 가죠. 이처럼 판별자가 더 이상 구별하지 못할 정도로 진짜 같은 가짜 그림을 생성자가 생성해 내는 것이 바로 생성적 적대 신경망입니다.

def create_gan(discriminator, generator):

create_gan이라는 함수를 만드는 코드입니다. 괄호 안에 두 값이 있는 이유는 이 함수를 호출하려면 재료가 2개 필요하다는 의미입니다. 여기에서 사용하는 재료는 바로 판별자와 생성자입니다. 이것으로 gan을 만들려면 판별자와 생성자 둘 다 필요하다는 것을 알 수 있습니다.

discriminator.trainable = False

판별자가 학습하지 못하도록 막아 줍니다. 왜 그런지 그 이유는 gan 모델을 훈련시키는 과정을 19.8절(258쪽)에서 설명하겠습니다.

gan_input = Input(shape=(100,))

우리가 앞으로 만든 생성적 적대 신경망인 gan에 입력할 데이터 모습을 정하는 코드입니다. 입력할 데이터 형태를 만들어 줍니다. 입력하는 값은 바로 100개의 값으로 구성된 데이터입니다. 그렇다면 콤마(,) 뒷부분의 값이 비어 있는 이유는 총 데이터 개수를 넣기 위함이며, 이렇게 값을 비워 두면 실제 데이터 개수(여기에서는 1만 개)를 자동으로 넣어 줍니다(shape=(100,)).

 Input( )은 모델에 값을 넣어 줄 때 사용하는 명령어입니다.

x = generator(gan_input)

이제 생성자 신경망(generator)에 바로 윗줄에서 작성한 픽셀 100개의 값과 데이터의 전체 수(Input(shape=(100,)))만큼 데이터를 넣는 모습입니다. 이 픽셀 100개는 어떤 값일까요? 앞에서 잠깐 언급한 노이즈값입니다(노이즈값을 생성하는 코드는 뒷부분에 나옵니다).

이렇게 데이터를 넣으면 생성자가 만든 새로운 그림들이 x 변수에 저장됩니다.

```
gan_output = discriminator(x)
```

바로 다음 줄에서 만들 생성적 적대 신경망 gan의 결괏값 데이터를 정의해 주는 코드로, 이 결괏값 데이터는 생성자가 만든 그림(x)을 보고 판별자가 판단한 결과입니다. 그 판단 결과는 진짜 혹은 가짜 둘 중 하나로 나오겠죠?

```
gan = Model(inputs=gan_input, outputs=gan_output)
```

드디어 생성적 적대 신경망 gan 모델을 만들어 볼 차례입니다. 생각보다 간단하죠? 이 신경망의 입력값(inputs=gan_input)은 바로 생성자 신경망이 만든 그림입니다. 출력값(outputs=gan_output)은 판별자 신경망이 판단한 결과입니다.

```
gan.compile(loss='binary_crossentropy', optimizer='adam')
```

신경망의 오차값을 줄이는 방법입니다. 출력값의 모습 자체가 맞는지 틀린지 둘 중 하나로 나오기 때문에 이진 분류에서 사용하는 binary_crossentropy를 사용하며, 옵티마이저는 adam을 사용합니다.

```
return gan
```

함수를 호출했을 때 결괏값입니다. 우리가 만든 create_gan 함수를 호출하면 그 결과로 생성적 적대 신경망인 gan을 반환합니다.

```
gan = create_gan(d, g)
```

이제 이 함수를 호출하겠습니다. 호출하는 방법은 함수 이름을 쓰고 그 뒤에 괄호를 넣는 것입니다. gan을 만들기 위해서는 재료 2개가 필요하다고 했죠? 이 재료로 앞에서 만든 판별자 신경망 d와 생성자 신경망 g를 괄호 안에 넣겠습니다. 이렇게 함수를 호출할 때 괄호 안에 넣는 값을 파라미터라고 합니다.

함수를 호출하여 생성한 생성적 적대 신경망이 gan에 저장됩니다.

```
gan.summary()
```

함수를 호출하여 새롭게 만든 생성적 적대 신경망인 gan의 모습을 살펴보는 코드입니다. 먼저 입력층부터 살펴보면, 입력층은 노이즈값이 100개의 픽셀값에 들어갑니다. 그리고 두 번째 레이어는 바로 생성자 신경망에서 출력된 값의 모습입니다. 마지막 레이어는 생성자 신경망에서 만든 그림이 진짜인지 가짜인지 판별자가 판단한 결과를 보여 줍니다.

실행 결과

```
Model: "functional_1"
_____
Layer (type)                 Output Shape              Param #
=================================================================
input_1 (InputLayer)         (None, 100)               0
_____
sequential (Sequential)      (None, 784)               559632
_____
sequential_1 (Sequential)    (None, 1)                 533505
=================================================================
Total params: 1,093,137
Trainable params: 559,632
Non-trainable params: 533,505
_____
```

7 결과 확인 함수 만들기

지금까지 생성적 적대 신경망을 만들었습니다. 이제 이 신경망을 훈련시키고, 그 신경망의 정확도를 확인할 차례입니다. 그런데 이 정확도를 확인하는 방법은 무엇일까요? 바로 우리가 직접 눈으로 보는 것입니다. 우리가 눈으로 보더라도 정말 진짜 같은 그림이 그려졌는지 보는 것이죠.

마치 "기계가 생각할 수 있을까?"라는 질문을 던진 튜링의 이미테이션 게임과 비슷하네요. 컴퓨터를 사람이라고 혼동한다면, 우리는 이 컴퓨터가 판단할 수 있다고 말한 이미테이션 게임처럼 생성적 적대 신경망에서도 생성자가 만든 그림이 진짜 같은지 판별해 보겠습니다. 이를 위해 그림을 생성하고 이것을 화면에 보여 주는 코드를 작성해 보겠습니다.

```python
def plot_generated_images(generator):
    noise = np.random.normal(loc=0, scale=1, size=[100, 100])
    generated_images = generator.predict(noise)
    generated_images = generated_images.reshape(100, 28, 28)
    plt.figure(figsize=(10, 10))
    for i in range(generated_images.shape[0]):
        plt.subplot(10, 10, i+1)
        plt.imshow(generated_images[i], interpolation='nearest')
        plt.axis('off')
    plt.tight_layout()
```

훈련시킨 생성자가 얼마나 정확한지 알아보기 위해 직접 눈으로 볼 수 있는 그림을 만드는 코드입니다.

`def plot_generated_images(generator):`

plot_generated_images라는 함수를 만드는 명령어입니다. 이 함수를 만들 때도 재료가 1개, 즉 파라미터가 1개 필요합니다. 그림을 그릴 때 어떤 생성자(generator)로 그릴지 알아야 하기 때문이죠.

`noise = np.random.normal(loc=0, scale=1, size=[100, 100])`

생성자에 넣어 줄 노이즈값을 만들어 줍니다. 이때 균일한 값을 생성할 수 있도록 넘파이의 랜덤값 생성 라이브러리 중 정규 분포 함수를 사용합니다. np.random.normal(0, 1, [100, 100])에서 첫 번째 0은 평균이 0이라는 의미입니다. 두 번째 1은 평균에서 1만큼씩 떨어져 있는 값(즉, -1에서 1 사이의 값)을 생성하라는 의미입니다.

 -1~1 사이의 값을 생성하는 것은 사용한 MNIST 데이터셋 모습을 -1~1 사이의 값으로 변형했기 때문에 이와 비슷한 형태로 만들어 주는 것입니다.

세 번째 [100, 100]은 노이즈를 100개 생성합니다. 각각의 노이즈는 숫자 100개씩으로 구성되어 있다는 것으로, 이 함수를 호출할 때마다 100개의 그림을 그려 달라는 의미입니다.

`generated_images = generator.predict(noise)`

generator도 신경망 모델이기 때문에 predict 함수를 사용할 수 있습니다. 이 함수는 앞에서 만든 노이즈값(noise)을 신경망에 넣어서 값을 예측하라(predict(noise))는 명령어입니다.

`generated_images = generated_images.reshape(100, 28, 28)`

generator가 예측한 값은 그림 형태(28×28)가 아니라 한 줄로 만들어진 형태(784)입니다. 이 형태를 그림 형태로 바꾸어 줍니다.

`plt.figure(figsize=(10, 10))`

그림 크기를 정해 줍니다. 10×10만큼입니다. 크기를 바꾸고 싶다면 숫자를 바꾸면 됩니다.

```
for i in range(generated_images.shape[0]):
```

100개의 그림을 그려 주는 반복문입니다. 최종적으로는 100개의 그림이 짠 하고 나타나지만, 실제로는 각각의 위치에 무엇을 넣을지 정해 주어야 합니다. 이때 반복문을 사용합니다.

```
plt.subplot(10, 10, i+1)
```

그림 위치를 정해 줍니다. 100개의 그림이 있기 때문에 반복을 총 100번 하게 됩니다. 첫 번째 반복에서는 첫 번째 위치에, 두 번째 반복에서는 두 번째 위치에 이러한 식으로 100개의 그림 위치를 정해 주는 코드입니다.

```
plt.imshow(generated_images[i], interpolation='nearest')
```

imshow 함수는 이미지를 출력합니다. 각 위치에 어떤 그림을 넣을지 결정할 수 있으며, interpolation은 이미지를 출력할 때 각 픽셀을 어떻게 나타낼지 결정하는 것입니다. 첫 번째 반복에서 i는 0이기 때문에 첫 번째 그림 위치에는 100개 중 첫 번째 그림(generated_images[0])을 넣는 원리입니다.

```
plt.axis('off')
```

그림 이름을 넣지 않는다는 의미입니다.

```
plt.tight_layout()
```

지금까지 만든 그림을 화면에 보여 주는 명령어입니다.

8 생성적 적대 신경망 훈련시키기

지금부터 살펴볼 코드는 생성적 적대 신경망을 생성하는 과정의 마지막이자 바로 UNIT 19의 핵심입니다. 바로 생성적 적대 신경망을 학습시키는 과정입니다. 이 과정이 조금은 어려울 수도 있지만 차근차근 따라온다면 충분히 이해할 수 있을 것입니다.

```python
batch_size = 128
epochs = 5000
for e in tqdm(range(epochs)):
    noise = np.random.normal(0, 1, [batch_size, 100])
    generated_images = g.predict(noise)
    image_batch = mnist_data[np.random.randint(low=0, high=mnist_data.shape[0],
                                        size=batch_size)]
    X = np.concatenate([image_batch, generated_images])
    y_dis = np.zeros(2*batch_size)
    y_dis[:batch_size] = 1
    d.trainable = True
    d.train_on_batch(X, y_dis)
    noise = np.random.normal(0, 1, [batch_size, 100])
    y_gen = np.ones(batch_size)
    d.trainable = False
    gan.train_on_batch(noise, y_gen)
    if e == 1 or e % 1000 == 0:
        plot_generated_images(g)
```

실행 결과

6%| | 299/5000 [00:26<04:37, 16.94it/s]

이 코드를 실행하여 GAN을 만들고, 그 성능을 확인해 봅시다. 물론 많이 반복해서 학습할수록 성능이 좋아지지만, 그만큼 시간이 오래 걸립니다. 코드를 실행하면 이와 같이 실행 결과가 나옵니다. tqdm 라이브러리를 사용했기 때문에 현재 몇 번째 반복인지 시각적으로 한눈에 살펴볼 수 있습니다.

batch_size = 128

먼저 생성적 적대 신경망이 어떻게 학습할지 정해 주겠습니다. 물론 반복 횟수가 많으면 많을수록 성능이 더 좋아지기는 하지만 그만큼 시간이 오래 걸린다는 단점 또한 생각해야겠죠?

첫 번째는 한 번에 몇 개의 그림을 학습시킬지 결정합니다. 예제에서는 한 번에 128개를 학습시키지만, 다른 숫자로 바꾸어도 상관없습니다. 생성적 적대 신경망을 한 번에 학습시킬 그림의 양(batch_size = 128)을 넣어 줍니다.

epochs = 5000

다음으로 생성적 적대 신경망을 몇 번 반복해서 학습을 시킬지 정해 줍니다. 여기에서는 5000번 반복 학습하겠습니다.

```
for e in tqdm(range(epochs)):
```

이제 신경망을 학습시킬 차례입니다. 반복문과 tqdm 라이브러리를 사용해서 반복 학습을 진행하겠습니다.

for 반복문에서 in 뒷부분은 반복 횟수를 나타냅니다. tqdm(range(epochs))는 tqdm 라이브러리를 사용하며 반복 횟수는 에포크(epochs)라는 의미입니다. 이 코드는 5000번 반복하는 데 그중 몇 번째 반복인지 눈에 잘 보이게 시각화합니다.

```
noise = np.random.normal(0, 1, [batch_size, 100])
```

생성자에 줄 노이즈값을 만듭니다. 이때 균일한 값을 생성할 수 있도록 넘파이의 랜덤값 생성 라이브러리 중 정규 분포 함수를 사용합니다. np.random.normal(0, 1, [batch_size, 100])에서 첫 번째 0은 평균이 0이라는 의미입니다. 두 번째 1은 평균에서 1만큼씩 떨어져 있는 값(즉, -1~1 사이 값)을 생성하라는 의미입니다. 세 번째 [batch_size, 100]은 batch_size 개수만큼 생성하며, 생성한 데이터는 각각 숫자 100개씩으로 구성되어 있다는 의미입니다.

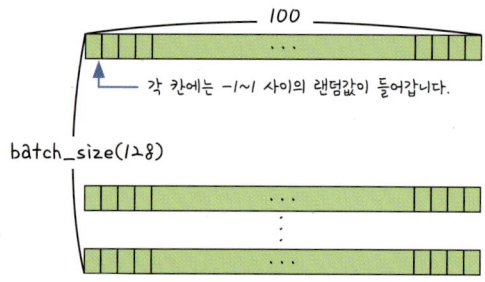

그림 19-6 각 100개씩 구성된 데이터를 배치 사이즈만큼 생성

```
generated_images = g.predict(noise)
```

g.predict(noise) 부분은 생성자 모델에 노이즈를 입력하여 생성자 신경망이 그림을 그린 후 결과를 generated_images에 저장합니다.

```
image_batch = mnist_data[np.random.randint(low=0, high=mnist_data.shape[0],
size=batch_size)]
```

실제 MNIST 데이터셋(1만 개)에서 128개만 랜덤으로 뽑는 코드입니다. 학습할 때마다 다양한 모양의 손글씨를 인공지능이 학습하도록 하기 위해서입니다.

랜덤으로 뽑기 위해서 넘파이 라이브러리의 random 함수를 사용하며, 그 범위와 개수를 지정하려고 randint 함수를 사용(np.random.randint)했습니다. 첫 번째(low=0)부터 MNIST 데이터셋 개수(high=mnist_data.shape[0])까지, 즉 1만 개의 데이터 중에서 배치 사이즈만큼(size=batch_size) 랜덤으로 추출한다는 의미입니다.

X = np.concatenate([image_batch, generated_images])

넘파이 함수 중 concatenate 함수를 사용하여 진짜 그림과 생성한 그림을 합치는 모습입니다. 그리고 그 데이터를 X 변수에 넣습니다. 이때 합친다는 의미는 서로 더한다는 것이 아니라 한 줄로 세운다는 것입니다. 이 데이터는 총 256개의 데이터로 되어 있으며, 각 데이터에는 −1~1 사이의 값이 784개씩 들어 있습니다.

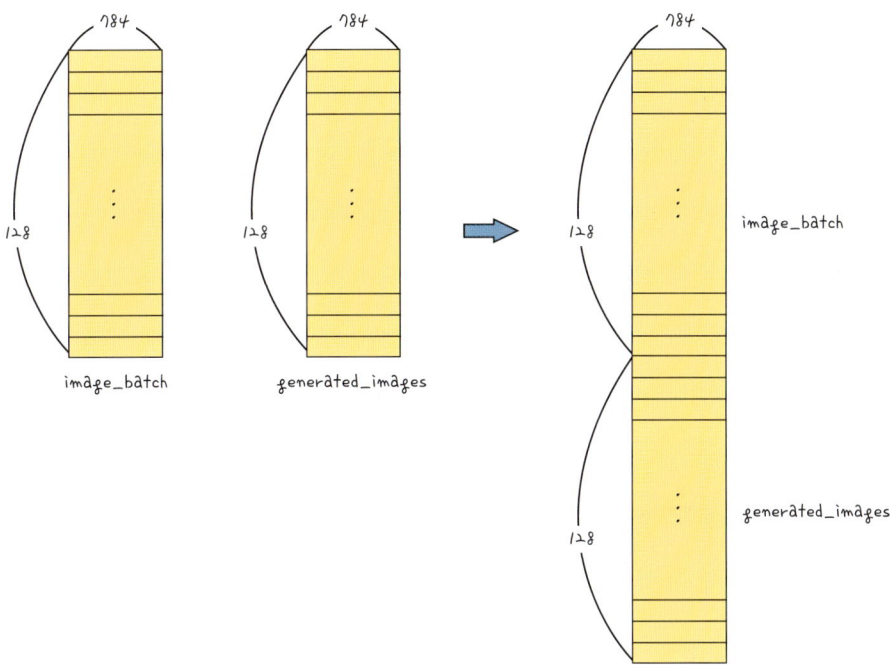

그림 19-7 진짜 그림과 생성한 그림을 합치기(한 줄로 세우기)

y_dis = np.zeros(2*batch_size)

판별자에 전달할 결괏값을 만듭니다. 판별자는 이것으로 그림이 진짜인지 가짜인지를 확인할 수 있습니다.

일단 앞에서 만든 데이터 개수(256개, 진짜 그림과 가짜 그림은 각각 128개로 2개를 합치면 256개가 됩니다)만큼 결괏값을 256개 만들어 줍니다. 이때 넘파이 함수 중 zeros를 사용하여 그 값을 0으로 만듭니다.

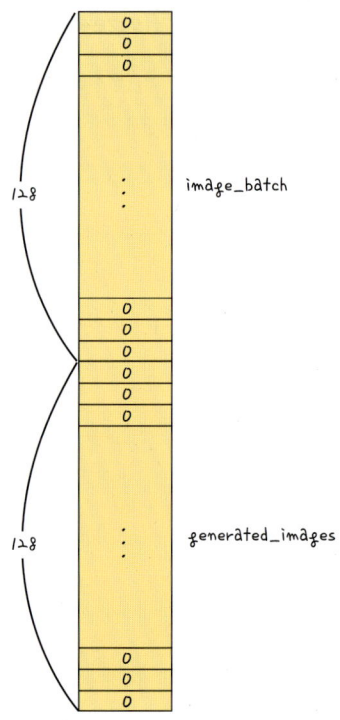

그림 19-8 256개의 결괏값을 모두 0으로 만들기

y_dis[:batch_size] = 1

이 값 중 앞의 128개는 실젯값이므로 1을 넣어 줍니다. 이제 처음에 나오는 128개는 진짜 그림이고, 나중에 나오는 128개는 가짜라는 것을 판별자가 알 수 있습니다.

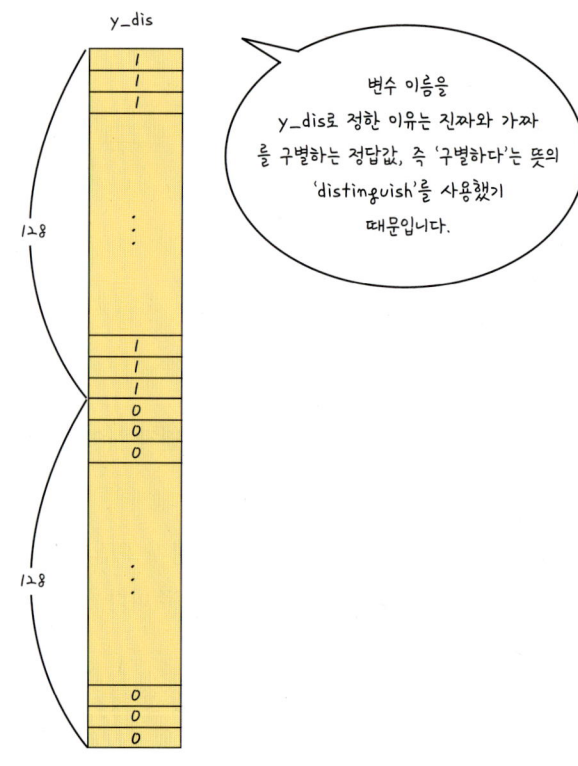

변수 이름을 y_dis로 정한 이유는 진짜와 가짜를 구별하는 정답값, 즉 '구별하다'는 뜻의 'distinguish'를 사용했기 때문입니다.

그림 19-9 앞의 128개에는 1을 넣기(=진짜 그림)

`d.trainable = True`

처음에는 판별자가 먼저 학습할 수 있도록 해야 합니다. 정답을 보고 학습하여 생성자가 만든 그림과 진짜 그림을 구별할 수 있어야 하기 때문입니다. trainable은 신경망이 훈련을 가능하도록 할 것인지(True) 아닌지(False)를 결정하는 함수입니다.

`d.train_on_batch(X, y_dis)`

실제 그림과 만든 그림을 구별할 수 있도록 train_on_batch 함수를 사용하여 판별자를 학습시킵니다. 입력 데이터는 X고, 출력 데이터는 y_dis입니다.

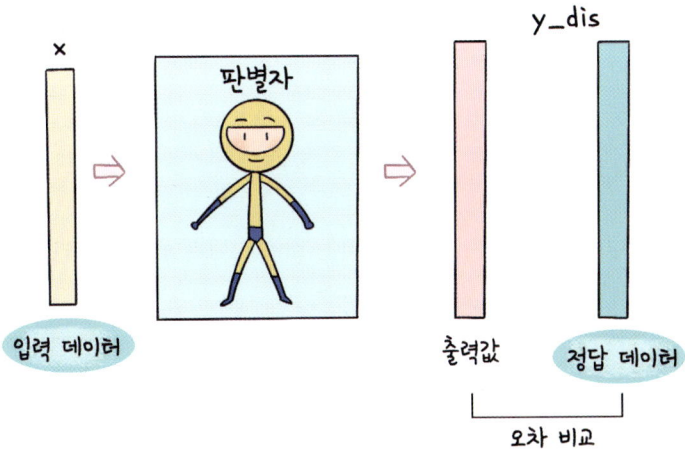

그림 19-10 판별자를 학습시키는 과정

이처럼 판별자에 입력 데이터(X)를 주고 판별자를 통해 나온 출력값과 정답 데이터(y_dis)의 결괏값을 비교하며 오차를 줄이는 방식으로 판별자를 학습시킵니다.

이제 생성자를 학습시킬 차례입니다. 지금부터가 바로 GAN의 핵심이라고 할 수 있습니다. 생성자가 판별자를 속일 수 있도록 진짜 같은 그림을 학습시키는 것이 목표입니다.

`noise = np.random.normal(0, 1, [batch_size, 100])`

새롭게 노이즈값을 만듭니다.

`y_gen = np.ones(batch_size)`

gan에 넣어 줄 값을 만듭니다. 그 값은 모두 1로 설정합니다. 판별자가 '생성자가 그린 그림'이 진짜라고 오해하도록 말이죠.

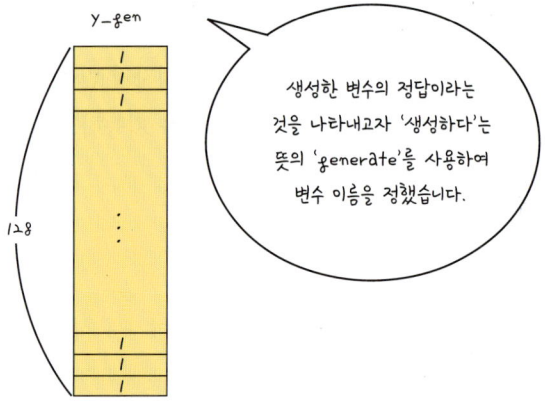

그림 19-11 y_gen의 값을 모두 1로 설정(=진짜 그림)

 진짜 그림을 1로, 가짜 그림을 0으로 표현하고 있습니다.

d.trainable = False

판별자가 더 이상 학습할 수 없도록 합니다. 판별자는 이제 학습하는 것이 아니라 생성자가 만든 그림이 진짜인지 가짜인지 판별하는 역할만 합니다.

gan.train_on_batch(noise, y_gen)

gan에 노이즈값을 입력으로 넣고, 출력값으로 모두 다 진짜(y_gen의 값은 1인 상태)를 출력으로 넣어서 학습시킵니다.

이렇게 될 경우 생성적 적대 신경망 gan은 판별자가 진짜 그림(1)이라고 생각할 수 있도록 생성자를 훈련시켜야 합니다. 이렇게 생성자가 판별자를 속일 수 있도록 진짜 같은 그림을 생성하도록 모델을 훈련하는 과정이 바로 GAN의 학습 과정입니다.

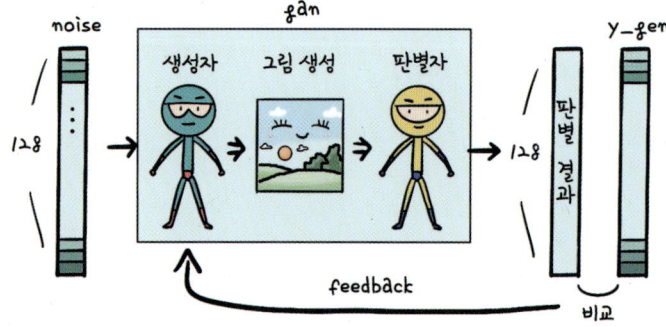

그림 19-12 생성자가 판별자를 속이는 GAN의 학습 과정

생성자를 학습시키는 모습을 나타낸 그림입니다. 우리가 앞에서 만든 생성적 적대 신경망 모델을 train_on_batch 함수를 사용하여 학습시킬 예정입니다. 이 함수를 사용하려면 입력값과 정답값을 알려 줄 필요가 있는데, 입력값은 노이즈값이며 출력값은 이 그림이 진짜인지 가짜인지 알려 주는 판별자 신경망을 거쳐서 나오는 값(판별 결과)입니다. 이제 이 값을 y_gen과 비교하면서 판별 결과가 1이 나올 때까지 생성자를 학습시키는 것입니다. 이처럼 이제 판별자가 판별한 결과를 모두 정답(1)으로 생각할 수 있도록 생성자 모델을 계속 학습시켜 나갑니다.

그럼 다시 한 번 앞에서 작성한 GAN 코드를 보며 GAN이 어떻게 동작하는지 살펴보겠습니다. 앞에서 판별자를 학습시키지 않는다고 했는데, 그 이유가 바로 여기에 나옵니다.

```
discriminator.trainable = False      # 판별자를 더 이상 학습시키지 않습니다.
gan_input = Input(shape=(100,))
x = generator(gan_input)              # 노이즈값을 넣어서 새로운 그림을 생성한 후 x에 넣습니다.
gan_output = discriminator(x)         # 판별자가 x를 판별하도록 합니다.
```

앞에서 작성한 GAN 코드를 다시 살펴보면 먼저 판별자가 학습하지 못하고 판별만 할 수 있도록 학습을 멈추고, 노이즈값을 입력하여 그림을 생성합니다. 그런 다음 판별자가 판별한 결과(gan_output)를 보여 줍니다.

여기까지가 바로 생성적 적대 신경망을 학습시키는 과정이었습니다. 긴 과정이었죠? 그러면 이제 우리가 만든 신경망이 그림을 잘 생성하는지 직접 눈으로 살펴볼 차례입니다.

if e == 1 or e % 1000 == 0:

각 에포크별로 훈련을 잘하는지 살펴봅시다. 첫 번째 에포크(e == 1)와 1000번째, 2000번째, 3000번째, 4000번째, 5000번째 에포크(e % 1000 == 0)일 때 생성자가 만든 그림을 출력합니다.

plot_generated_images(g)

앞에서 만든 plot_generated_images 함수를 호출하여 생성자가 만든 그림을 보여 줍니다. 이때 함수에 인자로 전달할 생성자는 우리가 만든 생성자 신경망인 g입니다.

실행 결과

100%|■■■■■■■■■■| 5000/5000 [07:38<00:00, 10.91it/s]

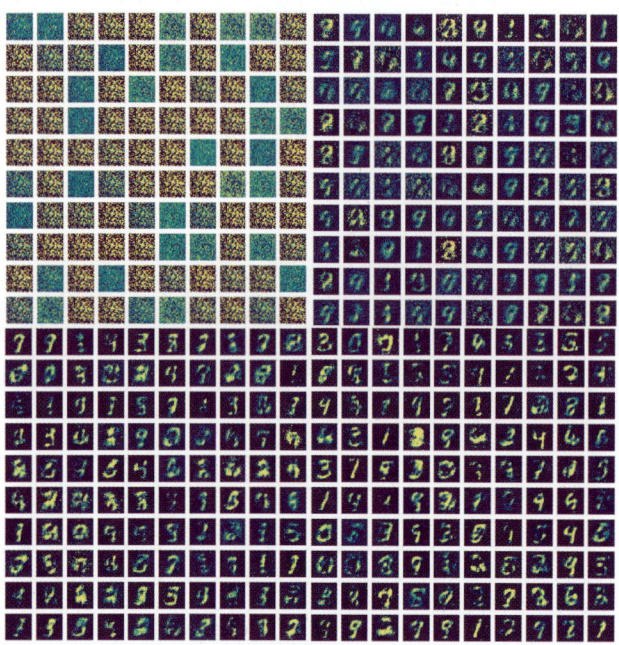

실행 결과

손글씨 데이터(MNIST 데이터셋)를 학습하여 노이즈값을 주어도 그럴듯한 손글씨를 만들어 내는 모습을 살펴볼 수 있었습니다. 결과를 살펴보면 학습 횟수가 많아질수록 점점 더 손글씨 데이터와 비슷한 모양의 숫자가 만들어지는 것을 확인할 수 있습니다. 이처럼 생성적 적대 신경망은 생성자 신경망과 판별자 신경망이 서로 대결하며, 새로운 것을 인공지능이 스스로 생성하는 모습을 살펴볼 수 있습니다.

오늘날 인공지능을 사용하여 무엇인가를 생성하는 신경망은 예술 영역(그림, 음악)에서 주로 사용되고 있습니다. 이 인공지능을 발전시키면 사람과 같은 창의성을 보이는 예술 인공지능도 가능할 것입니다.

다섯째 마당

생성형 인공지능 프로그래밍 시작

"인공지능 하면 무엇이 떠오르나요?"라고 질문한다면 대부분이 아마 챗지피티(ChatGPT)라고 대답할 것입니다. 10여 년 전만 하더라도 대부분이 바둑에서 이세돌 9단을 이긴 알파고(alphaGo)라고 했던 것과는 다르죠. 사실 알파고가 등장할 때만 하더라도 "인공지능에 내가 무슨 도움을 받을 수 있겠어?"라고 생각했었습니다. 하지만 챗지피티, 클로드, 제미나이 등 생성형 인공지능이 등장하면서 실제로 문서 작성, 질의 응답, 아이디어 정리 등 다양한 분야에서 인공지능에 도움을 받고 있습니다. 최근 전 세계에서는 국민들이 인공지능 소양을 갖출 수 있도록 다양한 교육을 진행하고 있습니다. 인공지능을 알아야 더 잘 사용할 수 있다는 공통된 기조로서 말이죠. 지피지기면 백전백승이다는 말이 있듯이 인공지능이 무엇인지 알고, 그 원리를 안다면 인공지능을 활용할 수 있는 능력 또한 한층 더 높아질 것입니다. 지금부터 생성형 인공지능에 한걸음 더 다가가 봅시다.

UNIT 20 생성형 인공지능 원리 살펴보기

"지브리풍으로 이 사진 변환해 줄래?"

OpenAI(오픈에이아이)에서 만든 챗지피티(ChatGPT)는 사람들이 업로드한 사진을 일본 유명 애니메이션 회사인 지브리에서 만든 것과 같은 그림으로 변환해 줄 수 있습니다. 그 결과물은 마치 애니메이션 속 주인공과 같은 모습으로 표현되었고, 이것에 흥미를 느낀 사람들은 앞다투어 챗지피티를 사용하기 시작했습니다. 덕분에 챗지피티 사용자는 엄청나게 급증했고, OpenAI 창립자인 샘 올트먼은 지브리풍 사진 변환 요청을 멈추어 달라는 우스갯소리를 할 정도로 사람들의 관심은 넘쳐 났습니다. 물론 이 현상을 보는 관점에 따라 인공지능 기술이 사람의 예술적인 부분을 충분히 능가할 수 있다고 보는 입장도 있으며, 단순한 모방자에 불과하다는 입장 또한 존재합니다.

또 다른 사례를 살펴볼까요? 챗지피티는 무료로도 사용할 수 있지만 유료로 사용하면 더 많은 기능을 더욱 오래 쓸 수 있습니다. 심지어 한 달에 200달러를 내는 유료 계정을 사용하면 마치 내 옆에 박사 수준의 조력자를 두고 일을 하는 것처럼 수준 높은 기능을 사용할 수 있습니다. 이러한 모습을 보고 있노라면 인공지능 접근성이 모든 사람이 아닌 특정 계층에만 집중될 수도 있겠다는 우려가 들기도 합니다. 그렇다면 과연 이러한 사회적인 이슈를 몰고 다니는 생성형 인공지능, 특히 대규모 언어 모델은 과연 어떤 원리로 이러한 엄청난 일을 할까요?

물론 챗지피티를 사용하는 것처럼 원리를 몰라도 충분히 사용할 수는 있습니다. 하지만 대규모 언어 모델의 동작 원리를 알게 된다면 그 한계점과 가능성을 염두에 두고 새로운 기술을 적절하게 사용할 수 있을 것입니다. 그럼 지금부터 대규모 언어 모델은 과연 어떤 기술인지, 어떻게 발전해 왔는지, 어떻게 발전되어 나갈지 살펴봅시다.

1 텍스트 토큰화와 임베딩

우리가 앞으로 살펴볼 인공지능은 사람들이 사용하는 언어, 즉 자연어를 만들어 내는 인공지능입니다.

프로그래밍 언어를 배우는 이유를 설명할 때 흔히 언어에 비유하고는 합니다. 영어를 쓰는 사람과 대화하려면 영어를 이해하고 있어야 하며, 일본어를 쓰는 사람과 대화하려면 일본어를 이해하고 있어야 하죠. 마찬가지로 컴퓨터와 대화하려면 컴퓨터가 이해하고 있는 언어인 프로그래밍 언어를 알고 있어야 합니다. 그렇기 때문에 기본적인 프로그래밍 문법을 이해해야 컴퓨터에 적절하게 명령을 내릴 수 있죠.

그렇다면 자연어를 처리하는 인공지능 모델은 어떨까요? 우리가 "너의 이름은 무엇이니?"라고 물어보면, 자연어 처리 인공지능 모델은 이 말 자체를 이해하지는 못합니다. 이것이 무슨 말이냐고요? 자연어 처리 인공지능은 우리가 사용하는 자연어를 생성해 내기는 하지만, 자연어 자체를 이해하는 것은 아니라는 의미입니다.

그림 20-1 대화를 하면 숫자로 바꾸어서 이해하는 인공지능

자연어 처리 인공지능은 사람들이 사용하는 언어를 '숫자'로 바꾸어 분석하고 처리합니다. 그렇기 때문에 이러한 과정, 즉 언어를 숫자로 바꾸는 과정이 상당히 중요하죠. 이 과정을 가능하게 하는 중요한 개념이 바로 **토큰화**(tokenization)와 **텍스트 임베딩**(text embedding)입니다.

그럼 지금부터 토큰화와 임베딩의 개념을 살펴보고, 직접 실습해 보겠습니다.

■ 토큰화로 문장 쪼개기

인공지능이 문장을 이해하기 쉽도록 토큰화로 작게 나누어 봅시다. 컴퓨터는 숫자로 된 데이터를 처리하는 것이 가장 익숙합니다. 하지만 사람이 쓰는 자연어는 숫자가 아니라 단어와 문장으로 구성되어 있습니다. 그렇기 때문에 인공지능이 사람의 언어를 이해하려면 문장을 '작은 조각(토큰)'으로 나누고, 이를 숫자로 변환해야 합니다.

그림 20-2 토큰화

이렇듯 문장을 나누는 과정을 **토큰화**(토크나이제이션(tokenization))라고 합니다. 예를 들어 다음과 같은 문장을 생각해 봅시다.

"아버지가방에들어가신다"

어디에서 많이 보았던 문장이지요? 여러분이라면 앞 문장을 어떻게 나누고 싶나요? 이 문장은 어떻게 나누는가에 따라서 아버지가 방에 들어갈 수도 있고, (힘들겠지만) 아버지께서 가방으로 들어가실 수도 있습니다. 이처럼 문장을 어떻게 나누느냐에 따라 의미가 크게 달라질 수 있습니다. 한국어처럼 띄어쓰기 구분이 명확하지 않은 언어에서는 이 문제가 더 중요합니다. 인공지능이 문장을 정확하게 이해하려면 적절한 토큰화 방법을 사용해야 합니다.

띄어쓰기 단위 토큰화

띄어쓰기 단위로 토큰화를 하는 규칙을 따르는 방식입니다.

입력: "아버지가방에들어가신다"
출력: ["아버지가방에들어가신다"]

이 경우에는 띄어쓰기가 없으므로 이 모든 것을 하나의 단어로 인식합니다. 원래 문장이 다음과 같이 띄어쓰기로 구분되어 있다면 이렇게 문장이 구분되겠죠.

입력: "아버지가 방에 들어가신다"
출력: ["아버지가", "방에", "들어가신다"]

이 방식은 영어처럼 띄어쓰기가 명확한 언어에서는 효과적으로 작동합니다. 하지만 한국어처럼 조사(은, 는, 이, 가 등)가 붙는 경우 처리가 어려울 수 있어요.

음절 단위 토큰화

이 방식은 문장을 한 글자씩 나누는 규칙을 따르는 방식입니다.

입력: "아버지가방에들어가신다"
출력: ["아", "버", "지", "가", "방", "에", "들", "어", "가", "신", "다"]

이 방식은 한국어처럼 띄어쓰기가 불명확한 언어에서 적용 가능하지만, 단어 의미를 제대로 반영하지 못할 수 있다는 한계가 있죠. 이렇게 규칙을 기반으로 문장을 구분하는 방식은 한계가 있습니다. 그래서 다음과 같이 다양한 방식이 개발되었습니다.

서브워드 토큰화

서브워드 토큰화(subword tokenization)는 단어보다 작은 단위(서브워드)로 텍스트를 나누어 자연어 처리 모델이 더 효과적으로 학습할 수 있도록 하는 방식입니다. 이 방식을 사용하면 인공지능이 처음 보는 단어들, 즉 기존에 있지 않던 단어도 효과적으로 처리할 수 있습니다. 서브워드 단위로 나누면 신조어, 복합어, 철자가 약간 다른 단어도 학습이 가능하죠.

"초해상도영상처리" → ["초", "해상도", "영상", "처리"]

앞과 같은 긴 단어도 기존에 알고 있던 작은 단위로 구분하면 그 의미를 쉽게 파악할 수 있는 것처럼 말이죠.

■ 토큰화 실습하기

그럼 앞으로 우리가 실습에서 사용할 언어 모델의 토크나이저를 직접 사용하여 토큰화를 실시해 보겠습니다. 먼저 코랩에서 새로운 노트북을 열어 줍니다.

```
from transformers import AutoTokenizer
```

트랜스포머 라이브러리는 허깅페이스에서 제공하는 강력한 NLP 라이브러리입니다. AutoTokenizer는 특정 모델에 맞는 토크나이저를 자동으로 불러오는 클래스입니다. 즉, 우리가 사용할 모델의 ID만 입력하면, 해당 모델과 가장 적절한 토크나이저가 로드됩니다.

```
model_id = "microsoft/phi-4"
```

우리가 사용할 인공지능 모델은 마이크로소프트에서 개발한 phi-4 모델입니다. 이 모델은 다른 모델에 비해 경량화되었으며, 한글도 잘 지원한다는 특징이 있습니다. model_id 변수에 모델의 경로(이름)를 저장하여 이후 코드에서 사용할 수 있도록 합니다.

```
tokenizer = AutoTokenizer.from_pretrained(model_id)
```

AutoTokenizer.from_pretrained(model_id)를 실행하면 model_id에 해당하는 모델의 토크나이저를 자동으로 내려받습니다. 즉, phi-4 모델과 호환되는 토크나이저를 자동으로 설정하는 과정입니다.

혹시 셋째 마당에서 살펴본 클래스와 객체를 기억하나요? 여기에서 그 객체가 나오는데요. 바로 이 tokenizer가 앞에서 살펴본 객체입니다. AutoTokenizer라는 클래스를 사용해서 phi-4 모델에 최적화된 토크나이저 객체를 만든 것이죠.

```
text = "I am studying tokenization."
tokens = tokenizer.tokenize(text)
print(tokens)
```

text 변수에 'I am studying tokenization.'이라는 문장을 저장합니다. tokenizer 객체에는 문장을 여러 개의 토큰(단어 단위)으로 분해할 수 있는 기능이 있습니다. tokenize라는 함수를 사용하면 됩니다. tokenizer.tokenize(text)를 실행하면 문장을 여러 개의 토큰(단어 단위)으로 분해합니다. print(tokens)를 실행하면 분해된 토큰들을 출력합니다.

코드를 실행한 결과는 다음과 같습니다. 이 실행 결과는 언어 모델의 토크나이저에 따라 결과가 달라집니다.

> **실행 결과**
> ['I', 'Ġam', 'Ġstudying', 'Ġtoken', 'ization', '.']

- **'I'**: 단어 자체가 짧고 일반적이기 때문에 그대로 유지된 것을 볼 수 있습니다.
- **'Ġam'**: Ġ 문자가 앞에 붙어 있습니다. 이 문자는 특수 토큰(special token)으로 공백(space)을 의미합니다. 즉, 원래 문장에서 ' am(공백 + am)' 형태였다는 것을 나타냅니다.
- **'Ġstudying'**: ' studying(공백 + studying)' 형태였다는 것을 나타냅니다. 이때 study / ing로 구분하지 않고, 하나의 단어로 나타내고 있네요.
- **'Ġtoken'**: ' token(공백 + token)' 형태입니다.
- **'ization'**: 'tokenization'이라는 단어가 'token'과 'ization' 2개의 토큰으로 분리된 것을 볼 수 있습니다. 'tokenization'이라는 단어가 데이터에서 자주 등장하는 'token'과 'ization'으로 분할되었기 때문입니다.
- **'.'**: 마침표도 별도의 토큰으로 인식되었습니다.

그럼 왜 tokenization이 'token'과 'ization'으로 나뉘었을까요? 사실 우리는 tokenization이라는 단어는 모르지만, 'token'과 'ization'은 이미 알고 있다고 가정해 봅시다. token은 '토큰(token)', ization은 '화(化)' 같은 의미로 많이 사용됩니다. 그렇기 때문에 'tokenization은 토큰을 만들어 주는 것이구나' 정도로 이해할 수 있죠.

자연어 처리 인공지능 모델도 마찬가지입니다. 먼저 인공지능은 모든 단어를 통째로 기억하지 않습니다. 세상의 모든 단어를 다 알고 저장하는 것이 현실적으로 불가능하기 때문이죠. 그 대신 자주 등장하는 조각(부분)으로 나누어서 기억합니다. 그래서 모델이 학습할 때 'token'과 'ization'을 따로 저장해 두면 새로운 단어가 나와도 빠르게 처리할 수 있습니다.

다른 예를 살펴볼까요? 'nationalization(국유화)'이라는 단어를 인공지능이 처음 본다고 가정해 봅시다. 처음 보는 단어라서 이해하기 어렵겠죠? 하지만 'national'과 'ization'을 알고 있다면? 'national(국가)' + 'ization(화)' → '국유화'라는 뜻을 이해할 수 있습니다.

이처럼 단어를 미리 조각 내어 저장하면 모델이 새로운 단어도 빠르게 처리할 수 있습니다. 이것으로 저장 공간을 절약할 수 있죠.

■ 토큰화된 문장을 숫자로 바꾸기

인공지능은 문장을 직접 이해할 수 있을까요? 여러분이 친구와 대화를 나눌 때는 상대방이 말하는 단어와 문장을 그대로 이해할 수 있어요. 예를 들어 친구가 "오늘 점심 뭐 먹을까?"라고 물어보면 우리는 자연스럽게 이 말을 이해하고 대답할 수 있죠. 하지만 인공지능은 글자를 읽고 바로 이해할 수 있을까요? 아쉽지만 인공지능은 사람처럼 자연어를 그대로 이해할 수 없습니다. 컴퓨터가 이해할 수 있는 것은 숫자뿐이거든요.

컴퓨터가 언어를 이해하는 과정은 마치 외국어를 번역하는 과정과 비슷합니다. 우리가 한국어 밖에 모른다고 가정해 보세요. 누군가가 프랑스어로 "Que voulez-vous manger?(무엇을 드시고 싶나요?)"라고 묻는다면, 우리는 이 문장을 우리말로 번역해야 의미를 알 수 있겠죠? 컴퓨터도 마찬가지입니다! '자연어(Natural Language) → 숫자(Number)'로 변환해야 이해할 수 있습니다!

문장을 숫자로 바꾸는 첫 번째 과정: 토큰화

앞에서 우리는 문장을 작은 조각(토큰)으로 나누는 토큰화(tokenization)를 배웠습니다. 이제 문장을 숫자로 변환하는 과정을 하나씩 살펴보겠습니다.

"I am studying tokenization."

이 문장을 다음과 같이 여러 개의 작은 조각(토큰)으로 나누었어요.

['I', 'Ġam', 'Ġstudying', 'Ġtoken', 'ization', '.']

이제 토큰을 숫자로 바꾸어야 합니다. 이 과정은 '토큰 ID 변환(token ID mapping)'이라고 합니다. 각 토큰은 사용하는 언어 모델에 따라 고유한 숫자(token ID)를 가지고 있어요. 토크나이저는 각 단어를 미리 학습한 단어 사전(vocabulary)에 따라 변환합니다.

```
token_ids = phi4_tokenizer.convert_tokens_to_ids(tokens)
print(token_ids)
```

실행 결과
```
[40, 1097, 21630, 4037, 2065, 13]
```

출력된 숫자들은 무엇을 의미할까요?

"I" → 40

"Ġam" → 1097

"Ġstudying" → 21630

"Ġtoken" → 4037

"ization" → 2065

"." → 13

즉, 각 단어(토큰)는 특정 숫자로 변환됩니다. 이제 인공지능이 이 숫자들을 보고 문장을 이해할 수 있습니다. 컴퓨터는 'I am studying'을 이해하는 대신 [40, 1097, 21630]처럼 숫자로 변환한 후 의미를 분석합니다.

■ 숫자를 더 깊이 있는 정보로 변환하는 임베딩

임베딩을 알아보기에 앞서 여러분은 서울과 부산 중 대전과 더 가까운 곳이 어디인지 알고 있나요? 정답을 알기 위해서는 무엇이 필요할까요? 지도를 펼쳐 보거나 숫자로 표현된 위도와 경도를 알아보면 됩니다(사실 대전은 부산보다 서울과 더 가깝습니다).

이것이 바로 임베딩의 원리입니다. 지도에서 위치를 숫자로 나타내는 것처럼 단어들도 숫자로 변환해서 관계를 배치하는 것이 임베딩입니다. **임베딩**(embedding)이란 단어나 문장을 숫자로 변환한 후 벡터 공간에 배치하는 과정입니다. 즉, 단어를 벡터로 바꾸어 '좌표(위치)'를 부여하는 과정이죠. 앞에서 살펴본 것처럼 서울, 도쿄, 뉴욕 같은 도시를 지도에 배치하면 서로의 거리와 관계를 알 수 있죠? 마찬가지로 단어들도 올바른 위치(벡터 공간)로 배치해야 서로 의미를 파악할 수 있습니다.

이렇게 임베딩을 하는 목표는 간단합니다. 바로 단어 간 관계를 숫자로 계산하기 위함이죠. 인공지능이 답변을 할 때는 서로 관련된 단어들을 조합해서 답변해야 합니다. 그렇게 하려면 어떤 단어들이 관련이 있는지, 또 어떤 단어들이 관련 없는지를 계산해야겠죠? 이렇게 계산을 할 수 있도록 특정한 공간에 단어를 위치시키는 과정이 바로 임베딩 과정입니다.

이제 우리가 얻은 토큰 ID를 통해 살펴봅시다.

[40, 1097, 21630, 4037, 2065, 13]

이 숫자들은 단어를 고유한 숫자로 변환한 값일 뿐입니다. 즉, 이 숫자들만으로는 단어 의미를 비교할 수 없죠.

그러면 이 숫자들이 의미를 가지려면 어떻게 해야 할까요? 바로 숫자 하나하나(각각의 토큰 ID)를 더 의미 있는 좌표로 변환해야 합니다. 이 과정이 바로 임베딩입니다. 실제로 임베딩을 할 때는 512차원 이상의 고차원 벡터로 변환합니다. 하지만 쉽게 이해하기 위해 2차원으로 임베딩해 보겠습니다.

예를 들어 각 토큰이 다음과 같은 2차원 벡터로 임베딩되어 있다고 생각해 봅시다.

표 20-1 2차원 벡터로 임베딩

토큰	토큰 ID	초기 임베딩 벡터
I	40	[3, 4]
am	1097	[10, 15]
study	21630	[5, 9]
...	...	...

이 모습을 이해하기 쉽게 좌표 평면으로 나타내 볼까요?

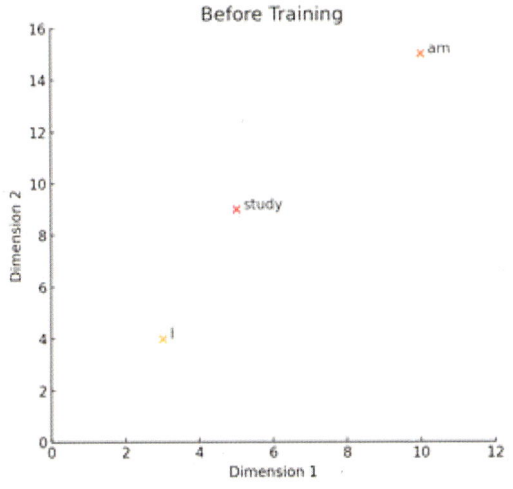

그림 20-3 2차원 벡터로 임베딩

이처럼 모델이 학습되기 전에는 'I'와 'am'의 임베딩은 무작위(initialized randomly) 또는 사전 학습(pre-trained)이 안 된 상태일 수 있으며, 의미와 관계없이 멀리 떨어져 있을 수 있습니다.

하지만 모델은 문맥(context) 정보를 학습하게 되면 'I am', 'You are', 'He is' 등의 패턴을 반복적으로 접합니다. 이러한 반복을 통해 'I' 다음에 'am'이 자주 등장한다는 것을 학습하게 되고, 이를 바탕으로 임베딩 벡터도 조정됩니다.

표 20-2 학습으로 조정된 임베딩

토큰	토큰 ID	학습 이후 임베딩 벡터
I	40	[4, 5]
am	1097	[6, 4]
study	21630	[10, 13]
...	...	...

다음 그림과 같이 말이죠.

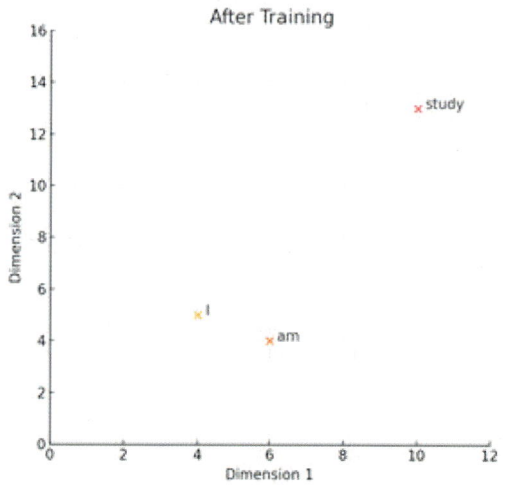

그림 20-4 2차원 벡터로 임베딩

이렇게 모델이 학습된 후 I라는 문자를 생성하면, I와 비슷한 위치에 있는 am이라는 단어가 생성될 확률이 높아집니다. 이것이 바로 생성형 인공지능의 원리인 셈이죠.

그렇기 때문에 우리가 앞으로 살펴볼 내용은 인공지능 모델이 이 벡터값들을 어떻게 변화시키면서 학습하는가입니다.

> **잠깐만요 왜 512차원, 768차원 같은 고차원 벡터를 사용할까요?**
>
> 바로 단어 간 관계를 더 정밀하게 표현하기 위해서입니다. 예를 들어 2차원 공간에서는 dog와 cat을 충분히 구별하기 어렵습니다. 하지만 512차원 공간에서는 dog와 cat이 가지는 다양한 의미(크기, 종, 감정적 연관성 등)를 반영할 수 있죠. 의미적으로 비슷한 단어는 비슷한 벡터값을 가집니다. 예를 들어 happy와 joyful은 비슷한 위치에 있을 테고, sad는 좀 더 멀리 떨어져 있을 것입니다.

2   트랜스포머 이전 문장을 다루던 방법

■ RNN, 속닥속닥 이어 말하기 게임

긴 글을 읽고 있을 때는 앞부분의 내용을 기억하고 있어야만 글의 의미를 제대로 이해할 수 있습니다. 예를 들어 이러한 문장을 생각해 봅시다.

> "어젯밤 나는 너무 피곤해서 일찍 잠들었다. 아침에 일어나 보니 늦잠을 자 버렸다."

이 문장에서 '늦잠을 자 버렸다'는 마지막 문장을 이해하려면, 앞에서 '어젯밤 나는 너무 피곤해서 일찍 잠들었다'는 정보가 필요합니다. 이처럼 자연어를 처리하는 인공지능도 문장의 앞부분을 잘 기억하고 있어야 합니다. 그렇지 않으면 문맥을 이해하지 못하고, 엉뚱한 답을 내놓겠죠.

앞에서 실습했던 재귀 신경망(Recurrent Neural Network, RNN)은 인공 신경망과는 달리 연속된 값을 학습하여 다음 값을 예측할 수 있습니다. 이 모델은 마치 사람이 글을 읽듯이 단어를 한 글자씩, 혹은 한 단어씩 순서대로 처리하는 방식을 사용했습니다.

어릴 때 했던 '이어 말하기 게임'을 떠올려 봅시다. 첫 번째 사람이 "나는 오늘 학교에서 수학 시험을 봤다."라고 속삭입니다. 두 번째 사람이 이 말을 듣고 기억한 후 다음 사람에게 전달합니다. 하지만 전달을 반복할수록 말이 조금씩 바뀌거나 일부 단어를 잊어버릴 수도 있습니다. 마지막 사람이 받았을 때는 원래 문장에서 '나는 시험을 봤다'처럼 중요한 정보가 사라질 수도 있죠.

그림 20-5 이어 말하기 게임

RNN은 앞부분 정보를 뒤쪽으로 전달하면서 문장을 처리합니다. 하지만 문장이 길어질수록 앞 부분 정보가 희미해집니다. 마치 물이 새는 파이프처럼 정보가 뒤쪽으로 갈수록 점점 손실되죠. 예를 들어 다음 내용을 살펴볼까요?

① 나는 오늘 학교에서 수학 시험을 봤다.
② 문제는 너무 어려웠지만 열심히 풀었다.

❸ 하지만 마지막 문제에서 실수를 했다.
❹ 그래서 시험 점수가 낮게 나올 것 같다.

이 문장에서 '시험 점수가 낮게 나올 것 같다'는 부분에서 시험 점수는 어떤 과목의 시험 점수일까요? 이 부분을 명확하게 이해하려면 '수학 시험'이라는 초반 정보가 중요합니다. 하지만 안타깝게도 RNN 모델에 많은 정보를 주게 되면 앞부분 정보를 잊어버릴 확률이 높아집니다. 그래서 긴 문장에서 정확한 의미를 파악하는 데 어려움을 겪습니다.

■ **LSTM: 메모장을 가진 뇌**

우리는 긴 글을 읽을 때 앞부분을 기억해야만 문맥을 이해할 수 있습니다. 하지만 RNN은 마치 이어 말하기 게임처럼 정보를 점점 잃어버려서 긴 문장을 처리하는 데 어려움을 겪었죠. 이 문제를 해결하기 위해 **LSTM**(Long Short-Term Memory)이라는 모델이 등장했습니다.

여러분은 시험 공부를 할 때, 모든 내용을 한 번에 기억할 수 있나요? 아마 쉽지 않을 것입니다. 그래서 중요한 내용은 메모장에 적어 두고 필요할 때 참고하죠. LSTM은 마치 메모장을 가지고 다니는 사람처럼 중요한 정보를 기억하고 필요할 때 꺼내 볼 수 있습니다.

다시 우리 뇌를 살펴볼까요? 뇌에는 기억 공간이 2개로 구분되어 있습니다. 바로 단기 기억과 장기 기억으로 말이죠. LSTM은 이 개념을 사용한 알고리즘입니다. LSTM 핵심은 2개의 기억 공간을 따로 관리한다는 것입니다.

- **단기 기억**(Short-Term Memory, STM): 짧은 기간 동안 저장하는 정보로 '방금 전에 본 단어', '지금 문장을 이해하는 데 중요한 단어'를 의미합니다.
- **장기 기억**(Long-Term Memory, LTM): 오랫동안 보관할 정보로 '이야기의 핵심 주제', '이전 문장에서 중요했던 단어'를 의미합니다.

그림 20-6 단기 기억과 장기 기억

이처럼 단기 기억과 장기 기억을 따로 저장하기 때문에 필요한 정보는 오랫동안 유지하면서도 새로운 정보를 빠르게 업데이트할 수 있습니다. 우리가 시험 공부를 할 때 중요한 내용을 필기장(장기 기억)에 적어 두고, 지금 공부하고 있는 내용은 암기 카드(단기 기억)에 저장한다고 생각해 봅시다. LSTM도 이러한 방식으로 정보를 관리합니다.

❶ **기억할 내용 선별하기**: 방금 배운 내용 중 진짜 중요한 것만 필기장(장기 기억)에 적습니다. 하지만 시험에 자주 나오는 개념은 암기 카드(단기 기억)에도 저장해 둡니다. 그리고 중요하지 않은 내용은 기억에서 삭제합니다.

❷ **새로운 정보 업데이트하기**: 암기 카드에 저장된 단기 기억 중에서 정말 중요한 정보는 필기장에 정리하여 오래 보관합니다. 즉, 암기 카드(단기 기억) → 필기장(장기 기억)으로 정보를 옮기는 과정이 필요합니다.

❸ **필요할 때 기억 꺼내기**: 시험 문제를 풀 때 암기 카드에 남아 있는 정보를 먼저 활용합니다. 하지만 암기 카드에 없으면 필기장(장기 기억)에서 중요한 개념을 찾아서 문제를 풉니다.

■ GRU: 가벼운 메모장

LSTM이 RNN보다 훨씬 강력한 모델이기는 하지만, 단점도 있습니다. 계산량이 많아 속도가 느리고, 복잡한 구조 때문에 구현이 어렵다는 것입니다. 그래서 등장한 모델이 바로 **GRU**(Gated Recurrent Unit)입니다. GRU는 LSTM과 비슷한 기능을 하지만 구조가 더 단순해서 빠르게 동작합니다. LSTM과 GRU는 비슷한 시기에 등장했지만 서로 스타일이 다른 모델입니다. 마치 필기법이 다른 사람처럼 말이죠. LSTM이 '꼼꼼한 필기왕'이라면, GRU는 '빠른 요약왕'입니다.

LSTM은 모든 중요한 내용을 필기장에 정리하고 필요할 때 꺼내 봅니다. 하지만 필기가 많아 시간이 오래 걸리겠죠? 그에 비해 GRU는 중요한 정보만 간략하게 요약해서 기록합니다. 그래서 복잡한 과정 없이 빠르게 기억하고 활용할 수 있습니다. GRU는 LSTM보다 단순하기 때문에 암기 카드와 필기장이 따로 있지 않고, 중요한 내용만 간단하게 정리해서 보관하는 방식이죠. GRU는 LSTM보다 계산량이 적기 때문에 빠른 속도가 중요한 경우에 많이 사용됩니다. GRU는 LSTM보다 더 가볍고 빠르게 정보를 기억하는 방식으로 발전했지만, 여전히 RNN 기반의 구조적 한계를 벗어나지 못했습니다. GRU와 LSTM은 입력된 정보를 효과적으로 기억하는 데 집중한 모델이지만, 번역처럼 새로운 문장을 만들어야 하는 작업에는 최적화되지 않았습니다. '잘 기억하는 것'과 '잘 생성하는 것'은 다른 것처럼 말이죠.

■ Seq2Seq(시퀀스 투 시퀀스): 통역사의 귀와 입

이번에 등장할 모델은 Seq2Seq(Sequence-to-Sequence), 즉 '입력된 문장을 요약하고 새로운 문장으로 변환하는 모델'입니다. 마치 동시통역사처럼 말이죠! 우리가 외국인과 대화한다고 생각해 봅시다. 예를 들어 영어로 말을 하면 이를 한국어로 번역해 주는 동시통역사가 있다고 가정해 보죠. 이 통역사는 두 가지 역할을 합니다.

듣고 이해하기(인코더: Encoder)

통역사는 상대방의 말을 주의 깊게 듣고, 중요한 의미를 머릿속에 정리합니다. 하지만 영어 문장을 그대로 외우지는 않습니다. 그 대신 핵심 내용을 요약해서 머릿속에 저장하죠.

> 입력 문장(영어):
> I am studying AI because I want to develop smart systems in the future.
>
> 인코더(요약 과정):
> (머릿속에서 정리) → "AI 공부 중. 이유: 스마트 시스템 개발하고 싶음."

여기에서 중요한 점은 이렇게 요약한 정보를 다음 사람이 이해할 수 있도록 '압축된 형태'로 전달해야 한다는 것입니다. 즉, 인코더는 전체 문장을 그대로 넘기는 것이 아니라, 핵심 정보만 정리하여 전달하는 역할을 합니다. 이것이 바로 문장을 벡터(vector) 형태로 압축하여 디코더에 넘기는 과정입니다. 이 압축된 벡터는 **컨텍스트 벡터**(context vector)라고도 불러요.

새로운 언어로 말하기(디코더: Decoder)

통역사는 이제 들은 내용을 바탕으로 한국어로 자연스럽게 번역해서 전달합니다. 하지만 단어 하나하나를 그대로 변환하는 것이 아니라, 전체적인 의미를 고려하여 자연스럽게 문장을 생성해야 합니다.

> 디코더(출력 생성 과정):
> (압축된 정보를 기반으로 새 문장 생성) → "나는 미래에 스마트 시스템을 개발하고 싶어서 AI를 공부하고 있다."

즉, 디코더는 인코더가 압축한 정보를 받아 이를 다시 자연어로 풀어내는 역할을 합니다. 이 과정은 마치 암호화된 메시지를 풀어서 자연스럽게 전달하는 것과 비슷해요!

그렇다면 인코더는 어떻게 원래 문장을 압축할 수 있었을까요? 바로 앞에서 살펴본 토큰화(tokenization)와 임베딩(embedding)으로 인공지능이 계산할 수 있도록 문장을 숫자로 바꾼 덕분입니다.

다음 문장으로 토큰화와 임베딩의 전 과정을 살펴볼까요? 사실 이어지는 내용은 토큰화와 임베딩의 과정을 직관적으로 이해하기 위함이니 각 숫자가 무엇을 의미하는지는 크게 신경 쓰지 않아도 됩니다.

"I am studying AI because I want to develop smart systems in the future."

먼저 이 문장을 작은 단위(토큰)로 나누어야 합니다.

['I', 'am', 'studying', 'AI', 'because', 'I', 'want', 'to', 'develop', 'smart', 'systems', 'in', 'the', 'future', '.']

문장을 나눈 후 각 토큰을 숫자로 변환하는 과정을 거칩니다.

[101, 2023, 1024, 30522, 2015, 1045, 2215, 2000, 9377, 6045, 3000, 1999, 1996, 2920, 102]

이렇게 토큰 ID로 변환한 후 토큰 관계를 모델이 이해할 수 있도록 벡터 형태로 변환하는 '임베딩 과정'을 거칩니다. 4차원 벡터로 변환하다고 가정하면 다음과 같이 변환됩니다.

```
40      → [  0.12, -0.85,  0.32,  0.78 ] # "I"
1097    → [  0.67,  0.15, -0.45, -0.23 ] # "am"
21630   → [ -0.22,  0.89,  0.57, -0.12 ] # "studying"
4037    → [  0.44, -0.32,  0.91,  0.28 ] # "AI"
2015    → [ -0.10,  0.76, -0.31,  0.55 ] # "because"
1045    → [  0.03, -0.21,  0.87, -0.65 ] # "I"
2215    → [  0.88,  0.45, -0.12,  0.39 ] # "want"
2000    → [  0.29, -0.53,  0.60,  0.41 ] # "to"
9377    → [ -0.35,  0.78,  0.52, -0.27 ] # "develop"
6045    → [  0.21, -0.43,  0.88,  0.07 ] # "smart"
3000    → [  0.11,  0.72, -0.39,  0.59 ] # "systems"
1999    → [ -0.47,  0.33,  0.76, -0.08 ] # "in"
1996    → [  0.05, -0.12,  0.95,  0.30 ] # "the"
2920    → [ -0.22,  0.90, -0.48,  0.62 ] # "future"
13      → [  0.17, -0.35,  0.89, -0.50 ] # "."
```

이제 Seq2Seq 인코더의 핵심이 등장합니다. 바로 정보를 압축하여 디코더로 넘기는 것이죠.

인코더는 이 토큰 임베딩 벡터들을 분석하여 문장의 핵심 정보를 하나의 벡터로 압축합니다. 앞에서도 살펴보았듯이 벡터를 컨텍스트 벡터(context vector)라고 합니다. 문맥 정보를 담고 있다고 해서 문맥을 의미하는 컨텍스트 벡터라는 이름을 붙였습니다. 컨텍스트 벡터는 마치 문장의 요약본처럼 작동합니다. 예를 들어 다음과 같이 전체 문장을 요약하는 하나의 벡터가 생성될 수 있어요.

컨텍스트: AI 공부 중, 이유: 스마트 시스템 개발

컨텍스트 벡터: [0.45, -0.12, 0.78, 0.34]

이제 인코더는 이 벡터를 디코더에 넘깁니다. 디코더는 압축된 정보, 즉 이 컨텍스트 벡터를 받아서 새로운 문장을 생성합니다. 하지만 문제는 단순한 숫자 벡터를 어떻게 자연어 문장으로 바꾸냐는 것이죠. 그래서 디코더는 RNN을 이용하여 한 단어씩 생성하면서 문장을 만듭니다.

디코더(출력 생성 과정)

step 1. 초기 입력

컨텍스트 벡터 → "나는" 예측

step 2. 이전 단어 + 컨텍스트 벡터

"나는" + 컨텍스트 벡터 → "나는 미래에" 예측

step 3. 이전 단어 + 컨텍스트 벡터

"나는 미래에" + 컨텍스트 벡터 → "나는 미래에 스마트" 예측

step 4. 이전 단어 + 컨텍스트 벡터

"나는 미래에 스마트" + 컨텍스트 벡터 → "나는 미래에 스마트 시스템을" 예측

step 5. 이전 단어 + 컨텍스트 벡터

"나는 미래에 스마트 시스템을" + 컨텍스트 벡터 → "나는 미래에 스마트 시스템을 개발하고 싶어서" 예측

최종 출력 문장은 다음과 같습니다.

"나는 미래에 스마트 시스템을 개발하고 싶어서 AI를 공부하고 있다."

즉, 디코더는 '압축된 의미'를 받아 한 단어씩 문장을 만들어 가는 역할을 합니다. 이 과정은 마치 요약된 개요를 보고 새로운 글을 써 내려가는 것과 비슷합니다.

Seq2Seq 모델은 기존 RNN과 달리 단순히 예측하는 것이 아니라 새로운 문장을 생성하는 모델이었습니다. 이 구조를 기반으로 챗봇, 번역 모델, 텍스트 요약 모델, 문장 생성 AI가 발전할 수 있었습니다. 하지만 RNN 기반 알고리즘이기 때문에 몇 가지 문제점이 있습니다.

먼저 긴 문장을 처리하는 데 한계가 있습니다. 문장이 길어질수록 앞부분 정보가 점점 희미해지는 문제가 발생하죠. 그리고 컨텍스트 벡터의 한계가 있습니다. 인코더가 디코더로 넘기는 압축된 정

보(컨텍스트 벡터)가 너무 작으면 중요한 정보를 충분히 전달하지 못할 수도 있습니다. 그래서 문장이 길어지면 번역 품질이 떨어지는 문제가 발생할 수 있어요.

이러한 문제를 해결하기 위해 어텐션 메커니즘이 도입되었고, 어텐션 모델은 마침내 트랜스포머의 핵심 요소로 발전했습니다. 즉, Seq2Seq는 자연어 생성(Natural Language Generation, NLG)의 시작을 알린 중요한 모델인 셈이죠.

 어텐션의 등장과 트랜스포머

지금까지 우리는 RNN → LSTM → GRU → Seq2Seq 모델로 발전하는 과정을 살펴보았습니다. Seq2Seq 모델의 등장으로 연속된 단어로 구성된 문장을 또 다른 연속된 단어로 변환하는 능력이 한층 더 발전했습니다. 덕분에 번역과 같은 자연어 처리 작업에서 큰 성과를 거두었지만 여전히 해결되지 않은 문제들이 있었죠. 특히 긴 문장을 처리할 때 중요한 정보를 잃어버리는 현상이었습니다. 이 문제를 해결하려고 등장한 것이 바로 **어텐션**(attention) **메커니즘**입니다.

"Attention! – 중요한 정보에 집중하라!"

군대나 경찰에서 훈련하는 장면을 떠올려 봅시다. 교관이 '주목(attention)'을 외치면 모두 그곳을 바라보겠죠.

그림 20-7 어텐션 메커니즘

어텐션은 인공지능이 문장을 처리할 때 모든 단어를 동일하게 다루는 것이 아니라, 중요한 단어에 더 집중하도록 하는 메커니즘입니다. 트랜스포머(Transformer)는 이 어텐션을 더욱 발전시켜 셀프 어텐션(self-attention)으로 활용하고 있습니다.

그럼 지금부터 어텐션이 무엇인지, 이 어텐션이 어떻게 셀프 어텐션으로 발전되어 가는지 살펴보겠습니다.

■ 어텐션의 등장: Seq2Seq 모델의 한계를 해결하다

Seq2Seq 모델에서 인코더는 문장을 하나의 컨텍스트 벡터로 압축해서 디코더에 전달했습니다. 하지만 문장이 길어질수록 정보가 손실되는 문제가 발생했습니다. 예를 들어 다음 문장이 있다고 해 봅시다.

입력 문장:
"나는 오늘 아침에 커피를 마셨고, 점심에는 친구와 파스타를 먹었고, 저녁에는 고기를 구워 먹었다."

Seq2Seq에서는 디코더는 인코더가 전달한 '압축된 정보(컨텍스트 벡터)'만 보고 문장을 생성해야 합니다.

이 압축된 정보는 문장이 짧을 때는 큰 문제가 되지 않습니다. 그렇지만 처리하려는 문장이 길어지면 컨텍스트 벡터의 크기가 작아 문장의 모든 정보를 충분히 담지 못한다는 한계가 있었습니다. 따라서 디코더에서 문장을 생성할 때 뒷부분은 잘 기억이 날 수 있지만 앞부분(아침, 점심) 정보는 잊어버릴 가능성이 있는 것이죠.

보고서를 작성하는 상황을 예를 들어 살펴보겠습니다. '인간의 심리'라는 문서를 참고하여 '편안한 상황과 위험한 상황에서 사람의 심리는 어떻게 변하는가?'라는 주제로 글을 쓴다고 가정해 봅시다. 앞에서 언급한 Seq2Seq는 '인간의 심리'라는 문서를 전체적으로 살펴보고 요약(컨텍스트 벡터 생성)한 후 보고서를 써 나가는 방식입니다.

어텐션 기법은 이와는 조금 다릅니다. 보고서를 쓸 때 '인간의 심리'라는 문서에서 관련 내용을 찾아봅니다. 먼저 편안한 상황에서 사람은 어떤 심리 상태를 보이는지 작성하려고 '인간의 심리'라는 문서에서 편안한 상황에서 사람 심리와 관련된 부분을 찾아서 해당 내용을 살펴볼 것입니다. 그다음 위험 상황에서 사람의 심리와 관련된 부분이 있다면 그 부분을 집중적으로 살펴보겠죠?

이처럼 어텐션 기법은 디코더에서 각 단어를 출력할 때 고정된 컨텍스트 벡터에 의존해서 문장을 생성하는 것이 아니라, 해당 단어를 출력할 때 관련된 부분에 주목해서 가장 최적인 단어를 생성해 내는 기법입니다.

그럼 다시 입력 문장을 살펴볼까요?

"나는 오늘 아침에 커피를 마셨고, 점심에는 친구와 파스타를 먹었고, 저녁에는 고기를 구워 먹었다."

여기에서 '아침에 먹은 ___'에서 빈칸에는 어떤 단어가 들어가면 좋을까요?

바로 '커피'겠죠? 파스타나 고기가 아니라 입력 문장의 '커피' 부분에 집중해야 제대로 출력이 나올 것입니다.

'저녁에 먹은 ___'에서 빈칸에 들어갈 단어를 선택할 때는 '고기' 부분을 강조하는 것처럼, 각각의 단어를 생성할 때 필요한 정보만 골라서 집중적으로 활용하는 것이죠. 즉, 어텐션은 '문장의 모든 단어를 참고하면서 각 단어가 현재 문맥에서 얼마나 중요한지 동적, 즉 변화하면서 가중치를 부여하는 방법'입니다.

결과적으로 어텐션은 단어를 생성할 때마다 입력 문장의 모든 단어를 참고하되, 중요한 단어에는 더 많은 비중을 주는 방식입니다. 이 과정을 거쳐 각 단어가 서로 어떻게 연결되는지, 즉 단어 정렬(alignment) 관계까지 자연스럽게 배우게 되죠. 각 출력 단어마다 다른 가중치 분포로 입력 단어들을 참고하여 그 순간 가장 중요한 입력 단어들에 더 큰 비중을 두고 출력을 수행합니다.

예를 들어 'I want to eat a hot dog'를 한국어로 번역한다고 가정해 봅시다. 사람이라면 'hot dog'가 단순히 '뜨거운 개'가 아니라 우리가 먹는 음식인 '핫도그'를 의미한다는 것을 문맥을 통해 알아챌 것입니다. 문맥을 고려하지 않고 각 단어 형태만 보고 번역한다면 귀여운 강아지가 핫도그가 되는 불상사가 일어날 수 있겠죠.

어텐션이 있다면 디코더가 'hot dog'라는 출력을 생성할 때 입력 문장 내 'hot'과 'dog' 두 단어를 모두 강조하여 이들을 합쳐 하나의 의미 단위(먹는 음식)임을 파악하게 됩니다. 실제로 번역할 때 디코더는 'hot dog'에 해당하는 한국어 '핫도그'를 입력 문장의 'hot'과 'dog'에 높은 어텐션 가중치를 두어 두 단어를 함께 고려해서 생성합니다. 반면 'The dog seems hot' 같은 문장이라면 'hot'을 번역할 때 'hot' 단어 자체에만 주로 어텐션을 두어 '더운'처럼 다른 의미로 옮기겠지요.

이처럼 어텐션 메커니즘은 문맥 속에서 단어 의미를 정확히 살펴 'hot dog'처럼 문맥에 따라 달라지는 표현도 정확하게 구별 및 번역해 내는 데 큰 역할을 합니다. 한마디로 어텐션은 번역 과정에서 각 단어가 참고해야 할 입력 부분을 동적으로 선택함으로써 단어나 구의 의미를 올바르게 전달하도록 돕습니다.

어텐션이 없다면 모든 단어를 동일한 비중으로 처리하게 되어 중의적인 표현을 올바르게 해석하지 못할 가능성이 높습니다. 하지만 어텐션을 적용하면 출력 단어를 생성할 때마다 입력 문장의 모든 단어를 참고하면서 문맥에서 중요한 단어에 더 집중할 수 있습니다.

■ 셀프 어텐션: 트랜스포머의 핵심

이제 트랜스포머 알고리즘의 핵심인 셀프 어텐션을 살펴봅시다. 앞에서 살펴본 어텐션 메커니즘과 차이는 바로 'self'라는 말이 붙은 것입니다. 두 가지 모두 어텐션이라는 이름을 쓰지만 하나는 서로 다른 두 시퀀스 간, 다른 하나는 하나의 시퀀스 내에서 동작한다는 점에서 다릅니다.

말이 조금 어렵죠? 먼저 기존의 어텐션은 주로 번역 모델 등에서 인코더와 디코더를 연결하는 데 사용되며, 입력 문장과 출력 문장 사이에서 어떤 단어가 서로 대응되는지에 집중합니다. 그렇기 때문에 서로 다른 두 시퀀스 간에서 동작하죠. 반면에 셀프 어텐션은 번역처럼 두 문장을 잇는 것이 아니라, 하나의 문장 내부에서 단어 간 관계를 학습하는 방법입니다. 즉, 하나의 시퀀스 내에서 동작하는 것입니다. 그래서 셀프 어텐션은 한 문장 내부에서의 단어 간 관계 학습에 초점을 맞춥니다. 셀프 어텐션은 하나의 시퀀스(문장) 내에서 각 단어가 다른 단어에 얼마나 영향을 주고받는지 계산하는 메커니즘입니다.

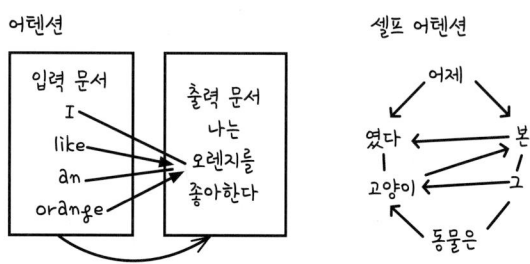

그림 20-8 어텐션과 셀프 어텐션 비교

예를 들어 셀프 어텐션은 '나는 학교에 갔다'에서 '나'라는 단어와 '갔다'는 단어의 관계를 파악하여 누가 갔다는 의미를 연결하거나, 대명사 '그'가 지칭하는 대상 단어를 같은 문장 앞부분에서 찾아내는 등 역할을 합니다. 이것으로 한 문장 안에서 각 단어가 다른 단어와 얼마나 연관되어 있는지 스스로 판단하여 문맥을 이해하죠. 이렇게 함으로써 모델은 문장 속 문맥을 더 깊이 이해할 수 있습니다.

앞에서 살펴본 것처럼 긴 문장에서 대명사 '그'가 가리키는 대상이나 의미를 정확히 파악하려면 앞에 나온 단어들을 참고해야 하잖아요. 셀프 어텐션은 이 과정을 자동으로 수행해서 한 문장 내 모든 단어가 서로 정보를 주고받으며 풍부한 문맥을 얻도록 도와줍니다.

셀프 어텐션 개념을 앞에서 본 심리 보고서를 작성한 상황에 비유해서 살펴볼까요? 기존 어텐션 방법은 마치 팀장이 '인간의 심리'라는 문서(입력 문장)를 보면서 보고서(출력 문장)를 작성하는 모습과 비슷합니다. 팀장은 회의록을 쓰다가 필요한 부분이 있을 때 자료의 어느 부분을 참고할지 결정하죠. 이것이 입력과 출력 사이의 어텐션에 해당합니다.

셀프 어텐션은 '인간의 심리' 문서 자체를 심도 있게 분석하는 과정에 해당합니다. 팀장이 주체가 되는 것이 아니라 팀원들이 서로 '인간의 심리' 문서를 이해하고 토론하는 과정인 셈이죠. 이때 팀 회의를 한다고 상상해 봅시다. 이 회의 목표는 문장의 전체 의미, 즉 '인간의 심리' 문서 자체를 모든 팀원이 정확히 이해하는 것입니다. 셀프 어텐션 방식은 회의에 참석한 팀원끼리 서로의 발언에 주의를 기울이는 모습입니다. 각 팀원은 다른 사람이 무슨 말을 했는지 귀 기울여 듣고, 자신의 이해를 보완합니다. 모두가 동시에 서로의 말을 참고하니 팀 전체로 보면 더욱 깊은 이해에 도달할 수 있겠죠.

셀프 어텐션에서는 각 단어(팀원)가 다른 단어와 소통하기 위해 세 가지 정보를 만들어 냅니다. 이것이 바로 **쿼리**(Query), **키**(Key), **밸류**(Value)이며, 이 값을 서로 비교하고 조합하면서 중요한 정보를 찾아내는 것이죠.

자, '인간의 심리' 문서에 다음 단어가 포함되어 있다고 생각해 봅시다. 여기에서 등장하는 단어를 팀원으로 가정할게요. 등장하는 팀원은 기쁨이, 슬픔이, 버럭이, 까칠이, 소심이 다섯 명입니다. 이 다섯 명은 함께 감정 보고서를 작성하고 있는데, 각자 서로를 잘 이해하고자 노력하고 있습니다.

쿼리는 팀원 자신이 궁금해 하는 내용이나 알고 싶은 정보에 해당합니다. 말하자면 회의 중에 팀원이 마음속으로 던지는 질문 같은 것이죠. 예를 들어 기쁨이가 갑자기 이렇게 생각합니다.

"버럭이가 아까 말했던 내용이 궁금한데, 정확히 뭐였지?"

이때 기쁨이 머릿속에 떠오른 이 질문이 바로 쿼리입니다. 즉, 기쁨이의 쿼리는 '버럭이와 관련된 정보가 뭐였더라?'라는 관심입니다. 각 단어(캐릭터)는 자신이 궁금해 하는 방향성을 기준으로 정보를 찾으려 하며, 그 기준이 바로 쿼리입니다.

키는 각 팀원이 가지고 있는 주제나 단서를 의미합니다. 각 팀원 앞에 놓인 네임택(name tag)이나 전문 분야라고 생각하면 쉬워요. 예를 들어 슬픔이는 '슬픔' 담당자고 버럭이는 '버럭' 담당자라고 한다면, 슬픔이의 키는 "슬픔", 버럭이의 키는 "버럭"인 셈이죠. 즉, 문장에서 각 단어가 품고 있는 의미나 특징이 그 단어의 키라고 볼 수 있습니다.

밸류는 키로 표시된 주제와 관련된 실제 정보입니다. 즉, 팀원이 회의에서 직접 발언하는 내용, 즉 실제 정보입니다. 예를 들어 버럭이의 밸류는 "분노는 무시당할 때 폭발적으로 나타나. 목소리가 커지고 얼굴이 빨개져."처럼 말이죠. 이처럼 각 캐릭터는 자기 키에 해당하는 내용을 담고 있는 정보를 가지고 있고, 누군가의 쿼리가 자신의 키와 잘 맞는다면 자신의 밸류를 제공하게 됩니다.

자, 그럼 이제 회의에서 실제로 셀프 어텐션이 어떻게 진행되는지 살펴볼까요?

회의에 참석한 팀원 기쁨이가 자신의 쿼리를 떠올리고, 다른 팀원들의 키를 하나씩 확인한다고 상상해 봅시다.

이제 기쁨이는 회의에 있는 다른 팀원들의 키를 하나씩 살펴보며 생각합니다.

"소심이라는 감정을 더 알고 싶은데, 누구에게 물어보면 좋을까?"

이렇게 관련성을 비교해서 중요도 점수(어텐션 가중치)를 계산합니다. 소심이의 키가 '소심', 버럭이의 키가 '분노'이기 때문에 기쁨이는 소심이의 키가 자신의 쿼리와 가장 잘 맞는다 판단하고, 소심이에게 높은 가중치를 줍니다. 즉, 소심이 이야기를 가장 집중해서 듣겠다는 의미죠. 이때 소심이가 제공하는 밸류, 예를 들어 "소심함은 낯선 환경에서 쉽게 긴장하고 조심스러운 행동을 보입니다." 같은 내용은 기쁨이가 참고하는 핵심 정보가 됩니다. 반면에 키가 '슬픔'이나 '분노'처럼 덜 관련된 주제를 가진 슬픔이나 버럭이에게는 낮은 가중치가 부여되고, 그들의 밸류는 덜 중요해집니다.

그런데 이 과정은 기쁨이 혼자만 하는 것이 아닙니다. 회의에 참석한 모든 팀원, 즉 문장을 이루는 모든 단어가 동시에 이와 똑같은 일을 합니다. 각 단어는 자신만의 쿼리를 기준으로 다른 단어들의 키를 비교하고, 그 가중치를 기반으로 다른 단어들의 밸류를 참고하여 자기만의 새로운 표현(이해)을 만들어 냅니다. 결국 회의가 끝나면 모든 팀원이 서로의 발언 중 자신에게 중요하다고 판단한 정보를 중심으로 참고했기 때문에 각자 더욱 풍부하고 정확한 문맥 이해를 갖게 되죠.

이러한 방식이 바로 트랜스포머에서 사용되는 셀프 어텐션 메커니즘입니다.

입력 문장을 구성하는 각 단어는 자신만의 쿼리를 만들고, 다른 단어들의 키와 비교하여 그들의 밸류를 중요도에 따라 참고하는 과정을 거칩니다. 이 메커니즘 덕분에 모델은 문장 속 모든 단어가 어떤 관계를 맺고 있는지 이해하게 되고, 문맥 정보를 풍부하게 반영한 새로운 표현을 만들어 낼 수 있습니다. 그래서 번역, 요약, 질문 답변 같은 작업에서도 트랜스포머는 훨씬 더 자연스럽고 정확한 결과를 내게 되죠.

4 트랜스포머를 구성하는 인코더와 디코더

우리는 앞에서 '어텐션'을 통해 인공지능이 문장을 읽을 때 어떤 단어에 집중해야 할지 판단할 수 있다는 점을 배웠습니다. 이제 본격적으로 이 어텐션 메커니즘을 가장 효과적으로 활용하는 모델인 **트랜스포머**(Transformer)를 살펴볼 차례입니다.

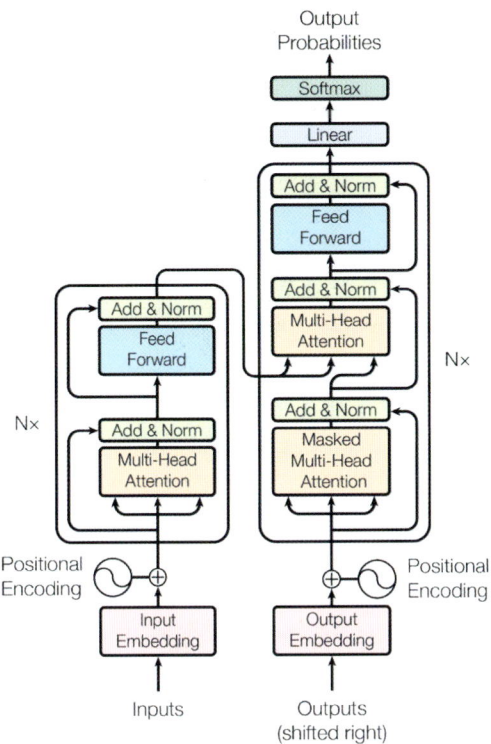

그림 20-9 트랜스포머 구조도(출처: Vaswani, A., Shazeer, N., Parmar, N., Uszkoreit, J., Jones, L., Gomez, A. N., ... & Polosukhin, I. (2017). Attention is all you need. Advances in neural information processing systems, 30.)

트랜스포머는 크게 **인코더**(encoder)와 **디코더**(decoder)라는 2개의 주요 블록으로 구성되어 있어요. 겉으로 보면 기존의 Seq2Seq(인코더-디코더) 구조와 비슷해 보이지만, 내부에서는 RNN 없이도 더 유연하고 강력하게 문장을 처리할 수 있는 비밀이 숨어 있습니다.

■ 인코더: 문장을 정밀하게 분석하는 똑똑한 요약가

앞 구조도 가운데를 기준으로 왼쪽 영역이 인코더 부분입니다. 인코더는 입력된 문장을 받아 그 안에 담긴 의미와 관계를 분석합니다. 그 정보를 정리해서 깊이 있는 표현(벡터)으로 바꾸는 역할을 하죠.

문장 전체를 동시에 바라보는 셀프 어텐션

예전 RNN은 단어를 하나씩 순서대로 읽었기 때문에 앞부분 내용을 잘 잊어버리는 단점이 있었습니다. 하지만 트랜스포머의 셀프 어텐션은 문장 안의 모든 단어가 서로 어떤 관계를 맺고 있는지 한꺼번에 살펴볼 수 있습니다.

"나는 어제 영화를 봤는데 정말 재미있었다"

이 문장에서 다음 단어들이 어떻게 연결되어 있는지 모두 동시에 계산해서 문맥을 파악하는 것이죠.

"나는"과 "봤는데"
"영화"와 "재미있었다"

다양한 시선을 활용하는 멀티헤드 어텐션

트랜스포머에서는 문장을 읽을 때 단 하나의 시선으로만 바라보지 않습니다. 하나의 어텐션만 사용하면 문장을 한 가지 방식으로 해석할 수 있는데, 이렇게 하면 놓치는 정보가 생길 수도 있겠죠? 그래서 트랜스포머는 멀티헤드 어텐션(multi-head attention)이라는 구조를 사용합니다. 구조도에서 'Multi-Head Attention'이라고 적힌 부분이에요. 말 그대로 여러 개의 어텐션 헤드(head)가 동시에 문장을 바라보며 각기 다른 관점에서 정보를 처리하는 방식입니다. 그렇다면 이 '헤드'는 정확히 무엇일까요?

앞에서 배운 셀프 어텐션에서는 각 단어(토큰)가 세 가지 정보, 즉 쿼리(Query), 키(Key), 밸류(Value)를 만들어 서로 관계를 계산했죠. 멀티헤드 어텐션에서도 마찬가지로 쿼리, 키, 밸류를 사용하지만, 중요한 차이는 '여러 개의 서로 다른 쿼리, 키, 밸류'가 동시에 만들어진다는 점입니다. 예를 들어 살펴볼까요? 특정한 하나의 단어에서 헤드 1에서는 주어-동사 관계를 중심으로 쿼리/키/밸류를 만들고, 헤드 2에서는 감정 표현이나 강조된 단어에 초점을 두고 쿼리/키/밸류를 만들고, 헤드 3에서는 문장의 전체 흐름이나 구조를 중심으로 쿼리/키/밸류를 만드는 식입니다. 이렇게 서로 시선이 다른 여러 헤드가 동시에 동작하면서 하나의 문장을 훨씬 풍부하게 이해할 수 있게 되어요.

앞에서 든 비유를 계속하자면 한 명의 팀원이 하나의 시선이 아니라 여러 개의 시선으로, 즉 여러 부캐(부캐릭터의 준말, 여러 명의 자신이 있는 모습)가 되어 내용을 분석한다고 상상해 보세요. 어떤 부캐는 문법 구조를 집중해서 보고, 또 어떤 부캐는 단어 감정을 중심으로 보고, 다른 부캐는 전체 이야기 흐름을 살펴보죠. 이 모든 분석 결과를 합쳐서 최종 어텐션 결과를 만들어 내는 것, 그것이 바로 멀티헤드 어텐션의 핵심입니다.

하나의 시선만 가질 때보다 훨씬 더 다양한 문맥 정보를 얻을 수 있어 트랜스포머는 번역, 질문 응답, 요약 같은 작업에서 놀라운 성능을 낼 수 있습니다.

어텐션 이후 정보를 정제하고 안정화

어텐션으로 중요한 정보를 골라낸 후 트랜스포머는 그 정보를 곧바로 사용하지 않고 한 번 더 정리하고 다듬는 과정을 거칩니다. 이때 등장하는 것이 바로 '피드포워드 신경망(feed-forward network)'이에요. 구조도에서 'Feed Forward'라고 적힌 부분이에요. 어텐션이 문장에서 핵심 정보를 모아 왔다면, 피드포워드는 그 정보를 깔끔하게 정리하고 요약하는 역할을 합니다. 마치 중요한 내용에 밑줄을 그어 그것을 다시 노트에 정리하는 느낌이죠.

하지만 정보를 계속 가공하다 보면 원래 의미가 사라지거나 지나치게 왜곡되는 문제가 생길 수도 있어요. 그래서 트랜스포머는 '잔차 연결(residual connection)'이라는 장치를 함께 사용합니다. 구조도에서 'Add'라고 적힌 부분이죠. 새로운 정보만 쓰지 않고, 원래 정보도 같이 더해서 '처음에 말했던 내용도 잊지 말자'는 식으로 정보를 함께 전달하는 방식이에요. 마치 발표자가 '요약하기는 했지만, 처음 이야기한 핵심은 꼭 기억해 주세요'라고 덧붙이는 것과 비슷합니다.

또 하나 계산 중에 값이 너무 커지거나 작아지면 학습이 불안정해질 수 있어요. 그래서 레이어 정규화(layer normalization)도 함께 적용됩니다. 구조도에서 'Norm'이라고 적힌 부분입니다. 마치 회의에서 어떤 사람은 너무 크게 말하고, 어떤 사람은 너무 작게 말할 때 모두의 목소리를 적절하게 맞추어 주는 조율자 역할이라고 할 수 있어요.

이처럼 어텐션 → 피드포워드 → 잔차 연결 → 정규화의 과정은 트랜스포머 인코더 안에서 한 블록처럼 묶여 작동합니다. 이 구조가 층(layer) 단위로 반복되면서 모델은 문장 의미를 점점 더 깊고 정교하게 이해합니다. 하지만 복잡한 내부 구조를 전부 외우지 않아도 괜찮아요. 결국 인코더는 입력 문장의 의미와 구조를 잘 요약한 벡터들을 만들어 다음 단계인 디코더에 전달하는 거예요.

> "인코더는 문장을 한꺼번에 보고 의미를 분석해서 디코더에 전달한다."

이 핵심만 기억해 두면 충분합니다.

■ 디코더: 인코더의 정보를 바탕으로 새로운 문장을 생성하는 '작가'

트랜스포머 구조도 가운데를 기준으로 오른쪽 영역이 디코더 부분입니다. 트랜스포머에서 인코더가 입력 문장을 정밀하게 분석했다면, 디코더는 그 분석 결과를 바탕으로 새로운 문장을 만들어 내는 작가와 같은 역할을 합니다. 디코더 역시 어텐션 메커니즘을 사용하지만, 인코더와는 조금 다르게 두 종류의 어텐션을 결합하여 활용합니다. 바로 디코더 셀프 어텐션(decoder self-attention)과 인코더-디코더 어텐션(encoder-decoder attention)입니다.

지금까지 생성한 문장 관계를 파악하는 디코더의 셀프 어텐션

트랜스포머 구조에서 디코더는 문장을 한 단어씩 생성해 나갑니다. 이때 앞에서 자신이 만든 단어들을 참고하여 다음 단어를 자연스럽게 이어 가야 하죠. 예를 들어 챗봇이 다음 문장을 작성하고 있다고 합시다.

"오늘 날씨가 정말…"

그다음에 어떤 단어가 올지 결정하기 위해 '오늘', '날씨', '정말'이라는 앞 단어들의 흐름을 되짚어 보아야 합니다. 바로 이때 디코더는 셀프 어텐션을 활용하여 앞에서 생성한 단어들과 관계를 살펴 봅니다. 즉, 스스로 생성 중인 문장 흐름을 이해하고, 다음 단어를 더 잘 예측하려는 것이죠.

그런데 여기에는 중요한 장치가 필요합니다. 트랜스포머는 원래 문장 전체를 동시에 바라보는 구조예요. 아무런 조치 없이 사용하면, 디코더가 아직 생성하지 않은 미래의 단어까지 미리 참고해 버릴 수 있습니다. 마치 글쓰기 연습을 하는 학생이 다음 문장을 미리 보고 나서 지금 쓸 문장을 결정하는 것과 같아요. 이러한 방식에 익숙해지면 실제로 예측하는 능력은 기르기 어렵겠죠?

그래서 디코더에는 '마스킹(Masking)'이라는 장치가 도입됩니다. 자신보다 뒤에 나올 단어는 가려서 보지 못하게 만드는 기능이에요. 이 마스킹 덕분에 디코더는 현재까지 생성된 단어들까지만 참고해서 다음 단어를 예측하는 연습을 할 수 있습니다.

이 과정을 마스크드 셀프 어텐션(masked self-attention)이라고 합니다. 구조도에서 'Masked Multi-Head Attention'이라고 적힌 부분이에요. 이 장치를 통해 디코더는 마치 글을 차례대로 써 내려가는 사람처럼 논리적이고 순차적인 문장을 만들어 낼 수 있죠.

인코더가 분석한 내용을 참고하는 인코더-디코더 어텐션

디코더는 자신이 쓰고 있는 문장 흐름만 보는 것이 아니라, 입력 문장의 의미도 함께 참고해야 합니다. 예를 들어 번역 작업을 한다고 해 볼까요? 인코더는 입력된 영어 문장을 정밀하게 분석해서 '무슨 말을 하고 있는지'를 요약한 벡터로 정리해 두었습니다. 이제 디코더는 그 벡터를 참고하여 '이 영어 문장을 한국어로 자연스럽게 바꾸려면 어떤 단어를 써야 할까?'를 판단해야 하죠. 이를 위해 디코더는 생성 중인 문장의 각 단어를 만들 때마다 인코더가 만든 의미 벡터 전체를 다시 한 번 살펴봅니다. 그리고 그중 어떤 정보가 지금 가장 필요한지 동적으로 판단해요.

이 과정에서 사용되는 것이 바로 인코더-디코더 어텐션입니다. 이 어텐션은 마치 디코더가 인코더를 바라보는 창문과 같아요. 그 창문을 통해 입력 문장을 들여다보면서 "지금 이 단어를 만들려면 영어 문장의 어떤 부분을 참고해야 할까?"를 실시간으로 결정합니다. 즉, 디코더는 앞서 자신이 만든 문장 흐름을 스스로 점검하고(마스크드 셀프 어텐션), 인코더가 이해한 입력 문장을 다시 훑어 보며(인코더-디코더 어텐션), 가장 자연스럽고 적절한 다음 단어를 하나씩 생성해 나갑니다. 이 부분은 디코더 구조도에서 'Multi-Head Attention'이라고 적힌 부분입니다. 인코더에서 2개의 화살표가 연결되어 있고, 디코더의 Masked Multi-Head Attention에서 하나의 화살표가 연결된 것이 바로 그 의미입니다.

정보를 다듬고 안정화하는 마지막 단계

디코더도 인코더와 마찬가지로 어텐션으로 얻은 정보를 그대로 사용하는 것이 아니라, 피드포워드 신경망을 통해 한 번 더 정리합니다. 그 과정에서 인코더와 마찬가지로 잔차 연결과 레이어 정규화를 적용하여 정보가 왜곡되거나 튀는 현상이 생기지 않도록 안정화시켜요. 이러한 구조가 여러 층(layer)으로 반복되면서 디코더는 문장 의미를 점점 더 깊이 이해하고, 더 정확하고 자연스러운 문장을 만들어 냅니다.

■ 인코더와 디코더가 함께 만드는 '파이프라인'

정리하자면 트랜스포머 구조에서 인코더-디코더 흐름은 다음 표와 같이 요약할 수 있습니다.

표 20-3 트랜스포머 인코더-디코더 역할 정리

	인코더	디코더
역할	셀프 어텐션으로 입력 문장을 이해	셀프 어텐션으로 새로운 문장을 생성
세부 내용	• 셀프 어텐션으로 입력 문장의 단어 간 관계를 파악함 • 각 단어를 문맥에 맞게 표현하는 의미 벡터를 생성함	• 마스크드 셀프 어텐션으로 지금까지 생성한 단어만 참고하여 다음 단어를 예측함 • 인코더-디코더 어텐션으로 입력 문장의 정보를 받아와 문장을 점차 완성함

디코더는 이렇게 한 단어씩(혹은 한 토큰씩) 만들어 나가면서 문장을 완성합니다. 매 단계마다 인코더가 만들어 준 입력 문장의 풍부한 의미 벡터를 끊임없이 참조하므로 한 문장 안의 장기 문맥도 쉽게 놓치지 않습니다. 이는 앞에서 배운 RNN 기반인 Seq2Seq 구조보다 훨씬 더 유연하고 효율적이라는 점이 이미 다양한 연구로 입증되었습니다.

먼저 트랜스포머는 모든 단어(토큰)를 동시에(병렬) 살펴볼 수 있으므로 긴 문장에서도 빠른 학습이 가능하고, 하드웨어 효율도 좋습니다. 그리고 셀프 어텐션 덕분에 문장 맨 앞쪽 단어와 맨 뒤쪽 단어 사이의 연관성도 쉽게 계산할 수 있습니다. 멀티헤드 어텐션으로 풍부한 표현을 할 수 있는 것 또한 장점입니다. 여러 '헤드(head)'가 각각 다른 관점으로 단어 간 관계를 살피므로 단어가 갖는 다채로운 의미와 문맥을 놓치지 않기 때문이죠. 마지막으로 RNN처럼 순환 구조가 없어 구현이 상대적으로 간단하고, 레이어를 쌓아 올리기 쉬워서 대규모 모델로 확장하기 좋습니다. 실제로 GPT나 BERT, T5 같은 유명한 모델은 모두 트랜스포머 기반이죠.

이처럼 트랜스포머는 "어텐션만으로도 충분하다"(Attention is all you need, 2017)라는 논문에서 처음 소개된 이후, 자연어 처리(NLP)의 판도를 바꾼 핵심 모델이 되었습니다. 앞으로 또 한 번 인공지능 기술이 혁신된다면 그것은 아마 트랜스포머를 대체할 알고리즘이 개발되었을 때일 것입니다.

5 트랜스포머의 후손

앞서 트랜스포머가 인코더와 디코더 두 블록으로 구성되어 있다고 배웠습니다. 그런데 실제로 트랜스포머 구조를 응용하다 보니 '인코더만 사용'하거나 '디코더만 사용'하는 모델들이 등장합니다. 이러한 모델들은 트랜스포머의 기본 골격을 물려받았기에 '트랜스포머의 후손'이라 불러도 손색없죠.

■ BERT: 인코더의 힘

먼저 **BERT**(Bidirectional Encoder Representations from Transformers)는 인코더만 사용하는 대표적인 모델입니다. 인코더 기반은 '문장(또는 텍스트)을 깊이 이해하기에 최적화된 구조'라는 의미입니다. 곧 BERT는 문장을 읽고 이해하는 데 특화된 모델이라는 것입니다.

BERT 모델은 'bidirectional(양방향의)'이라는 단어에서 알 수 있듯이 문장을 양방향(앞뒤)에서 동시에 살펴봅니다. 예를 들어 '나는 어제 ___가 맛있어서 기뻤다'는 문장이 있을 때, 빈칸이 '파스타'인지 '영화'인지 문맥상 맞는 단어를 추론해야 하잖아요? BERT는 해당 단어 앞뒤에 있는 단어를 모두 참고하여 알맞은 단어를 맞히도록 학습합니다. 이를 위해 **마스크드 언어 모델**(Masked Language Model, MLM) 방식을 사용합니다. 전체 문장 중 일부 단어를 마스킹([MASK]) 처리하고, 그 [MASK] 자리에 들어갈 단어가 무엇인지 예측하게 하는 것이죠.

BERT가 어떻게 문장을 학습하는지 간단한 예시를 들어 봅시다.

> 원문(예): 나는 오늘 커피를 마시고, 서점에서 책을 샀다.
> 마스크 처리: 나는 오늘 [MASK]를 마시고, 서점에서 [MASK]을 샀다.

BERT는 셀프 어텐션으로 이 MASK 부분에 들어갈 정답 단어를 예측하도록 학습됩니다.

> 첫 번째 [MASK]는 '커피'여야 하고,
> 두 번째 [MASK]는 '책'이 들어가야겠죠.

이를 위해 BERT는 문장 전체를 양방향(앞뒤)으로 살펴보고 '나는 오늘 [MASK]를 마시고'라는 앞부분, '서점에서 [MASK]을 샀다'는 뒷부분 정보까지 모두 활용합니다. 예를 들어 '서점에서 [MASK]을 샀다'는 뒷부분에서 '마실 수 있는 것'이 아니라는 힌트를 얻을 수도 있겠죠.

이처럼 BERT는 문장 양쪽을 모두 보며 문장 안의 의미적, 문맥적 관계를 풍부하게 학습합니다. 그래서 BERT는 주로 분류(classification)나 문장 의미 이해와 같은 작업에서 뛰어난 성능을 발휘합니다.

■ GPT: 디코더의 힘

이번에는 **GPT**(Generative Pre-trained Transformer)를 살펴봅시다. 'Generative(생성)'라는 단어에서 알 수 있듯이 말 그대로 문장을 만들어 내는 데 특화된 모델입니다. GPT는 디코더(decoder) 구조만 취하는 오토리그레시브(auto-regressive) 모델입니다. 한 단어(토큰)를 생성한 후 그 단어를 포함한 모든 이전 단어를 입력으로 다시 넣어 가며 다음 단어를 예측하는 방식입니다. '오늘 날씨가…'라는 단어 다음에 '어떨지 궁금하다', '맑아서 기분이 좋다' 등의 단어를 스스로 생성할 수 있죠.

 잠깐만요

> 오토리그레시브 모델은 '앞에서 만든 단어를 보고, 다음 단어를 하나씩 만들어 나가는 방식'입니다. 즉, 이전까지 생성한 결과를 계속 누적해서 다음 예측에 반영하는 방식입니다. 그래서 이름도 'auto(자기 자신) + regressive(되돌아 보는)' 방식인 것이죠.

GPT가 텍스트를 생성하는 과정을 살펴봅시다.

사용자 입력: 오늘 날씨가 참 좋네요. 그런데 오후에 비가 온다던데?

GPT가 답장을 만들어 내는 단계:

- **step 1** 이미 생성한 단어(오늘 날씨가 참 좋네요.)를 입력으로 하여 '그런데' 다음에 나올 단어를 예측
- **step 2** '그런데 오후에'라는 식으로 단어를 붙여 가면서 계속해서 다음 단어를 예측
- **step 3** 가장 그럴듯한 문장을 이어 붙여 최종 답장을 완성

이렇게 연속해서 단어를 생성해 나가는 특성 덕분에 GPT는 자연스럽고 긴 텍스트를 뽑아내는 데 매우 강합니다. 예를 들어 챗봇 대화나 소설/기사 초안 작성, 코드 생성 등은 응용 분야에서 뛰어난 능력을 보입니다.

GPT 시리즈(GPT-1, 2, 3, 4 등)는 디코더만 사용하지만, 셀프 어텐션과 멀티헤드 어텐션 같은 트랜스포머의 핵심 기능들은 그대로 유지합니다. 그리고 디코더의 어텐션 기법을 적용하여 과거(이미 생성된 단어)만 참조하고 미래(아직 생성되지 않은 단어)는 볼 수 없도록 '마스킹(masking)'을 합니다.

이것으로 한 방향(왼쪽→오른쪽)으로 자연스럽게 문장을 만들어 갈 수 있죠. 결국 BERT가 인코더 기반으로 문장을 깊이 이해하는 데 능숙하다면, GPT는 디코더 기반으로 문장을 자연스럽게 생성하는 데 강한 모델이라고 요약할 수 있습니다.

■ **트랜스포머에서 확장된 거대 언어 모델의 시대**

2017년 트랜스포머가 처음 등장한 이후 BERT, GPT 시리즈가 잇따라 발표되면서 자연어 처리(NLP)의 지형이 완전히 바뀌었습니다. 이 모델들은 논문에서만 그치지 않고, 챗봇 서비스(예 챗지피티), 검색 엔진 개선, 문서 요약과 텍스트 생성, 심지어 코드 자동 완성 등 다양한 분야에서 실제로 활용되고 있죠. 특히 GPT, LLaMA, Phi 같은 디코더-only 모델들은 오토리그레시브 방식으로 자연스러운 문장 생성을 가능하게 하면서 '거대 언어 모델(LLM) 시대'를 열었습니다. 이제는 텍스트 생성이 단순한 예능('AI가 쓴 글 맞혀 봐!')을 넘어 생산성과 창의성을 높이는 핵심 도구가 되고 있습니다.

결국 "Attention is all you need"라는 논문 하나가 시작했던 혁신이 이렇게나 많은 후속 모델을 탄생시키며 인공지능 생태계 전체를 바꾸어 놓았습니다. 인코더 기반(BERT)과 디코더 기반(GPT, LLaMA, Phi 등)이 각기 다른 강점을 보이는 만큼 앞으로는 두 계열이 더욱 다양하게 협력하고 결합하며 새로운 모델들을 탄생시킬 것입니다.

우리가 이 책에서 살펴본 토큰화, 임베딩, RNN 계열, Seq2Seq, 어텐션, 트랜스포머, BERT/GPT의 발전 흐름을 떠올려 보면 인공 신경망이 어떻게 언어를 배우고 문장을 다루는지 전반적인 큰 그림을 이해할 수 있습니다. 이 거대한 흐름 속에서 이제는 인공지능이 단순히 '인간을 흉내 내는 것'을 넘어 새로운 텍스트 세계를 펼쳐 보이기 시작했다는 사실이 흥미롭지 않나요?

이제 트랜스포머의 후손이 어디까지 진화해 나갈지, 또 어떤 방식으로 우리의 삶 곳곳에 스며들지 함께 기대해 봅시다.

 왜 디코더 모델이 더 강세를 보이고 있을까?

■ **생성(generation)의 가치가 폭발하고 있다**

최근 인공지능 활용 분야에서 가장 많이 들리는 말은 '생성 AI'입니다. 그림을 그려 주는 AI(예 달리(DALL-E), 스테이블 디퓨전), 텍스트를 척척 써 주는 AI(예 GPT, 챗지피티) 등이 대표적이죠. 특히 텍스트 생성은 챗봇, 문서 작성, 보고서 자동화, 코드 생성 등 실질적인 생산성과 직결된 분야여서 산업계와 학계 모두 큰 관심을 보입니다. 디코더 기반 모델(오토리그레시브 모델)은 '다음 단어를 예측하며 문장을 생성'하는 구조이므로 이러한 생성 작업에 매우 적합하죠. 그리고 한 문장을 왼쪽부터 순서대로 만들어 가는 방식이 인간이 글을 쓸 때와 유사해 보이기도 합니다.

디코더 모델은 기본적으로 '다음 단어는 무엇일까요?'라는 단일 목표(오토리그레시브 학습)를 중심으로 설계됩니다. BERT 같은 인코더 모델은 문장을 양방향에서 이해하기 때문에 여러 학습 목표를 추가로 설정해야 했습니다. 반면에 GPT류 모델들은 '다음에 올 단어를 맞히기'라는 간단하고도 직관적인 규칙으로 인터넷 전역에 있는 방대한 텍스트를 학습할 수 있었습니다. 이 목적이 얼마나 단순하면서도 강력한지 GPT-4 등 거대 모델의 급격한 발전으로 입증되었죠.

디코더 모델이 생성에 최적화되어 있다고 해서 문맥 이해 능력이 떨어지는 것은 아닙니다. GPT 시리즈는 수십억~수천억 개 이상의 파라미터와 방대한 텍스트 코퍼스를 학습하면서 '문맥 이해도' 또한 상당 수준으로 올렸습니다. 예를 들어 챗지피티가 사람 질문에 논리적으로 답변하고, 맥락에 맞추어 이야기를 이어 가는 것을 보면 인코더 모델 못지않게 문장을 이해하고 있음을 알 수 있습니다. 결국 '이해' 없이 '생성'이 어렵기 때문에 오토리그레시브 모델도 거대한 학습 과정을 거치면 자연스럽게 문맥 파악 능력을 갖추게 된다는 것이죠.

■ 활용 범위가 넓고, 주목받기 쉬운 성과

'텍스트 생성'이 눈에 보이는 성과를 즉각 보여 주기 쉽다는 점도 디코더 모델이 강세인 이유 중 하나입니다. 사람들은 'AI가 쓴 글, 시, 소설'에 훨씬 더 직관적으로 놀라워하죠.

BERT 계열 모델이 보이지 않는 곳(검색 엔진의 문서 분류, 챗봇의 의도 파악 등)에서 묵묵히 일해 온 것과 달리, GPT 계열은 '챗봇 직접 시연', '소설, 시 쓰기', '라이브 코딩' 등 일반 대중이 체감하기 쉬운 쇼케이스를 대거 내놓으며 대중적 화제성을 얻었습니다. 또 GPT-3.5, GPT-4 같은 모델은 RLHF(인간 피드백을 통한 강화 학습)나 Instruction Tuning 기법으로 더 정교하게 다듬어집니다.

디코더 모델이 강세를 보이는 것에는 단순한 '다음 단어 예측' 모델 구조에서 비교적 수월하다는 견해도 있습니다. 물론 세부 구현은 복잡하지만, 최종적으로는 모델이 '가장 그럴듯한 다음 단어'를 고르는 과정을 조절하기만 하면 된다는 점에서 '모든 것을 한꺼번에 이해해야 하는 인코더 구조'보다 접근이 직관적일 수 있다는 것이죠.

물론 인코더 기반 모델이 사라지거나 약해졌다고 볼 수는 없습니다. BERT, RoBERTa, DistilBERT 등은 문서 분류나 감정 분석, 개체 이름 인식, 법률 문서 분석 등에서 여전히 널리 쓰입니다. 단순히 최근 화제성이 '문장 생성' 쪽에 몰리다 보니 디코더 모델이 돋보이는 것뿐이죠. 즉, 인코더 모델들은 정확한 분류나 패턴 인식에 여전히 강점이 있으므로, 실제 산업 현장에서는 인코더+디코더 혼합 모델 등 다양한 방식으로 활용되고 있습니다.

정리하자면, 최근 디코더 모델(GPT, LLaMA, Gemma, tPhi 등)이 주목받는 이유는 생성 AI가 가져오는 막대한 비즈니스 기회와 대중적 파급력, 거대 언어 모델(LLM)로 확장하기 유리한 오토리그레시브 학습 구조 덕분입니다. 그렇다고 해서 인코더 모델(BERT 계열)의 자리가 사라진 것은 아니며, 정밀한 문서 분석이나 분류 작업에서는 여전히 핵심 역할을 맡고 있습니다. 결국 트랜스포머에서 갈라진 인코더 vs 디코더 두 갈래가 각자 강점을 발휘하며 공존하고, 때로는 협력하고 융합하는 모습이 앞으로 더욱 다양하게 펼쳐질 것입니다.

UNIT 21 코랩에서 LLM 실행하기

지금은 인공지능 열풍 시대라고 해도 과언이 아닙니다. 인공지능에 보이는 사람들의 관심은 10년 전, 5년 전에도 지대했지만 오늘날 인공지능에 보이는 관심에 비교하기 어려울 정도죠. 지금 전 세계 내로라하는 IT 기업에서는 생성형 인공지능, 특히 대규모 언어 모델(Large Language Model, LLM)을 앞다투어 개발하고 있습니다.

미국 서부 개척 시대에 사람들이 금을 캐기 위해 금광으로 달려간 골드 러시(gold ruch)를 기억하나요? 아이러니하게도 이때 가장 큰 부를 거머쥔 사람은 금광을 캔 사람이 아니라, 금을 캐는 장비를 파는 사람들이었다고 합니다. 그들은 곡괭이나 삽 등 장비뿐만 아니라, 사람들이 묵을 수 있는 텐트 등을 팔기도 했죠. 여담으로 이 텐트의 천이 너무나 튼튼해서 이를 청바지로 만든 사람의 브랜드인 리바이스는 아직까지도 사람들 입에 오르내리는 유명한 브랜드로 자리 잡았습니다. 지금 대규모 언어 모델을 금광이라고 한다면, 금을 캐는 장비는 GPU가 장착된 서버라고 할 수 있습니다. 대규모 언어 모델을 불러와서 실행하기 위해서는 GPU가 필요하기 때문이죠.

다만 이 GPU가 장착된 서버는 LLM을 공부하려는 입장에서 구축하기 어렵기 때문에 앞에서도 실습했던 구글 코랩의 GPU를 사용해서 실습하겠습니다.

우리는 LLM을 사용해서 수많은 작업을 자동화할 수 있습니다. 그 첫 번째 걸음은 바로 LLM을 우리 환경에서 실행하는 것입니다.

1 개방형 LLM 작동 원리

요즘 생성형 인공지능 이야기를 하다 보면 '개방형 LLM이 좋다', '폐쇄형 LLM은 안전하다' 같은 말을 자주 듣습니다. 여기에서 개방형 LLM과 폐쇄형 LLM은 인공지능 모델이 얼마나 개방되어 있는지를 의미합니다.

개방형 LLM은 말 그대로 누구나 사용할 수 있도록 공개된 인공지능 모델입니다. 모델을 구성하는 코드, 데이터, 내부 작동 방식이 투명하게 공개되어 있어 원하는 사람은 누구나 이 모델을 내려받아 실행하고, 수정하고, 학습을 더 시킬 수도 있습니다. 예를 들어 메타(Meta)에서 만든 LLaMA, 마이크로소프트의 Phi, 최근 주목받고 있는 딥시크(DeepSeek) 같은 모델이 대표적인 개방형 LLM입니다. 이 모델들은 공개되어 있어 연구자나 개발자가 자유롭게 실험하고 응용할 수 있습니다. 마치 누구나 볼 수 있는 레시피 책처럼 내용이 다 공개되어 있어 직접 요리법을 바꾸거나 새로운 요리를 만들어 볼 수 있는 구조입니다.

다만 개방형 LLM은 훈련 데이터가 공개되지 않은 경우 개인 정보 침해나 저작권 문제가 발생할 수 있다는 단점이 있습니다. 특히 딥시크는 다국어 성능과 코드 해석 능력이 뛰어나 다양한 언어권에서 관심을 받고 있지만, 동시에 데이터 수집 과정에서 개인 정보를 포함했을 가능성에 여러 국가에서 우려를 제기하고 있습니다. 일부에서는 훈련 데이터에 웹상의 민감한 정보가 무단으로 포함되었을 가능성도 제기되고 있으며, 이는 프라이버시 침해와 법적 문제로 이어질 수 있다는 비판이 존재합니다.

모델이 오픈되어 있다고 해서 그 안에 포함된 데이터까지 항상 투명한 것은 아니라서 오히려 연구나 교육 목적으로 활용할 때 더욱 윤리적 고려와 책임 있는 사용이 요구됩니다. 또 모델의 성능과 안정성이 항상 검증되어 있지 않으므로 직접 사용하기 위해서는 어느 정도 기술적 지식이 필요하다는 어려움도 있습니다. 결국 개방형 LLM은 자유롭게 수정하거나 새로운 연구에 활용할 수 있다는 큰 장점이 있지만 동시에 데이터 윤리, 보안, 품질 관리 측면에서 더 많은 주의가 필요한 기술이기도 합니다.

반면에 폐쇄형 LLM은 내부 구조와 데이터가 공개되지 않은 모델입니다. 보통 기업에서 개발하고 서비스 형태로만 제공되며, 사용자는 그저 질문을 입력하고 답변받는 식으로만 이용할 수 있습니다. 대표적인 예로는 우리가 잘 아는 OpenAI의 GPT, 구글의 제미나이(Gemini), 클로드(Claude) 같은 모델이 있습니다. 비유하자면 비밀 레시피로 만들어진 요리를 먹는 것과 비슷합니다. 맛은 좋지만 그 요리가 어떻게 만들어졌는지는 알 수 없는 구조입니다.

그럼 지금부터 직접 개방형 LLM을 불러와서 실험해 보려고 합니다. 조금 복잡할 수도 있지만, 실제로 모델이 어떻게 작동하는지 눈으로 확인하고 활용하는 과정은 매우 흥미롭고 유익한 경험이 될 것입니다.

2 허깅페이스 접근 코드 발급받기

첫 번째로 실행할 LLM은 메타에서 개발한 라마(LLaMa) 3입니다. 라마 모델을 사용하기 위해서는 접근 승인을 받아야 합니다. 먼저 웹 브라우저에서 '허깅페이스'를 검색하여 허깅페이스 웹 사이트에 접속합니다. 다음 화면이 나오면 로그인(log in) 합니다. 회원 가입하지 않았다면 **Sign Up**을 클릭하여 회원 가입을 먼저 합니다.

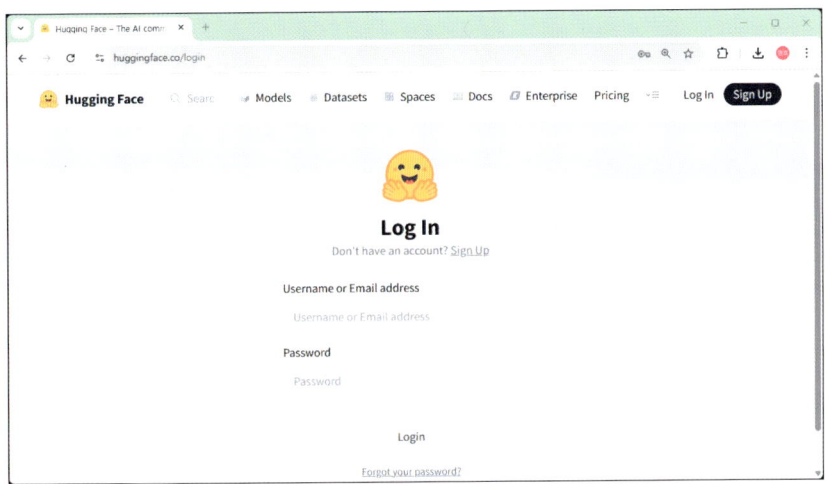

그림 21-1 로그인 화면

다음으로 허깅페이스 검색 창에 'meta-llama-3.2'를 검색합니다. 우리가 사용할 'meta-llama/Llama-3.2-3B-Instruct' 모델이 보이네요. 이 모델을 선택합니다.

> **잠깐만요 허깅페이스**
>
> 허깅페이스(Hugging Face)는 AI 모델과 머신러닝 도구를 공유하고 활용할 수 있는 대표적인 플랫폼입니다. 원래는 AI 기반 챗봇을 개발하는 회사였지만, 점점 다양한 인공지능 연구자가 모델을 공유하는 공간으로 발전하면서 현재는 오픈소스 AI 생태계의 중심지가 되었습니다.
>
> 허깅페이스에서는 스테이블 디퓨전 같은 이미지 생성 모델뿐만 아니라 GPT, BERT 등 자연어 처리(NLP) 모델, 음성 인식, 번역, 코드 생성 모델 등 다양한 AI 모델을 쉽게 찾아보고 사용할 수 있습니다.
>
> 특히 허깅페이스 모델 라이브러리(Model Hub)에서는 전 세계 개발자가 직접 만든 AI 모델을 업로드하고 공유할 수 있어 원하는 모델을 검색하고 내려받아 바로 활용할 수 있습니다.
>
> 또 허깅페이스는 AI 모델을 쉽게 사용할 수 있도록 트랜스포머, 디퓨저 등 강력한 라이브러리를 제공합니다. 예를 들어 스테이블 디퓨전을 실행할 때 허깅페이스의 디퓨저 라이브러리를 활용하면 몇 줄의 코드만으로 간편하게 AI 모델을 불러와 이미지를 생성할 수 있습니다.
>
> 즉, 허깅페이스는 누구나 쉽게 AI 모델을 내려받고 실행할 수 있도록 도와주는 플랫폼이라고 생각하면 됩니다. 이제 다음 단계에서 허깅페이스를 활용하여 스테이블 디퓨전을 직접 실행해 보겠습니다.

잠깐만요 **'llama'로만 검색하면 안 되나요?**

메타에서 만든 LLaMA 모델은 오픈소스입니다. 그렇기 때문에 메타 이외에도 여러 연구 기관이나 개발자가 LLaMA 모델을 기반으로 자신들만의 버전을 만들어 허깅페이스에 올려 두는 경우가 많습니다. 그래서 단순히 'llama'라고만 검색하면 수많은 모델이 쏟아져 사용하려는 공식 메타 버전의 LLaMA를 찾기 어려울 수 있습니다.

우리가 원하는 모델은 메타가 직접 만든 '공식 모델'이기 때문에 검색 창에 정확하게 'meta-llama'라고 입력해야 원하는 결과를 빠르게 찾을 수 있습니다.

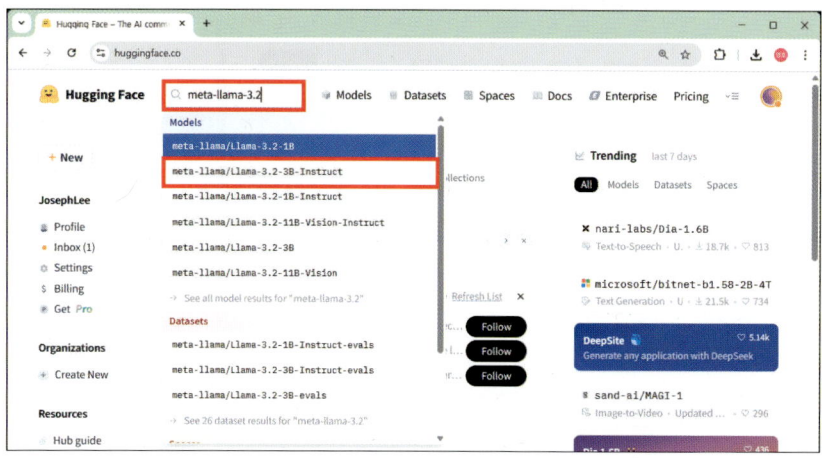

그림 21-2 meta-llama/Llama-3.2-3B-Instruct 모델 검색

이 모델을 사용하기 위해서는 접근 승인을 받아야 합니다. 다음 화면에서 **Expand to review and access**를 클릭합니다.

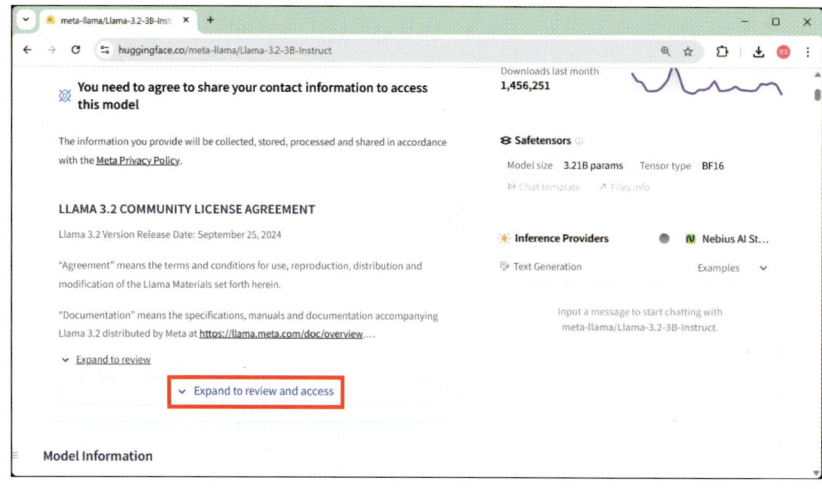

그림 21-3 접근 승인 받기 1

스크롤을 아래로 내리다 보면 다음과 같이 이름, 생년월일, 국가, 소속, 직업을 적는 칸과 메타의 개인 정보 수집에 동의하는 칸이 나옵니다.

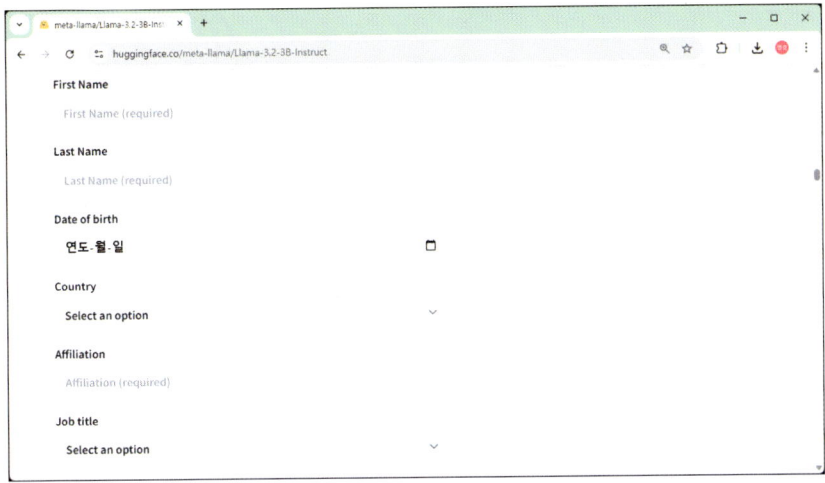

그림 21-4 접근 승인 받기 2

여기에 정보를 입력하고 개인 정보 수집에 동의한 후 **제출(Submit)** 버튼을 누릅니다. 이때 소속은 'None'과 같이 아무 내용이나 적어도 보통 승인이 됩니다.

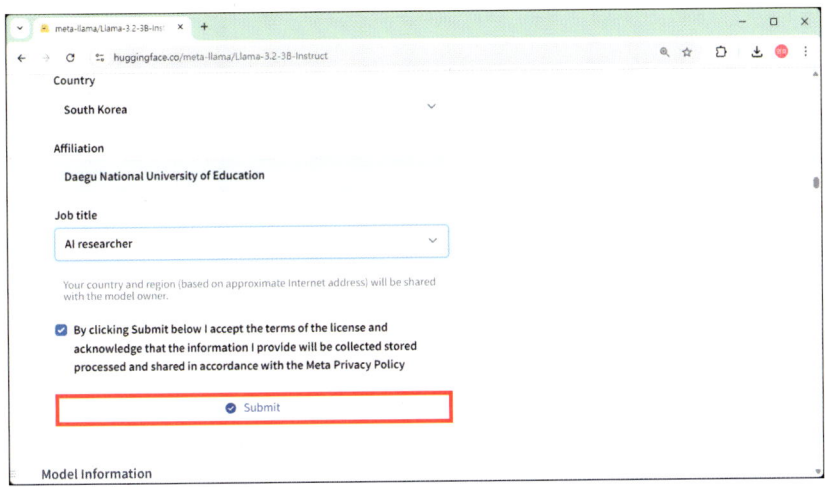

그림 21-5 정보 입력 후 제출 버튼 클릭

신청이 완료되면 다음 화면이 나옵니다. 진행 상황은 하이퍼링크로 표시된 **your settings**를 클릭하면 알 수 있습니다. 프로필의 하위 메뉴인 settings의 Gated Repos Status에도 나타납니다.

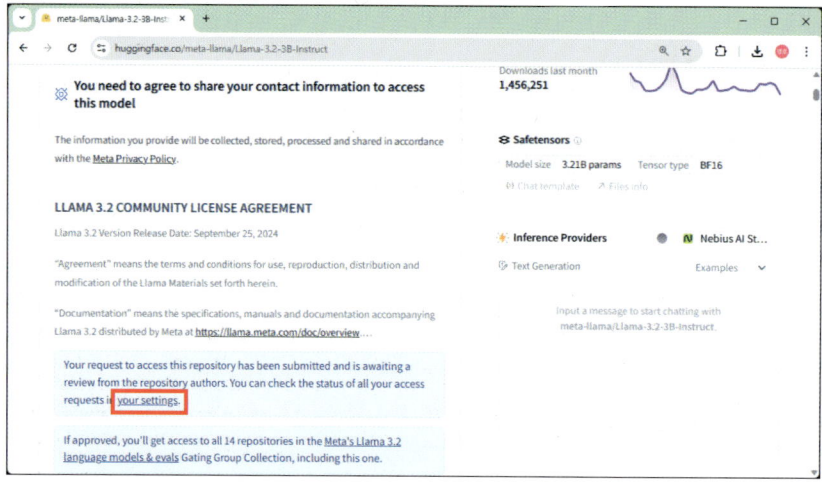

그림 21-6 진행 상황 확인

화면 오른쪽 위의 여러분 아이콘을 누르면 오른쪽에 하위 메뉴가 나옵니다. **Settings > Gated Repositories** 메뉴를 선택하면 다음과 같이 Request Status에 진행 상태가 표시됩니다. 승인 전이면 PENDING, 승인이 완료되면 ACCEPTED가 표시됩니다.

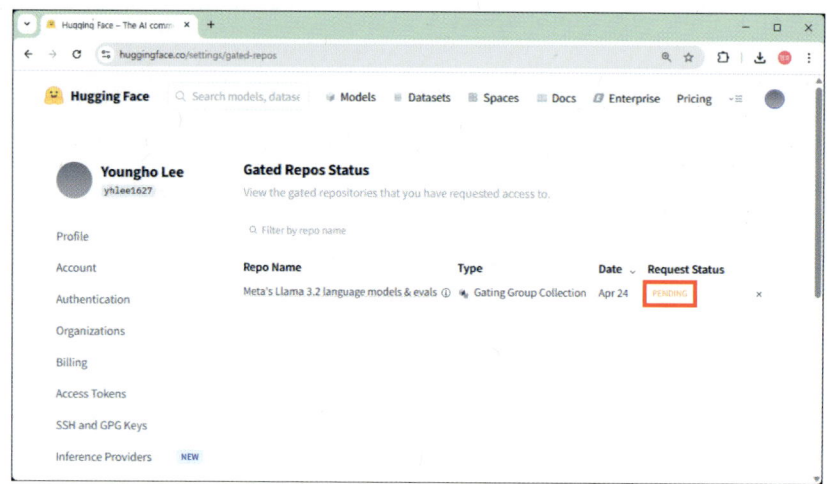

그림 21-7 진행 상태 표시 확인

승인되었다면 이제 승인되었다는 인증서를 발급받을 차례입니다. 여기에서 **Access Tokens**를 클릭합니다.

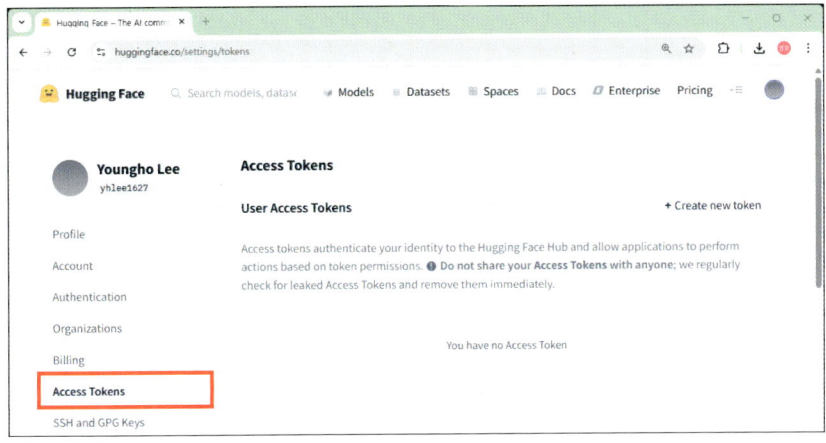

그림 21-8 인증서 발급

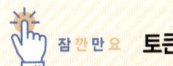 **토큰**

내가 허깅페이스 계정의 소유자임을 증명하는 디지털 열쇠예요. 이것으로 허깅페이스 서버는 '이 사용자는 인증된 사용자야'라고 인식합니다. 토큰은 중요한 정보이므로 외부에 노출되지 않도록 주의하세요.

이제 접근 토큰을 생성할 차례입니다. **+ Create new token** 버튼을 클릭하여 새로운 토큰을 생성합니다. 토큰 이름을 정한 후 스크롤 마지막의 **Create token** 버튼을 클릭하여 토큰을 생성합니다.

여기에서 Repositories 항목에 모두 체크 표시를 하고 생성해야 UNIT 22에서 실습을 진행할 수 있다는 점 주의하세요.

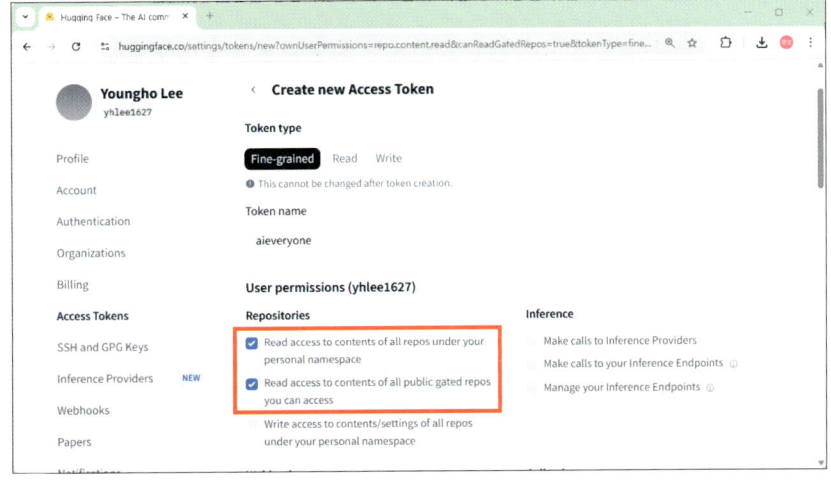

그림 21-9 접근 토큰 생성

토큰을 생성하면 다음 화면이 나오는데, 새롭게 만든 토큰은 이때만 볼 수 있으니 꼭 **copy** 버튼을 클릭해서 저장해야 합니다.

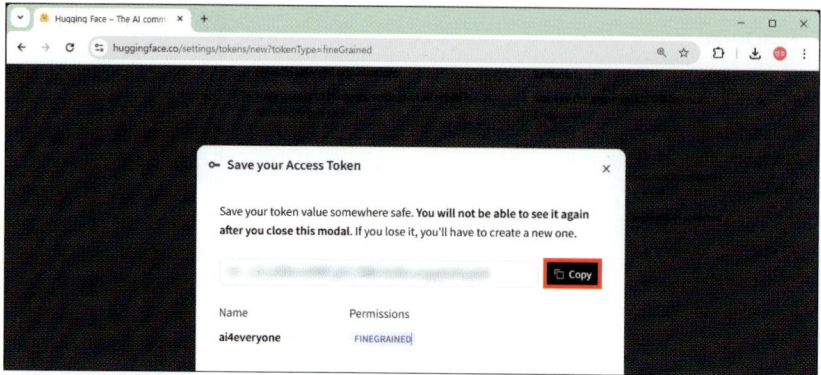

그림 21-10 생성된 토큰 저장

지금까지 라마 모델에 대한 접근 승인과 허깅페이스의 접근 토큰 발급을 완료했습니다. 모델에 대한 접근 승인은 처음 한 번만 하면 되니 너무 번거롭게 생각하지 않아도 됩니다.

 ## 코랩 환경 설정하기

1. 코랩에서 새 노트를 만들고 빈 노트 이름을 'llama3.2_3B.ipynb'로 변경합니다.

그림 21-11 노트 이름 변경

2. **런타임 > 런타임 유형 변경** 메뉴를 선택합니다. 여기에서 **T4 GPU**를 선택한 후 **저장** 버튼을 클릭합니다.

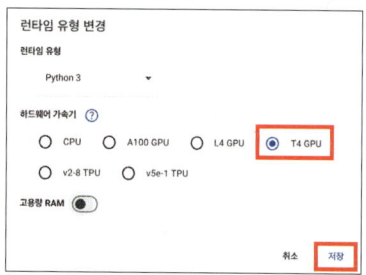

그림 21-12 런타임 유형 변경

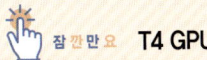

잠깐만요 T4 GPU

T4 GPU는 NVIDIA Tesla T4라는 이름의 고성능 GPU(Graphics Processing Unit)입니다. 다양한 연산을 처리할 수 있는 GPU이며, 메모리는 15~16GB를 제공하기 때문에 상대적으로 작은 크기의 LLM을 구동하기에 적합합니다.

3 다음 코드를 입력하고 실행합니다. 이때 `access_token` 자리에는 앞에서 복사한 허깅페이스 토큰을 입력합니다.

```python
from huggingface_hub import login
access_token = "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"    # 앞에서 저장한 토큰 입력
login(access_token)
print("Hugging Face Access Token 설정 완료!")
```

`from huggingface_hub import login`

`from huggingface_hub`는 허깅페이스 허브에 접근하는 데 사용합니다. 우리는 로그인을 할 것이기 때문에 `huggingface_hub` 모듈에서 제공하는 `login` 함수를 가져옵니다. 이 과정은 허깅페이스(Hugging Face) 허브에 인증해서 모델을 내려받거나 업로드하는 기능을 사용하는 데 반드시 필요합니다. 마치 도서관에 있는 특정 책을 찾기 위해 검색 시스템에 먼저 연결하는 것과 같습니다.

`access_token = "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"`

다음으로 앞서 허깅페이스에서 발급받은 개인 인증 키(access token)를 `access_token` 변수에 저장합니다. 이것은 필자의 토큰이기 때문에 여러분의 토큰을 사용하길 추천합니다.

`login(access_token)`

저장한 `access_token`을 사용하여 허깅페이스에 인증 요청을 보냅니다. 인증에 성공했을 때는 허깅페이스 허브에서 모델 내려받기, 업로드, 데이터 접근 등 다양한 기능을 사용할 수 있습니다. 인증에 실패했을 때는 다음과 같이 토큰이 잘못되었거나 만료되었다는 오류 메시지가 뜨니 발급된 토큰이 맞는지 확인이 필요합니다.

> **실행 결과**
> HTTPError: Invalid user token. If you didn't pass a user token, make sure you are properly logged in by executing 'huggingface-cli login', and if you did pass a user token, double-check it's correct.

```
print("Hugging Face Access Token 설정 완료!")
```

정상적으로 로그인되었는지 바로 알 수 있도록 메시지를 출력합니다. 정상적으로 로그인되었을 경우에는 아무런 표시가 나오지 않기 때문에 사용자 입장에서 프로그램이 제대로 작동했는지 모니터링할 수 있는 코드입니다.

4 LLM 내려받기

다음 코드를 입력하여 파이토치(PyTorch)를 불러와 텐서 연산 및 GPU 활용이 가능하도록 준비합니다.

```python
import torch
from transformers import pipeline

pipe = pipeline(
    "text-generation",
    model="meta-llama/Llama-3.2-3B-Instruct",
    torch_dtype=torch.bfloat16,
    device_map="auto",
)

import torch
```

파이토치는 앞서 사용한 텐서플로(Tensorflow)와 같은 딥러닝 프레임워크로, 생성형 인공지능 모델을 학습하거나 추론할 때 자주 사용됩니다.

 잠깐만요 **파이토치도 텐서플로처럼 구글이 만들었나요?**

파이토치는 2016년 페이스북(현 메타) AI Research Lab(FAIR)에서 개발하여 오픈소스로 공개된 딥러닝 프레임워크입니다. 개발 초기에는 간단한 딥러닝 연구를 지원하는 도구로 시작했지만, 점차 확장되어 텐서플로의 강력한 경쟁자로 성장했어요. 2022년 메타는 파이토치 재단(PyTorch Foundation)을 설립하고 리눅스(Linux) 재단과 협력하여 관리하고 있습니다. 파이토치는 메타에서 출발했지만 지금은 전 세계 연구자가 함께 발전시키는 프레임워크입니다. 텐서플로와 함께 딥러닝 분야에서 가장 널리 사용되죠.

```
from transformers import pipeline
```

허깅페이스의 트랜스포머(Transformers) 라이브러리에서 pipeline 함수를 불러옵니다. 이때 파이프라인이란 텍스트 생성, 번역, 질문 응답 등 AI 작업을 간단히 설정해 주는 도구입니다. 일반적으로 파이프라인은 데이터가 여러 단계를 거치면서 각 단계에서 특정 작업을 수행하는 일련의 과정을 의미합니다. 정수 처리 공장에서 물을 여러 필터를 거쳐 깨끗하게 만드는 과정처럼 데이터가 각 단계를 순차적으로 거치며 처리되는 것입니다.

> **트랜스포머(Transformers) 라이브러리**
>
> 2018년 허깅페이스에서 오픈소스로 개발한 자연어 처리(NLP) 라이브러리입니다. 이 라이브러리는 BERT, GPT, T5, LLaMA 등 다양한 트랜스포머 기반의 언어 모델을 손쉽게 사용할 수 있게 도와줍니다. 초기에는 자연어 처리(NLP)에 중점을 두었지만, 점차 컴퓨터 비전, 멀티모달 AI(텍스트 + 이미지) 등 다양한 분야로 확장되었습니다. 이 라이브러리는 모델 다운로드, 파인튜닝, 추론 등을 간단한 코드로 실행할 수 있도록 지원하여 연구자와 개발자에게 인기가 많습니다. 또 파이토치와 텐서플로우 모두 호환되어 유연한 환경에서 딥러닝 연구 및 애플리케이션 개발이 가능합니다. 트랜스포머 라이브러리는 이제 단순한 NLP 라이브러리를 넘어 AI 모델의 허브로 자리 잡았으며, 전 세계 연구자가 협력하여 발전시키고 있습니다. 심지어 지금은 생성형 인공지능을 사용할 때 트랜스포머 라이브러리를 빼고 생각하기 어려운 시대입니다.

```
pipe = pipeline(...)
```

이제 모델을 내려받을 차례입니다. 텍스트 생성 작업을 할 수 있는 객체를 저장하는 변수인 pipe를 먼저 만들어 줍니다. 그리고 그 객체를 설정하고자 앞서 라이브러리에서 불러온 pipeline 함수를 가져옵니다.

```
"text-generation"
```

이 부분은 어떤 작업을 할지 결정하는 부분입니다. text-generation으로 설정하고 텍스트를 입력하면 모델이 그다음 내용을 자동으로 생성합니다. 이외에도 입력된 텍스트가 특정 범주에 속하는지 분류(text-classification)하거나 입력된 텍스트를 지정된 언어로 번역(translation), 긴 텍스트를 간결하게 요약(summarization)하는 작업을 할 수 있습니다.

```
model="meta-llama/Llama-3.2-3B-Instruct"
```

우리가 사용할 언어 모델의 이름을 적어 주는 공간입니다. 우리는 주로 허깅페이스에 있는 언어 모델을 사용합니다. 그렇기 때문에 이 모델 이름을 쉽게 적을 수 있는 방법을 알면 편하게 모델을 불러올 수 있습니다. 다음과 같이 허깅페이스에서 모델을 검색하면 모델 이름이 나오는데, 오른쪽에 복사하기 버튼이 있습니다. 이 버튼을 클릭하면 모델 이름을 원하는 곳에 쉽게 붙여 넣을 수 있습니다.

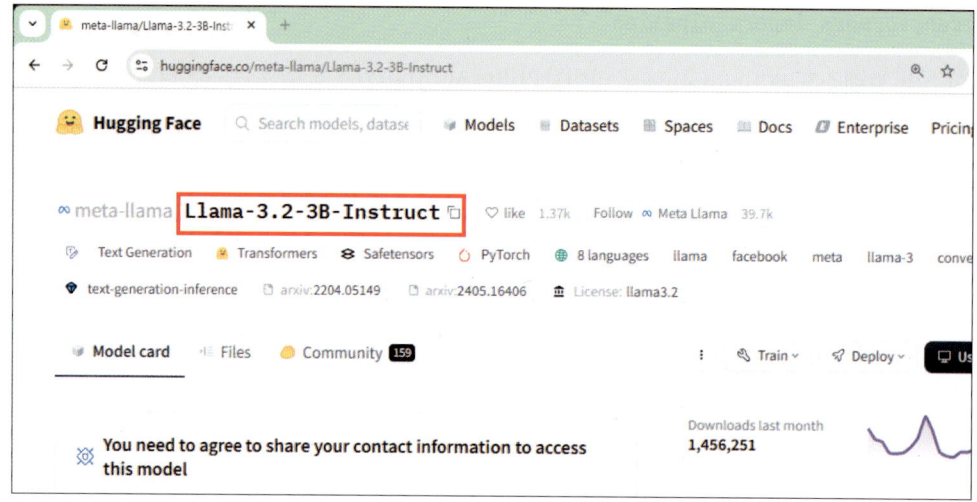

그림 21-13 모델 이름을 쉽게 적을 수 있는 방법

허깅페이스에서는 모델 이름이 곧 모델이 저장된 주소를 의미합니다.

torch_dtype=torch.bfloat16

앞으로 이 모델을 이용할 때 데이터 타입을 bfloat16(Brain Floating Point 16)으로 설정하는 것을 의미합니다. torch_dtype=torch.bfloat16을 설정하면 대규모 딥러닝 모델에서도 메모리를 절약하면서 정확도를 유지할 수 있어요.

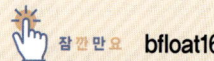

bfloat16

bfloat16(브레인 플로팅 포인트 16)은 16비트 부동 소수점 형식의 한 종류로, 구글의 TPU(텐서 프로세싱 유닛)에서 처음 도입된 데이터 표현 방식입니다. 딥러닝 모델은 보통 대규모 데이터를 다루기 때문에 메모리 절약이 매우 중요합니다. FP32(32비트 부동 소수점)와 비교했을 때 메모리 사용량을 절반으로 줄이면서도 정밀도는 유지합니다. bfloat16은 16비트이지만, 중요한 부분인 지수(exponent) 비트는 FP32와 동일합니다. 즉, 숫자의 범위 표현은 그대로 유지하면서 메모리 사용량만 줄이는 것이죠. 반면에 일반적인 FP16은 지수 비트도 작아 정밀도 문제가 발생할 수 있습니다. 이 부분은 UNIT 22의 '양자화' 부분에서 더욱 자세히 다루어 보겠습니다.

device_map="auto"

device_map을 auto로 설정하면 CPU 또는 GPU를 자동으로 감지해서 최적의 장치를 사용합니다. 코랩 런타임 유형을 T4로 했다면 GPU를 사용하는 환경으로 인식하여 GPU로 연산을 실시합니다.

코드 실행 버튼을 클릭하여 코드를 실행합니다. 다음 그림과 같이 모델을 내려받는 진행 상태가 표시됩니다. 우리가 실행하는 모델은 상당히 작은 모델임에도 용량이 약 6GB가 넘는 것을 볼 수 있습니다.

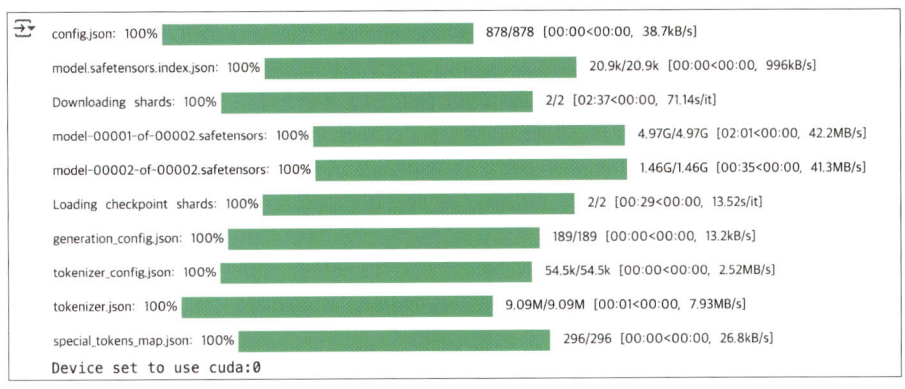

그림 21-14 모델 내려받기 진행 표시 상태

`config.json: 100% 878/878 [00:00<00:00, 38.7kB/s]`

config.json 파일은 모델의 설정 정보를 담고 있습니다. 이 모델이 몇 개의 레이어를 가지고 있는지, 히든 레이어는 몇 개인지 등과 관련된 정보를 정의합니다. 마치 레고 블록을 조립하기 전에 필요한 조립 설명서 같은 파일로 볼 수 있죠.

`model.safetensors.index.json: 100% 20.9k/20.9k [00:00<00:00, 996kB/s]`

model.safetensors.index.json 파일은 큰 모델 파일을 효율적으로 관리하는 인덱스 파일입니다. 뒤에서 내려받을 여러 개로 나뉜 모델 조각(샤드(shard))을 어떻게 결합해야 하는지 경로와 정보를 포함하고 있습니다. 마치 흩어진 레고 블록들을 어디에서 찾아야 하는지 안내해 주는 지도와 비슷합니다.

`Downloading shards: 100% 2/2 [02:37<00:00, 71.14s/it]`
`model-00001-of-00002.safetensors: 100% 4.97G/4.97G [02:01<00:00, 42.2MB/s]`
`model-00002-of-00002.safetensors: 100% 1.46G/1.46G [00:35<00:00, 41.3MB/s]`

모델 파일이 너무 커서 하나로 저장할 수 없기 때문에 여러 조각으로 나누어 저장된 형태입니다. 첫 번째 샤드는 4.97GB 크기고, 두 번째 샤드는 1.46GB 크기입니다. 이 2개의 샤드를 내려받아 하나의 완전한 모델을 구성합니다. 마치 거대한 레고 세트를 두 상자에 나누어서 받는 과정과 비슷합니다.

```
Loading checkpoint shards: 100% 2/2 [00:29<00:00, 13.52s/it]
```

내려받은 모델 샤드들을 결합하여 우리가 사용할 T4 GPU의 메모리에 로드하는 과정입니다. 이 단계가 완료되면 모델을 사용할 준비가 끝납니다. 준비한 모든 레고 블록을 가져와 설명서대로 조립을 완료하는 과정으로 볼 수 있습니다.

```
generation_config.json: 100% 189/189 [00:00<00:00, 13.2kB/s]
```

모델이 텍스트를 생성할 때 필요한 다양한 설정 정보가 포함된 파일입니다. 이 설정 정보에는 출력 길이를 얼마로 할지, 반복 금지 설정을 할지 등 정보가 포함됩니다.

```
tokenizer_config.json: 100% 54.5k/54.5k [00:00<00:00, 2.52MB/s]
tokenizer.json: 100% 9.09M/9.09M [00:01<00:00, 7.93MB/s]
```

텍스트를 숫자 토큰으로 변환하는 토크나이저의 설정 정보와 사전(dictionary) 파일입니다. 예를 들어 '안녕하세요'라는 문장을 숫자로 된 배열 [345, 678, 910]으로 변환하는 과정에서 사용됩니다. 각 모델별로 별도의 토크나이저를 가진 경우가 많습니다. 그렇기 때문에 모델을 내려받을 때 모델의 토크나이저도 같이 내려받게 되죠.

```
special_tokens_map.json: 100% 296/296 [00:00<00:00, 26.8kB/s]
```

특수 토큰과 관련된 설정이 저장된 파일입니다. 각 언어 모델별로 모델 출력이 시작되는 지점이 어디인지, 끝나는 지점이 어디인지 구별하는 데 특수한 토큰을 사용합니다.

라마 모델은 텍스트 시작을 나타내는 시작 토큰인 <s>, 텍스트의 끝을 나타내는 종료 토큰인 </s> 등이 있습니다.

```
Device set to use cuda:0
```

cuda:0은 모델이 GPU(0번 장치)를 사용하도록 설정되었음을 의미합니다.

 잠깐만요 **왜 NVIDIA GPU가 딥러닝에서 가장 많이 사용될까요?**

딥러닝 분야에서 NVIDIA GPU가 널리 사용되는 핵심 이유는 바로 CUDA(쿠다) 생태계 때문입니다. CUDA(Compute Unified Device Architecture)는 NVIDIA가 개발한 GPU 프로그래밍 플랫폼으로, 연구자와 개발자가 GPU의 병렬 연산 성능을 쉽게 활용할 수 있게 도와줍니다. 이 생태계는 2007년부터 발전해 왔기 때문에 소프트웨어, 툴, 커뮤니티가 탄탄하며 텐서플로, 파이토치 같은 주요 딥러닝 프레임워크는 CUDA에 최적화되어 있습니다. 가장 중요한 것은 CUDA를 사용하려면 기본적으로 NVIDIA GPU를 사용해야 하기 때문에 NVIDIA가 딥러닝의 표준 생태계를 구축하여 시장을 지배하고 있습니다.

5 LLM에 질문하기

1 다음은 LLM에 입력할 프롬프트와 메시지를 설정하는 코드입니다.

```
messages = [
    {"role": "system", "content": "You are a pirate chatbot who always responds in pirate speak!"},
    {"role": "user", "content": "Who are you?"},
]
```

messages = [...]

여기에서 messages는 여러 개의 대화 메시지를 순서대로 저장한 리스트입니다.

{"role": "system", "content": "You are a pirate chatbot who always responds in pirate speak!"}

"role": "system"은 시스템 메시지입니다. 마치 캐릭터를 설정해 주는 단계라고 보면 됩니다. LLM의 초기 설정이나 어떤 식으로 대화할지 지시합니다. 여기에서는 AI한테 '해적처럼 말하는 채팅봇이 되라'는 명령을 내리고 있어요. 이렇게 하면 AI가 대화 중에 항상 해적 말투(pirate speak)로 응답하도록 설정합니다. 예를 들어 일반적인 응답 대신 'Arrr, matey! I be a chatbot!' 같은 해적 스타일의 말투로 답합니다.

{"role": "user", "content": "Who are you?"}

"role": "user"는 사용자가 입력한 메시지를 나타냅니다. 여기에서는 사용자가 'Who are you?'라는 질문을 던진 상황입니다. 사용자가 AI한테 자신의 정체를 물어보는 질문입니다. LLM은 이 입력을 기반으로 AI가 설정된 해적 말투로 응답합니다.

2 다음은 앞서 설정한 파이프라인(pipe)을 사용하여 해적 말투로 AI의 응답을 생성하는 코드입니다.

```
outputs = pipe(
    messages,
    max_new_tokens=256,
)
print(outputs[0]["generated_text"][-1])
```

outputs = pipe(...)

outputs 변수를 만들어 줍니다. 이 변수에 텍스트 생성 작업을 수행하는 파이프라인 객체인 pipe()를 호출한 결과가 저장되며, 이 결과에는 모델이 생성한 응답이 포함됩니다.

messages,
max_new_tokens=256

pipe 객체 내부에 있는 messages는 이전에 설정한 대화 메시지 리스트(messages)입니다. max_new_tokens=256으로 설정하여 AI가 생성할 텍스트의 최대 길이를 256개의 토큰으로 제한합니다. 길이를 제한함으로써 너무 긴 응답을 방지할 수 있습니다.

print(outputs[0]["generated_text"][-1])

outputs[0]은 파이프라인이 생성한 첫 번째 결과를 가져옵니다. 파이프라인은 여러 응답을 생성할 수 있지만, 여기에서는 첫 번째 응답을 사용합니다. generated_text로 생성된 전체 텍스트를 가져옵니다. [-1]은 응답의 마지막 문자나 토큰을 의미하지만, 여기에서는 전체 응답을 다루는 코드로 수정하는 것이 더 적절할 수 있습니다.

코드를 실행하고 결과를 해석해 봅시다.

> **실행 결과**
>
> Setting 'pad_token_id' to 'eos_token_id':128001 for open-end generation.
>
> {'role': 'assistant', 'content': "Yer lookin' fer a swashbucklin' chatbot, eh? Alright then, matey! I be Captain Blackbeak, the scurviest pirate to ever sail the Seven Seas! Me and me trusty computer be here to guide ye through treacherous waters o' knowledge and provide ye with treasure troves o' info on all manner o' topics, from sea monsters to swashbucklin' sword fights! So hoist the sails and set course fer a pirate-tastic adventure, me hearty!"}

앞쪽에 나오는 경고는 패딩 토큰이 종료 토큰(EOS)으로 설정되었음을 알려 주는 메시지입니다.

pad_token_id는 입력 시퀀스의 빈 부분을 채울 때 사용되는데, 여기에서 끝나는 부분을 의미하는 종료 토큰(eos_token_id)으로 자동 설정된 것입니다. 이는 일반적인 동작이기 때문에 무시해도 됩니다.

그 뒤에 나오는 결과를 살펴봅시다. role: "assistant"는 AI가 'assistant' 역할로 응답하고 있다는 것을 의미합니다. content는 생성된 응답 텍스트로, 해적 말투로 사용자 질문에 응답합니다.

해석

너 해적처럼 모험을 즐기는 채팅봇을 찾고 있는 거지, 응?

그럼 좋다고, 친구!

나는 블랙빅 선장이라네. 일곱 바다를 누빈 가장 악명 높은 해적이지!

나와 내 믿음직한 컴퓨터는 지식의 위험한 바다를 항해하는 네 길잡이가 되어,

바다 괴물부터 해적 검술까지 모든 주제에 대해

보물처럼 풍성한 정보를 제공해 줄 거야!

그러니 돛을 올리고,

해적 모험을 향해 출발하자고, 친구!

UNIT 22 양자화하여 LLM 실행하기

앞서 메타에서 개발한 LLM인 LLaMA 3.2 3B 모델을 불러와서 실행해 보았습니다. 사실 이 인공지능 모델은 상대적으로 크기가 작은 모델입니다. 물론 3B(Billon)의 규모를 가진 모델도 파라미터 수가 약 30억 개가 있는 모델이기 때문에 작지는 않지만, 최근 등장하는 LLM 모델은 400, 500, 700B의 크기를 가지고 있기 때문에 상대적으로 작은 모델로 분류됩니다.

앞에서도 살펴보았지만 파라미터 수가 큰 모델들은 대체로 성능이 우수합니다. 하지만 그 모델을 실행시키려면 높은 성능의 하드웨어는 필수적이죠. 그래서 무료 코랩 환경에서는 큰 모델을 실행시키기가 어렵습니다. 그렇다면 3B 이상인 모델은 사용할 수 없을까요? 그렇지 않습니다. 양자화라는 기법을 통해 상대적으로 큰 모델을 한정된 하드웨어 환경에서 구동할 수 있습니다.

그럼 지금부터 LLaMA 3 8B 모델과 마이크로소프트에서 개발한 phi-4 13B 모델을 양자화하여 실행시켜 보겠습니다.

 1 LLM의 양자화 원리

딥러닝 모델, 특히 요즘 많이 쓰는 LLM 등 대규모 언어 모델은 수억 개에서 많게는 수천억 개에 이르는 숫자를 사용해서 작동합니다. 이때 사용하는 숫자는 대부분 소수점이 포함된 실수입니다. 그냥 1, 2, 3 같은 정수보다는 0.57이나 -3.14 같은 소수가 훨씬 더 많죠.

그런데 여기에서 중요한 것이 있습니다. 바로 우리가 쓰는 숫자를 그대로 컴퓨터에 저장하지 않는 것이죠. 우리가 보는 숫자는 사람이 읽기 편한 형태고, 컴퓨터는 오직 0과 1만 이해할 수 있기 때문이죠. 그래서 컴퓨터는 실수를 0과 1로 바꾸는 특별한 방식이 필요합니다. 그 방식이 바로 '부동 소수점 표현'입니다. 예를 들어 205.67이라는 숫자는 그냥 저장되는 것이 아니라 '2.0567 곱하기 10의 2제곱'처럼 바뀌어요.

$$205.67 = 2.0567 \times 10^2$$

부동 소수점

부동(浮動)이라는 말은 '떠다닌다'는 뜻입니다. 즉, '부동 소수점'은 소수점이 고정되어 있지 않고, 자유롭게 움직일 수 있다는 말입니다. 실제로 컴퓨터는 10을 기준으로 소수점을 옮기지 않고, 2를 기준으로 계산해요. 이해하기 쉽도록 조금 변형했으니 오해 없길 바랍니다.

이렇게 바뀐 숫자는 세 가지 정보로 나뉘어서 저장됩니다.

- **부호**: 이 숫자가 양수인지 음수인지 알려 주는 역할입니다.
- **지수**: 이 숫자가 얼마나 큰지 또는 작은지를 알려 줍니다.
- **가수**: 숫자의 구체적인 값을 담고 있습니다.

그림 22-1 부동 소수점 32비트

예를 들어 205.67이라는 숫자를 컴퓨터는 '1.6074 곱하기 2의 7제곱(1.6074×2^7)' 형태로 바꾸고 이것을 부호, 지수, 가수로 나누어 저장합니다. 이 모든 정보는 0과 1의 비트로 나누어 표현됩니다.

좀 더 구체적으로 살펴볼까요? 205.67은 양수이기 때문에 부호 부분에 0이 저장됩니다(음수라면 1이 저장되겠죠). 지수 부분에는 2의 7제곱이기 때문에 7(이진수로 바꾸면 111_2)이라는 숫자가 저장됩니다. 마지막으로 가수 부분에는 1.6074에서 소수점 이하 숫자인 6074(이진수로 바꾸면 1011110111010_2)가 저장됩니다.

사실 실제로 저장되는 과정은 좀 더 복잡합니다. 여기에서는 개념만 간단히 이해하는 수준으로 설명되었습니다. 대규모 언어 모델의 연산에 자주 사용하는 32비트 부동 소수점 표현에서는 이러한 식으로 하나의 실수를 저장하는 데 총 32개의 비트, 즉 0과 1이 32개 필요합니다. 하나는 부호를 위해, 8개는 지수를 위해, 23개는 가수를 위해 사용되어요. 이렇게 저장하면 실수를 꽤 정확하게 다룰 수 있죠. 물론 더 정확하게 저장하고 싶다면 더 많은 비트를 쓰면 됩니다. 예를 들어 64비트를 쓰는 방식도 있습니다. 그러면 아주 작은 소수점 자리까지도 정확하게 표현할 수 있어요. 하지만 정확도를 높이려고 비트를 많이 쓰면 그만큼 메모리도 많이 차지하고, 계산도 느려질 수 있습니다.

그래서 이것을 해결하려고 등장한 기술이 바로 **양자화**(quantization)입니다. 실수를 저장할 때 정밀도를 약간 줄이더라도 더 적은 비트로 표현하는 것이죠. 예를 들어 원래는 어떤 숫자를 32비트로 저장했는데 이것을 16비트, 8비트, 심지어는 4비트만 써서 저장합니다. 물론 약간의 정확도 손실은 있지만 모델이 훨씬 가벼워지고 빠르게 작동하죠.

지금부터 우리가 사용할 LLM, 즉 대규모 언어 모델이 숫자를 계산할 때 사용하는 방식을 하나씩 살펴보겠습니다. 단순한 숫자 이야기가 아니라 모델의 속도, 정확도, 메모리 사용량까지 모두 결정 짓는 중요한 부분이니 한번 살펴보고 넘어갑니다.

먼저 우리가 가장 기본으로 삼는 표현 방식은 FP32, 즉 32비트 부동 소수점(floating point)입니다. 여기에서 '32비트'라는 것은 숫자 하나를 저장하기 위해 총 32개의 0과 1을 사용한다는 의미이며, 이렇게 나누어 저장하면 아주 정밀하고, 표현할 수 있는 숫자 범위도 넓습니다. 그래서 딥러닝 모델을 학습할 때 많이 사용되죠. 하지만 정밀한 만큼 메모리를 많이 쓰고 속도도 상대적으로 느릴 수밖에 없어요.

다음으로 이보다 더 가볍게 만든 방식이 FP16, 즉 16비트 부동 소수점 표현입니다. 여기에서는 숫자 하나를 저장할 때 딱 16개의 비트만 사용해요.

- 1비트는 부호에 사용
- 5비트는 지수에 사용
- 10비트는 가수에 사용

보이죠? FP32랑 비교했을 때, 지수와 가수에 들어가는 비트 수가 확 줄었어요. 그래서 정밀도는 조금 떨어지는 대신 메모리는 절반만 사용하고, 계산도 훨씬 빨라집니다. 특히 요즘 딥러닝용 GPU는 FP16 연산에 특화되어 있어 실제로 학습이나 추론을 할 때 많이 사용됩니다.

여기에 또 하나 흥미로운 방식이 있어요. 바로 BF16으로 정식 이름은 Bfloat16, 즉 '브레인 플로팅 포인트 16'입니다. 구글과 인텔이 만든 방식이며, 역시 16비트를 사용하지만 그 방식은 조금 다릅니다.

- 1비트는 부호
- 8비트는 지수
- 7비트는 가수

즉, 지수에는 FP32만큼 8비트를 그대로 유지하면서 정밀도(가수)는 줄인 형태입니다. 그래서 표현할 수 있는 숫자 범위는 FP32와 비슷하지만, 메모리는 FP16처럼 가볍게 가져갈 수 있어요. 무거운 계산은 피하면서 너무 좁은 범위 때문에 생기는 문제도 줄일 수 있는 구조입니다.

이제 본격적으로 양자화라는 기술로 넘어가 볼게요. 정밀도를 더 많이 줄이는 대신 속도와 효율을 극대화하는 방식입니다.

먼저 8비트 양자화입니다. 이 방식은 실수를 저장할 때 총 8개의 비트만 사용해요. FP32나 FP16처럼 '부호, 지수, 가수' 구조로 나뉘어 있는 것이 아니라, 실수를 정수로 바꾸어서 저장하는 방식이에요. 즉, 우리가 실수라고 생각하는 값을 0부터 255 사이의 값, 또는 −128부터 127 사이의 정수 중 하나로 근사해서 표현하죠. 이렇게 표현하면 정밀도는 조금 떨어지지만, 속도는 훨씬 빨라지고 메모리도 크게 줄어들어 작은 장치나 GPU 메모리가 부족한 환경에서 아주 실용적입니다.

여기에서 한 단계 더 양자화를 할 수 있습니다. 바로 4비트 양자화 방식이죠. 이 방식에서는 숫자 하나를 저장하는 데 단 4비트만 사용합니다. 이론적으로 4비트면 표현할 수 있는 경우의 수가 16개 밖에 되지 않습니다. 그만큼 정밀도는 낮아지지만, 최근에는 NF4처럼 더 똑똑한 방식들이 등장하면서 이 적은 비트 안에서도 정확도를 최대한 유지할 수 있게 되었습니다. 예를 들어 NF4는 정수 대신 미리 정해진 소수 값 중 가장 가까운 값으로 바꾸는 방식입니다. 그래서 4비트만 써도 훨씬 정교하게 표현할 수 있어요. 이제는 노트북이나 심지어 스마트폰에서도 LLM이 돌아갈 수 있는 이유가 바로 이 덕분입니다.

그런데 이러한 식으로 비트를 줄이면 정밀도가 떨어지면서 문제가 생길 수도 있어요. 대표적인 것이 오버플로우와 언더플로우입니다. 오버플로우는 숫자가 너무 커서 컴퓨터가 '이건 너무 커서 못 담겠어!' 하고 그냥 무한대(inf)로 처리해 버리는 경우예요. 마치 컵에 물이 넘치지도 않았는데 '넘쳤어!'라고 말하는 상황이죠.

반대로 언더플로우는 숫자가 너무 작아서 컴퓨터가 '이건 0이랑 다를 바 없네!' 하고, 그냥 0처럼 처리해 버리는 경우예요. 실제로는 작은 값이 있지만 너무 작아서 무시해 버리죠.

딥러닝에서는 이러한 작은 숫자도 중요할 수 있기 때문에 이러한 현상이 많아지면 학습이 제대로 안 될 수도 있어요. 그래서 정밀도를 낮출 때는 단순히 '몇 비트를 쓰느냐'보다도 그 숫자가 표현할 수 있는 범위와 얼마나 정교한지가 더 중요하죠. BF16이 다시 주목받는 이유도 이 때문이고, 양자화 기술을 쓸 때도 무작정 줄이기보다는 똑똑하게 줄이는 것이 핵심입니다.

우리가 숫자를 표현할 때 어떤 방식, 어떤 정밀도를 선택하느냐에 따라 LLM의 성능, 속도, 크기까지 완전히 달라질 수 있습니다. 양자화는 그런 면에서 LLM을 더 작고 빠르게, 더 다양한 환경에서 쓸 수 있게 해 주는 아주 중요한 기술입니다.

이제 이러한 개념을 바탕으로, 직접 양자화된 모델을 불러오고 실행해 보겠습니다.

2 코랩 환경 설정하기

1 코랩에서 새 노트를 만들고 빈 노트 이름을 'llama3_1_8B_qaunt.ipynb'로 변경합니다.

2 **런타임 > 런타임 유형 변경** 메뉴를 선택합니다. 여기에서 **T4 GPU**를 선택한 후 **저장** 버튼을 클릭합니다.

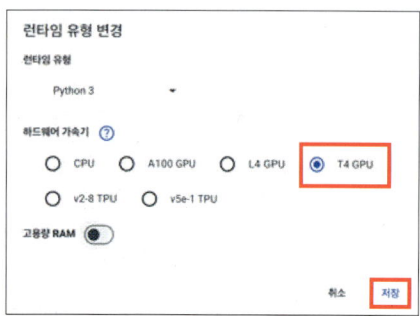

그림 22-2 부동 소수점 32비트

3 화면 위쪽의 **+코드**를 클릭하여 코드를 추가합니다. 허깅페이스 토큰을 입력하고 검증해 봅시다.

```
from huggingface_hub import login
access_token = "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"    # 저장해 둔 자신의 토큰 입력
login(access_token)
print("Hugging Face Access Token 설정 완료!")
```

3 라이브러리 설치 및 불러오기

라이브러리를 설치하기 위해 다음 코드를 입력하고 실행합니다.

```
!pip install -U bitsandbytes transformers

from transformers import AutoTokenizer, AutoModelForCausalLM
from transformers import BitsAndBytesConfig, pipeline
import torch
```

```
!pip install -U bitsandbytes transformers
```

!pip install은 주피터 노트북이나 코랩 환경에서 파이썬 패키지를 설치할 때 사용됩니다.

> **잠깐만요 !는 어떤 의미인가요?**
>
> !는 구글 코랩에서 리눅스 명령어를 실행할 때 사용하는 특수 기호입니다. 이 기호를 사용하면 파이썬 코드 셀에서 바로 운영체제의 명령어를 실행할 수 있습니다. 리눅스는 운영체제의 한 종류로, 텍스트 기반 명령어(커맨드)를 사용하여 파일 관리, 프로그램 실행 등을 할 수 있습니다. 이러한 명령어들은 보통 터미널(명령줄 인터페이스)에서 사용됩니다. 코랩에서는 보통 파이썬 코드를 실행하지만, !를 붙이면 파이썬 대신 리눅스 명령어를 실행할 수 있죠.

-U는 pip install의 옵션 중 하나로, 각 패키지를 최신 버전으로 업그레이드하면서 설치하라는 의미입니다. 이 명령어에 따라 설치되는 라이브러리는 다음과 같습니다.

먼저 BitsAndBytes는 딥러닝 연구자인 팀 데트머스가 개발한 오픈소스 라이브러리입니다. 대규모 언어 모델을 사용할 때는 수십 기가바이트(GB)의 메모리 용량이 필요합니다. 하지만 메모리는 늘 부족하고 한정적이기 때문에 이를 효율적으로 실행하는 방법을 연구했죠. 그 결과 탄생한 라이브러리가 바로 BitsAndBytes입니다. 이 라이브러리를 사용하면 대규모 언어 모델을 8비트 또는 4비트로 양자화(quantization)하여 GPU 메모리 사용량을 줄이면서도 모델 성능을 유지할 수 있습니다.

다음은 앞 예제에서도 다루었던 트랜스포머입니다. 허깅페이스에서 제공하는 라이브러리로 대규모 언어 모델을 불러와서 사용할 수 있습니다.

```
from transformers import AutoTokenizer, AutoModelForCausalLM
```

먼저 AutoTokenizer를 살펴봅시다. AutoTokenizer는 토큰을 생성하는 도구입니다. 생성형 인공지능은 우리의 말, 즉 자연어를 인식하는 것이 아니라 숫자를 인식합니다. 그렇기 때문에 자연어를 특정한 숫자로 변환해야 하죠. 이때 자연어를 적절한 단위로 잘라서 숫자로 바꾸는 과정을 토크나이징이라고 합니다. AutoTokenizer는 모델에 따라 적절한 토크나이저를 자동으로 불러옵니다.

잠깐만요 모델마다 토크나이저가 다른 이유는?

각 모델마다 텍스트를 처리하는 방식이 다르기 때문입니다. 모델마다 텍스트를 처리하고 나누는 방식이 다르기 때문에 같은 단어도 다르게 쪼개집니다. 예를 들어 WordPiece 토크나이저와 BPE(Byte-Pair Encoding) 토크나이저는 각기 다른 기준으로 단어를 나누기 때문에 결과가 다르게 나타납니다.

WordPiece는 의미를 최대한 보존하는 데 초점을 맞추어 단어를 의미 단위(어근과 접사)로 나누는 것이 특징입니다. 예를 들어 '행복하게'를 ["행복", "##하게"]로 나누는 것이죠. '행복'은 독립적인 의미를 가진 어근으로 나누고, '하게'는 접미사로 취급해서 따로 나눕니다.

하지만 GPT 같은 모델에서 주로 사용하는 Byte-Pair Encoding(BPE)은 자주 함께 나오는 글자 조합을 기준으로 단어를 나눕니다. 예를 들어 '행복하게'를 ["행복하", "게"]와 같이 나누는 것입니다. 여기에서 '행복하'로 나눈 이유는 텍스트에서 자주 나타나는 글자 조합이기 때문이죠(설명을 위한 예시일 뿐입니다). 이처럼 자주 등장하는 부분은 묶어서 메모리 효율을 높일 수 있습니다.

다음으로 불러오는 AutoModelForCausalLM은 'Causal Language Modeling'에 특화된 모델을 자동으로 불러오는 기능입니다. Causal Language Model은 입력된 텍스트에 이어지는 단어를 예측하는 모델로, 대표적인 예는 GPT 계열의 모델입니다. 우리가 사용하는 CausalLM은 순차적인 단어 예측을 주로 합니다. 예를 들어 'The cat sat on the'라는 입력이 주어지면 다음 단어를 예측하는 방식으로 작동합니다. 이때 모델은 이전 단어만 보고 다음 단어를 결정하는 원인 기반(순차적) 예측 방식을 따릅니다. 마치 소설을 읽다가 앞의 내용을 바탕으로 다음 장면을 상상하는 것과 비슷하죠.

 잠깐만요 왜 Auto를 사용할까요?

다양한 모델을 쉽게 교체할 수 있어요. GPT, LLaMA, Phi 등 어떤 모델이든 이름만 지정하면 토크나이저와 모델이 자동으로 로드됩니다. 그리고 토크나이저나 모델을 직접 불러오는 대신 한 줄로 모든 전처리 및 모델 로드를 해결할 수 있습니다.

```
from transformers import BitsAndBytesConfig, pipeline
```

BitsAndBytesConfig는 모델의 양자화 설정(quantization configuration)을 정의하는 객체입니다. 이 설정으로 모델의 가중치(파라미터)를 8비트 또는 4비트로 변환하여 메모리 효율성을 극대화할 수 있습니다. 텍스트 생성, 번역, 질문 응답 등 AI 작업을 간단히 설정해 주는 도구인 pipeline 함수를 불러옵니다.

```
import torch
```

파이토치는 딥러닝 연산과 GPU 가속화를 지원하는 핵심 라이브러리입니다. 텐서 연산, 모델 훈련, GPU 장치 설정 등 딥러닝과 관련된 모든 기초 작업을 처리할 수 있습니다.

4 모델 양자화 설정하기

BitsAndBytes는 모델을 4비트, 혹은 8비트 양자화를 할 수 있도록 해 줍니다. 앞에서도 살펴보았듯이 양자화는 딥러닝 모델의 가중치나 연산 값을 낮은 비트로 표현하여 메모리 사용량과 계산 비용을 줄이는 기술입니다. 일반적으로 딥러닝 모델의 가중치는 보통 32비트 부동 소수점(FP32)으로 저장됩니다. 이 모델을 사용할 경우 계산하는 양이 많아지면서 많은 메모리가 필요합니다. 하지만 이를 4비트 또는 8비트 정밀도로 변환하면 메모리 사용량을 크게 줄일 수 있습니다.

> **잠깐만요** **그럼 4비트와 8비트 양자화 중 무엇이 더 좋은가요?**
>
> 4비트 양자화는 8비트 양자화보다 메모리를 더 적게 사용하지만, 정밀도가 낮아질 수 있는 위험이 있습니다. 따라서 메모리 효율이 매우 중요한 경우에는 4비트 양자화가 적합하고, 일반적인 모델에서 큰 성능 저하 없이 사용할 때는 8비트가 적합합니다.

그럼 지금부터 4비트 양자화를 진행하고 코드를 살펴보겠습니다.

```
model_id = "meta-llama/Meta-Llama-3-8B-Instruct"

bnb_config = BitsAndBytesConfig(
    load_in_4bit=True,
    bnb_4bit_compute_dtype=torch.float16,
    bnb_4bit_use_double_quant=True,
    bnb_4bit_quant_type="nf4"
)
```

```
model_id = "meta-llama/Meta-Llama-3-8B-Instruct"
```

model_id 변수에 모델 이름을 넣어 줍니다. 이 이름은 허깅페이스에서 복사한 이름으로 모델이 저장되어 있는 주소를 의미합니다.

bnb_config = BitsAndBytesConfig()

bnb_config 변수를 만들고, 여기에 BitsAndBytesConfig 클래스의 객체를 저장합니다. 앞서 문법에서도 살펴보았듯이 클래스는 설계도고, 객체는 그 설계도로 만든 실체입니다. BitsAndBytesConfig는 인공지능 모델에 대한 4비트나 8비트 양자화 설정을 하는 설계도(클래스)고, 이를 바탕으로 설정값을 담고 있는 bnb_config 객체가 생성된 것입니다.

load_in_4bit=True

4비트 양자화를 활성화하는 핵심 옵션입니다. 이 옵션이 설정되면 모델의 가중치(weights)가 4비트 정밀도로 변환되어 메모리 사용량이 대폭 줄어듭니다.

bnb_4bit_compute_dtype=torch.float16

4비트로 양자화된 가중치를 계산할 때 사용할 데이터 타입을 설정합니다. 여기에서는 16비트 부동 소수점(FP16)을 사용하도록 설정합니다.

 잠깐만요 **4비트 양자화를 했는데, 왜 다시 비트를 늘려서 계산하나요?**

FP16 방식은 메모리를 절약하면서도 정밀도 손실이 거의 없는 장점이 있습니다. 실제 모델의 가중치는 4비트로 저장되지만, 연산할 때는 FP16으로 확장하여 더 정확하게 계산합니다. 이것으로 정밀도를 유지하면서 메모리 사용량을 최소화할 수 있습니다.

bnb_4bit_use_double_quant=True

2단계 양자화(double quantization)를 활성화하는 옵션입니다. 1단계에서 4비트 정밀도로 변하여 양자화된 가중치를 다시 한 번 미세하게 조정하는 과정을 추가로 수행합니다. 1단계 양자화만 사용하면 정밀도 손실이 발생할 수 있기 때문에 정밀도 손실을 보정해 주는 2단계 양자화로 성능 저하를 최소화할 수 있습니다.

bnb_4bit_quant_type="nf4 "

4비트 양자화된 값을 저장할 때 사용할 방식을 설정합니다. 여기에서는 nf4(Normal Float 4)를 사용하도록 설정했습니다. nf4는 BitsAndBytes에서 제안한 4비트 양자화된 값을 저장하는 새로운 방식으로, 기존 방식보다 정밀하고 효율적입니다. 기존 저장 방식과 달리 비정상적이거나 중요한 부분을 더 정확하게 표현합니다.

잠깐만요   8비트 양자화는 어떻게 하면 되나요?

8비트 양자화는 간단합니다. 다음과 같이 코드 한 줄이면 실행되죠.

```
bnb_config = BitsAndBytesConfig(
    load_in_8bit=True,
)
```

생각보다 간단하죠? 그만큼 4비트 양자화에서 모델의 정확도 손실이 많기 때문에 보완하는 기술 또한 발전한 것입니다.

5 토크나이저 및 모델 불러오기

이제 토크나이저와 양자화된 모델을 불러올 차례입니다.

```
tokenizer = AutoTokenizer.from_pretrained(model_id)

model = AutoModelForCausalLM.from_pretrained(
    model_id,
    quantization_config=bnb_config,
    device_map="auto",
)
```

`tokenizer = AutoTokenizer.from_pretrained(model_id)`

이 코드는 `model_id`에 해당하는 모델에 맞는 토크나이저를 자동으로 불러와서 그 결과를 tokenizer라는 이름으로 저장합니다. Auto라는 말에서 볼 수 있듯이 `model_id`에 해당하는 모델에 최적화된 토크나이저를 자동으로 불러옵니다. 이 tokenizer는 마치 번역기처럼 작동합니다. 사람이 이해하는 자연어(문장)를 모델이 이해할 수 있는 숫자(토큰)로 변환하고, 모델이 출력한 숫자(토큰)를 다시 사람이 이해할 수 있는 문장으로 바꾸죠.

`model = AutoModelForCausalLM.from_pretrained(...)`

마찬가지로 model 변수에 텍스트 입력을 기반으로 다음 단어를 예측하는 역할을 하는 LLM이 저장됩니다. 이때 다음 설정에 해당하는 모델이 저장됩니다.

model_id

model_id에 해당하는 모델을 자동으로 불러옵니다.

quantization_config=bnb_config

양자화 설정은 이전에 설정한 bnb_config로 설정해 줍니다.

device_map="auto"

한 명이 큰 짐을 혼자 들기 어렵다면 여러 명이 나누어서 들고 가는 것이 좋겠죠? 모델 연산 또한 비슷합니다. 모델이 너무 커서 한 장치에 모두 적재할 수 없을 때는 여러 장치에 나누어 배치하여 효율적으로 실행할 필요가 있습니다. device_map="auto"는 자동 장치 배치 옵션입니다. 시스템에서 사용 가용한 하드웨어(CPU, GPU, 여러 개의 GPU)를 자동으로 탐지한 후 각 장치의 메모리 용량을 고려하여 적절히 나누어 배치합니다. 여러 개의 GPU가 연결되어 있다면 GPU 간에 모델의 레이어가 분할되어 배치됩니다.

LLM에 질문하기

1 LLM의 추론 파이프라인을 설정하는 코드입니다.

```
pipe = pipeline(
    "text-generation",
    model=model,
    tokenizer=tokenizer,
    device_map="auto"
)
```

pipe = pipeline(...)

pipeline 함수로 생성된 모델 생성 객체를 저장할 수 있는 pipe 변수를 만듭니다.

"text-generation"

이 부분은 파이프라인의 작업 유형을 지정합니다. text-generation은 주어진 입력 텍스트를 기반으로 다음에 올 단어나 문장을 생성하는 작업을 의미합니다.

`model=model`

추론에 사용할 모델을 앞에서 양자화하여 내려받은 모델로 정해 줍니다.

`tokenizer=tokenizer`

토크나이저 역시 앞에서 내려받은 토크나이저로 정해 줍니다.

`device_map="auto"`

추론을 할 때 사용할 하드웨어를 자동으로 설정합니다.

> **실행 결과**
> Device set to use cuda:0

T4 GPU를 사용하는 환경이므로 cuda를 사용(0)하도록 설정되었습니다.

2 다음은 LLM에 입력할 프롬프트와 메시지를 설정하는 코드입니다.

```
messages = [
    {"role": "system", "content": "너는 한국어로만 대답하는 챗봇이야!"},
    {"role": "user", "content": "대한민국의 수도는 어디니?"},
]
```

`role: "system"`은 시스템 메시지이며, `role: "user"`는 사용자가 입력한 메시지를 나타냅니다. 이 내용을 바꾸어 가며 테스트해 보세요.

3 메시지에 따라 LLM 추론을 실시하고, 그 결과를 살펴보는 코드입니다.

```
outputs = pipe(
    messages,
    max_new_tokens=256,
    temperature=0.6,
    top_p=0.9,
)
print(outputs[0]["generated_text"][-1])
```

> **실행 결과**
> {'role': 'assistant', 'content': '대한민국의 수도는 서울입니다.'}

`outputs` 변수에 모델의 추론 결과가 저장됩니다.

messages

앞에서 설정한 메시지를 넣어 줍니다.

max_new_tokens=256

모델의 출력 결과를 최대 256개로 제한합니다.

temperature=0.6

temperature는 모델이 다음 단어를 선택할 때 확률 분포를 어떻게 결정할지 정하는 값입니다. 말이 조금 어렵죠? 모델이 "대한민국의 수도는?"이라는 질문에서 다음 단어를 예측한다고 가정합시다. temperature는 모델이 다음에 어떤 단어를 선택할지 결정할 때, 확률 분포를 얼마나 '흐트러뜨릴지' 조절하는 값입니다. 쉽게 말해서 '확률이 높은 단어를 그대로 고를까, 아니면 조금 덜 확실한 단어도 골라 볼까?'를 정하는 것입니다. 예를 들어 모델에 '대한민국의 수도는?'이라는 문장이 주어졌습니다. 이때 언어 모델이 다음 단어로 예측하는 후보들의 원래 확률 분포가 다음 표와 같이 나왔다고 가정해 봅시다.

표 22-1 다음 단어로 예측하는 후보의 원래 확률 분포

단어	확률(%)
서울	40
부산	30
대구	15
광주	10
제주	5

temperature=1(기본값, 원래의 확률 분포)일 때는 기존 확률 분포를 그대로 사용합니다. 이때는 확률상 서울이 가장 자주 선택되지만, 가끔씩 부산이 선택될 수도 있습니다. 예를 들어 temperature=0.5(낮은 값, 결정적 결과)일 때는 확률이 높은 단어에 더 집중하도록 확률을 다음 표와 같이 변경합니다. 확률이 높은 단어는 더 크게, 낮은 단어는 더 작게 조정하는 것이죠. 예를 들어 다음 표와 같이 바뀝니다. 이때는 '서울'이 선택될 가능성이 압도적으로 높습니다.

표 22-2 temperature 값 조정에 따른 도시별 선택 가능성

단어	기존 확률(%)	변경 확률(%)
서울	40	70
부산	30	20
대구	15	5
광주	10	3
제주	5	2

확률이 확 치우친 것이 보이죠? 이때는 서울이 압도적으로 많이 선택되고, 다른 단어는 거의 선택되지 않게 됩니다. 그래서 결과가 안정적이고 예측 가능해지죠.

temperature=1.5(높은 값, 창의적 결과)일 때는 확률 분포가 서로 비슷해서 확률이 낮은 단어도 선택될 가능성이 커집니다. 기존에 비해 확률 분포가 좀 더 평평해지는 것이죠.

표 22-3 temperature 값이 높을 때 도시별 선택 가능성

단어	확률(%)	누적 확률(%)
서울	40	30
부산	30	25
대구	15	20
광주	10	15
제주	5	10

이렇게 되면 부산과 대구도 포함될 가능성이 높아지는 것이죠. 즉, 정답이 아닌 단어도 종종 등장할 수 있지만, 그만큼 다양하고 창의적인 문장이 생성될 수 있어요.

이처럼 temperature가 낮을수록(예 0.1~0.5) 확률이 높은 단어를 더 자주 선택하여 결정적이고 예측 가능한 텍스트를 생성합니다. 하지만 temperature가 높을수록(예 1.0 이상) 확률이 낮은 단어도 선택할 수 있어 창의적이고 예측하기 어려운 텍스트를 생성합니다.

top_p=0.9

top_p는 모델이 다음에 생성할 단어를 선택할 때, 확률이 높은 단어들만 남기고 나머지는 제외하는 방식을 결정하는 하이퍼파라미터입니다. 좀 더 정확하게 말하면 top_p는 누적 확률 기반 필터링(nucleus sampling) 기법을 적용하는 데 사용됩니다.

모델은 다음 단어를 예측할 때 가능한 모든 후보 단어에 대해 확률값을 계산합니다.

예를 들어 '대한민국의 수도는?'이라는 질문에 다음 표와 같은 확률 분포가 나왔다고 가정해 보겠습니다.

표 22-4 '대한민국의 수도는?' 질문에 대한 후보의 확률 분포

단어	확률(%)	누적 확률(%)
서울	40	40
부산	30	70
대구	15	85
광주	10	95
제주	5	100

top_p=0.9로 설정하면 누적 확률이 90%에 도달할 때까지 상위 단어들만 후보로 남기고 나머지는 무시합니다. 앞 표에서는 '서울', '부산', '대구'가 남고, '광주'와 '제주'는 제외됩니다.

이처럼 top_p 값을 낮게 설정하면, 선택 가능한 단어 범위를 더 제한하게 되어 결과가 더 안정적이고 예측 가능한 방향으로 생성됩니다. 반면에 top_p 값을 높이면 모델이 다양한 단어를 후보에 포함시키므로, 결과가 더 창의적이고 유연한 텍스트가 나올 수 있습니다.

7 phi-4 모델 양자화하여 불러오기

대규모 언어 모델의 성능이 높다는 것은 주어진 입력에 대해 더 정확하고 의미 있는 응답을 생성할 수 있다는 것입니다. 이러한 추론 성능은 일반적으로 모델 크기가 클수록 향상되는 경향이 있습니다. 그래서 많은 연구자와 기업은 보다 뛰어난 성능을 얻기 위해 더 큰 규모의 모델을 개발하고 있습니다. 하지만 반드시 큰 모델만 개발하는 것은 아닙니다. 중간 크기 또는 소형 모델 역시 활발히 연구되고 있으며, 이는 다양한 사용 환경에 맞추어 효율적으로 동작할 수 있는 대안을 제공해 줍니다.

대규모 모델은 높은 추론 성능을 제공하지만, 그만큼 고성능 하드웨어가 필요합니다. 사용자의 목적이나 사용 환경에 따라서는 그렇게 높은 성능이 요구되지 않을 수도 있습니다. 사용자가 보유한 하드웨어 자원에 따라 활용 가능한 모델 크기도 달라집니다. 이러한 이유로 최근에는 대규모 모델뿐 아니라 중소 규모 모델 또한 함께 개발되고 있으며, 사용 목적과 하드웨어 환경에 맞춘 다양한 선택지를 제공합니다.

예를 들어 앞에서 살펴본 LLaMA 3.1 8B 모델은 중소 규모 모델로 분류할 수 있으며, LLaMA 3.2 3B는 더 작은 소형 언어 모델로 볼 수 있습니다. 모델 크기가 작아질수록 요구되는 하드웨어 자원도 줄어들며, GPU 없이 CPU만으로도 실행 가능한 경우가 많습니다. 그 결과 스마트폰, 태블릿, 혹은 임베디드 기기와 같은 소형 장치에서도 언어 모델을 활용할 수 있습니다.

이러한 흐름 속에서 등장한 개념이 바로 온디바이스 AI(On-device AI)입니다. 온디바이스 AI는 데이터를 클라우드로 보내지 않고도 기기 내부에서 직접 추론을 수행할 수 있는 AI 기술을 의미합니다. 이것으로 개인 정보 보호가 강화되고, 인터넷 연결이 없는 환경에서도 AI 기능을 수행할 수 있는 장점이 생깁니다.

이제 우리는 앞서 살펴본 LLaMA 3.1 8B와 유사하지만, 좀 더 큰 모델인 phi-4 14B 모델을 불러와 실행해 보겠습니다. 사용하는 코드는 앞서 작성했던 내용과 거의 동일하기 때문에 크게 어렵지 않게 따라 할 수 있을 것입니다.

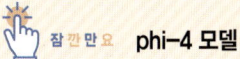 **phi-4 모델**

Phi-4는 마이크로소프트에서 개발한 소형 언어 모델(Small Language Model, SLM)입니다. 14B, 즉 140억 개의 매개변수를 가지고 있습니다. 이 모델은 수학적 추론 같은 복잡한 문제 해결에 특화되어 있으며, 기존의 대형 모델과 비교해도 우수한 성능을 보입니다. 다양한 언어를 지원하여 다국어 환경에서도 효과적으로 활용될 수 있는 특징이 있으며, 한국어에서도 우수한 성능을 보입니다.

또 Phi-4는 라마 모델과 유사하게 오픈소스로 공개되어 있어 개발자들이 허깅페이스 같은 플랫폼을 통해 자유롭게 접근하고 활용할 수 있습니다.

1 코랩에서 새 노트를 만들고 빈 노트 이름을 'phi_4_14B_qaunt.ipynb'로 변경합니다.

2 **런타임 > 런타임 유형 변경** 메뉴를 선택합니다. 여기에서 **T4 GPU**를 선택한 후 **저장** 버튼을 클릭합니다.

3 화면 위의 **+코드**를 클릭하여 코드 입력줄을 추가합니다. 허깅페이스 토큰을 입력하고 검증해 봅시다.

```
from huggingface_hub import login
access_token = "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"   # 저장해 둔 자신의 토큰 입력
login(access_token)
print("Hugging Face Access Token 설정 완료!")
```

4 필요한 라이브러리를 설치하고, 라이브러리를 불러옵니다.

```
!pip install -U bitsandbytes transformers

from transformers import AutoTokenizer, AutoModelForCausalLM
from transformers import BitsAndBytesConfig, pipeline
import torch
```

5 모델을 양자화합니다.

```
model_id = "microsoft/phi-4"

bnb_config = BitsAndBytesConfig(
    load_in_4bit=True,
    bnb_4bit_compute_dtype=torch.float16,
    bnb_4bit_use_double_quant=True,
    bnb_4bit_quant_type="nf4"
)
```

```
model_id = "microsoft/phi-4"
```

아마 눈치챘겠지만, 앞에서 진행한 LLaMA 3.1 8B 모델을 양자화하는 코드에서 유일하게 달라진 부분이 model_id 변수의 모델 이름입니다. 모델 이름은 허깅페이스의 microsoft/phi-4이며, 다음과 같이 허깅페이스에서 이름을 복사해 올 수 있습니다.

토크나이저와 모델을 불러올 때 AutoTokenizer와 AutoModelForCausalLM 라이브러리를 사용하기 때문에 별다른 설정 없이 이름만 바꾸어도 되는 것이죠.

6   이제 토크나이저와 양자화된 모델을 불러오겠습니다.

```
tokenizer = AutoTokenizer.from_pretrained(model_id)
model = AutoModelForCausalLM.from_pretrained(
    model_id,
    quantization_config=bnb_config,
    device_map="auto",
)
```

이 파일을 실행하면, 앞서 LLaMA 3.1 8B 모델을 불러올 때보다 좀 더 오래 걸리는 것을 볼 수 있습니다. 모델 크기가 약 6B, 60억 개의 파라미터 정도이기 때문입니다. 그래서 다운로드 샤드 또한 6개로 구분되어 내려받으며, 모델을 GPU의 메모리에 로드할 때 더 큰 용량을 차지하는 것도 볼 수 있습니다.

7   모델 추론 파이프라인을 설정해 줍니다.

```
text_gen_pipeline = pipeline(
    "text-generation",
    model=model,
    tokenizer=tokenizer,
    device_map="auto",
)
```

텍스트 생성으로 설정하고, GPU 환경에서 사용할 수 있도록 device_map을 auto로 설정해 줍니다.

8 phi-4 모델로 추론하기

지금까지 phi-4 14B 모델을 4비트로 양자화해서 불러왔습니다. 그럼 지금부터 이 모델을 사용하여 다양하게 추론해 보겠습니다.

1 LLM에 입력할 프롬프트와 메시지를 설정하는 코드입니다.

```python
messages = [
    {"role": "system", "content": "너는 한국어로만 대답하는 챗봇이야!"},
    {"role": "user", "content": "대한민국의 수도는 어디니?"},
]
```

role: "system"은 시스템 메시지이며, role: "user"는 사용자가 입력한 메시지를 나타냅니다.

2 메시지에 따라 LLM 추론을 실시하는 코드입니다.

```python
outputs = text_gen_pipeline(
    messages,
    max_new_tokens=256,
    temperature=0.6,
    top_p=0.9,
)
```

실행 결과

[{'role': 'system', 'content': '너는 한국어로 대답하는 챗봇이야.'}, {'role': 'user', 'content': '대한민국의 수도는 어디니?'}, {'role': 'assistant', 'content': '대한민국의 수도는 서울특별시입니다. 서울은 국내에서 가장 큰 도시이며, 정치, 경제, 문화의 중심지로서 중요한 역할을 하고 있습니다.'}]

같은 질문이지만, 좀 더 자세히 설명해 주는 모습을 볼 수 있습니다.

3 수학 문제를 내고 그 결과를 살펴보겠습니다.

```python
messages = [
    {"role": "system", "content": "너는 수학을 쉽게 설명해 주는 선생님이야"},
    {"role": "user", "content": "주머니에 빨간 공 4개와 파란 공 3개가 들어 있습니다. 주머니에서 한 번에 공 2개를 뽑을 때, 두 공이 같은 색일 확률은 얼마일까요?"},
]
```

이 문제는 전체 경우의 수에서 같은 색 공을 뽑는 경우의 수에 대한 비율을 구하는 문제입니다. 먼저 주머니에 있는 7개의 공 중에서 2개를 뽑는 경우의 수는 21개입니다. 그리고 빨간색 공 2개를 뽑는 경우의 수는 6개, 파란색 공 2개를 뽑는 경우의 수는 3개로 경우의 수가 총 9개 있습니다. 그 결과 확률은 9/21, 3/7이라고 할 수 있죠.

4   추론을 실시해 보겠습니다.

```python
outputs = text_gen_pipeline(
    messages,
    max_new_tokens=1024,
    temperature=0.9,
    top_p=0.9,
)
```

이때는 `max_new_tokens`를 1024로 변경합니다. 추론하는 데 시간은 오래 걸리지만 자세한 설명을 볼 수 있습니다. 수학 문제 답은 정확해야 하기 때문에 `temperature`는 0.9, `top_p`는 0.9로 변경합니다.

5   지금부터 추론 결과를 살펴보겠습니다. 결과를 보기 좋게 출력하기 위해 다음과 같이 코드를 작성했습니다.

```python
for message in outputs[0]["generated_text"]:
    role = message["role"]
    content = message["content"]
    print(f"[{role}] {content}\n")
```

반복문 코드를 조금 더 쉽게 설명해 보겠습니다. 모델의 추론 결과가 저장되어 있는 `outputs`는 리스트의 형태이며, 다음과 같은 형태로 저장되어 있습니다.

```python
outputs = [
    {
        "generated_text": [
            {"role": "system", "content": "너는 수학을 쉽게 설명해 주는 선생님이야"},
            {"role": "user", "content": "주머니에 빨간 공 4개와 파란 공 3개가 들어 있습니다..."},
            {"role": "assistant", "content": "이 문제를 해결하기 위해, 먼저 가능한 모든 경우의 수를 계산한 후..."}
        ]
    }
]
```

복잡하죠? 좀 더 분석해 보자면, outputs라는 리스트(outputs = [...])에 딕셔너리({...})가 포함된 형태입니다. 딕셔너리는 사전 형태와 같습니다. 사전을 살펴보면 단어가 나오고, 그 단어를 설명하는 내용이 나옵니다. 이때 단어를 '키', 단어 설명을 '값'이라고 부르죠. 앞 형태에서는 키가 generated_text입니다. 값은 [{}, {}, {}]의 내용이죠. 그리고 그 안의 내용도 딕셔너리 형태로 들어 있습니다. 이 내용만 출력하려면 다음과 같이 경로를 지정해야 합니다.

outputs[0]

리스트 안에서 첫 번째 요소를 선택하려고 합니다. 구조를 보면 generated_text가 하나뿐이고 이 안에 내용들이 있는데, 굳이 [0]을 넣어서 첫 번째 요소를 선택해야 하는지 의문이 들 수 있어요. 하지만 outputs는 형태가 리스트이기 때문에 리스트에서 첫 번째 요소에 접근하기 위해서는 숫자만 사용해야 합니다.

그다음 outputs[0]에서 딕셔너리의 키인 ["generated_text"]에 접근하면 그에 해당하는 값 [{}, {}, {}]만 받아 올 수 있습니다. 그런데 이 값은 다시 리스트 형태를 가지고 있습니다. 리스트의 첫 번째 부분은 딕셔너리 형태로 {"role": "system", "content": "너는..."}, 두 번째는 user, 세 번째는 assistant의 내용이죠.

for message in outputs[0]["generated_text"]:

파이썬의 for문은 리스트에 들어 있는 요소 수만큼 반복합니다. outputs[0]["generated_text"]가 나타내는 리스트에는 system과 user, assistant 세 부분이 있기 때문에 출력도 3번 진행됩니다. 첫 번째 반목문이 실행되는 동안 message 변수에는 딕셔너리 형태의 {"role": "system", "content": "너는 수학을 쉽게 설명해 주는 선생님이야"} 값이 저장되어 있습니다.

role = message["role"]
content = message["content"]

role과 content 변수를 각각 만든 후 role 변수에 딕셔너리의 키인 role의 값 'system'을 넣어 주고, content 변수에 딕셔너리의 키인 content의 값 '너는 수학을 쉽게 설명해 주는 선생님이야'를 넣어 줍니다.

print(f"[{role}] {content}\n")

앞 내용의 코드를 실행하여 출력합니다. 이 코드는 f-string(포맷 문자열)을 사용하는 것입니다. f-string은 파이썬 3.6 이상에서 사용 가능한 문자열 포맷팅 방법으로, 문자열 안에 변수를 바로 삽입할 수 있어서 많이 사용됩니다. 이렇게 하면 첫 번째 반복에서 '[system] 너는 수학을 쉽게 설명해 주는 선생님이야'가 출력되죠. 이렇게 두 번째와 세 번째 반복까지 실행됩니다. 그리고 \n은 줄바꿈을 의미하는 것으로 가독성을 높여 줍니다.

> **실행 결과**
>
> [system] 너는 수학을 쉽게 설명해 주는 선생님이야
>
> [user] 주머니에 빨간 공 4개와 파란 공 3개가 들어 있습니다. 주머니에서 한 번에 공 2개를 뽑을 때, 두 공이 같은 색일 확률은 얼마일까요?
>
> [assistant] 이 문제를 해결하기 위해, 먼저 가능한 모든 경우의 수를 계산한 후 두 공이 같은 색일 경우의 수를 계산해야 합니다.
> ...(풀이 과정 제시)...
> 결론적으로 주머니에서 한 번에 공 2개를 뽑을 때, 두 공이 같은 색일 확률은 3/7입니다.

결과가 3/7으로 나오는 것을 볼 수 있습니다. 실제 실행을 하면 frac, binom 등의 용어가 나오기도 하는데 이는 논문을 쓸 때 사용하는 프로그램용(Latex) 표기입니다. phi-4 모델이 이러한 논문을 참고하여 학습했다는 것이 잘 드러나는 부분이죠.

UNIT 23 RAG로 Open LLM을 개인 비서로 만들기

챗지피티 같은 인공지능 서비스는 사용자가 파일을 첨부하고, 그 파일 내용을 기반으로 대화를 이어 가는 기능을 제공합니다. 최근에는 다양한 AI 서비스에서도 이와 같은 기능을 함께 제공하고 있어 파일 기반 대화 시스템이 하나의 표준처럼 자리 잡고 있는 추세입니다. 이러한 방식은 단순히 기존에 학습된 내용을 바탕으로 응답을 생성하는 것이 아니라, 사용자가 제공한 파일 속 정보를 바탕으로 맞춤형 대화를 이어 간다는 점에서 마치 개인 비서와 대화하는 듯한 느낌을 주기도 합니다.

그렇다면 이러한 시스템은 어떤 원리로 작동할까요? 기존 언어 모델은 학습된 데이터 안에 있는 지식만 바탕으로 답변을 생성합니다. 하지만 사용자가 첨부한 문서처럼 모델이 학습하지 않은 외부 정보에 대한 질문이 들어올 경우 정확한 답변을 하기가 어렵고, 때로는 존재하지 않는 정보를 만들어 내는 '환각(hallucination)' 현상이 발생할 수 있습니다.

이러한 한계를 해결하기 위해 등장한 기술이 바로 검색 증강 생성, 즉 **RAG**(Retrieval-Augmented Generation)입니다. RAG는 언어 모델이 답변을 생성하기 전에 먼저 사용자의 질문과 관련된 정보를 외부 문서나 데이터베이스에서 검색한 후 검색된 내용을 바탕으로 답변을 생성하는 방식입니다.

즉, 모델이 모르는 내용에서도 관련 정보를 먼저 찾아본 후 그 결과를 바탕으로 더 정확하고 신뢰할 수 있는 응답을 생성할 수 있도록 돕는 구조입니다. 이처럼 RAG는 언어 모델의 추론 성능을 향상시키는 데 핵심적인 역할을 하며, 기존 LLM이 가진 한계를 보완해 줄 수 있는 매우 실용적인 기술입니다.

이번 UNIT에서는 이 RAG 기법을 직접 활용하여 첨부한 파일 내용을 기반으로 질문하고 대답하는 AI 시스템을 만들어 보는 실습을 진행하겠습니다. 지금부터 함께 따라 해 보면서 RAG가 실제로 어떻게 작동하는지 경험해 보기 바랍니다.

1 검색 증강 생성 작동 원리

요즘 인공지능을 사용하다 보면 전혀 엉뚱한 대답을 하거나 '그런 내용을 알지 못한다'고 말합니다. 왜 이러한 일이 생길까요? 대부분의 언어 모델이 이미 학습된 데이터를 바탕으로 답변하기 때문입니다. 지금 우리가 질문한 내용이 사전에 학습된 내용 안에 없으면, AI는 '모르겠지만 아는 척'을 하거나 아예 잘못된 정보를 말하는 환각 현상을 보입니다.

이러한 문제를 해결하기 위해 등장한 기술이 바로 **RAG**입니다. RAG는 Retrieval-Augmented Generation, 즉 검색 기반 생성 기법입니다. 이 기술은 언어 모델에 정보를 새로 학습시키는 대신 필요한 내용을 외부 문서에서 먼저 찾아보고, 그것을 바탕으로 답변을 생성하게 만듭니다. AI가 '모르겠습니다'고 말하기 전에 먼저 내가 준 문서를 펼쳐 보고 필요한 정보를 찾아서 그것을 참고해서 대답한다고 생각해 보세요. 마치 비서가 '그 내용은 이 문서에 있습니다'고 말한 후 그 내용을 바탕으로 정리해 주는 모습과 비슷합니다.

그림 23-1 검색 증강 생성

좀 더 구체적으로 RAG는 다음 세 단계로 작동합니다.

- **step 1** 질문을 입력합니다.
- **step 2** 그 질문과 가장 관련이 높은 내용을 우리가 제공한 문서나 데이터에서 검색합니다.
- **step 3** 검색한 내용을 바탕으로 자연스럽고 정확한 답변을 생성합니다.

기존 언어 모델은 자신이 기억하는 정보만으로 답변했지만, RAG는 필요할 때마다 문서를 참고해서 새로운 정보를 바탕으로 대답할 수 있다는 점이 큰 차이입니다.

그림 23-2 기존 언어 모델과 RAG의 차이

이러한 방식은 특히 기업 보고서, 논문, 수업 자료 등 AI가 사전에 알 수 없는 개인 문서를 분석할 때 매우 유용합니다. 우리가 파일을 업로드하면 AI는 그 안에서 중요한 정보를 꺼내고, 우리가 묻는 질문에 대해 문서 기반으로 정확하게 대답해 주기 때문에 진짜 개인 비서 같은 경험을 할 수 있습니다. 이번 실습에서는 직접 PDF 파일을 불러오고, 텍스트를 잘게 나누고, 숫자 벡터로 바꾼 후 AI가 질문에 따라 그 벡터를 검색해서 답을 생성하도록 만들어 볼 것입니다. 이 과정을 거쳐 RAG가 어떻게 작동하는지 왜 이러한 방식이 신뢰도 높은 인공지능 응답을 이끌어 내는지 몸소 경험할 수 있을 것입니다.

자, 이제 진짜 개인 비서 같은 Open LLM을 만드는 여정을 시작해 볼까요?

 라이브러리 설치 및 가져오기

새 노트를 연 후 **런타임 > 런타임 유형 변경 > T4 GPU**를 선택하여 런타임 유형을 변경한 후 코드를 작성해 봅시다. LLM 모델을 양자화하여 불러오는 데 필요한 라이브러리를 가져오는 코드입니다.

```
!pip install langchain langchain-community bitsandbytes faiss-cpu pypdf
from transformers import AutoModelForCausalLM, AutoTokenizer, BitsAndBytesConfig, pipeline
import torch

from langchain.document_loaders import PyPDFLoader
from langchain.text_splitter import CharacterTextSplitter
from langchain.vectorstores import FAISS
from langchain.embeddings import HuggingFaceEmbeddings
from google.colab import files
```

```
from transformers import AutoModelForCausalLM, AutoTokenizer,
BitsAndBytesConfig, pipeline
import torch
```

먼저 `AutoModelForCausalLM`은 텍스트를 생성하는 인공지능 모델을 쉽게 불러옵니다. `AutoTokenizer`는 텍스트를 컴퓨터가 이해할 수 있는 숫자 형태의 토큰으로 바꾸어 줍니다. `BitsAndBytesConfig`는 메모리를 적게 사용하면서 모델 추론을 할 수 있게 하는 양자화를 어떻게 할지 설정하는 도구입니다. `pipeline`은 인공지능 모델을 사용하여 다양한 작업을 한 번에 처리할 수 있게 해 줍니다.

```
from langchain.document_loaders import PyPDFLoader
```

PDF 문서를 데이터베이스화하는 데 필요한 라이브러리를 가져옵니다. 랭체인 라이브러리의 `document_loaders` 모듈에서 `PyPDFLoader` 도구를 불러옵니다. 이 모듈에는 PDF, CSV, TXT, 웹 페이지 등 다양한 문서를 읽고 불러오는 로더들이 모여 있습니다. 그중 `PyPDFLoader`는 PDF 문서의 텍스트를 자동으로 추출하여 AI가 이해할 수 있도록 준비해 줍니다.

> **잠깐만요 랭체인**
>
> 랭체인(LangChain)은 대규모 언어 모델(LLM)을 잘 활용할 수 있도록 만들어진 도구입니다. 랭체인을 사용하면 먼저 우리가 지금 실습하고 있는 RAG 방식인 PDF 문서 등에서 필요한 정보를 검색하고 답변할 수 있습니다. 그리고 대규모 언어 모델의 답변을 사용자가 원하는 특정 방식으로 받을 수 있도록 도와줍니다. 랭체인의 이러한 기능을 사용하여 인공지능이 정확하고 상황에 맞는 답변을 하도록 할 수 있으며 문서 요약, 법률 상담, 지식 관리 시스템 등 다양한 분야에서 활용됩니다.

```
from langchain.text_splitter import CharacterTextSplitter
```

랭체인 라이브러리의 `text_splitter` 모듈에서 `CharacterTextSplitter`라는 도구를 불러옵니다. 이 도구는 긴 텍스트를 AI가 이해하기 쉽고 적절한 크기로 작게 나누는 역할을 합니다. 이렇게 텍스트를 나누는 이유는 성능 저하를 방지하기 위함입니다. AI는 한 번에 너무 긴 텍스트를 처리하면 메모리 과부하가 발생하거나 정확성이 떨어질 수 있기 때문입니다. 텍스트를 잘게 나누어야 검색, 임베딩, 요약 작업에서 효율적이고 정확한 결과를 얻을 수 있습니다. 우리가 사용하는 `CharacterTextSplitter`는 특정 글자 수를 기준으로 텍스트를 덩어리(chunk)로 나눕니다.

`from langchain.vectorstores import FAISS`

랭체인 라이브러리의 vectorstores 모듈에서 FAISS(Facebook AI Similarity Search)라는 벡터 데이터 저장 및 검색 도구를 불러옵니다. FAISS는 메타(구 페이스북)에서 만든 도구로, 질문과 관련된 가장 유사한 텍스트를 빠르게 검색하는 데 사용됩니다. 이러한 도구를 사용하면 대량의 데이터(수십만 개 이상)를 빠르게 검색할 수 있어 대규모 텍스트 데이터에서 질문에 맞는 정보를 효율적으로 찾아낼 수 있습니다.

`from langchain.embeddings import HuggingFaceEmbeddings`

랭체인 라이브러리의 embeddings 모듈에서 HuggingFaceEmbeddings 도구를 불러옵니다. 이 도구는 텍스트를 숫자 벡터로 변환(임베딩)해서 AI가 텍스트 간의 의미나 유사성을 수학적으로 비교할 수 있게 해 줍니다. 이 도구는 허깅페이스에서 제공하는 사전 학습된 Sentence Transformer 모델을 사용하여 텍스트를 임베딩합니다. 이 모델은 텍스트의 의미나 맥락을 잘 포착하는 벡터를 생성하기 때문에 검색, 분류, 추천 시스템에서 많이 사용됩니다.

`from google.colab import files`

google.colab 모듈에서 `files` 도구를 불러옵니다. 이 도구는 구글 코랩 환경에서 파일을 업로드하거나 내려받을 수 있도록 도와줍니다.

3 LLM 양자화하여 불러오기

1 허깅페이스 접근 토큰을 입력합니다.

```
from huggingface_hub import login

access_token = "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"   # 저장해 둔 자신의 토큰 입력
login(access_token)
print("Hugging Face Access Token 설정 완료!")
```

허깅페이스의 사전 학습된 모델이나 데이터셋에 접근하려면 API 토큰이 필요합니다. 여러분만의 접근 코드를 넣어서 허깅페이스 허브에 로그인합니다.

2 phi-4 모델을 4비트로 양자화하여 불러옵니다.

```
model_id = "microsoft/phi-4"

bnb_config = BitsAndBytesConfig(
    load_in_4bit=True,
    bnb_4bit_compute_dtype=torch.float16,
    bnb_4bit_use_double_quant=True,
    bnb_4bit_quant_type="nf4"
)

tokenizer = AutoTokenizer.from_pretrained(model_id)

model = AutoModelForCausalLM.from_pretrained(
    model_id,
    quantization_config=bnb_config,
    device_map="auto",
)
```

model_id = "microsoft/phi-4"

model_id 변수를 만들어서 모델을 마이크로소프트에서 제공하는 자연어 처리 모델인 phi-4 모델로 설정합니다.

bnb_config = BitsAndBytesConfig(...)

이 모델을 4비트로 양자화하여 메모리 효율성을 극대화하고 성능 저하를 최소화하겠습니다. 이를 위해 bnb_config 변수에 양자화 설정을 할 수 있는 BitsAndBytesConfig 객체를 저장합니다. load_in_4bit=True로 설정하여 4비트 양자화를 활성화하고, 32비트 연산을 절반으로 줄이기 위해 16비트 연산을 할 수 있도록 torch.float16으로 연산에 사용할 데이터 타입을 정해 줍니다. 그리고 4비트 양자화 방식 중에서도 더 높은 정밀도를 제공하는 특별한 데이터 표현 방식인 nf4를 사용합니다.

tokenizer = AutoTokenizer.from_pretrained(model_id)

model_id에는 'microsoft/phi-4'가 저장되어 있으며, 이 정보를 바탕으로 허깅페이스 허브에서 해당 모델의 토크나이저를 자동으로 불러와 tokenizer 변수에 저장합니다.

```
model = AutoModelForCausalLM.from_pretrained(...)
```

이 코드 역시 'microsoft/phi-4'가 저장되어 있는 model_id를 바탕으로 허깅페이스 허브에서 해당 모델을 불러옵니다. 이때 양자화해서 불러오며 그 설정은 앞에서 지정한 bnb_config 내용으로 불러옵니다. 모델을 불러올 때는 float32로 학습된 모델의 원본 가중치를 불러옵니다. 그렇기 때문에 양자화 여부와 관계없이 동일한 용량의 모델을 내려받습니다. 하지만 이 모델을 메모리에 적재할 때 양자화(4비트)가 적용되기 때문에 더 적은 메모리가 사용됩니다. 양자화 설정은 앞에서 지정한 bnb_config 내용을 바탕으로 적용되며, 실제 연산은 torch.float16 데이터 타입으로 수행됩니다.

 잠깐만요 모델은 4비트로 양자화했는데, 왜 연산은 16비트로 하나요?

우리가 말하는 '비트 양자화' 모델의 가중치를 저장할 때 사용하는 비트 수를 의미합니다. 즉, 모델을 로드할 때 메모리에 올라가는 숫자 크기를 줄여서 더 적은 공간을 차지하게 만드는 방식이죠. 하지만 이렇게 저장된 가중치를 그대로 4비트로 연산할 수는 없습니다. 대부분의 GPU는 4비트 연산을 직접적으로 지원하지 않거나, 지원하더라도 속도가 느리고 정확도가 떨어지기 때문입니다. 그래서 실제 연산을 할 때는 이 4비트 가중치를 다시 16비트(float16)로 변환해서 연산합니다. 이렇게 하면 속도와 안정성을 확보할 수 있고, 메모리 절감 효과도 함께 얻을 수 있습니다. 즉, 저장은 4비트로 하되, 계산은 GPU가 잘 처리할 수 있는 16비트로 진행하는 것이죠.

3 텍스트 생성 파이프라인을 만들어 줍니다.

```
pipe = pipeline(
    "text-generation",
    model=model,
    tokenizer=tokenizer,
    device_map="auto"
)
```

허깅페이스의 pipeline API는 텍스트 생성, 번역, 요약 등 여러 작업을 간단히 처리할 수 있는 기능을 제공합니다. 그중 우리가 사용하는 파이프라인은 text-generation이며, 텍스트 생성 작업을 수행하는 파이프라인을 의미합니다. 모델은 앞서 양자화된 phi-4 모델을 사용하여 입력 텍스트에 이어지는 자연어 텍스트를 생성합니다. 토크나이저 역시 phi-4 모델에 적절한 토크나이저를 사용합니다. 마지막으로 가용한 하드웨어(GPU 또는 CPU)를 자동으로 탐지하고 최적의 장치에 할당합니다.

4 검색 증강 생성을 위한 데이터베이스 만들기

1. 코랩에 PDF를 업로드합니다. 업로드를 위해 왼쪽 메뉴 중 폴더 모양의 아이콘()을 클릭합니다.

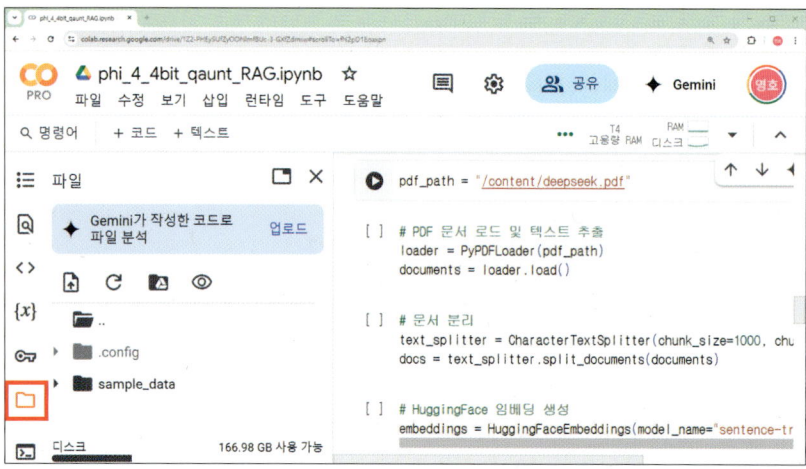

그림 23-3 코랩에 PDF 파일 업로드

2. 여기에 여러분이 올리고 싶은 파일을 드래그 앤 드롭하여 업로드하면 됩니다.

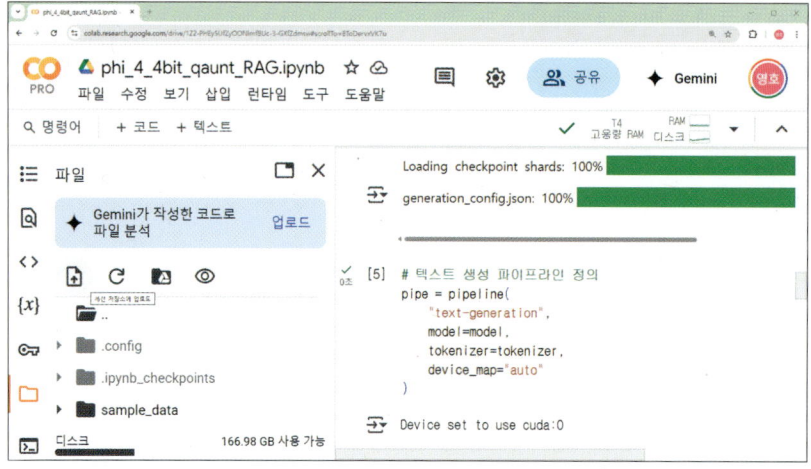

그림 23-4 드래그 앤 드롭으로 파일 업로드

3. 업로드한 PDF를 불러옵니다. 파일 경로는 어떻게 알 수 있을까요? 먼저 코랩의 왼쪽 사이드바에 업로드한 파일이 표시됩니다. 이때 파일 이름을 마우스 오른쪽 버튼으로 누른 후(혹은 … 클릭) **경로 복사**를 선택하여 '/content/deepseek.pdf' 자리에 넣어 줍니다.

```
pdf_path = "/content/deepseek.pdf"
```

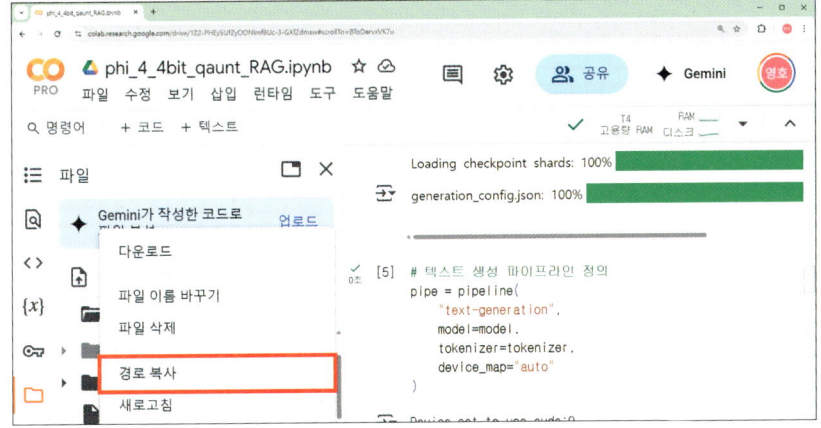

그림 23-5 파일 경로 찾는 법

 잠깐만요 **파일 이름이 다르면 어떻게 하나요?**

여러분이 올린 파일 이름과 예시를 든 파일 이름이 다를 수 있습니다. 그래서 이 방식으로 파일의 경로를 복사해 pdf_path 변수에 넣어 주어야 합니다.

 잠깐만요 **deepseek.pdf 파일이 없어요. 어떻게 하나요?**

이 pdf 파일이 없으면 다음 코드처럼 코랩에 파일을 업로드할 수 있습니다. 새로운 코드 셀을 삽입하여 다음 코드를 실행하면 됩니다.

```python
import requests

url = "https://bit.ly/3GqjRGI"
with open("deepseek.pdf", "wb") as f:
    f.write(requests.get(url).content)
```

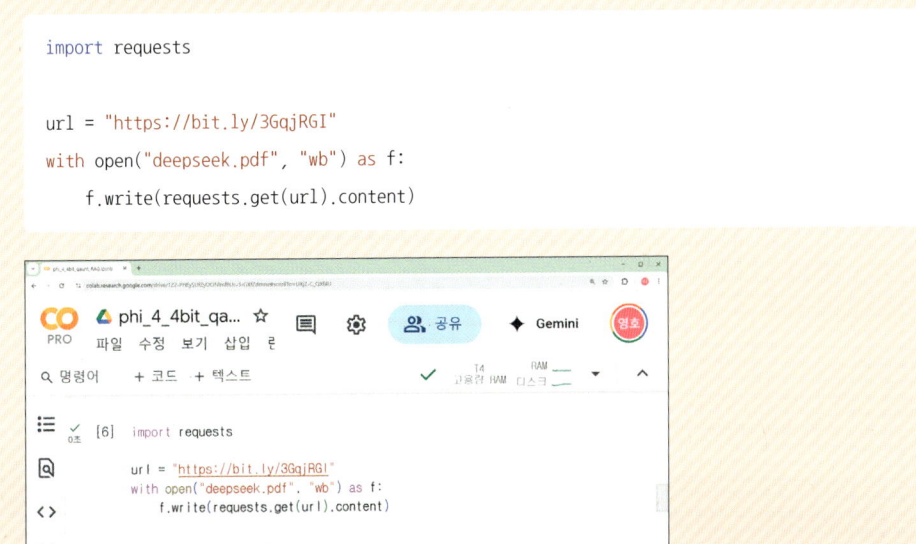

그림 23-6 deepseek.pdf 파일 바로 업로드

4 PDF 파일의 텍스트를 불러옵니다.

```
loader = PyPDFLoader(pdf_path)
documents = loader.load()
```

`loader = PyPDFLoader(pdf_path)`

PyPDFLoader는 PDF 파일을 읽고, 그 안의 글자를 추출하는 도구입니다. 우리가 코랩에 업로드한 PDF 파일의 경로를 알려 주면 이 도구가 그 내용을 읽어 들입니다. 지금은 아직 '읽을 준비'만 해 두는 단계입니다. pdf_path는 불러올 PDF 파일의 경로로, 코랩에서 업로드한 경로를 지정한 변수입니다. 이 코드는 loader를 만들어 주는 과정입니다. 간단히 말하면 이 코드는 "이 PDF 파일을 불러올 준비가 되었어!"라고 설정하는 단계입니다.

`documents = loader.load()`

이 단계에서 실제로 PDF의 각 페이지를 읽고 텍스트를 메모리에 로드하여 documents 변수에 넣어 줍니다. 이때 텍스트는 리스트 형태로 저장되어 나중에 검색이나 벡터화 작업에서 사용됩니다. PDF에 여러 페이지가 있다면 각 페이지의 텍스트가 리스트의 개별 항목으로 저장됩니다. 예를 들어 PDF 내용이 다음과 같다고 가정해 보겠습니다.

> 1페이지 -> "인공지능(AI)은 인간의 사고를 모방하는 기술입니다."
> 2페이지 -> "기계 학습(ML)은 AI의 하위 분야로, 데이터를 바탕으로 학습합니다."
> 3페이지 -> "딥러닝은 ML의 한 분야로, 신경망 구조를 기반으로 합니다."

documents 변수는 리스트 형태로 각 페이지의 텍스트를 저장합니다.

```
documents = [
    "인공지능(AI)은 인간의 사고를 모방하는 기술입니다.",
    "기계 학습(ML)은 AI의 하위 분야로, 데이터를 바탕으로 학습합니다.",
    "딥러닝은 ML의 한 분야로, 신경망 구조를 기반으로 합니다."
]
```

5 문서를 문자 덩어리로 분리합니다.

```
text_splitter = CharacterTextSplitter(chunk_size=1000, chunk_overlap=200)
docs = text_splitter.split_documents(documents)
```

```
text_splitter = CharacterTextSplitter(chunk_size=1000, chunk_overlap=200)
```

텍스트가 너무 길면 AI가 한 번에 처리하기 어렵기 때문에 적당한 크기로 잘라 주는 작업이 필요합니다. 이를 도와주는 도구가 바로 CharacterTextSplitter입니다. 여기에서는 텍스트를 1000자씩 자르되, 앞뒤 내용이 조금 겹치도록 설정합니다. 이렇게 하면 문장이 끊기는 것을 막고, AI가 문맥을 더 잘 이해할 수 있습니다. CharacterTextSplitter를 사용하면 문자 단위, 특정 토큰 수, 문장 단위 등 다양한 방식으로 텍스트를 나눌 수 있습니다. 먼저 텍스트 덩어리(청크)의 크기(chunk_size)를 최대 1000자로 설정했습니다. 5000자의 긴 텍스트가 있다면 이를 1000자 단위로 나누어 5개의 청크로 분리합니다. 다음으로 청크 간에 200자의 중복 구간(chunk_overlap)을 설정합니다. 예를 들어 첫 번째 청크의 마지막 200자와 두 번째 청크의 첫 200자를 겹치도록 설정하여 문맥이 끊기지 않도록 보완할 수 있습니다.

다음 문장을 청크 크기를 50, 중복 구간을 10으로 설정하면 이렇게 구분됩니다.

문장 1: 인공지능(AI)은 인간의 사고를 모방하는 기술입니다.
문장 2: 기계 학습(ML)은 AI의 하위 분야로, 데이터를 바탕으로 학습합니다.
문장 3: 딥러닝은 ML의 한 분야로, 신경망 구조를 기반으로 합니다.

↓

청크 1: 인공지능(AI)은_인간의_사고를_모방하는_기술입니다._기계_학습(ML)은_AI의_하위_분야
청크 2: _AI의_하위_분야로,_데이터를_바탕으로_학습합니다._딥러닝은_ML의_한_분야로,_신경망_
청크 3: _분야로,_신경망_구조를_기반으로_합니다.

이와 같이 3개의 청크로 구분하면 중복되는 문자가 있어 문맥이 끊기지 않고 자연스럽게 연결됩니다.

```
docs = text_splitter.split_documents(documents)
```

이 코드는 앞에서 만든 text_splitter의 split_documents 메서드를 사용하여 실제 문서를 지정된 크기와 중복 단위로 구분하는 역할을 합니다. 메서드에 넣는 documents는 앞에서 코랩에서 로드한 PDF 문서의 각 페이지별 텍스트 리스트를 의미합니다. 결과적으로 이 코드로 긴 문서를 AI가 처리하기 적합한 작은 텍스트 덩어리(청크)로 분리합니다.

6. 허깅페이스 임베딩 모델을 초기화합니다.

```
embeddings = HuggingFaceEmbeddings(model_name="sentence-transformers/all-MiniLM-L6-v2")
```

우리가 자른 문서 조각들을 나중에 빠르게 검색하려면, 먼저 AI가 이해할 수 있는 숫자 형태로 바꾸는 작업이 필요합니다. 이 작업을 담당하는 것이 바로 임베딩(embeddings) 모델입니다. 임베딩 모델은 각 문서 조각(텍스트)을 숫자의 리스트, 즉 벡터로 변환해 줍니다. 예를 들어 '인공지능은 다양한 응용 분야에서 사용됩니다.'는 문장은 [0.12, -0.34, 0.56…]처럼 숫자로 된 리스트(이 숫자 리스트는 보통 384개 정도의 숫자로 구성되어요)로 바뀝니다. AI 입장에서는 이 숫자들이 문장 의미를 담고 있는 '요약 정보'인 셈이죠.

앞 코드를 실행하면 임베딩 모델이 초기화됩니다. `HuggingFaceEmbeddings` 객체가 초기화되면서 허깅페이스에서 만든 임베딩 모델(sentence-transformers/all-MiniLM-L6-v2)이 준비됩니다. 이 단계에서는 아직 텍스트를 벡터로 변환하지 않고 텍스트를 임베딩할 준비만 하는 것입니다.

7. FAISS로 인덱스를 생성합니다.

```
faiss_index = FAISS.from_documents(docs, embeddings)
```

이제 임베딩 모델이 준비되었으니, 문서 조각들을 실제로 벡터로 변환하고 그 결과를 검색 가능한 형태로 정리해야 합니다. 이 과정을 처리해 주는 것이 바로 'FAISS(Facebook AI Similarity Search)'입니다.

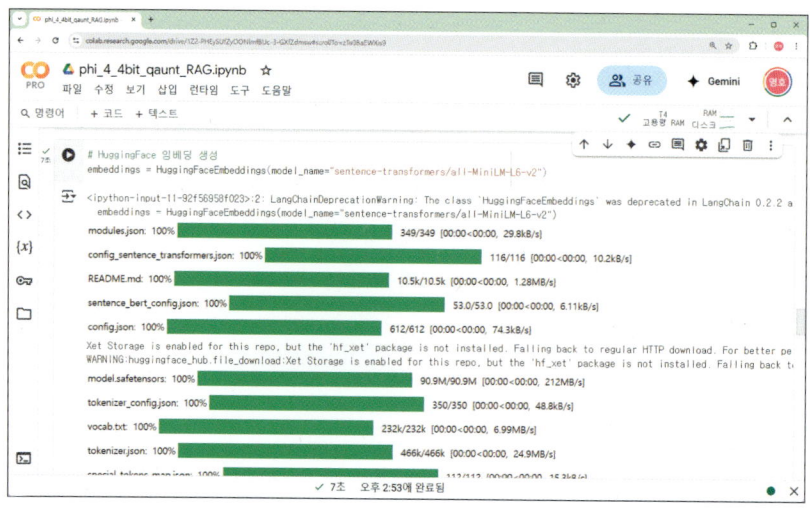

그림 23-7 FAISS로 인덱스 생성

FAISS는 숫자로 변환된 문장들을 빠르게 검색할 수 있도록 정리해 두는 도구입니다. 쉽게 말해 문서 조각을 주제별로 정리해 두는 도서관 사서와 같은 역할이라고 할 수 있습니다.

코드 내부에서는 어떤 일이 일어날까요?

❶ 먼저 embeddings를 사용하여 문서 조각 하나하나를 숫자 벡터로 변환합니다. 이때 각 조각은 문장 의미를 담은 벡터로 바뀌며, AI는 이 벡터를 기반으로 의미를 비교할 수 있습니다.

❷ 그런 다음 변환된 모든 벡터를 FAISS에 저장합니다. FAISS는 이 벡터들을 벡터 공간이라는 가상의 좌표계에 배치하고, 비슷한 의미를 가진 벡터들이 가까이 위치하도록 정리합니다.

❸ 이후 질문이 들어오면 질문 역시 벡터로 변환되고, FAISS는 질문 벡터와 가장 가까운 문서 벡터를 빠르게 찾아내는 구조로 작동합니다.

예를 들어 도서관에서 책을 찾을 때 전체 책장을 훑는 대신 컴퓨터 검색대로 책 번호를 입력하고 바로 찾을 수 있듯이, FAISS는 질문과 가장 유사한 문서를 빠르게 찾아 줄 수 있도록 벡터들을 미리 정리하고 인덱스를 만들어 두는 역할을 합니다.

이렇게 임베딩과 FAISS가 함께 작동하면서 AI는 이전에 학습하지 않았던 문서라 하더라도 의미를 기준으로 문장을 이해하고, 적절한 답변을 생성할 수 있는 기반을 갖춥니다.

5 검색 증강 생성으로 모델 추론하기

이제 문서를 기반으로 AI가 답변을 만들어 줄 수 있도록 검색 증강 생성(Retrieval-Augmented Generation, RAG) 방식을 직접 구현해 보겠습니다. 우리는 이 과정을 하나의 도구처럼 사용할 수 있게 코드로 만들어 둘 텐데, 이 도구는 사용자 질문을 받아서 다음 세 단계 과정을 자동으로 처리합니다.

먼저 사용자가 입력한 질문에 앞에서 만들어 놓은 FAISS 인덱스에서 관련 있는 문서 조각들을 찾아냅니다. 예를 들어 사용자가 "딥러닝이 뭔가요?"라고 물었다면, AI는 문서 속에서 '딥러닝'과 관련된 내용이 담긴 부분을 3개 정도 찾아냅니다. 이 검색 결과는 results라는 이름의 목록에 저장됩니다. 이후에는 이렇게 찾아낸 문서 조각들의 내용을 하나로 이어 붙여 줍니다. 각 문장은 줄바꿈을 하며 연결됩니다. 예를 들어 다음과 같은 식으로 하나의 문장 덩어리로 만들어집니다.

> [기계 학습은 데이터를 바탕으로 패턴을 학습합니다.
> 딥러닝은 기계 학습의 한 분야로, 신경망 구조를 사용합니다.]

이렇게 정리된 내용을 우리는 context라는 변수에 저장해 둘 것입니다. 이 context는 모델에 "이걸 참고해서 대답해 줘."라고 전달할 참고 자료가 되는 셈입니다.

다음으로는 모델에 보낼 메시지를 만듭니다. 모델에는 두 가지 역할로 정보를 전달합니다. 먼저 'system' 역할에는 "다음을 참고하여 한국어로 답변하세요."라는 지시와 함께 바로 위에서 만든 context 내용을 넣습니다. 그리고 'user' 역할에는 사용자 질문이 들어갑니다.

마지막으로 이 정보를 언어 모델에 전달하고 실제로 답변을 생성해 달라고 요청합니다. 모델에는 참고할 문서와 질문, 생성할 문장의 길이와 스타일을 설정할 수 있는데, 이번에는 생성할 답변의 최대 길이를 1024자로 설정합니다. 답변의 다양성과 창의성을 결정하는 두 가지 값인 temperature와 top_p도 각각 0.5로 설정해 봅니다.

이 과정을 직접 실습해 보면서 결과를 살펴봅시다.

1 검색 증강 생성 함수를 만들어 줍니다.

```python
# RAG 생성 함수
def rag_generate(query, top_k=2):
    # 문서 검색
    results = faiss_index.similarity_search(query, k=top_k)
    print("검색 결과 :", results)

    context = ""
    for result in results:
        context += result.page_content + "\n"
    print("검색 내용 :", context)
    # RAG 출력 생성
    messages = [
        {"role": "system", "content": f"다음을 참고하여 한국어로 답변하세요.\n{context}"},
        {"role": "user", "content": query},
    ]
    print("프롬프트 :", messages)

    outputs = pipe(
        messages,
        max_new_tokens=512,
        temperature=0.5,
        top_p=0.5,
    )
    return outputs
```

```
def rag_generate(query, top_k=2):
```

def는 '함수를 만들겠다'는 뜻입니다. 여기에서는 rag_generate라는 이름의 함수를 만들고 있어요. 이 함수는 사용자 질문을 뜻하는 query와 문서에서 검색할 유사한 조각 수를 정하는 top_k를 입력받습니다. top_k=2라고 적혀 있으므로 따로 지정하지 않으면 기본적으로 2개의 문서 조각을 찾게 됩니다.

```
results = faiss_index.similarity_search(query, k=top_k)
print("검색 결과 :", results)
```

사용자 질문(query)을 기준으로, FAISS 인덱스에서 가장 관련 있는 문서 조각 top_k개를 검색합니다. 그 결과는 results라는 목록에 저장됩니다. 이 목록 안에는 문서 조각 하나하나가 포함되어 있어요. 그리고 print문으로 검색 결과를 화면에 출력합니다.

이제 이 문서 조각을 하나로 합칠 차례입니다.

```
context = ""
```

검색된 문서 조각들을 하나의 문자열로 이어 붙이기 위해 context라는 이름의 빈 문자열을 만들어 초기화합니다. 이 공간에 문서 내용이 차곡차곡 쌓입니다. 이 글을 저장할 공간을 context에 정하고 ""를 넣어서 초기화합니다.

```
for result in results:
    context += result.page_content + "\n"
```

results 리스트 안에 있는 내용을 하나씩 불러와서 context 변수에 넣어 줍니다. "딥시크를 막는 이유가 뭐야?"라는 질문을 실행해 보면 results에는 다음 형식으로 값이 저장되어 있습니다.

```
results = [
    Document(Document(id='21...(생략)', metadata={'producer': ...(생략)...},
        page_content='- 1 -\n개인정보보호위원회\n보도참고자료\n보도시점즉 시배포2025. 2.
        7.(금) 14:00\n딥시크 관련 개인정보보호위원회 ...(생략)'),
    Document(id='f0...(생략)', metadata={...(생략)...}, page_content='- 4 -\n붙임 ]
        (카드뉴스) 안전한 개인정보를 위한 생성형 AI 사용법')
]
```

반복문의 특성은 리스트에 들어 있는 값만큼 반복하기 때문에 현재 2개의 값(Document..., Document...)이 들어 있으므로 두 번 반복합니다.

첫 번째 반복

Document(Document(...(생략)..., page_content='- 1 -\n개인정보보호...(생략)'가 results에 저장됩니다. 반복문 내부에서는 result.page_content가 먼저 실행됩니다. 바로 - 1 -\n개인정보보호...(생략) 부분입니다. 이 내용을 불러와서 줄바꿈("\n")을 한 후 context에 넣어 줍니다.

> **실행 결과**
> 첫 번째 반복
> - 1 -₩n개인정보보호...(생략)
> (줄바꿈)

두 번째 반복

- 4 -\n붙임 (카드뉴스) 안전한 개인정보를 위한 생성형 AI 사용법 내용을 기존에 - 1 -\n개인정보보호...(생략)이 들어 있는 context 뒤에 넣어 줍니다.

> **실행 결과**
> 두 번째 반복
> - 1 -₩n개인정보보호...(생략)
> - 4 -₩n붙임 (카드뉴스) 안전한 개인정보를 위한 생성형 AI 사용법

이제 언어 모델에 질문을 하고 결과를 받아 보겠습니다.

`messages = [...]`

먼저 언어 모델에 줄 프롬프트를 설정하는 역할인 system에 '다음을 참고하여 한국어로 답변하세요.'라는 말과 함께 앞에서 작성한 context를 넣어 줍니다. 그 결과 모델에 전달되는 프롬프트는 이어서 나오는 코드 내용과 같습니다.

`{"role": "system", "content": f"다음을 참고하여 한국어로 답변하세요.\n {context}"}`

여기에서 문자열 앞에 f가 붙으면 f-string이라고 합니다. 파이썬이 문자열 안에서 변수나 계산식의 값을 중괄호 { } 안에 바로 넣어 주는 기능입니다. 중괄호 안에 들어 있는 context는 앞서 생성한 문서 내용들(문서 조각을 하나로 이어 붙인 문자열)을 의미합니다. 이 자리에는 실제 문서 내용이 들어갑니다. 그렇기 때문에 최종적으로 만들어지는 전체 문자열은 이렇습니다.

다음을 참고하여 한국어로 답변하세요.₩n 〈- 기존 프롬프트
    - 1 -₩n개인정보보호...(생략) 〈- RAG로 검색된 프롬프트
    - 4 -₩n붙임 (카드뉴스) 안전한 개인정보를 위한 생성형 AI 사용법 〈- RAG로 검색된 프롬프트

```
{"role": "user", "content": query}
```

사용자 질문을 설정하는 역할인 user에 질문이 저장된 변수인 query를 넣어 줍니다.

```
outputs = pipe(...)
```

앞서 설정한 pipe를 불러와서 모델 추론을 실시합니다. 모델이 추론할 내용인 messages를 넣고, 답변 길이를 조금 길게 512로 설정합니다. temperature와 top_p는 모델의 창의성과 자율성이 높아지도록 0.5로 설정했습니다.

2 검색 증강 생성 결과를 살펴봅시다.

```
query = "딥시크를 막는 이유가 뭐야?"
outputs = rag_generate(query)
```

rag_generate 함수에 사용자 질문인 query를 인자로 전달하여 실행합니다. top_k는 기본값인 2를 사용하려고 하므로 빈칸으로 둡니다.

3 출력값을 간단히 보기 위해 다음 코드를 입력합니다.

```
print(outputs[0]["generated_text"][2])
```

다음과 같이 라마 모델이 개인 정보와 관련해서 딥시크를 막은 이유를 생성하는 것을 볼 수 있습니다.

> **실행 결과**
>
> {'role': 'assistant', 'content': '딥시크를 막는 이유는 주로 개인정보 보호와 관련된 우려 때문입니다. 생성형 AI인 딥시크는 사용자의 입력 데이터를 기반으로 다양한 콘텐츠를 생성할 수 있지만, 이 과정에서 개인정보가 수집되거나 노출될 위험이 있습니다. 따라서 개인정보보호위원회는 다음과 같은 이유로 딥시크와 관련된 문제를 주의 깊게 모니터링하고 있습니다.₩n₩n1. **개인정보 수집 및 처리**: 딥시크는 사용자의 입력 데이터를 기반으로 작동하기 때문에, 개인정보가 수집되거나 무단으로 처리될 위험이 있습니다. 이는 사용자의 개인정보 보호에 위험이 될 수 있습니다.₩n₩n2. **데이터 보호 및 보안**: 생성형 AI는 대량의 데이터를 처리하며, 이 데이터가 적절히 보호되지 않으면 누출이나 해킹의 위험이 증가합니다. 이는 사용자의 개인정보가 노출될 수 있는 위험을 내포하고 있습니다.₩n₩n3. **불법 데이터 사용**: 딥시크가 개인정보를 포함한 불법적으로 수집된 데이터를 사용할 가능성이 있으며, 이는 법적 문제를 야기할 수 있습니다.₩n₩n4. **사용자의 동의 부족**: 사용자가 명시적으로 동의하지 않은 상태에서 개인정보가 수집되거나 사용될 수 있습니다. 이는 개인정보 보호법상 문제가 될 수 있습니다.₩n₩n이러한 이유로 개인정보보호위원회는 딥시크와 관련된 서비스의 개발 및 제공 과정에서 데이터 수집'}

UNIT 24 나만의 데이터로 LLM 파인튜닝하기

지금까지 우리는 생성형 인공지능이 어떻게 문장을 만들고, 트랜스포머와 어텐션 구조가 어떤 방식으로 문맥을 이해하는지 배워 보았습니다. 또 문서를 기반으로 AI의 응답을 보완하는 RAG 방식까지도 실습해 보았죠. 이번 UNIT에서는 한걸음 더 나아가 'AI가 나에게 더 잘 맞는 방식으로 대답하게 만들 수는 없을까?' 하는 질문에서 출발합니다. 물론 GPT나 LLaMA와 같은 대규모 언어 모델은 대부분의 일반적인 상황에서 꽤 좋은 결과를 보여 줍니다.

하지만 다음과 같은 경우가 있습니다.

- 법률, 의료, 교육 등 특정 분야에 특화된 지식이 필요한 경우
- 학생, 고객, 담당자 등 사용자 맞춤형 응답이 필요한 경우
- 대규모 언어 모델에 질문하는 내용과 그 답변이 외부로 유출되면 안 되는 경우

이때 사용하는 방법이 바로 **파인튜닝**(fine-tuning)입니다. 파인튜닝은 기존에 잘 훈련된 LLM(대규모 언어 모델)에 특정한 목적이나 환경에 맞는 데이터를 추가로 학습시켜 모델의 응답을 조정하는 기법입니다. 이미 많은 정보를 알고 있는 모델에 "이러한 상황에서는 이렇게 말하는 게 더 좋아.", "이 표현보다는 이쪽 말투가 더 자연스러워."라고 새로운 습관을 덧붙여 주는 과정이라고 생각하면 됩니다.

실제 대규모 언어 모델은 일반적으로 수많은 데이터로 미리 학습된 사전 학습 모델(pretrained model)입니다. 이러한 모델은 광범위한 언어 패턴과 상식에 대한 일반적인 표현 능력을 가지고 있지만, 특정 영역이나 사용자 요구에 최적화되어 있지는 않습니다. 따라서 파인튜닝은 이러한 사전 학습 모델에 도메인 특화 데이터(domain-specific data)를 추가로 학습시켜서 모델의 표현 방식, 정보 선택 기준, 말투, 응답 스타일 등을 목적에 맞게 미세하게 조정(fine-grained adaptation)하는 기술입니다.

그림 24-1 대상에 따라 미세하게 조정해 주는 파인튜닝

즉, 파인튜닝은 단순히 기능을 추가하는 것이 아니라, 모델이 내 대화 목적에 맞게 더 잘 소통하도록 맞추어 주는 과정입니다. 그 덕분에 AI는 더 정확하고, 더 친근하고, 더 유용한 도우미로 변할 수 있습니다.

한편 최근 대규모 언어 모델을 사용할 때 개인 정보의 문제가 사회적 문제로 대두되었습니다. 우리가 웹으로 연결된 대규모 언어 모델에 질문하고 그 질문에 대한 언어 모델의 답변은 사실 다 기록이 됩니다. 우리 컴퓨터가 아닌 대규모 언어 모델 서비스를 하는 서버에 기록되는 것이죠. 이 과정에서 개인 정보가 유출될 수 있고, 심지어 회사의 비밀 문서 및 보안이 필요한 내용까지도 유출될 수 있습니다. 그래서 최근 LLaMA, Phi, Gemma 등 open LLM을 파인튜닝하여 회사 내부망에서만 접속할 수 있게 사용하는 사례가 늘어나고 있습니다. 이 경우에는 대규모 언어 모델을 우리가 사용하고자 하는 목적에 맞게 파인튜닝하는 과정이 필요합니다. 그래야 우리가 사용하려는 목적에 맞게 사용할 수 있기 때문이죠.

지금부터 대규모 언어 모델을 사용하려는 목적에 따라 파인튜닝을 통해 개별화된 LLM을 사용하는 방법을 살펴보겠습니다. 이번 UNIT에서는 내가 가진 데이터를 바탕으로 내가 원하는 스타일로 대규모 언어 모델을 직접 조정해 보는 실습을 함께 진행해 보겠습니다.

1 LLM 파인튜닝 작동 원리

파인튜닝(fine-tuning)이란 이미 잘 만들어진 인공지능 모델에 "이 지식도 학습해 봐.", "이제부터는 이렇게 말해 줘." 하고 지식과 습관을 바꾸는 과정입니다. 예를 들어 LLaMA 모델은 세상에 있는 다양한 책, 기사, 블로그 글을 학습해서 일반적인 지식이나 표현 방식은 잘 알고 있어요. 하지만 학습하지 않은 새로운 지식 설명은 정확하지 않을 것입니다. 그래서 우리가 가지고 있는 데이터를 가지고 "이러한 식으로 설명해 줘!" 하고 모델에 새로운 지식을 알려 주는 과정, 그것이 바로 파인튜닝입니다.

그런데 문제는 이미 학습된 모델이 너무 크다는 점이에요. 30억 개 이상의 뇌세포(파라미터)를 가진 모델 전체를 다 고치려면 엄청난 양의 시간, 메모리, GPU 자원이 필요하죠. 그래서 요즘은 전체를 다시 가르치는 대신 모델 안에서 중요한 부분만 살짝 바꾸어 주는 방식을 사용합니다. 이 방법을 **PEFT**(Parameter-Efficient Fine-Tuning)라 하고, 그중에서도 우리가 사용할 방식은 **LoRA**입니다. LoRA는 트랜스포머 구조의 핵심인 어텐션, 즉 이 단어가 다른 단어들과 어떤 관계가 있지? 하고 문장을 이해하는 부분 중에서 정보를 주고받는 핵심 회선만 골라서 조정합니다.

 잠깐만요

어텐션에는 Q, K, V, O라는 부분이 있어요. 자세한 내용은 20.3절에 설명되어 있습니다. Q(Query)는 내가 지금 뭘 알고 싶은지, K(Key)는 해당 단어가 무엇인지, V(Value)는 실제로 참고할 수 있는 구체적인 정보가 무엇인지, 마지막으로 O(Output)는 이것을 종합해서 다음에 어떤 말을 할지 결정한 결과가 무엇인지를 나타냅니다.

이 방식의 가장 큰 장점은 효율성입니다. 전체 모델을 다시 학습하지 않아도 되니 아주 빠르게 학습이 가능합니다. 예를 들어 30억 파라미터짜리 LLaMA 모델을 전체 학습하려면 수십 GB의 GPU 메모리가 필요하지만, LoRA를 사용하면 코랩 무료 버전에서도 학습이 가능하죠. 이렇게 학습한 내용은 별도의 'LoRA 가중치' 파일로 저장되기 때문에 기존 모델은 건드리지 않고 나중에 필요할 때만 살짝 덧붙여서 사용할 수 있습니다. 기존 모델이 백과사전이라면, LoRA는 그 백과사전 뒤에 '새롭게 공부한 내용'을 추가로 붙여 주는 것과 같아요. 책 전체를 다시 쓰지 않고 요점 정리만 따로 덧붙이는 느낌이죠.

이번 UNIT에서는 LLaMA 3.2 모델을 불러오고 소크라테스식 질문 데이터를 준비해서 LoRA 방식으로 모델을 학습한 후 정말로 답변이 달라졌는지 확인해 보는 실습을 진행할 거예요. 우리만의 데이터로, 우리만의 모델을, 우리 손으로 직접 만들어 보는 경험을 지금부터 함께 시작해 봅시다.

2 필요한 라이브러리 설치 및 불러오기

먼저 새로운 노트북을 연 후 **런타임** > **런타임 유형 변경** > **T4 GPU**처럼 런타임 유형을 변경하므로 다음과 같이 코드를 작성해 봅시다.

1 LLM 모델을 양자화하여 불러오는 데 필요한 라이브러리를 설치합니다.

```
!pip install -q -U datasets trl peft
```

이 한 줄의 코드는 LLM을 더 가볍게(파인튜닝과 양자화) 다룰 수 있도록 필요한 도구들을 설치하는 과정입니다. 이 과정을 거쳐 데이터셋을 쉽게 다루고(datasets), 지도 학습 기반 파인튜닝을 적용하며(trl), 효율적으로 모델을 학습할(peft) 수 있게 됩니다.

각 코드의 내용을 구체적으로 살펴보겠습니다.

!pip install은 파이썬의 패키지 관리자(pip)를 사용하여 새로운 라이브러리를 설치하는 명령어입니다. 앞에 !가 붙은 이유는 구글 코랩 또는 주피터 노트북에서 시스템 명령어를 실행할 때 사용하는 방법이기 때문입니다.

-q, -U는 설치할 때 설정을 나타냅니다. 먼저 -q는 quiet의 약자로, 설치 중 불필요한 로그 메시지를 줄여서 깔끔하게 출력해 줍니다. 코드에서 -q를 빼면 모든 설치 과정이 다 표시됩니다. 다음으로 -U는 upgrade의 약자로, 이미 설치된 패키지가 있더라도 최신 버전으로 업데이트해주는 역할을 합니다.

2 필요한 라이브러리를 불러옵니다.

```python
import torch
from datasets import load_dataset
from transformers import(
    AutoModelForCausalLM,
    AutoTokenizer,
    TrainingArguments,
)
from trl import SFTTrainer
from peft import LoraConfig, get_peft_model
```

이 코드에서는 파이토치(PyTorch), 허깅페이스의 데이터셋 및 트랜스포머(Transformers) 라이브러리, LoRA 기반의 파인튜닝을 위한 PEFT 라이브러리를 사용하고 있습니다.

import torch

이 코드는 파이토치(PyTorch) 라이브러리를 불러오는 부분입니다. 이 라이브러리는 LLM의 추론(inference) 및 파인튜닝 과정에서 활용됩니다.

from datasets import load_dataset

이 코드는 허깅페이스의 데이터셋 라이브러리를 사용하는 데 필요한 load_dataset() 함수를 불러오는 과정입니다. load_dataset()은 공개된 다양한 데이터셋을 손쉽게 내려받고 불러올 수 있도록 도와주는 함수로, 자연어 처리(NLP) 분야에서 특히 많이 사용됩니다. 사용자는 이 함수로 특정 데이터셋 이름을 지정하고 학습용(train), 검증용(validation), 테스트용(test) 등 다양한 분할을 자동으로 불러올 수 있습니다.

from transformers import(...)

이 코드는 허깅페이스의 트랜스포머 라이브러리에서 자연어 처리 모델 학습 및 추론에 필요한 핵심 구성 요소들을 불러오는 과정입니다. AutoModelForCausalLM은 언어 생성(language modeling)에 특화된 사전 학습 모델을 자동으로 불러오는 클래스입니다. 주로 GPT 계열 모델처럼 왼쪽에서 오른쪽으로 단어를 생성하는 오토리그레시브 방식의 모델에 사용됩니다. AutoTokenizer는 해당 모델에 맞는 토크나이저를 자동으로 로드해 주는 도구로, 텍스트를 숫자(토큰)로 변환하거나 다시 텍스트로 복원하는 역할을 합니다. 또 TrainingArguments는 모델을 학습할 때 필요한 하이퍼파라미터(예 배치 크기, 에포크 수, 출력 디렉터리 등)를 설정하는 데 사용되는 클래스입니다.

from trl import SFTTrainer

이 코드는 허깅페이스의 trl(Transformers Reinforcement Learning) 라이브러리에서 제공하는 SFTTrainer 클래스를 불러오는 과정입니다. SFTTrainer는 지도 학습 기반 파인튜닝(supervised fine-tuning)을 위한 전용 트레이너로, 특히 언어 생성 모델(LLM)을 보다 쉽게 학습시키려고 설계된 고수준 API입니다. 기존의 Trainer 클래스를 기반으로 하되, 언어 모델 파인튜닝에 최적화된 구조와 전처리 로직이 내장되어 있어 별도의 복잡한 설정 없이도 효율적인 학습이 가능합니다. 특히 SFTTrainer는 transformers, datasets, peft(LoRA 등)와도 연동이 잘되어 LoRA를 적용한 LLM의 경량 파인튜닝 작업에 자주 사용됩니다. 결과적으로 이 코드는 사용자가 사전 훈련된 언어 모델을 지도 학습 방식으로 간편하게 파인튜닝할 수 있도록 도와주는 도구를 준비하는 단계입니다.

```
from peft import LoraConfig, get_peft_model
```

이 코드는 peft(Parameter-Efficient Fine-Tuning) 라이브러리에서 LoRA(Low-Rank Adaptation) 기반의 파인튜닝 설정과 모델 변환에 필요한 핵심 구성 요소를 불러오는 과정입니다. LoraConfig는 LoRA를 적용하는 설정값( 랭크, 드롭아웃 비율, 적용 대상 레이어 등)을 정의하는 구성 객체로, 이 설정에 따라 어떤 방식으로 LoRA를 적용할지 결정합니다. get_peft_model은 설정된 LoRA 구성(LoraConfig)을 기존의 사전 학습 모델에 덧붙여 기존 파라미터는 고정한 채 소수의 LoRA 파라미터만 학습하도록 변환하는 함수입니다. 이러한 방식은 전체 모델을 학습하지 않고도 성능 향상을 기대할 수 있어, 메모리 효율성과 학습 속도 측면에서 매우 유리한 경량 파인튜닝 기법으로 널리 사용됩니다. 따라서 이 코드는 사전 학습된 언어 모델을 LoRA 구조로 확장하고 학습 준비를 마치는 핵심 단계라고 할 수 있습니다.

3 모델 불러오기

1 토큰을 이용하여 허깅페이스 허브에 로그인합니다.

```
from huggingface_hub import login
access_token = "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"
login(access_token)
print("Hugging Face Access Token 설정 완료!")
```

이 코드는 허깅페이스의 모델과 데이터셋을 사용하려고 인증(access token)을 설정하는 과정입니다.

```
from huggingface_hub import login
```

huggingface_hub 라이브러리에서 login 함수를 불러오는 코드입니다. 이 함수는 허깅페이스 허브에 인증하여 모델, 데이터셋, 저장소 등을 사용할 수 있도록 해 줍니다. 허깅페이스의 트랜스포머, 데이터셋 패키지는 기본적으로 허깅페이스 웹 페이지에서 모델과 데이터를 내려받는데, 로그인을 해야 비공개 모델(앞으로 사용할 LLaMA 모델 등)에도 접근할 수 있습니다.

그리고 Gemma 모델을 사용하기 위해서는 인증을 받아야 합니다. 다음 '잠깐만요'를 보고 인증을 한 후 실습을 진행해 주세요.

잠깐만요 **Gemma 모델도 사용하려면 인증을 받아야 하나요?**

네, 라마 모델을 사용할 때처럼 Gemma 모델을 사용할 때도 인증을 받아야 합니다. 다음 그림과 같이 허깅페이스에서 'gemma-3-1b-it' 모델을 검색한 후 **Acknowledge license** 버튼을 클릭합니다.

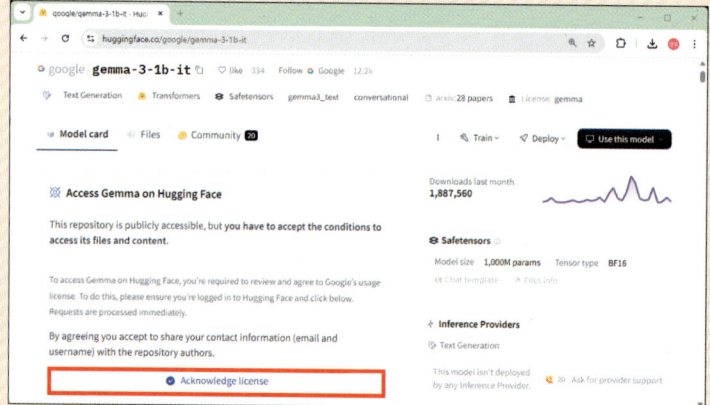

그림 24-2 [Acknowledge license] 버튼 클릭

이후 다음 화면에서 **Authorize** 버튼을 클릭합니다.

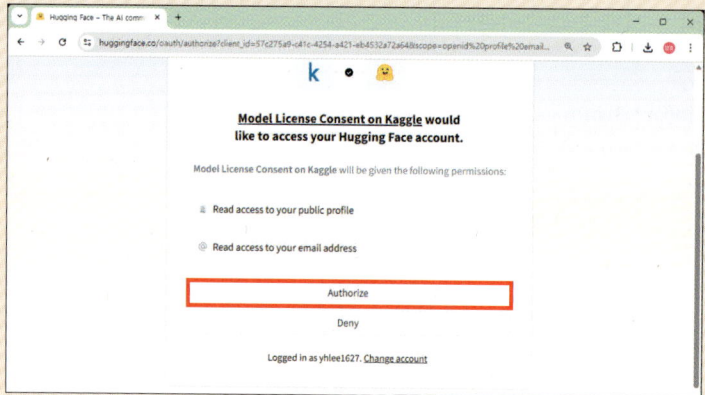

그림 24-3 [Authorize] 버튼 클릭

마지막으로 정책에 동의한 후 **Accept** 버튼을 클릭합니다.

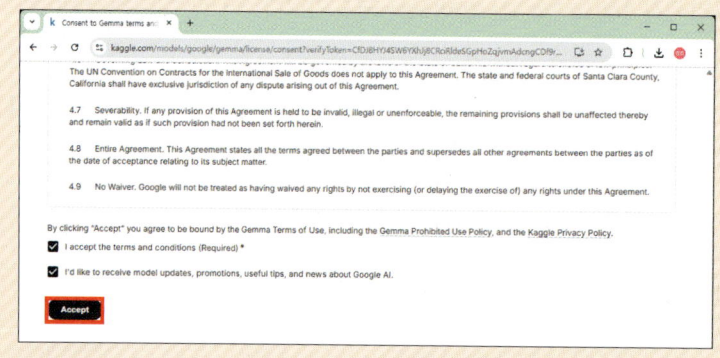

그림 24-4 정책 동의 후 [Accept] 버튼 클릭

`access_token = "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"`

Hugging Face Access Token을 변수에 저장합니다. 이때 예시로 든 토큰 부분을 여러분 토큰으로 수정하는 것을 잊지 마세요. 이 토큰을 사용하면 허깅페이스 허브에서 비공개 모델 내려받기, 여러분의 데이터 및 모델 업로드, 저장소 관리 등이 가능합니다.

`login(access_token)`

허깅페이스 허브에 로그인하는 과정입니다. 로그인 후에는 Hugging Face API를 사용하여 모델을 내려받거나 자신의 모델을 업로드할 수 있습니다. 이렇게 로그인하면 로컬 시스템에 인증 정보가 저장되므로, 이후에는 access token을 다시 입력할 필요가 없습니다. 토큰이 잘못되었으면 이 단계에서 오류 메시지가 출력됩니다.

`print("Hugging Face Access Token 설정 완료!")`

로그인 성공 여부를 사용자에게 알려 주는 코드입니다.

2 파인튜닝에서 사용할 모델을 불러옵니다.

```
model_id = "google/gemma-3-1b-it"
tokenizer = AutoTokenizer.from_pretrained(model_id)
tokenizer.pad_token = tokenizer.eos_token
model = AutoModelForCausalLM.from_pretrained(
    model_id,
    torch_dtype=torch.float16,
    device_map="auto"
)
```

이 코드는 허깅페이스에서 제공하는 구글의 Gemma-3 1B 모델을 내려받고 이를 GPU에 최적화하여 불러오는 과정입니다.

`model_id = "google/gemma-3-1b-it"`

불러올 모델을 model_id에 저장하는 부분입니다. 우리가 사용할 모델인 'google/gemma-3-1b-it'은 구글에서 제작한 것으로, 약 10억 개의 파라미터를 가진 상대적으로 작은 크기의 모델입니다.

`tokenizer = AutoTokenizer.from_pretrained(model_id)`

허깅페이스에서 제공하는 자동 토크나이저(AutoTokenizer)를 사용하여 해당 모델에 맞는 토크나이저를 자동으로 불러오는 코드입니다. 앞에서도 살펴보았듯이 이 토크나이저는 텍스트를 계산 가능하도록 숫자로 변환하는 역할을 합니다.

`tokenizer.pad_token = tokenizer.eos_token`

LLM(대규모 언어 모델)이나 트랜스포머 모델은 행렬(matrix) 연산을 사용하여 데이터를 처리합니다. 그런데 문장마다 길이가 다르면 배치(batch) 학습을 할 때 크기가 맞지 않아서 오류가 발생할 수 있습니다. 이때 사용하는 것이 바로 패딩(padding)인 것이죠.

예를 들어 다음 문장을 학습하는 상황을 살펴봅시다.

```
["Hello world!", "Hi!", "How are you doing today?"]
```

트랜스포머 모델은 동일한 크기의 텐서(배열)로 변환해야 하므로, 가장 긴 문장에 맞추어 길이를 정해야 합니다. 이때 짧은 문장에 의미 없는 패딩 토큰(pad_token)을 추가해서 길이를 맞춥니다.

```
["Hello world!", "<pad>", "<pad>", "<pad>"]     # 길이 5
["Hi!", "<pad>", "<pad>", "<pad>", "<pad>"]     # 길이 5
["How are you doing today?"]                    # 길이 5(패딩 필요 없음)
```

그런데 Gemma, LLaMA 계열 모델은 기본적으로 패딩 토큰(pad_token)을 지원하지 않기 때문에 빈 자리(패딩)가 필요할 경우 문장 끝 토큰(eos_token)을 대신 사용해야 합니다.

 EOS

EOS(End Of Sequence)는 '문장의 끝을 나타내는 특수 토큰'입니다. 즉, 모델이 문장을 생성할 때 '여기에서 끝났다!'라고 인식하도록 하는 신호 역할을 합니다. LLM(대규모 언어 모델)이나 트랜스포머 기반 모델은 입력된 문장에 대한 출력을 생성할 때 어디까지 생성해야 할지 모릅니다. 그래서 문장이 끝났다는 것을 명확히 알리기 위해 'EOS 토큰'을 추가하는 거예요.

`model = AutoModelForCausalLM.from_pretrained(...)`

이 부분은 Causal Language Model(자연어 생성 모델 CausalLM)을 로드합니다. 그런데 이것을 자동으로 해 주는 `AutoModelForCausalLM`을 사용하고 있습니다. 이 클래스를 사용하면 GPT 계열 모델(LLaMA, GPT-4, phi-4, Mistral 등)을 자동으로 불러올 수 있습니다. 또 `from_pretrained(model_id)` 함수를 사용하면, 허깅페이스 허브에서 `model_id`에 해당하는 사전 훈련된 모델을 내려받고 불러올 수 있습니다. 실행하면 모델 가중치 파일(pytorch_model.bin 등)을 자동으로 내려받습니다. 로컬에 이미 저장된 모델이 있다면 재사용하여 내려받기 속도를 줄일 수도 있습니다.

CausalLM(Causal Language Model: 인과 관계 기반 언어 모델)

문장을 왼쪽에서 오른쪽으로 한 단어씩 예측하는 방식의 모델입니다. 즉, 이전 단어들을 기반으로 다음 단어를 생성하는 방식으로, GPT 계열 모델의 기본 구조죠. 예를 들어 'The cat sat on the' → 모델이 다음 단어 'mat'을 예측하는 방식입니다.

클래스 내부를 살펴봅시다.

```
model_id,
torch_dtype=torch.float16,
device_map="auto"
```

model_id는 앞에서 설정한 LLaMA 3.2 3B 모델입니다. torch_dtype=torch.float16은 모델의 데이터 타입을 float16(FP16)으로 설정하는 것입니다. 이렇게 설정하면 모델이 반정밀도(FP16) 연산을 수행하도록 변경됩니다. 일반적으로 언어 모델은 float32(FP32) 연산을 수행합니다. 하지만 float16을 사용하면 float32(FP32)보다 메모리를 절반만 사용하여 메모리 사용량이 감소하고, GPU에서 FP16 연산은 훨씬 빠르게 실행되어 연산 속도가 증가합니다.

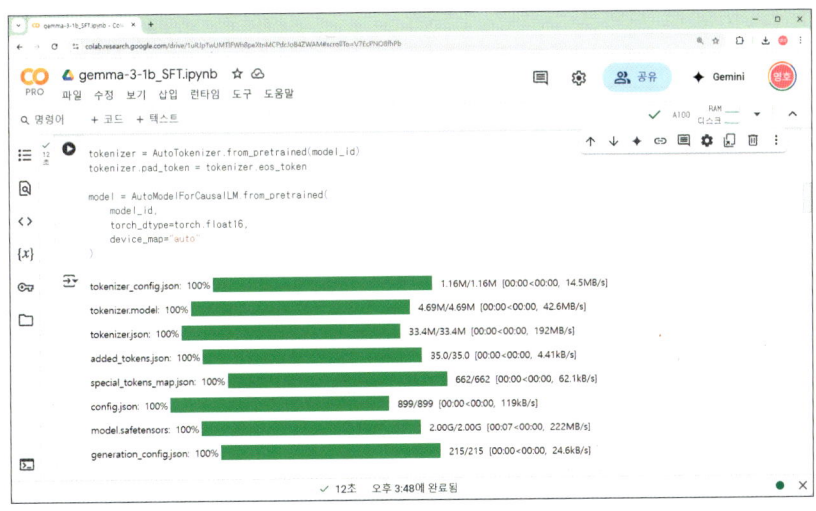

그림 24-5 CausalLM 불러오기

4 LoRA 설정하기

1 효율적인 파인튜닝을 위한 LoRA 설정을 합니다.

```
lora_config = LoraConfig(
    r=16,
    lora_alpha=32,
    target_modules=["q_proj", "k_proj", "v_proj", "o_proj"],
    lora_dropout=0.05,
    task_type="CAUSAL_LM"
)
```

이 코드는 LLM을 효율적으로 파인튜닝하기 위해 LoRA 설정을 정의하는 과정입니다. LoRA는 LLM(대규모 언어 모델)의 일부 가중치만 학습하여 파인튜닝을 효율적으로 수행하는 방법입니다. 즉, 모델 전체를 학습하지 않고, 특정 중요한 부분만 업데이트하여 메모리를 절약하고 학습 속도를 빠르게 만드는 기술이죠.

`lora_config = LoraConfig(...)`

LoraConfig는 허깅페이스의 `peft` 라이브러리에서 LoRA 설정을 정의하는 클래스입니다. 즉, LoRA를 적용할 때 모델이 어떤 방식으로 학습할지 결정하는 중요한 설정 객체입니다.

그럼 지금부터 주요 매개변수를 살펴보겠습니다.

`r=16`

여기에서 r은 LoRA가 새로 추가하는 작은 계산 단위의 크기를 의미합니다. 쉽게 말하면, 우리가 기존 모델을 얼마나 정교하게 조정할지 결정하는 숫자라고 이해하면 됩니다. 기존 대규모 언어 모델에는 아주 큰 도화지에 복잡한 그림을 그리는 화가처럼 이미 아주 많은 정보가 있습니다. 우리는 이 모델에 "조금 다른 스타일로 말해 줘.", "조금 더 친절하게 설명해 줘." 같은 작은 변화를 주고 싶죠. 하지만 전체 그림을 다시 그리게 하면 시간도 오래 걸리고, GPU 메모리도 많이 사용합니다.

우리는 전체를 바꾸는 대신 그 위에 작은 투명 필름을 덧대어 살짝 덧칠하는 방식을 선택하려고 합니다. 이때 필름의 두께, 즉 얼마나 정교하게 조정할지를 나타내는 값이 바로 r입니다. 이때 r이 작으면 모델은 빠르고 가볍게 학습할 수 있지만, 표현이 조금 단순해질 수 있습니다. 반대로 r이 크면 더 세밀한 조정이 가능하지만, 그만큼 메모리 사용량이 많아지고 연산 속도도 느려질 수 있습니다. 즉, r 값은 정밀도와 자원 사용 사이의 균형을 정하는 중요한 설정입니다. 보통 r=8이나 r=16 정도가 성능과 효율 사이에서 가장 균형 잡힌 값으로 많이 사용되며, 여기에서는 r=16을 선택했습니다.

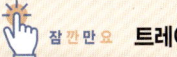
트레이드오프

트레이드오프(trade-off)란 어떤 한 가지 이점을 극대화하면 다른 요소를 희생해야 하는 관계를 의미합니다. 즉, 두 가지 이상 중요한 요소가 서로 반비례하는 상황에서 균형을 찾는 과정이라고 할 수 있죠. 컴퓨터 과학에서는 성능, 자원 활용, 효율성 등 다양한 요소에서 트레이드오프가 발생합니다. 예를 들어 속도 vs 메모리 사용량, 정확도 vs 연산 비용, 모델 크기 vs 성능 등이 대표적인 트레이드오프 사례죠. 내 환경에서 가장 효율적인 설정이 무엇인지 고민하는 것이 바로 트레이드오프의 핵심이라고 할 수 있습니다.

lora_alpha=32

lora_alpha는 LoRA가 학습한 내용이 기존 모델에 얼마나 강하게 반영될지를 조절하는 값입니다. 예를 들어 우리가 교육, 법률, 의료 같은 특정 분야의 데이터를 학습시킨다면 그 정보가 모델 응답에 얼마나 영향을 줄지 결정하는 역할을 하게 되죠. 이때 lora_alpha 값이 너무 작으면 파인튜닝 효과가 거의 느껴지지 않을 수 있고, 너무 크면 모델이 새로 학습한 정보에만 치우쳐서 과적합이 발생할 수 있습니다.

LoRA는 모델의 원래 가중치(W)에 추가적으로 작은 변화(ΔW)를 학습하는 방식입니다. 즉, 학습할 때 W_new = W + ΔW 형태로 적용됩니다. lora_alpha가 너무 작다면 LoRA 가중치(ΔW)의 영향력이 약해집니다. 이 말은 모델이 거의 원래 모델과 동일하게 유지된다는 것이며 파인튜닝 효과가 약하다는 것을 나타내죠. 반면에 lora_alpha가 너무 크다면 LoRA 가중치(ΔW)의 영향력이 너무 커집니다. 이는 원래 모델이 너무 많이 변경되어 과적합(overfitting)될 가능성이 높다는 것이죠. 이처럼 lora_alpha에 따라 모델이 어떻게 학습되는지 정해집니다. 보통 lora_alpha = 2×r 값을 추천합니다. 여기에서 r=16이므로 lora_alpha=32가 적절한 값이라고 볼 수 있습니다.

target_modules=["q_proj", "k_proj", "v_proj", "o_proj"]

이 부분은 LoRA가 학습할 트랜스포머 모델의 특정 가중치 행렬(레이어)을 지정하는 역할을 합니다. 즉, 모델의 어느 부분을 LoRA 방식으로 학습할지를 결정하는 핵심적인 설정입니다.

LLM(대규모 언어 모델)은 수십억 개의 파라미터(가중치)를 포함하고 있습니다. 모델의 모든 가중치를 학습하려면 엄청난 연산 비용과 VRAM이 필요합니다. 하지만 모델의 모든 부분을 학습하지 않아도 성능을 충분히 개선할 수 있습니다. 특히 트랜스포머 모델의 셀프 어텐션 부분(Q, K, V, O)을 조정하면 모델이 더 효율적으로 문맥을 학습할 수 있습니다. 그래서 LoRA는 모델의 가장 중요한 부분인 셀프 어텐션 레이어에만 적용하는 것이죠. 이렇게 하면 메모리를 아끼면서도 성능을 충분히 개선할 수 있습니다.

잠깐만요 모든 모델의 가중치 행렬의 이름이 같은가요?

모델의 아키텍처(구조)에 따라 셀프 어텐션 레이어의 가중치 이름이 다를 수 있습니다. 각 모델 개발 팀(예: OpenAI, 메타, 구글, 허깅페이스 등)은 트랜스포머 구조를 기반으로 하지만, 세부 구현 방식이 다를 수 있습니다. 즉, 모든 트랜스포머 기반 모델이 동일한 'q_proj', 'k_proj', 'v_proj', 'o_proj' 이름을 사용하는 것은 아닙니다.

lora_dropout=0.05

lora_dropout은 LoRA가 학습할 때 과적합을 방지하기 위해 일부 가중치를 랜덤하게 제외하는 기법(드롭아웃(dropout))입니다. 즉, 학습 중 일부 뉴런을 임시로 비활성화하여 모델이 특정 패턴에 너무 의존하지 않도록 하는 역할을 하죠. lora_dropout=0.05는 5% 확률로 LoRA 가중치의 일부를 랜덤하게 비활성화하는 것입니다.

 잠깐만요 드롭아웃

드롭아웃(dropout)은 신경망 학습 과정에서 일부 가중치를 랜덤하게 무시하여 일반화 성능을 높이는 기법입니다. 드롭아웃이 없을 때는 과적합 문제가 발생할 수 있습니다. 모델이 학습 데이터에 너무 과도하게 적응(암기)하면 새로운 데이터에서 성능이 떨어질 수 있죠. 특히 LLM 같은 대형 모델에서는 특정 패턴을 강하게 학습할 가능성이 높아서 과적합 가능성이 큽니다. 그래서 드롭아웃을 적용하면 학습 중 무작위로 일부 뉴런을 제외하면서 더 일반적인 특성을 학습할 수 있도록 유도할 수 있습니다.

task_type="CAUSAL_LM"

task_type은 LoRA가 적용될 모델의 작업 유형(task type)을 명시하는 옵션입니다. 즉, LoRA가 어떤 유형의 모델에 적용될지를 지정하는 역할을 하죠. LoRA는 여러 유형의 모델(CausalLM, Seq2Seq, 분류 모델 등)에서 사용될 수 있습니다. 그래서 task_type을 지정하면 LoRA가 모델 구조에 맞게 최적화될 수 있습니다. 우리가 사용하는 Gemma, 라마와 같은 GPT 계열 모델(Causal LM)은 단어를 생성할 때 과거 단어들만 보고 예측(autoregressive)해야 합니다. 이러한 특성을 반영하기 위해 LoRA가 올바르게 적용될 수 있도록 task_type="CAUSAL_LM"을 설정하는 것입니다. 다만 일부 모델에서는 자동으로 적절한 task_type을 감지할 수도 있습니다. 하지만 잘못 감지되거나 특정 모델에서 명확하게 지정하지 않으면 오류가 발생할 수도 있죠. 이렇게 코드를 작성하는 것은 돌다리도 두들겨 보고 가기 위해서라고 할까요?

2 기존의 사전 훈련된 모델에 LoRA를 적용합니다.

```
LoRA_model = get_peft_model(model, lora_config)
LoRA_model.print_trainable_parameters()
```

LoRA 방식으로 모델을 변환하여 기존 모델의 가중치는 그대로 유지하면서 일부 가중치만 추가 학습할 수 있도록 만듭니다.

LoRA_model = get_peft_model(model, lora_config)

기존의 사전 훈련된 모델(여기에서는 Gemma 1B)을 LoRA가 적용된 새로운 모델로 변환하는 과정입니다. 앞에서 설정한 LoRA 설정을 가져오는 것이죠. 기존 모델의 모든 가중치를 그대로 유지한 채, LoRA가 추가하는 저차원 가중치 행렬(ΔW)만 추가합니다. 즉, 기존 모델은 Freeze(고정)하고, LoRA 가중치만 학습할 수 있도록 설정하는 것이라고 생각하면 됩니다.

기존 모델을 전체적으로 학습하는 것이 아니라, LoRA만 추가 적용하는 형태입니다.

LoRA_model.print_trainable_parameters()

현재 모델에서 학습 가능한(trainable) 파라미터 수를 출력하는 코드입니다. LoRA 적용 후 모델에서 학습이 가능한 가중치(ΔW)가 얼마나 되는지 확인하는 과정이며, 이 코드를 실행하면 다음과 같이 출력됩니다.

> **실행 결과**
> trainable params: 2,981,888 || all params: 1,002,867,840 || trainable%: 0.2973

실제 결과를 보면 전체 파라미터 수는 약 10억 개(1,002,867,840)고, 이 중에서 단 298만 개(2,981,888) 정도만 학습 가능한 상태입니다. 이는 전체의 약 0.3%에 해당하는 수치로, 매우 적은 양의 파라미터만 학습하게 되죠. 즉, 원래 모델이 있었는데 LoRA를 덧붙여서 '학습할 부분만 따로 추가하는 변환 과정'이라고 보면 됩니다. 기존 모델을 전체적으로 다시 학습하는 것이 아니라, 소량의 파라미터만 추가하고 그것만 학습하는 구조이기 때문에 메모리 사용량을 줄이면서도 효율적으로 모델 성능을 조정할 수 있는 장점이 있습니다.

3 학습 인자를 설정합니다.

```
training_args = TrainingArguments(
    output_dir="./Gemma-sft-output",
    num_train_epochs=1,
    per_device_train_batch_size=4,
    optim="adamw_torch",
    learning_rate=1e-4,
    logging_steps=10,
    #report_to="none"
)
```

training_args = TrainingArguments(...)

이 코드는 모델 학습을 위한 하이퍼파라미터를 설정하는 과정입니다. TrainingArguments는 허깅페이스의 트랜스포머 라이브러리에서 제공하는 모델 학습을 위한 주요 설정 클래스입니다. 학습 과정을 조정하는 하이퍼파라미터(hyperparameter)들을 정의하며, 뒤에서 나올 Trainer(허깅페이스의 학습 관리 객체)와 함께 사용됩니다. 학습(epoch), 배치 크기(batch size), 최적화 방법(optimizer), 학습률(learning rate) 등 중요한 학습 설정을 지정하는 코드로 모델을 어떻게 학습시킬지 설정하는 옵션을 저장하는 객체라고 보면 됩니다.

output_dir="./Gemma-sft-output"

이 코드는 학습된 모델 가중치, 로그(log), 체크포인트(checkpoint) 등이 저장될 디렉터리를 지정해 주는 역할입니다. 이 코드를 실행하면(./) → 현재 실행 중인 디렉터리에 'Gemma-sft-output' 폴더가 생성됩니다. 학습이 끝난 후 모델을 다시 불러오려면 이 경로에 저장된 가중치를 사용하면 됩니다.

 잠깐만요 **LoRA 학습 후 어떤 파일이 남을까?**

LoRA 방식으로 학습하면 전체 모델(7B, 13B, 65B 등)을 저장하는 것이 아니라, 추가된 LoRA 가중치만 저장됩니다. 실제로 저장되는 가중치는 LoRA가 학습한 가중치로 몇 MB~수백 MB 크기입니다. 그래서 학습이 끝난 후에 남는 파일이 기존 모델보다 훨씬 가볍게 보이죠. 나중에 모델을 사용할 때 반드시 '기존 베이스 모델'을 불러오고, 여기에 LoRA 가중치를 적용해야 합니다.

```
from transformers import AutoModelForCausalLM
model = AutoModelForCausalLM.from_pretrained("./Gemma-sft-output")
```

num_train_epochs=1

num_train_epochs는 모델을 학습할 에포크(epoch) 수를 나타냅니다. 1 에포크는 데이터셋을 한번 전체 학습하는 과정을 나타내며, 이 값이 크면 모델이 더 많이 학습하지만 과적합이 발생할 가능성도 높아집니다.

per_device_train_batch_size=4

한 번에 학습할 샘플(문장, 문서) 개수를 나타냅니다. 이 값이 크면 모델이 한 번에 많은 데이터를 학습할 수 있지만, VRAM을 더 많이 사용합니다. 이 코드에서는 한 번의 학습 스텝에서 GPU마다 4개의 샘플을 학습합니다.

optim="adamw_torch"

옵티마이저로 AdamW(Adaptive Moment Estimation with Weight Decay) 알고리즘을 사용합니다. AdamW는 기존 Adam 옵티마이저에서 가중치 감소(weight decay) 기법을 추가하여 과적합을 방지하는 특징이 있습니다. adamw_torch는 파이토치에서 최적화된 버전으로, GPU에서 더 빠르게 연산됩니다. 참고로 현재 adamw_torch는 가장 최적화된 AdamW 버전입니다.

 잠깐만요 가중치 감소

가중치 감소는 모델이 너무 복잡해지는 것을 막기 위해 학습 중에 가중치 값을 조금씩 줄이는 기법입니다. 좀 더 쉽게 설명하자면, AI가 학습을 하다 보면 '정답에 딱 맞추려고 지나치게 외우는 습관'이 생길 수 있습니다. 이것을 '과적합'이라고 부르죠.
학생이 문제집만 달달 외워서 모의고사는 잘 보는데, 실제 시험에서는 응용 문제가 나오면 못 푸는 경우와 비슷해요. 이때 가중치 감소는 AI가 너무 과하게 외우지 않도록 '가중치 값을 조금씩 줄여서' 복잡함을 억제하는 방법입니다. 즉, '중요한 것은 기억하되, 너무 강하게 외우지는 마!' 하는 느낌으로 AI에 균형 잡힌 학습을 유도하는 기술입니다.

learning_rate=1e-4

학습률(Learning Rate, lr)은 모델이 가중치를 얼마나 빠르게 업데이트할지를 결정하는 중요한 하이퍼파라미터입니다. 이 값이 너무 크면 학습이 불안정하고, 너무 작으면 학습이 느려집니다. 지금은 0.0001로 학습률이 설정되어 있으며 일반적으로 적절한 값입니다.

logging_steps=10

logging_steps=10은 학습을 진행하는 10 스텝마다 학습 상태를 출력하라는 의미입니다. 이 로그(log)에는 학습 손실(loss), 학습 속도, 메모리 사용량 등 정보가 포함됩니다. 이러한 정보를 보여 주지 않는다면 학습이 정상적으로 진행되고 있는지 알 수 없으며, 과적합이 발생하는지 확인할 수 없습니다.

#report_to="none"

report_to="none" 설정은 학습 로그를 외부 서비스(wandb, TensorBoard 등)에 전송하지 않도록 하는 옵션입니다. 이 설정을 하지 않으면 트랜스포머 라이브러리는 기본적으로 wandb(Weights & Biases) 같은 외부 로깅 서비스를 사용하려고 시도합니다. 실제 학습을 시작할 때 wandb.login()이 호출되며 다음과 같이 로그인 요청이 나옵니다. wandb 계정이 없거나 로그인하지 않으면 학습 도중 오류가 발생할 수 있어 로그인을 해야 하며(https://wandb.ai/) 계정이 필요합니다.

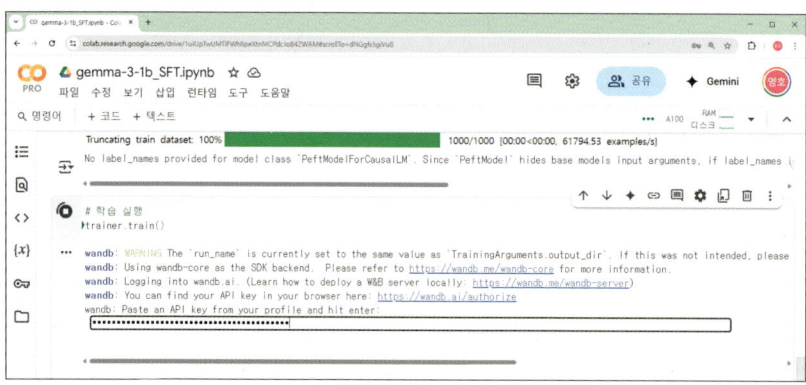

그림 24-6 https://wandb.ai/ 계정으로 로그인

wandb를 사용하면 모델이 학습하면서 발생하는 다양한 로그값을 다음 그림과 같이 시각적으로 확인할 수 있다는 장점이 있습니다.

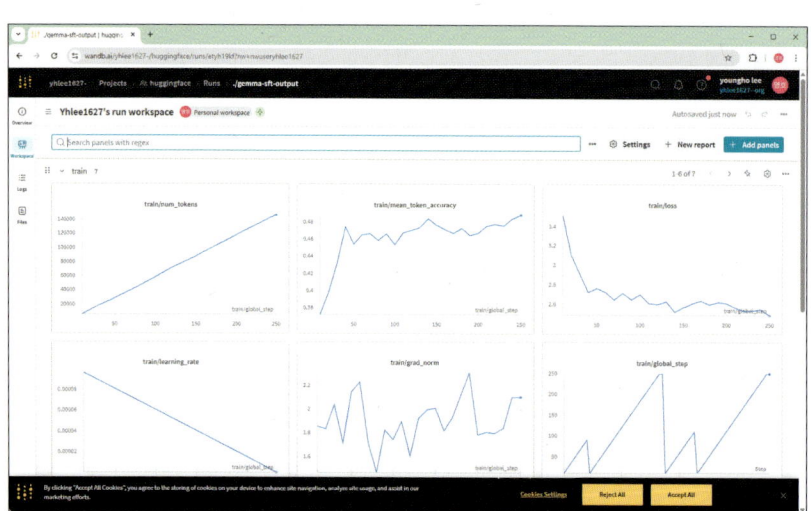

그림 24-7 다양한 로그값을 시각적으로 확인 가능

외부 계정 없이 학습을 진행하려면 반드시 report_to="none"으로 지정하는 것이 좋습니다. 예외 처리는 사용자가 wandb를 설치하지 않았거나 로그인하지 않은 상태에서도 학습이 중단되지 않도록 방지하는 설정입니다.

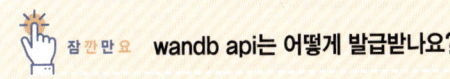

잠깐만요   wandb api는 어떻게 발급받나요?

1 먼저 wandb 웹 사이트(https://wandb.ai/)에 접속한 후 오른쪽 위의 **SIGN UP** 버튼을 클릭합니다.

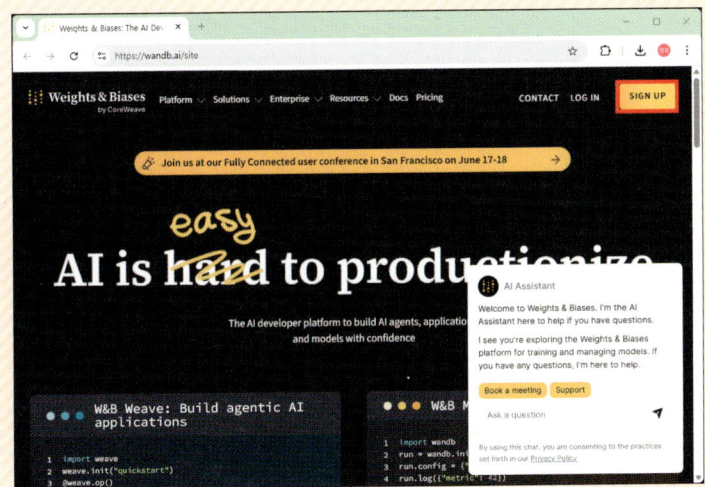

그림 24-8 wandb 웹 사이트 접속

2 깃허브나 구글, 마이크로소프트 계정을 이용하여 회원 가입을 진행합니다.

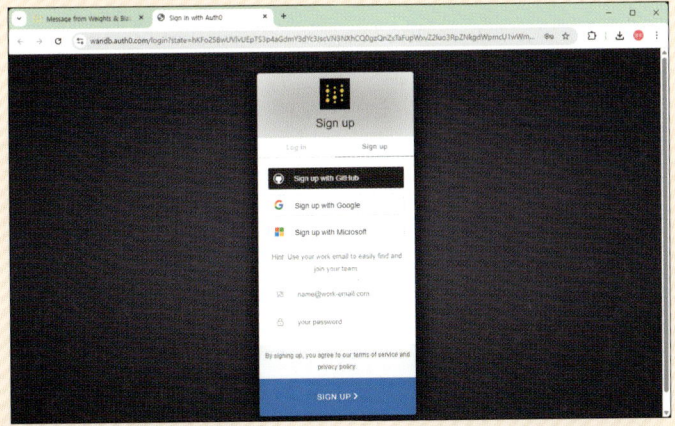

그림 24-9 회원 가입

○ 계속

UNIT 24 나만의 데이터로 LLM 파인튜닝하기   **371**

3 로그인 후 오른쪽 위의 이름을 클릭하여 나오는 메뉴 중 **API key**를 선택합니다.

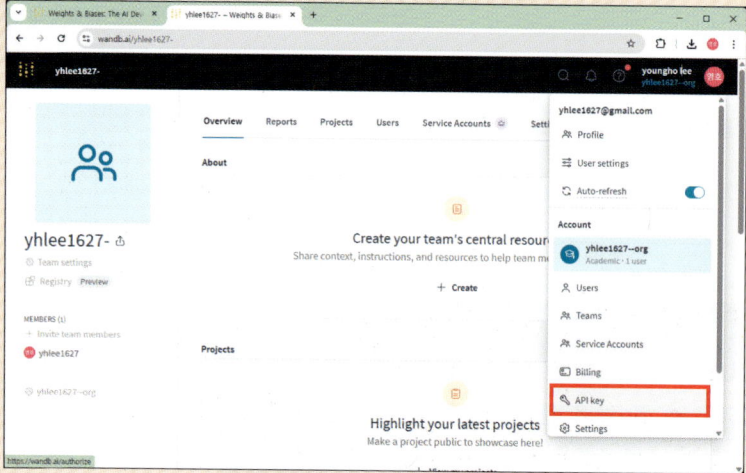

그림 24-10 API Key 확인

4 다음 그림과 같이 나오는 키를 복사하면 됩니다. 이 키는 다른 사람에게는 공유하지 않도록 유의해 주세요.

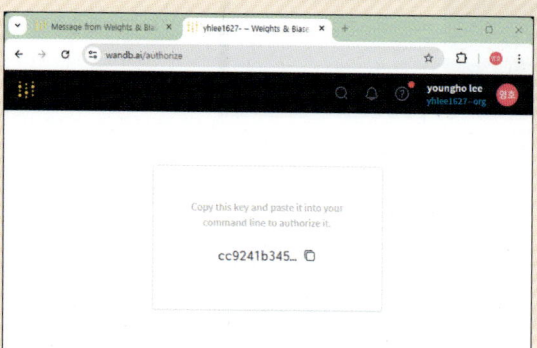

그림 24-11 API Key 복사

5 학습 데이터셋 불러오기

1 데이터셋을 불러옵니다.

```
dataset_name = "JosephLee/korean-socratic-qa"
dataset = load_dataset(dataset_name)
```

dataset_name = "JosephLee/korean-socratic-qa"

사용하고자 하는 데이터셋 이름을 dataset_name 변수에 저장합니다. 'JosephLee/korean-socratic-qa'는 허깅페이스 허브에 올라가 있는 공개 데이터셋의 이름입니다. 이 이름으로 허깅페이스에서 데이터를 불러올 수 있습니다.

dataset = load_dataset(dataset_name)

load_dataset()은 허깅페이스의 데이터셋 라이브러리에서 제공하는 함수입니다. 앞에서 지정한 데이터셋 이름을 기반으로, 데이터를 자동으로 내려받아 메모리에 불러오는 역할을 합니다. 해당 데이터셋이 컴퓨터에 없다면 허깅페이스(Hugging Face Hub)에서 자동으로 내려받습니다. 한번 내려받은 데이터셋은 캐시에 저장되기 때문에 다음에 실행할 때는 더 빠르게 로드됩니다.

2 불러온 데이터셋이 제대로 로드되었는지 확인합니다.

```
print("Dataset structure:", dataset)
print("\nSample data:", dataset['train'][0])
```

데이터셋의 구조와 샘플 데이터를 출력하여 데이터가 정상적으로 로드되었는지 확인하는 단계죠.

print("Dataset structure:", dataset)

이 코드를 사용하여 데이터셋 전체 구조를 출력하여 어떤 데이터가 로드되었는지 확인할 수 있습니다.

print("\nSample data:", dataset['train'][0])

이 코드는 훈련 데이터셋에서 첫 번째 샘플을 꺼내어 출력합니다. 학습에 사용할 텍스트가 어떤 구조인지 확인할 수 있으며, 잘못된 포맷이거나 비어 있는 경우를 이 단계에서 미리 확인할 수 있습니다.

> **실행 결과**
>
> Sample data: {'input': '비슷한 논리는 영국이 미국이 세계 경제 강국으로 자리 잡으면서 더 나빠졌다고 주장할 수 있습니다. 그 주장이 일리가 있을까요? 전혀 그렇지 않습니다. 영국은 미국과의 무역으로 더욱 부유해졌습니다. 저는 이 답변을 불과 얼마 전까지 개발도상국이었던 한국에서 만든 삼성 휴대폰으로 입력하고 있습니다. 아마 베트남에서도 더 나은 스마트폰을 개발할 아이들이 있을지도 모릅니다. 그들이 실제로 만들 수 있을 만큼 부유해지기를 바랍니다. 귀하의 주장은 본질적으로 중상주의적이며 무역이 제로섬이라고 생각하지만, 실제로 무역은 모든 국가의 소득을 향상시킵니다.', 'target': '(다른 관점 생각하기) 아무것도 없는 나라들은 어떻습니까?'}

잠깐만요 이 데이터셋은 무엇인가요?

해당 데이터셋은 '교육용 LLM 파인튜닝을 위한 한국어 소크라테스식 질의-응답 데이터셋'입니다. 이 데이터셋은 영어 기반의 SocratiQ 데이터셋을 원본으로 하며 OpenAI의 GPT-4 API를 활용하여 약 11만 쌍의 문맥(context)과 질문(question)을 고품질 한국어로 번역한 것입니다. 또 질문 유형(label)을 유지한 채 정제되어 허깅페이스로 공개되었습니다.

이 데이터는 학습자의 비판적 사고와 자기주도 학습을 유도하는 소크라테스식 질문법을 기반으로 구성되어 있습니다. 특히 교육용 대규모 언어 모델(LLM)의 파인튜닝에 최적화되어 있습니다. 문맥과 질문이 명시적으로 짝을 이루고 있어, 질문 생성(task)이나 문맥 기반 응답(task)에 유용하게 활용될 수 있습니다.

샘플 데이터는 '한 국가의 무역과 발전'이라는 맥락 속에서 '(다른 관점 생각하기) 아무것도 없는 나라들은 어떻습니까?' 형태의 질문을 제시합니다. 이는 단순 정보 회수형 질문이 아닌 사고를 자극하는 탐구형 질의 응답 구조임을 보여 줍니다. 따라서 이 데이터셋은 교육 현장에서 학생들의 사고 확장과 질문 유도를 지원할 수 있는 AI 보조교사 개발에 핵심적인 자원이라고 할 수 있습니다.

3 데이터셋을 새로운 포맷으로 변환합니다.

```
formatted_dataset = dataset.map(
    lambda x: {
        "text": f"### context: {x['input']}\n\n### question: {x['target']}"
    }
)
```

이 코드는 허깅페이스의 `dataset.map()` 함수를 사용하여 데이터셋을 새로운 포맷으로 변환하는 과정을 나타내고 있습니다. 이 과정이 필요한 이유는 바로 모델이 학습하기 쉬운 형태로 데이터를 가공(전처리)하기 위함이죠.

`formatted_dataset = dataset.map(...)`

허깅페이스의 `dataset.map()`은 데이터셋 전체를 변환하는 데 최적화된 함수입니다. 이 코드로 함수 내부에 들어간 내용, 즉 다음에 나오는 부분을 데이터셋 전체에 반영할 수 있는 것이죠.

`lambda x: {...}`

각 데이터 샘플(x)을 변환하는 익명 함수인 `lambda`를 사용합니다.

```
"text": f"### context: {x['input']}\n\n### question: {x['target']}"
```

람다 함수의 내부를 살펴볼까요? 먼저 새로운 데이터 형식을 지정하여 'text'라는 컬럼에 저장합니다. 변환 후 데이터 구조의 각 샘플이 다음 형태로 변환됩니다.

```
{
    "text": "### context: x['input']\n\n### question: x['target']"
}
```

즉, 모델이 맥락(context)과 질문(question)의 형식으로 데이터를 학습할 수 있도록 변환합니다.

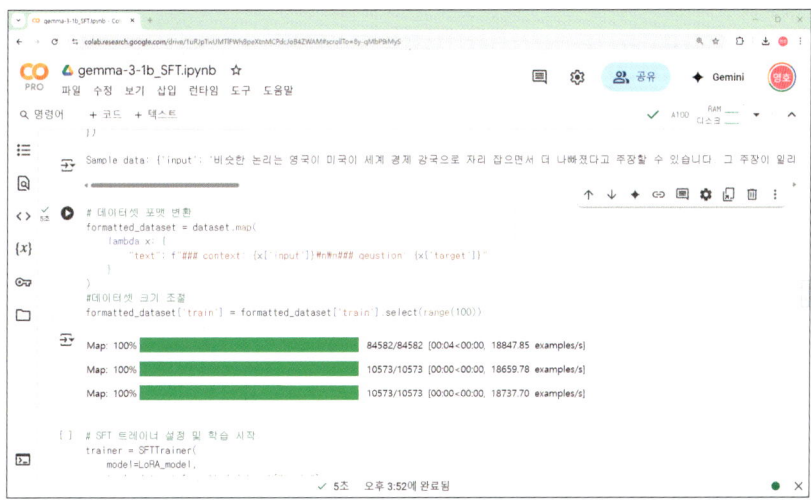

그림 24-12 데이터 변환

데이터셋이 학습용, 검토용, 테스트용 데이터의 3개로 구분되어 있어 다음과 같이 세 번 변환이 실행된 것을 확인할 수 있습니다.

4 데이터셋 크기를 조절합니다.

```
formatted_dataset['train'] = formatted_dataset['train'].select(range(1000))
```

이 코드는 학습용 데이터셋 중 앞쪽 샘플 1000개만 추려서 학습에 사용할 수 있도록 데이터셋 크기를 임시로 줄이는 전처리 단계라고 이해하면 됩니다. 모델을 전체 데이터로 돌리기 전에 간단히 빠른 실험이나 검증을 하기 위해 매우 유용한 코드입니다.

전체 데이터로 학습하면 더 좋지 않나요? 전체 데이터를 학습에 사용하는 것이 모델 성능 향상에는 가장 효과적입니다. 더 많은 데이터를 활용할수록 모델은 다양한 언어 패턴과 의미를 학습할 수 있어 일반화 성능이 높아집니다. 특히 대규모 언어 모델은 많은 양의 데이터가 필요하며, 데이터가 부족할 경우 과적합 문제가 발생할 수 있습니다. 다만 select(range(1000)) 코드는 초기 실험 단계에서 주로 사용됩니다. 학습 속도를 빠르게 하고, 전처리나 모델 구조에 문제없는지 확인하는 테스트용입니다. 따라서 실제 학습에서는 전체 데이터를 활용하는 것이 바람직합니다.

6 SFT 트레이너 설정 및 학습 시작

1 SFT 트레이너를 설정합니다.

```
trainer = SFTTrainer(
    model=LoRA_model,
    train_dataset=formatted_dataset["train"],
    args=training_args,
    formatting_func=lambda x: x["text"]
)
```

이 코드는 SFT(Supervised Fine-Tuning) 트레이너(SFTTrainer)를 설정하는 과정입니다. 즉, LoRA가 적용된 모델을 학습할 때 사용할 트레이너 객체를 생성하는 단계입니다.

 SFT 트레이너

허깅페이스의 SFT 트레이너는 Trainer를 기반으로 한 SFT용 트레이너 클래스입니다. LoRA 기반의 파인튜닝을 쉽게 실행할 수 있도록 제공되는 함수로, 일반적인 Trainer보다 LoRA, PEFT(매개변수 효율적 미세 조정)와 호환되도록 최적화되어 있습니다.
즉, SFT 트레이너를 사용하면 LoRA 기반 SFT를 쉽게 수행할 수 있어요.

model=LoRA_model

SFTTrainer는 LoRA가 적용된 모델을 학습하므로, LoRA를 적용한 모델을 전달해야 합니다. 여기에서 모델은 앞에서 설정한 `get_peft_model(base_model, lora_config)`를 통해 생성된 LoRA 모델이 들어갑니다.

train_dataset=formatted_dataset["train"]

SFT를 수행할 데이터셋을 train_dataset으로 설정합니다. `formatted_dataset["train"]` → 이전 단계에서 변환된 데이터셋입니다.

args=training_args

이전에 설정한 training_args를 전달하여 학습 과정에서 사용할 주요 파라미터(에포크, 배치 크기, 학습률 등)를 설정합니다.

formatting_func=lambda x: x["text"]

formatting_func은 각 샘플을 모델이 학습할 수 있도록 변환하는 함수입니다. `lambda x: x["text"]` 코드는 text 필드만 추출하여 모델에 전달하는 역할을 합니다.

2 학습을 실행합니다.

```
trainer.train()    # wandb 계정(API Key) 로그인
```

이제 SFT 학습을 실행하고, 학습된 모델을 저장하는 과정이 시작됩니다. 즉, 이제까지 설정한 모든 요소를 활용하여 모델을 실제로 학습하고, 학습이 끝난 후 저장하는 단계입니다. SFTTrainer의 `.train()` 메서드를 호출하면 모델 학습이 시작됩니다.

앞에서 설정한 `train_dataset`을 사용하여 SFT(지도 학습 기반 미세 조정)를 진행합니다. training_args에서 설정한 하이퍼파라미터(에포크, 배치 크기, 학습률 등)를 기반으로 모델이 학습됩니다.

`trainer.train()`을 실행하면 다음 과정이 순차적으로 진행됩니다.

❶ **데이터셋 전처리**
- `formatting_func=lambda x: x["text"]`를 적용하여 text 필드만 학습 데이터로 변환
- `train_dataset`을 `per_device_train_batch_size` 크기로 배치(batch) 분할

❷ **GPU/CPU 설정 후 학습 시작**
- TrainingArguments에서 설정한 GPU/CPU 환경을 감지하여 최적의 학습 환경을 설정
- 파이토치 기반의 AdamW 옵티마이저를 사용하여 가중치 업데이트

❸ **모델 업데이트 & 손실 계산**
- 각 배치를 모델에 입력하고 예측값을 생성
- 정답(output)과 비교하여 손실(loss) 계산
- learning_rate=1e-4를 기준으로 옵티마이저가 가중치 업데이트

❹ **로그 출력(logging_steps=10)**

10 스텝마다 현재 학습 상태 출력(손실값, 학습 속도 등)

❺ **에포크 종료 후 LoRA 가중치 저장**

output_dir="./llama-sft-output"에 학습된 가중치를 자동 저장

3. 모델을 저장합니다.

```
trainer.save_model()
```

학습이 끝난 후 학습된 가중치를 저장하는 과정입니다. LoRA 기반 학습이므로 베이스 모델 전체가 아니라 LoRA 가중치(ΔW)만 저장됩니다.

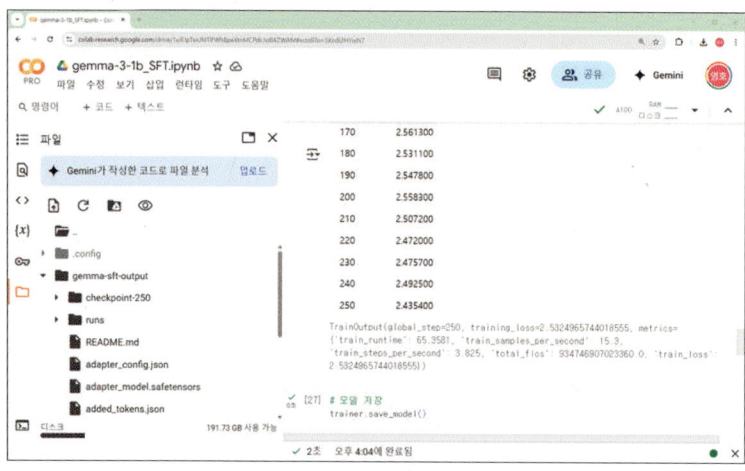

그림 24-13 데이터 변환

실행 결과 파일이 gemma-sft-output 폴더에 저장된 것을 볼 수 있습니다.

7 학습 모델 추론하기

1 텍스트를 생성할 수 있는 파이프라인을 정의합니다.

```
pipe = pipeline(
    "text-generation",
    model=LoRA_model,
    tokenizer=tokenizer,
    device_map="auto"
)
```

이 코드는 허깅페이스의 pipeline() 함수를 사용하여 텍스트 생성 작업(text-generation)을 수행할 수 있는 파이프라인을 정의하는 과정입니다. pipe는 이후 프롬프트를 입력받아 자연어 텍스트를 생성하는 데 사용되는 객체로, 핵심 구성 요소로는 LoRA_model, tokenizer, device_map이 포함됩니다. 여기에서 model=LoRA_model은 기존의 사전 학습된 모델에 LoRA를 적용해서 경량화한 모델을 의미하며, tokenizer는 텍스트를 토큰 단위로 변환하거나 다시 텍스트로 복원하는 역할을 합니다. device_map="auto"는 사용 가능한 GPU나 CPU 자원을 자동으로 탐지하여 모델을 적절히 분산 배치하는 설정으로, 메모리 효율성과 실행 속도를 높이는 데 유리합니다. 결과적으로 이 코드는 텍스트 생성을 위한 모델 실행 환경을 준비하는 단계로, 이후 생성할 응답에 필요한 모든 구성이 이 파이프라인에 담깁니다.

2 다음 코드를 입력합니다.

```
question = dataset['test'][10]['input']
prompt = f"### context: {question}\n\n### question:"
print(prompt)
```

question = dataset['test'][10]['input']

이 코드는 앞에서 불러온 테스트 데이터셋에서 열 번째 샘플의 입력(input) 텍스트를 가져와서 question 변수에 저장하는 코드입니다. 이 입력값은 모델에 제공할 질문이나 문맥(context)으로 사용될 수 있는 텍스트입니다.

```
prompt = f"### context: {question}\n\n### question:"
```

프롬프트 형태로 가공하기 위해 f-string을 사용하여 'prompt'라는 문자열을 만듭니다. 프롬프트는 "### context: {문맥}\n\n### question:" 형태로 구성되며, 이는 모델이 문맥에 이어 질문을 생성하거나 답변을 하도록 유도하는 구조입니다.

실행 결과는 다음과 같습니다.

> **실행 결과**
>
> ### context: 배경: 스웨덴인으로서, 이 관점은 주로 2015년 난민 위기 동안의 과거 이민 정책에서 비롯된 것입니다. 당시 스웨덴은 인구 대비 신규 난민 신청자 수가 유럽에서 두 번째로 많았습니다. 많은 사람들을 사회에 통합하지 못했고, 이는 사회적 배척, 범죄율 상승 및 평행 사회 형성을 초래했습니다. 이 주제는 많은 이들과 논의하기 매우 어려운 듯합니다. 이는 많은 양극화, 허수아비 논증 및 상호 비방이 존재하기 때문입니다. 저는 그저 양측의 명확한 주장을 알고 싶습니다. 제가 다양한 관점을 듣고 싶은 첫 번째 지점은, 망명을 원하여 찾아오는 사람들을 어떻게 정의하는지입니다.
>
> ### question:

3 파이프라인을 이용해서 모델을 예측합니다.

```
outputs = pipe(
    prompt,
    max_new_tokens=256,
    temperature=0.9,
)
```

이 코드는 앞에서 생성한 프롬프트(prompt)를 기반으로 파이프라인 객체(pipe)를 통해 모델의 예측을 실행하는 과정입니다. 여기에서 max_new_tokens=256은 모델이 새롭게 생성할 최대 토큰 수를 의미하며, 출력이 지나치게 길어지는 것을 방지합니다. temperature=0.9는 생성 과정의 무작위성을 조절하는 값으로, 값이 높을수록 다양하고 창의적으로 출력합니다.

4 출력된 텍스트를 반환합니다.

```
outputs[0]["generated_text"]
```

코드를 실행한 결과는 다음과 같습니다. 문맥을 제시하면 학습한 데이터의 형식과 같이 소크라테스식으로 질문하는 모습을 볼 수 있죠.

> **실행 결과**
>
> ### context: 배경: 스웨덴인으로서, 이 관점은 주로 2015년 난민 위기 동안의 과거 이민 정책에서 비롯된 것입니다. 당시 스웨덴은 인구 대비 신규 난민 신청자 수가 유럽에서 두 번째로 많았습니다. 많은 사람들을 사회에 통합하지 못했고, 이는 사회적 배척, 범죄율 상승 및 평행 사회 형성을 초래했습니다. 이 주제는 많은 이들과 논의하기 매우 어려운 듯합니다. 이는 많은 양극화, 허수아비 논증 및 상호 비방이 존재하기 때문입니다. 저는 그저 양측의 명확한 주장을 알고 싶습니다. 제가 다양한 관점을 듣고 싶은 첫 번째 지점은, 망명을 원하여 찾아오는 사람들을 어떻게 정의하는지입니다.
>
> ### question: (다른 관점 생각하기) 망명 요청을 받는 사람들은 어떤 조건을 충족해야 하나요?

그런데 파인튜닝하지 않은 일반 Gemma 1B 모델에 똑같은 내용을 넣으면 다음 결과가 나오는 것을 볼 수 있습니다. 이처럼 대규모 언어 모델의 파인튜닝으로 학습한 결과를 살펴보았습니다.

> **실행 결과**
>
> ### question: 망명을 원하는 사람들을 어떻게 정의하는가?
>
> Answer:
> 망명을 원하는 사람들은 다양한 배경과 이유로 나타납니다. 주로 다음과 같은 요소들이 망명을 위한 주장을 뒷받침합니다.
> * 국제적인 시민권: 이들은 국적이 제한적이고, 외국국가에서 자녀를 두고, 다른 국가로 이민을 떠나는 경우가 많습니다.
> * 특정 국가의 지원: 국가가 망명 신청을 돕고, 망명 보호를 제공하는 경우 망명을 장려합니다.
> * 계약적 이민: 특정 국가에서 일자리를 얻고, 그 국가의 규칙을 따르면서, 자신의 시민권을 유지하기 위해 망명을 요청합니다.

부록

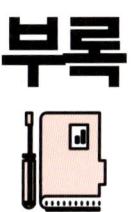

부록 A
코랩이 아닌 파이썬 환경 만들기

부록 B
git 설치하기

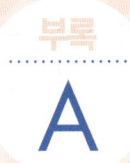

부록 A 코랩이 아닌 파이썬 환경 만들기

이 책의 실습 환경은 코랩입니다. 하지만 코랩이 아닌 자신만의 환경에서 딥러닝을 구현하고 싶은 사람도 있을 것입니다. 그런 사람을 위해 지금부터 그 방법을 설명하겠습니다.

파이썬 기반으로 딥러닝을 포함한 머신러닝을 구현하려면 여러 패키지와 라이브러리를 설치해야 합니다. 이렇게 패키지를 설치하는 방법 중 하나는 바로 아나콘다(Anaconda)를 설치하는 것입니다. 비단뱀이라는 뜻도 있는 파이썬과 아마존에 사는 큰 뱀인 아나콘다, 뭔가 비슷하다는 느낌이 들지 않나요? 아나콘다는 파이썬에서 사용하는 여러 패키지를 쉽고 단순하게 관리하려는 목적에서 만들었습니다. 특히 과학 계산(데이터 과학, 머신러닝 애플리케이션, 대규모 데이터 처리, 예측 분석 등)을 위해 파이썬과 R 프로그래밍 언어를 사용할 수 있는 오픈소스 소프트웨어입니다. 다양한 패키지 버전은 패키지 관리 시스템인 conda로 관리할 수 있으며, 아나콘다 배포판은 무려 1300만 명 이상의 사용자가 사용합니다.

> **TIP** 아나콘다는 윈도우, 리눅스, macOS에서 사용할 수 있으며, 이 책은 윈도우를 기준으로 설명합니다.

1 아나콘다 설치 방법

 아나콘다 웹 사이트(https://www.anaconda.com/)에 접속하여 화면 위의 **Get Started** 버튼을 클릭합니다.

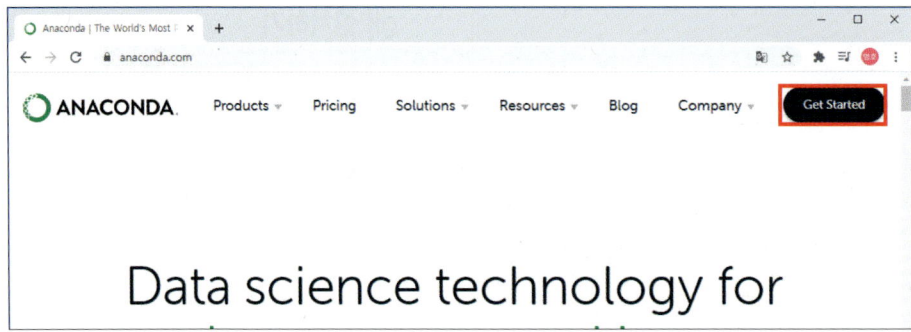

2 Install Anaconda Individual Edition을 클릭합니다.

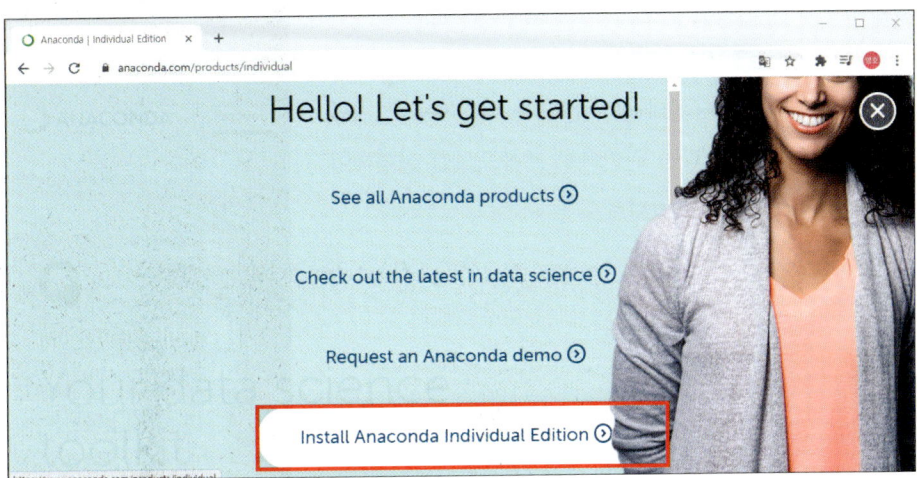

3 화면을 아래로 스크롤한 후 여러분 운영체제에 맞는 설치 파일을 내려받습니다. 이 책에서는 윈도우를 기준으로 설명하겠습니다.

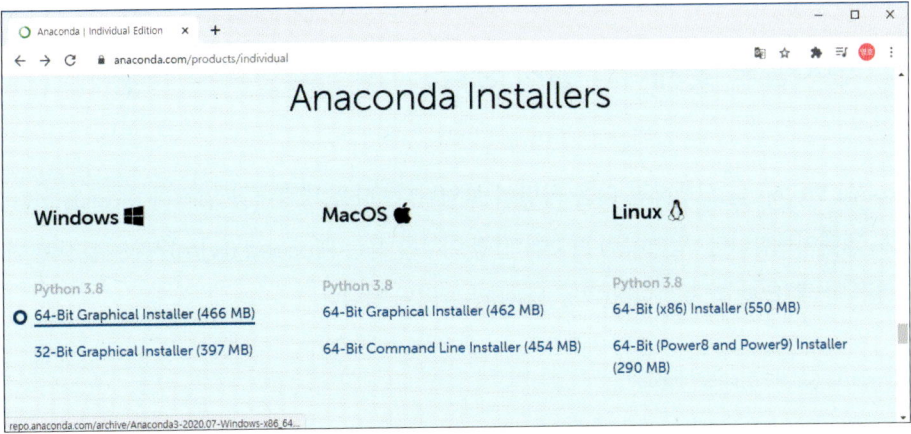

4 내려받기가 끝나면 실행 파일을 더블클릭하여 아나콘다를 설치합니다.

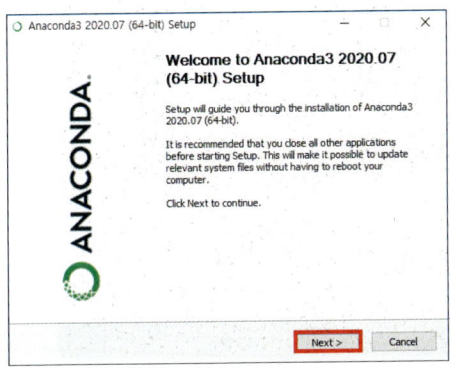 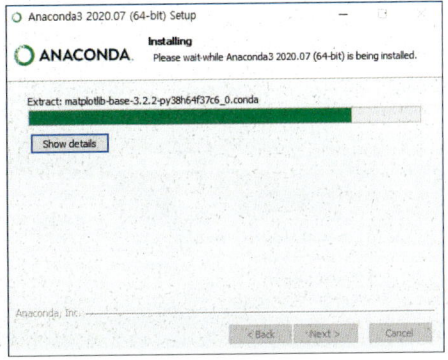

부록 A 코랩이 아닌 파이썬 환경 만들기 **385**

5 아나콘다를 설치하면 파이썬이 기본으로 설치되며, 주피터 노트북까지 같이 설치됩니다. 설치가 끝난 후 윈도우 시작 메뉴의 **Anaconda3 (64-bit)**에서 Anaconda Prompt를 볼 수 있습니다. 이는 아나콘다를 이용하여 패키지를 설치할 때 사용하는 것으로, 관리자 권한으로 프롬프트를 실행해야 패키지가 정상적으로 설치됩니다.

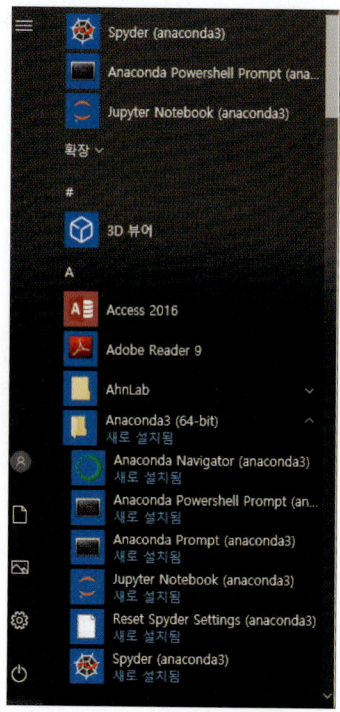

2 텐서플로 및 케라스 설치 방법

1 Anaconda Prompt를 실행하면 다음 화면이 보입니다. 다음 명령어를 입력하여 conda를 최신 버전으로 업데이트합니다. 업데이트 도중에 진행 여부를 묻는 **Proceed ([y]/n)?**라는 문장이 나오면 'y'를 입력한 후 Enter 를 누릅니다(그냥 Enter 만 눌러도 됩니다).

```
conda update -n base conda
```

2. 아나콘다를 설치하면서 같이 설치된 파이썬 패키지를 모두 업데이트하겠습니다. 다음 명령어를 입력한 후 Enter를 누릅니다. 마찬가지로 업데이트 도중에 **Proceed ([y]/n)?**라고 나오면 'y'를 입력한 후 Enter를 누릅니다.

```
conda update -all
```

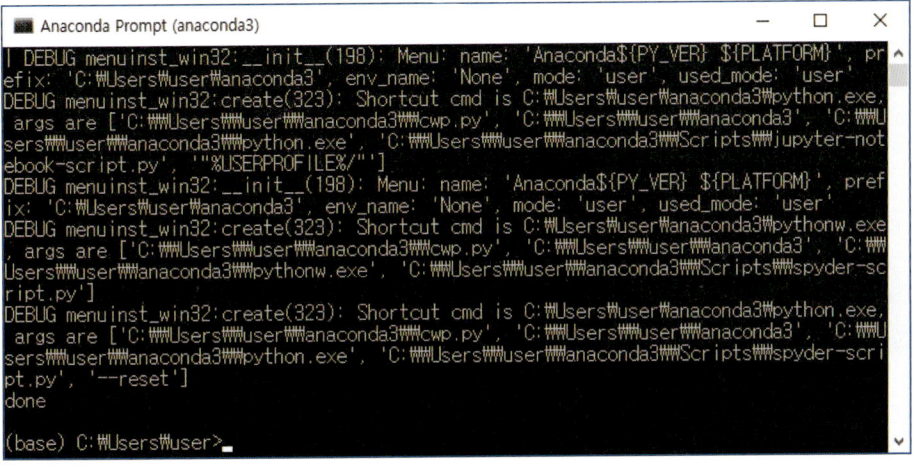

설치하는 데 조금 시간이 걸릴 수 있습니다.

3. 다음 명령어를 입력하여 텐서플로를 설치합니다.

```
pip install tensorflow
```

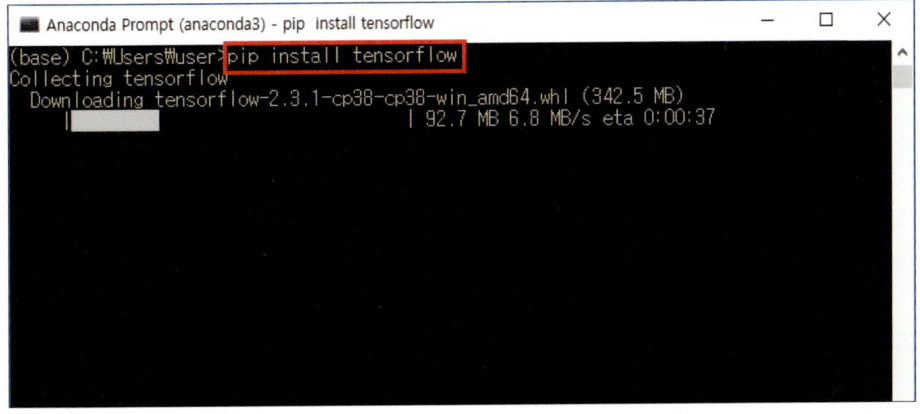

4 다음 명령어를 입력하여 케라스를 설치합니다.

```
pip install keras
```

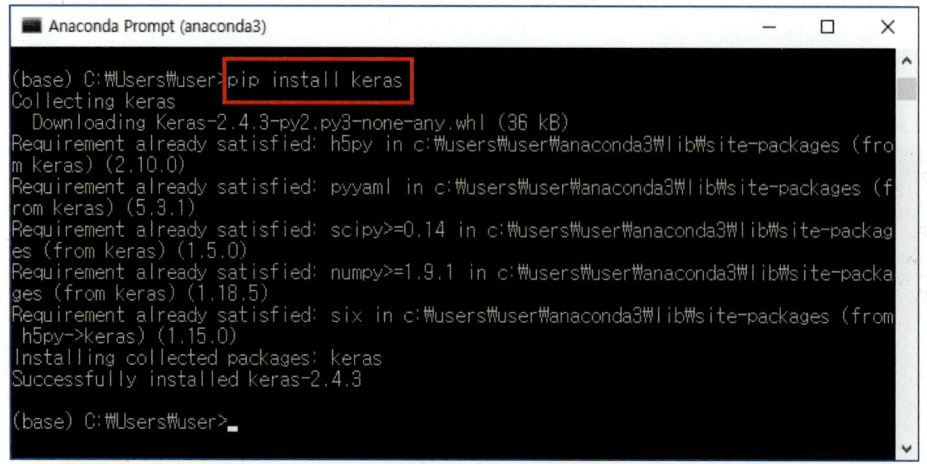

3 주피터 노트북 사용 방법

주피터(Jupyter) 노트북은 파이썬을 이용하여 프로그램을 대화식으로 개발할 수 있는 매우 유용한 도구로, 우리가 앞에서 살펴본 구글의 코랩과 형태, 사용 방법이 거의 비슷합니다. 무엇보다 주피터 노트북은 주피터 프로젝트의 일부로 완전히 무료입니다.

> 주피터 프로젝트는 모든 프로그래밍 언어에서 대화형 데이터 과학 및 과학 컴퓨팅을 지원하는 프로젝트입니다. 이 프로젝트는 2014년 IPython 프로젝트에서 시작한 비영리 오픈소스 프로젝트이기 때문에 오픈소스 소프트웨어이며 모든 사람이 무료로 사용할 수 있습니다. 이 프로젝트에는 주피터 노트북뿐만 아니라 주피터 랩도 있습니다. 주피터 랩은 주피터 노트북, 코드 및 데이터를 위한 웹 기반 대화형 개발 환경입니다.

주피터 노트북은 웹 브라우저로 실행하는 방식이라 여러분이 주피터 노트북을 실행하면 서버 프로그램이 시작됩니다. 그 서버에 접속할 수 있는 주소로 주피터 노트북을 실행하는 방식이지요.

그렇다면 주피터 노트북에서 '노트북'이란 무슨 뜻일까요? 주피터 노트북에서는 코드와 출력을 시각화, 설명 텍스트, 수학 방정식 및 기타 풍부한 미디어를 단일 문서로 통합하여 보여 줄 수 있습니다. 그래서 주피터 노트북에서는 코드를 실행하고 출력을 표시할 수 있습니다. 또 설명, 수식, 차트도 추가할 수 있어 이를 공유하여 다른 사람과 같이 협업할 수 있는 문서입니다.

1 시작 메뉴에서 **Jupyter Notebook**을 클릭합니다.

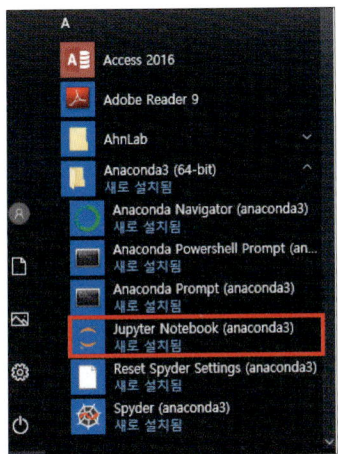

2 다음과 같이 서버 프로그램이 실행됩니다. 이 서버 프로그램 창을 닫으면 주피터 노트북도 종료되니 유의하세요.

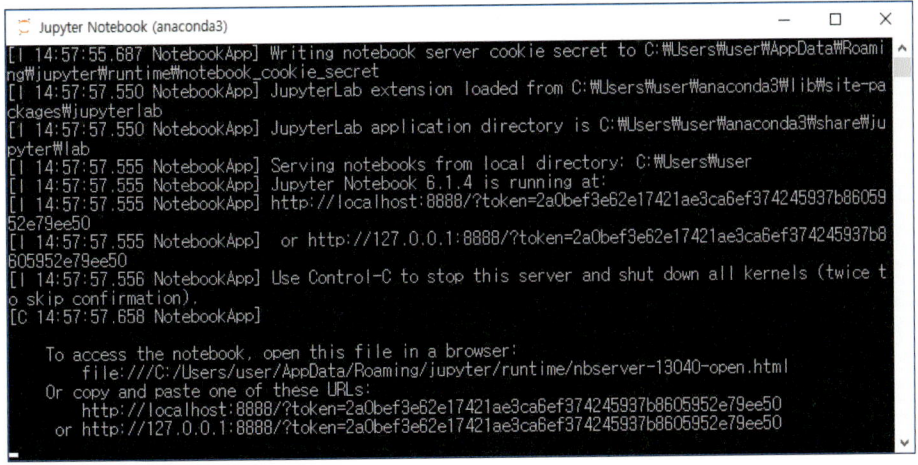

3 이제 웹 브라우저를 이용하여 http://localhost:8888에 접속하면 주피터 노트북을 사용할 수 있습니다. 화면 오른쪽 위에 있는 **New** 버튼을 클릭하면 새로운 주피터 노트북을 만들 수 있습니다.

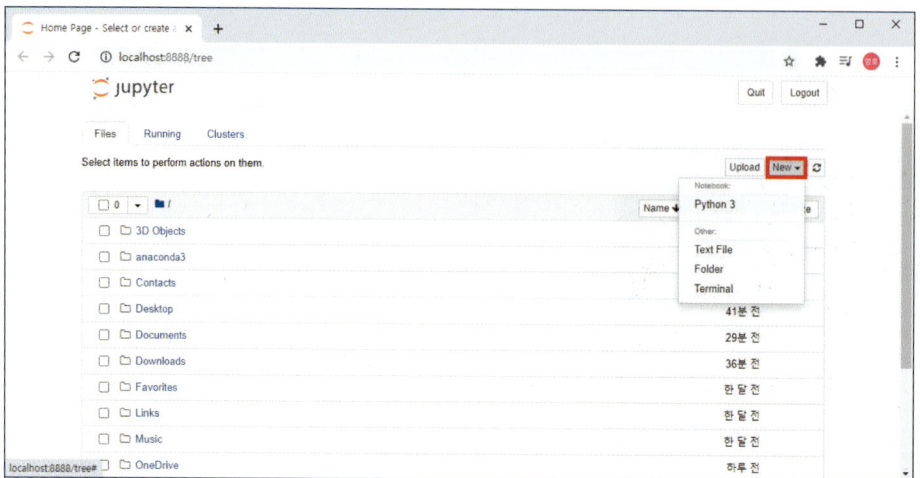

4 새로운 주피터 노트북에서 텐서플로가 정상적으로 설치되었는지 확인해 보겠습니다. 주피터 노트북을 실행하려면 화면 위에 있는 ▶ **Run** 버튼을 클릭하면 됩니다.

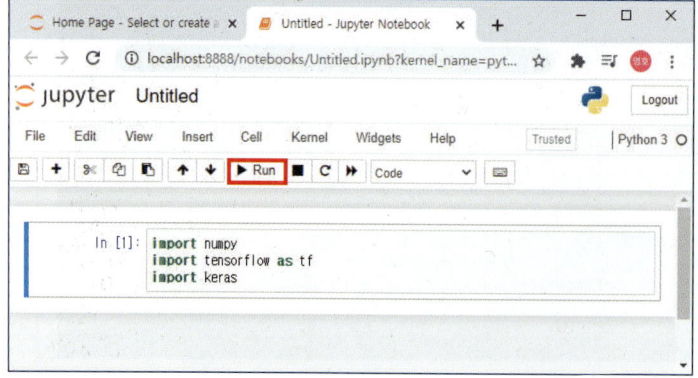

> **TIP** 코드를 실행했을 때 오류가 발생하지 않는다면 정상적으로 설치된 것입니다. 라이브러리가 없다는 오류가 발생하면 Anaconda Prompt로 돌아가서 `pip` 명령어를 사용하여 해당 라이브러리를 설치하면 됩니다.

부록 B git 설치하기

코랩이 아닌 개별 환경에서 18.2절(214쪽)의 코드를 실행해 보면 다음과 같은 오류 메시지가 나옵니다.

'git'은(는) 내부 또는 외부 명령, 실행할 수 있는 프로그램, 또는 배치 파일이 아닙니다.

이는 git이 설치되지 않았기 때문입니다. 먼저 git을 설치하겠습니다.

1 Anaconda Prompt를 실행하고 다음 명령어를 입력하여 git을 설치합니다.

```
conda install git
```

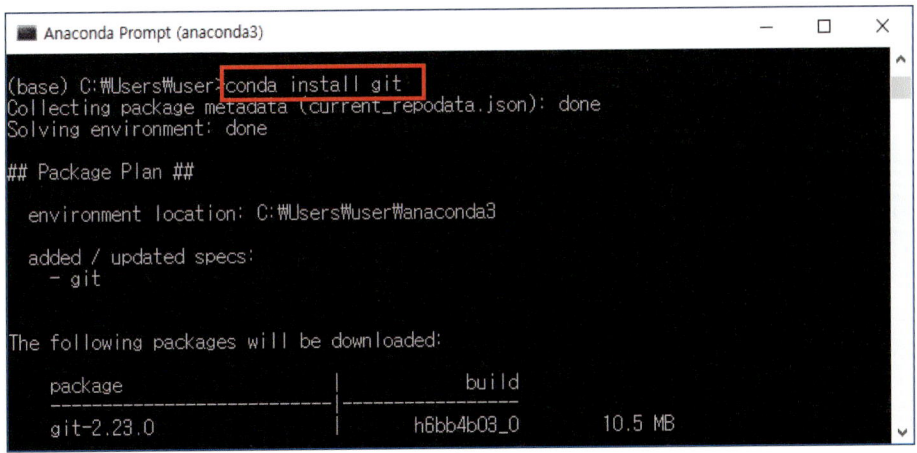

2 파일 경로가 구글 코랩과 다르기 때문에 경로를 다음과 같이 수정합니다.

```
dataframe = read_csv('deeplearning/corona_daily.csv', usecols=[3], engine='python',
                     skipfooter=3)
```

잠깐만요 **똑같이 했는데도 계속 오류 메시지가 나오나요?**

경로를 수정했음에도 "'git'은(는) 내부 또는 외부 명령, 실행할 수 있는 프로그램, 또는 배치 파일이 아닙니다." 같은 오류 메시지가 나오면 시스템 변수에서 경로를 설정해 주어야 합니다. 설정 방법은 다음과 같습니다.

❶ 시작 메뉴 또는 작업표시줄 검색에서 '환경 변수'를 검색하세요.
❷ '시스템 환경 변수 편집'을 선택하세요.
❸ 아래쪽의 **환경 변수** 버튼을 클릭하세요.
❹ '시스템 변수'에서 경로(path) 항목을 두 번 클릭하세요.
❺ 경로 편집기에서 **새로 만들기** 버튼을 클릭하세요.
❻ C:₩Program Files₩Git₩bin₩를 추가하세요.
❼ C:₩Program Files₩Git₩cmd₩를 추가하세요.
❽ **확인** 버튼을 클릭해서 창을 닫아 주세요.

찾아보기

한글

ㄱ

가수	317
가중치	057
가중치 감소	369
강화 학습	022, 029
개방형 LLM	299
객체	165
검색 증강 생성	349
검증 데이터	077
경사 하강법	071-072, 197
고차원 벡터	276
과적합	209, 369
군집화	027
깃허브	214

ㄴ

넘파이	123
뉴럴 네트워크	050

ㄷ

다중 분류	024
다중 분류 손실 함수	069
단기 기억	278
대규모 언어 모델	151, 299
데이터 정규화	216
드롭아웃	366
디코더	289
디퓨전 모델	096
딕셔너리	148
딥러닝	019, 051
딥마인드	031
딥시크	021, 300
딥페이크	098

ㄹ

라이브러리	105
람다 함수	157
런타임 유형 변경	177
레이블	024
렐루 함수	064
로지스틱 함수	062
리스트 컴프리헨션	152

ㅁ

마스크드 언어 모델	294
매개변수	146
맷플로립	183
머신러닝	017, 022
멀티헤드 어텐션	290
무작위 추출	218

ㅂ

반복문	135
배열	117
배치 사이즈	199
배치 학습	362
변수	110
부동 소수점	317
부호	317
분류	024
비지도 학습	022, 026

ㅅ

사전 학습 모델	354
생성 신경망	241
생성자 신경망	242
생성적 적대 신경망	096, 241
생성형 인공지능	020
서브워드 토큰화	271
셀프 어텐션	283
소프트맥스 함수	065
순차 추출	218

순환 신경망	090, 228
스테이블 디퓨전	021
슬라이싱	120
시그모이드 함수	062
시퀀셜 모델	196
신경망	050
실수형 변수	114
심층 신경망	051

ㅇ

아나콘다	384
양자화	317
어텐션 메커니즘	283
에포크	199
역치	060
예약어	113
오차	072
오차 역전파법	073
오차값	201
오토드로우	044
옵티마이저	198-199, 251
원-핫 인코딩	183, 191
은닉층	051
이미테이션 게임	023, 033
이진 분류	024
이항 교차 엔트로피	251
인공 신경망	050, 086
인공지능	016
인덱스	119
인코더	289
인코더-디코더 어텐션	291
임베딩	274
임베딩 모델	348
입력층	051

ㅈ

자료형	114
자연어 생성	283
자연어 생성 모델	362
장기 기억	278
재귀	090
재귀 신경망	277

정규화	065
정수형 변수	114
제미나이	021, 300
조건문	143
중앙처리장치	176
지도 학습	022-023, 042
지수	317

ㅊ

차원 축소	028
챗지피티	021
추천 시스템	028
출력층	051

ㅋ

케라스	174
코랩	106
퀵 드로우	041
클래스	165
클로드	021, 300

ㅌ

텍스트 임베딩	269
텐서	172
텐서플로	172
텐서플로 플레이그라운드	075
토큰화	269
트랜스포머	283, 288
트레이드오프	365
티처블 머신	033

ㅍ

파라미터	146
파이썬	104
파이토치	308
파인튜닝	354
판별자 신경망	242, 249
편향	057
평균 제곱근 오차	233, 235
평균 제곱 오차	070
폐쇄형 LLM	299

피처	055
픽셀	086

ㅎ

하이퍼볼릭탄젠트 함수	063
함수	145, 221
합성곱 신경망	088
활성화 함수	061
회귀	025
훈련 데이터	077

영어

A

Activation	061, 085
ALU	176
ANN	050, 086
append	222
Arithmetic Logic Unit	176
Artificial Neural Network	050, 086
as	125
attention	283

B

BERT	294
bias	057
binary classification	024

C

categorical crossentropy	069
CausalLM	362
classification	024
Claude	300
clustering	027
CNN	088
colab	106
compile 함수	198
Control Unit	176
CPU	176

D

DeepMind	031
Deep Neural Network	051
dimensionality reduction	028
DNN	051

E

epochs	199

F

feature	055
filter( )	161
for	136

G

GAN	096, 241
Gemini	300
GRU	279

I

if	143
if else	144
import문	124

K

keras	174

L

Leaky 렐루 함수	065
LeakyReLU	247
Learning rate	085
len( )	118
library	105
LLM	151
LoRA	356
loss	201
LSTM	278

M

map( )	160
matplotlib	183, 204
mean squared error	070
mean_squared_error	234
MNIST 데이터셋	180, 241
multiclass classification	024

N

nomalization	065
normal( )	132
np.array( )	125
Numpy	123

O

one-hot incoding	183, 191
ones( )	131
open LLM	355
optimizer	198
overfitting	209

P

parameter	146
PEFT	356
pip	124
Problem type	085

Q

Quick Draw	041

R

RAG	349
rand	131
rand( )	131
randint( )	133
range( )	140-141
recursive	090
regression	025
Regularization	085
Regularization rate	085

ReLU	064
reshape( )	129
RMSE	235
RNN	090, 277
root mean squared error	233

S

seed( )	133
SFT 트레이너	376
SFTTrainer	358
shape	128

T

Tanh	063
Teachable Machne	033
Tensor	172
Tensorflow	172
Tensor Processing Unit	177
test data	077
to_categorical 함수	183
TPU	177
training data	077

U

unsupervised learning	026

V

variable	110
verbose	199

W

weight	057

Z

zeros( )	130